文創

Cultural/Creative Industries:
Strategy and Tactics

行銷與管理

鄭自隆 著

五南圖書出版公司 印行

文創：將文化溶入創意、以創意表現文化

　　文創是發展中的產業，2005 年空中大學首創推出「文化行銷」的課程，我擔任課程召集人，請了幾位老師合寫了書，後來文創受到更多的關注，2013 年我再寫了《文創行銷》，2017 年根據一版的架構，加入新案例與理論架構，再版書名改為《文創：行銷與管理》。

　　文創是滾動的概念，因此沒有紮實的理論基礎，文創當然是彎實務取向的，但過理論還是有其必要，理論係對實務縝密觀察所「歸納」的通則或原理，其功能是「演繹」實務——以理論詮釋實務、評量實務。因此在理論建構方面，本書做了 3 項嘗試——

1. 討論了文創與相關領域的關係，包含文創與文化、藝術、大眾文化的糾葛（第 1 章），文創管理的消費者行為、商品觀（第 2 章），文創的品牌管理與行銷活動管理（第 3 章），嘗試注入不同領域的思維。

2. 以產業別處理文創的行銷與管理，本書討論了城市文創、博物館文創、內容商品文創、在地文化文創、工廠文創、商圈文創，並為不同產業的文創行銷，整理了規劃方向；事實上，只要文創不斷的發展，產業別也可以不斷擴張與深化，如農業文創、宗教文創就是好的題目，此外，餐飲文創也有發揮的空間。

3. 本書尚建構了「文創評估指標」，可作為文創執行的事前預估或事後評量之用，包含——

　　文化指標——
　　・獨特性（Unique）：有無呈現獨特的在地文化特色？
　　・關聯性（Relevant）：有無與在地歷史、地理、人文、產業的元素連結？
　　創意指標則有——
　　・衝擊力（Impact）：接觸瞬間是否可帶來驚豔與感動？
　　・原創力（Original）：是否原創？沒有模仿或抄襲。
　　・傳播力（Campaignable）：是否有張力，可以「說故事」（storytelling）？

　　理論建構的要素之一是簡潔（parsimony），好的理論應名詞精簡，意義深刻，用一句話就可詮釋複雜的現象（如意見領袖，opinion leader）；在第一版中，我為文創建構一個簡單概念：「文化」商品化、「商品」文化化。

因此所謂文創，就是在文化基礎下，所進行的創新思維或作為；當然文化必須在地性，可呈現斯土斯民的生活態樣，可透過歷史、地理、人文、產業的特色來展現；在台灣做一個有美國味、或日本味的文創品並無意義，文創應將在地文化中的某些元素變成可銷售的商品，或將商品予以文化的包裝，這是文化活化的過程，文化必須不斷創新，不注入新的元素，文化會成為塵封於櫥窗的古董，與民眾疏離，趨於靜態與死寂，而文創就是避免文化僵化的方式之一。

　　將文化溶入創意，以創意表現文化，這就是文創，因此簡單的說，「文創＝文化＋創意」，當然二者不應只是物理性的結合，更應該做化學性的質變，以創造 1 ＋ 1 ＞ 2 的綜效（synergy），創意執行後可超出原有價值，創造額外的價格、功能、使用壽命、使用範圍、便利性……等附加利益，形成可預見、可量化的價值提升（value-added）。

　　本書當然可作為文創相關領域的教科書，但本書撰寫時並不侷限在教科書的架構，教科書常是綜合各家之說，沒有或很少作者的觀點，這也是為什麼大學老師不能以教科書作為升等著作的原因；本書是有「觀點」的，而且歡迎討論、對話，無論在政大或其他學校上課，課堂上我一定會說一句話「書上寫的不一定是對的，老師講的也不一定是對的，媒體說的更不一定是對的，請你從書上寫的、老師講的、媒體說的跳脫出來，建構自己的看法，這就是獨・立・思・考。」

　　「獨立思考」是大學的基本訓練，不讓學生獨立思考只知背誦，大學與補習班何異？經由思考與想像，文創內容會不斷充實，理論會更為紮實。

　　本書封面委由吳岱芸設計，她是政大傳播學院博士班學生，專長是傳播與數位藝術，封面照片是我在日本瀨戶內海直島海邊拍的大南瓜，當然一看就知道是草間彌生的作品，原先躊躇用別人的作品為封面是否適當，詢問東吳大學法律系章忠信教授，忠信兄謂依《著作權法》規定，於街道、公園、建築物之外壁或其他向公眾開放之戶外場所長期展示之美術著作或建築著作，除例外情形，得以任何方法利用；感謝忠信兄賜教。

　　和封面照片一樣，書內有許多照片，除有特別標示外，都是作者旅行所拍，旅行是空間易位所形成的經驗延伸，經由接觸、觀察、體會、思考，的確會有許多啟發。

鄭自隆

2017・端午

目 錄

Chapter FIVE

博物館文創行銷

Chapter SIX

內容商品文創行銷

chapter ONE

導論

照片說明：
日本奧飛驒燒岳飯店入口的大紙傘，
有著「文化」與「創意」的思維。

1-1 文創產業

 〈賣梳子給和尚〉的網路故事

「文創」是什麼？問10個人大概會有10個不一樣的講法，有些「大師」甚至還會驕傲說，我只懂「文化」不懂「文創」，言下不勝鄙夷，在歐洲的確沒有「文創」這個概念，甚至也找不到「文創」的英文字，只有文化及創意產業（the Cultural and Creative Industry，或 the Cultural and Creative Industries）這個複合名詞。

但不是歐洲或美國沒有的概念，東方社會就不應該有，這是長期浸淫在西方文化霸權下，所產生的文化自卑，「文創」是什麼？且來看以下這個〈賣梳子給和尚〉的網路故事——

有個業務經理想考考手下的業務員，於是就出了一道題，要業務員把梳子賣給和尚。

第一個業務員，出了門就罵，什麼玩意兒，和尚都沒有頭髮，還賣梳子！在外頭胡亂逛了一圈，回去告訴經理，和尚沒有頭髮，梳子無法賣！經理微微一笑，和尚沒有頭髮還需要你告訴我？

第二個業務員，來到了一間寺廟，找到了和尚，對和尚說，我想賣給你1把梳子，和尚說，我沒用。那人說這是經理交辦的作業，如果賣不出去，就會失業，請發發慈悲；於是和尚就買了1把。

第三個業務員，也來到一間寺廟，和尚說，我真的不需要梳子。那人對和尚說，拜佛是不是要心誠，心誠就心存敬意，但香客遠道而來，固然虔誠十分，但風塵僕僕，蓬頭垢面，如何禮佛？如果廟裡買些梳子，讓香客把臉洗乾淨，頭髮梳整齊，豈不更能表達對佛的敬意？和尚一聽，有道理，於是就買了10把，讓朝山的香客使用。

第四個業務員，也來到一間寺廟，和尚同樣說，不需要梳子。業務員對和尚說，如果廟裡備些梳子作為禮物送給有添香油錢的香客，回饋小惠，廟裡的香火會更旺；和尚想了想，有道理，就買了100把。

第五個業務員，也來到一間寺廟，同樣也被和尚拒絕，那位業務員對和尚說，你是得道高僧，書法甚有造詣，如果把您的字刻在梳子上，刻些「平安梳」、「積善梳」之類

的字送給香客，既弘揚了佛法，又弘揚了書道，老和尚微微一笑，善哉！就買了 1,000 把梳子。

第六個業務員，也來到一個寺廟賣梳子，他告訴和尚，梳子是旅人必備之物，尤其是女生每人都帶在身上，如果大師能為梳子開光，刻上偈語，成為禮佛贈品，贈予捐贈高額香油錢的香客，作為私房贈品，積德行善、又保平安，很多香客除了自備，還可能會為親朋好友請上 1 把，除公關功能、光揚我寺外，更能彰顯大師法力與書道造詣，豈不更佳？

老和尚一聽，大悅，雙手合十，善哉！善哉！施主美意，老衲豈能不從。就這樣，寺院買了 10,000 把，由大師親書「梳雲」二字，轉刻至梳把，「梳雲」者，梳雲掠月也，一喻女性秀髮如雲，經梳理以呈月容，另喻撥雲見日，心志高遠，亦適用於男性香客。

梳子篆刻完成，寺廟擇日舉辦開光大典，由老和尚親予過火加持，找來媒體採訪（策劃的公關活動），從此該廟香火鼎盛，成為名剎。[1]

從這個網路小故事不但可以瞭解當業務代表應有的小心機，更顯示了「文創」在商品行銷過程中的加值意義。

第一位業務員連試都不試，直線思考直覺認為不可能，不會變通，不適合業務的工作，不用提他。

第二位業務員有毅力，懂得「悲憫行銷」，但格局不會大，也不可能持續，很多人只懂向親朋好友賣保險、賣直銷的，親友推銷完了，業務也結束了，做不下去，這類業務員，應趁早轉行。

第三位業務員採「擴大使用量」策略，讓梳子成為廟裡的生財工具之一，可以重複讓多人使用，的確比向單一人推銷更可擴大銷售量，不過在實務上恐怕行不通，因為使用公用梳子會有衛生顧慮，所以他缺乏作為業務員應有的周延思維，亦不及格。

第四位業務員有概念，除了知道「區隔使用者與購買者」（使用者與購買者未必一定要同一人，如購買奶粉是媽媽，使用奶粉的是嬰兒，所以梳子未必就要賣給老和尚使

---

[1] 改寫自 http://www.cmoney.tw/notes/note-detail.aspx?nid=19030

用），也知道「擴大商品用途」，讓老和尚買來送給香客作為禮贈品；此業務員觀念清楚，可以在業務領域繼續發揮。

第五位與第六位業務員似乎更把商品做了一些加值或創新，而加值或創新改變了行銷思維，簡單的說，這二位業務員把「文創」的概念帶入了商品企劃與行銷作為，而有了豐碩的銷售成績——那什麼叫做「文創」？

業務員	行銷策略	銷售量
1	？	0
2	悲憫行銷	1
3	「擴大使用量」策略，讓梳子成為廟裡的生財工具（提供香客梳理）	10
4	1.「區隔使用者與購買者」策略 2. SP策略（贈品）	100
5	文創加值策略（書道）	1,000
6	文創加值策略（書道、古典文學、宗教）	10,000

文創加值

「文創」是文化與創意的複合字，所謂「文化」，指的是族群生活方式的展現，也是族群聚集演化過程的集體記憶，既然是群聚演化，因此文化只是客觀呈現，文化彼此之間無優劣之分，不是歐美文化優於台灣文化，也不是漢文化就比原民文化高明。

文化所呈現的是斯土斯民的生活，可以透過歷史、地理、人文、產業的特色來展現。對文化的描述通常是簡化或符號化，並以象徵物（symbol）來代表，如對台灣客家文化，一般人的印象是「勤儉」、「硬頸」，其象徵符號就是桐花、擂茶、藍衫。

所謂「創意」，就是創新思維（idea）或作法，可提升附加價值，並能透過行銷方式擴散。包含3個元素——
- **創新（innovation）**：具原創性（originality），不是模仿或抄襲、複製，創新可以是具體的作品，也可以是有具體化、具可操作化潛力的計畫或想法。

- **價值提升（value-added）**：創意執行後可超出原有價值，創造額外的價格、功能、使用壽命、使用範圍、便利性……等附加利益。
- **可傳播性（campaignable）**：創意不是空想，必須能被執行或商品化，並可透過傳播與行銷方式銷售或推廣。

　　從上述的文化與創意的說明，可以來檢視第五位與第六位業務員如何對「梳子」文創加值。

　　第五位業務員和第四位一樣，懂得區別使用者與購買者，此外也和第四位一樣有SP概念[2]，懂促銷，知道將商品賦予批發功能，成為禮贈品，將銷售量發揮到極致；而且他更有文創的觀念，知道將商品加入文創元素

- **文化**：把單純的梳子加上書道的文化元素，把文化（書道）包裝成商品。
- **創意**：
  1. 把商品獨特化，刻上「平安梳」、「積善梳」之類的刻字，讓商品與一般梳子有所區隔，成為具排他性（exclusive）的專品；
  2. 滿足了購買決策者（老和尚）的自我展現（self presentation，「秀」毛筆字）的需求，讓交易更容易完成；
  3. 區隔使用者與購買者，由批購者（老和尚）把商品作為促銷物贈予使用者（香客）。

　　第六位業務員更突破極致，其為商品加值的文創元素有──

- **文化**：除書道的文化元素外，更加入宗教元素（開光大典、過火加持），亦即把文化（書道、古典文學、宗教）包裝成商品。
- **創意**：第五位業務員的創意元素皆具，即──
  1. 將商品獨特化；
  2. 滿足了購買者自我展現需求；
  3. 區隔使用者與購買者，將商品作為SP工具；

　　此外，第六位業務員的創意元素尚有──

  4. 突破商品使用框架：即將梳子本身所提供的工具性需求（utilitarian needs，即梳子用來整理頭髮），提升至社會性需求（social needs，寺廟與香客的公關功能，或香客加購1把贈予親友的社交功能），乃至心理性需求（psychological needs，即「有加持的護身符」）的滿足，完整滿足最終使用者工具、社會、心理性三層次的需求；
  5. 宗教誘因：以宗教加持作為誘因，讓香客可以加購轉贈親友，擴大銷售量；

---

[2] SP 即 sales promotion，即促銷活動。

6. 行銷公關：舉辦開光大典，由老和尚親予過火加持，找來媒體報導，具媒體公關思維。

從上述的討論，可以瞭解「文創」是替商品加值的思維或作為，亦即經由賦予商品的文化元素與創意巧思，發揮 1+1 ＞ 2 的綜效（synergy）——

- **提高價格**：即經由文創加值，將售價作適當幅度的提升，如 1 本記事本加了文創元素的設計，售價即超出原先單純記事本的市場價格；
- **擴大使用範圍**：如杯子就是盛水用，但很多人旅遊時所買的星巴克城市杯，不是用來裝水，而是用於擺設或作為旅遊紀念；
- **提升銷售量**：商品加了文創元素，跳脫理性功能，成為有故事或有設計感的感性商品，自然可提升銷售量；
- **區隔或擴展消費者**：商品加了文創元素之後，可以區隔消費者，更明確描繪消費者圖像，達到精準行銷的作為，或經由文創元素的吸引，讓原先的非 TA 成為 TA[3]，擴大銷售對象；
- **提升辨識度（identity）**：文創加值的條件是獨特性（unique），因獨特當然可提升商品辨識度，進而提高品牌價值。

參 文創就是「文化＋創意」

上述的〈賣梳子給和尚〉的網路故事可以瞭解，「文創」必須包含「文化」與「創意」二個元素，缺一不可，因此簡單的說 ——

文創＝文化＋創意

在這個「文創＝文化＋創意」的公式中，文化與創意並不是簡單的物理性嫁接，而是化學性的融合而產生質變，所有生活方式、產業經營都可以加入「文化」、「創意」元素，而成為「文創產業」，文化是族群生活方式的呈現，是集體記憶與歷史軌跡；而創意是提升價值的創新思維或作法，因此「文創」的概念很簡單，就是——「文化」商品化、「商品」文化化。

一、「文化」商品化

所謂商品化係將概念具體化，予以創意加值，變成可銷售、可傳播的商品，換言

---

[3] TA 為傳播業界對 target audience 的簡稱，即傳播、廣告、行銷的「目標對象」。

之，「文化」商品化即將有文化成為可銷售的「商品」，如城市、節慶、博物館，以及在地文化、「內容商品」的行銷文創化，在地文化行銷文創化，如台灣媽祖文化季、廟會（家將、三太子）、鹽水蜂炮、迪化街年貨市集、台北燈會，日本京都佛寺「夜櫻茶會」、靜岡可睡齋「寫經」都是；而「內容商品」文創化指的是影音娛樂行銷文創化、媒體行銷文創化、圖書行銷文創化。

「老屋活化」就是典型的「文化」商品化，老屋歷經滄桑，見證社區的變遷，與屋主人與事的物換星移，當然就是「文化」，將老屋整修再利用，就是「商品化」的過程；「文化」商品化即將上述「文化」賦予新價值、新生命，轉換為可銷售有產值的商品的過程，在商品化的過程，如何包裝新價值、新生命就是創意，創意是「文化」商品化的必要條件。

二、「商品」文化化

「商品」文化化則是將商品以文化包裝，亦即將一般的商品，運用創意加入文化元素，以提升其商品價值。一些並不顯眼的商品，如觀光活動、商圈、工廠、餐飲，乃至「設計商品」都可以加入文化元素，以提升其商品價值，商品可運用的文化元素有——歷史典故、著名人物、知名建築、自然景觀、動植物、文物、人文意象……。

在北京全聚德吃烤鴨，店家會送一張卡，證明客人所吃的鴨子是清同治3年開店以來的第若干隻，烤鴨是華人國家處處可見的餐食，並不特別稀奇，但有了這張卡，「文化」感油然而生，彷彿吃的不是鴨子，而是品味歷史，百年風華就從眼前走過。

無論「文化商品化」或「商品文化化」都是以文化為主軸，「文化」是文創的必要條件，「創意」則是充分條件，一件花俏的作品沒有文化元素，只能被稱為創意設計作品，不適合稱為文創作品。

表1.1 產業文創化內涵

「文化」商品化	「商品」文化化
• 節慶行銷文創化 • 城市行銷文創化 • 博物館行銷文創化 • 在地文化行銷文創化 •「內容商品」行銷文創化	• 觀光活動行銷文創化 • 商圈行銷文創化 • 工廠行銷文創 • 餐飲行銷文創化 • 商品行銷文創化 •「設計商品」行銷文創化

　　而文化指的是在地文化，包含台灣在內，在全球化體系中不是主流的國家，「文創」要強調的就是「在地文化」，台灣的文創作品除非是外銷代工，否則使用歐美或日韓的文化元素並沒有意義，正如同台灣遊客到曼谷旅行，不會購買一個以倫敦塔為意象的紀念品一樣。

　　亦即文創所謂的「文化商品化、商品文化化」，指的是「在地文化」，而不是其他的外來文化，任何民族或國家都有其自己的文化，文化弱勢國家唯有強調在地文化，文創的「文化商品化、商品文化化」方有其意義。

　　在全球化架構下，「文化」常成為帝國主義的一環，強國文化會流通至弱國，弱國無力抵抗，弱國文化也不會對等流通至強國，好萊塢電影通行全世界，但弱國電影除非搭上好萊塢的發行系統，否則就沒有機會上美國院線；亞洲國家的知識分子對美國文化（地理、歷史、政治、電影、電視、飲食乃至文學）可以頭頭是道，但美國知識分子對亞洲文化的瞭解卻相對有限。黃色小鴨就是外來文化的象徵，2012年底至2013年席捲全台，高雄、桃園、基隆都有展出，甚至花蓮鯉魚潭不久後還出現山寨的紅面黑鴨，但黃色小鴨是文創作品嗎？

　　黃色小鴨的創作者是荷蘭裝置藝術家Florentijn Hofman（霍夫曼），其創作源起有很多「傳說」，有人說是子女丫丫玩具給他的靈感，也有人說是他買乳酪的小贈品，後來乳酪商就請他做一隻大的；更神的是說，香港貨輪遇颶風，所載的浴缸小鴨掉到海裡，小鴨漂流至美國、加拿大、冰島海岸，引起關注。這些傳言都是神話，真正的創作靈感，霍夫曼自己說是「在一位荷蘭畫家風景畫裡看到一隻鴨子」[4]。

　　霍夫曼的黃色小鴨從2007至2016年在全世界有34次的展出，其中有17次就在亞洲地區，而中國與港澳就占了10次[5]，呈現明顯的文化傾斜，黃色小鴨英語名字就叫Rubber Duck，直譯就是平淡無奇的「橡皮鴨」，它只不過是物品的放大呈現，呈現的也是西方的浴缸文化，與台灣無涉，台灣有幾個人泡澡會在浴缸玩丫丫的？難怪有人批評「台灣有太多這樣類似的例子，利用建築師的名氣、跨國公司的符號，完全截斷地方脈絡，好像放棋子一樣，硬是塞在我們的地景上面」、「我們毫無反省地直接接收這種與台灣文化完全搭不上邊的商品」[6]。

---

[4] 參見 https://zh.wikipedia.org/zh-tw/%E5%A4%A7%E9%BB%84%E9%B8%AD 。

[5] 同上註，參見 https://zh.wikipedia.org/zh-tw/%E5%A4%A7%E9%BB%84%E9%B8%AD 。

[6] 見范綱皓〈我們的黃色小鴨在哪裡？〉，2013-5-30《自由時報》A15版。

物品的放大呈現，台灣宜蘭榫卯藝術家何文彬，曾經在2014年打造一隻高6.4公尺、身長8.3公尺、寬3.1公尺、高6.4公尺、重4.5噸的大木馬，比起黃色小鴨，木馬更貼近台灣人的記憶，但大木馬只有在宜蘭縣府、台北市與基隆港做短暫展出，也沒引起媒體多大的迴響，後來就一直擺在宜蘭三星鄉公所前，直到2015年9月28日遭到杜鵑颱風吹垮。

何文彬是在地匠師，長於創作，卻短於行銷，原先他給木馬命名為「洛克馬」，洛克馬雖然有趣，但台語的意思是懶惰跑不快的馬，寓意就不討喜了，其縮小版，父母可能不會買給小孩，但若命名「三星上將馬」，意義就不同了，一來「馬」與「將軍」有關聯，易聯想；二來可與在地「三星」做強烈聯結，行銷上可強調「三星有三寶」：三星蔥、上將梨與上將馬，搭上在地著名產業，借力使力。

何文彬創作的「大木馬」，木馬底下的承版，可同時乘坐數十人。

在商品化方面，浴缸用的黃色小鴨不但古已有之，而且比比皆是，霍夫曼的小鴨因造型無特殊性，已無商品化的空間；但何文彬的大木馬，1/100縮小版是小朋友坐的，1/50縮小版則可給大朋友坐，甚至1/25縮小版可坐2至3位大人，適合賣給民宿、遊樂場；若作為桌上擺飾品，可變型為手機架、眼鏡架、文具盒，商品化空間無限。

黃色小鴨只能遠觀，大木馬可以近距離接近觸摸，也可以同時乘坐數十人，黃色小鴨是西方浴缸文化，大木馬卻是台灣人的兒時記憶，是成長過程的一部分，但比起歐洲的黃色小鴨風光，台灣人自己的大木馬卻是命運坎坷，台灣自己的文創產業是不是更應關注台灣自己的文化？

表1.2 黃色小鴨 vs. 三星上將馬

比較點	黃色小鴨	三星上將馬
創作者	荷蘭人 Florentijn Hofman	台灣宜蘭人 何文彬
表現方式	物品的放大呈現	物品的放大呈現
作品數量	無限，授權在展地重製展出	唯一
文化意涵	西方浴缸文化	台灣人童年記憶
放置地點	水面	陸地
觀賞方式	遠觀	除觀賞外，可同時乘坐數十人
群眾參與性	無	因參觀者可乘坐，因此商品具備觀者「參與」的功能
商品化的可能性	無商品化的可能性	可商品化

1-2 台灣的文創政策

 壹 緣起

　　台灣政府早在2002年就開始提倡文化創意產業，2009年初行政院提出《文化創意產業發展法草案》，並搭配「『創意台灣──文化創意產業發展方案』行動計畫」作為說帖與指導綱領。

　　其組織是在「行政院文化創意產業推動小組」指導下，成立「文化創意產業推動小組辦公室」推動與執行各項工作。分工方式為：文建會負責「環境整備」與「工藝產業旗艦計畫」；新聞局負責「電視內容產業」、「電影產業」與「流行音樂產業」3項旗艦計畫；經濟部負責「設計產業」與「數位內容產業」2項旗艦計畫。

　　2010年公布《文化創意產業發展法》，分為4章30條；第1章總則，第2章協助及獎補助機制，第3章租稅優惠，第4章附則。此外，同年另公布施行細則12條。

2012年文建會升格為文化部，而行政院新聞局亦在同年裁撤，業務分置文化部、NCC（國家通訊傳播委員會）、外交部、行政院發言人辦公室，因此目前主導文創產業的政府單位主要為文化部，經濟部另管5項、內政部管1項（建築設計產業），而文化部即設有文創發展司。

 ## 貳 範疇

文創產業的範疇就明定在《文化創意產業發展法》第3條，而第3條開宗明義就定義「本法所稱文化創意產業，指源自創意或文化積累，透過智慧財產之形成及運用，具有創造財富與就業機會之潛力，並促進全民美學素養，使國民生活環境提升之……產業」，該法所確認的「文化創意產業」範圍即以下16項可以「創造財富與就業機會」的產業──

表1.3 台灣文化創意產業內容及範圍

產業類別	內容及範圍	事業主管機關
視覺藝術產業	指從事繪畫、雕塑、其他藝術品創作、藝術品拍賣零售、畫廊、藝術品展覽、藝術經紀代理、藝術品公證鑑價、藝術品修復等行業。	文化部
音樂與表演藝術產業	指從事音樂、戲劇、舞蹈之創作、訓練、表演等相關業務、表演藝術軟硬體（舞台、燈光、音響、道具、服裝、造型等）設計服務、經紀、藝術節經營等行業。	文化部
文化資產應用及展演設施產業	指從事文化資產利用、展演設施（如劇院、音樂廳、露天廣場、美術館、博物館、藝術館／村、演藝廳等）經營管理之行業。	文化部
工藝產業	指從事工藝創作、工藝設計、模具製作、材料製作、工藝品生產、工藝品展售流通、工藝品鑑定等行業。	文化部
電影產業	指從事電影片製作、電影片發行、電影片映演，及提供器材、設施、技術以完成電影片製作等行業。	文化部
廣播電視產業	指利用無線、有線、衛星或其他廣播電視平台，從事節目播送、製作、發行等之行業。	文化部

產業類別	內容及範圍	事業主管機關
出版產業	指從事新聞、雜誌（期刊）、圖書等紙本或以數位方式創作、企劃編輯、發行流通等之行業。	文化部
廣告產業	指從事各種媒體宣傳物之設計、繪製、攝影、模型、製作及裝置、獨立經營分送廣告、招攬廣告、廣告設計等行業。	經濟部
產品設計產業	指從事產品設計調查、設計企劃、外觀設計、機構設計、人機介面設計、原型與模型製作、包裝設計、設計諮詢顧問等行業。	經濟部
視覺傳達設計產業	指從事企業識別系統設計（CIS）、品牌形象設計、平面視覺設計、網頁多媒體設計、商業包裝設計等行業。	經濟部
設計品牌時尚產業	指從事以設計師為品牌或由其協助成立品牌之設計、顧問、製造、流通等行業。	經濟部
建築設計產業	指從事建築物設計、室內裝修設計等行業。	內政部
數位內容產業	指從事提供將圖像、文字、影像或語音等資料，運用資訊科技加以數位化，並整合運用之技術、產品或服務之行業。	經濟部
創意生活產業	指從事以創意整合生活產業之核心知識，提供具有深度體驗及高質美感之行業，如飲食文化體驗、生活教育體驗、自然生態體驗、流行時尚體驗、特定文物體驗、工藝文化體驗等行業。	經濟部
流行音樂及文化內容產業	指從事具有大眾普遍接受特色之音樂及文化之創作、出版、發行、展演、經紀及其周邊產製技術服務等之行業。	文化部
經中央主管機關指定之產業	指從事中央主管機關依下列指標指定之其他文化創意產業： 產業提供之產品或服務具表達性價值及功用性價值。 產業具成長潛力，如營業收入、就業人口數、出口值或產值等指標。	

資料來源：文化部網站 http://www.moc.gov.tw/law.do?method=find&id=264

　　這16項所謂的「文化創意產業」，以「創造財富與就業機會」為主軸，把文創窄化為「內容產業」與「設計產業」兩大類。有具象產出物的行業，如工藝、產品設計、建築、服裝設計為「設計產業」，另以內容（content）為主，商品較不具象的行業，如音樂及表演、展演設施、電影、廣播電視、出版則為「內容產業」，這樣的分類，衍生3項爭議的觀點——

● 把「文化」窄化為「藝文活動」：事實上，文化是所有庶民生活的呈現，不只是菁英休閒品味與享受的藝文活動；

● 把「創意」窄化為「設計」：也是為少數菁英服務（「設計品牌時尚產業！」），忽視了真正的生活；

● 把「產業」化約為「經濟產出」：要求「創造財富與就業機會」，文創成了資本家專屬遊戲，與升斗小民無關。[7]

　　會有這樣的立法思維是2009年行政院搭配《文化創意產業發展法草案》，所提出的「『創意台灣——文化創意產業發展方案』行動計畫」，就是以「賺錢」為考量的計畫，方案中提到「全球文創產業發展趨勢」都是分析哪些國家因文創產品外銷賺了多少錢，成長幅度高達若干，〈我國文創產業現況分析〉也只提各部會投入多少錢，民間產出多少錢；而提升的方法，就是投入多少、要產出多少。整個方案都是以金錢為量化的依據，至於民眾文化水準提升若干，似乎不是這個方案所關心的。

表1.4 台灣官方版的文化創意產業分類

內容產業	設計產業
視覺藝術、音樂及表演藝術、文化資產應用及展演設施、電影、廣播電視、出版、廣告、數位內容、流行音樂及文化內容	工藝、產品設計、視覺傳達設計、設計品牌時尚、建築設計、創意生活

---

[7] 郝明義也如此主張，見郝明義〈希望拼圖：不要拆解「文化創意產業」的元素〉，中國時報，2009/01/30，A18版。

1-3 文創及其周邊相關概念

文創產業與產業文創化

所謂「產業」有2個意義，其一是同一性質行業的聚集，一些生產同一類別或具有上下關聯，及有替代性的產品或服務的企業集合體。如影視業、糕餅業、陶瓷業、餐飲業、銀行業、電信通訊業……等，具備2個特徵：

- **以營利為導向**：產業是企業集合體，其存在的目的是為了追求利潤。
- **具經濟規模**：「孤門獨市」不成產業，必須是多數企業集合，而政府制定政策與輔導對象，也是產業不是個別企業。

產業的另一個概念是廣義的，服務多數不特定對象，具經濟產出能力的單位，也可以被視為產業，個別企業是，「城市」也是；平溪以天燈為號召，吸引民眾前往旅遊消費，創造就業與活絡商業，當然可以視為產業予以「文創化」。本書所謂的產業，指的是廣義的，只要具經濟產出能力的單位，都可以被視為產業。「產業文創化」指的是廣義的概念，政府、城市、商圈、個別企業乃至在地文化都可被視為產業。

傳統的說法只會討論「文創產業」，這形成與「文創」有關的產業只有《文化創意產業發展法》第3條所臚列的15類行業，但換個角度思考，是不是所有的生活方式、產業經營只要能連接「文化」、「創意」這2個元素是不是都可以成為「文創產業」？是不是可以更寬廣的「產業文創化」新思維取代狹隘的「文創產業」老觀念？

傳統觀念將「文創」定位為「文創產業＝內容產業」、「文創產業＝設計產業」，認為「文創產業」與庶民無關，這是視野狹隘。回歸「產業文創化」才能擴大思考與視野，將文創融為庶民生活的一部分，一位賣粽子的小店家，改良了粽子內涵或型態，這就是「創意」，他的新粽子廣受歡迎，成了當地代表性的「等路」、「伴手」，為地方特色商品，這就是「文化」；又如一家老的肥皂工廠轉型為觀光工廠，保留古老的器具、製程、商品（這就是文化），但加入了活潑的故事化導覽與有趣的DIY（這就是創意），能說它不是文創工廠嗎？但卻與《文創法》所規定產業類別不符，也就無法取得政府的輔導協助或獎補助。

因此宜用「產業文創化」新思維取代「文創產業」的舊觀念，也唯有「產業文創化」遍地開花，讓生活注入「文化」與「創意」活水，鼓勵「產業文創化」讓人人都成為「文創者」，路才能越走越寬廣。

文創與藝術

文創是不是藝術？文創與藝術有何關聯？要回答這個問題，先要瞭解什麼是藝術。傳統藝術有5大類別——

- 繪畫　painting
- 雕塑　sculpture
- 建築　architecture
- 音樂　music
- 詩歌　poetry（含劇場表演與舞蹈）

除傳統藝術外，尚有所謂Fine arts（「台北市立美術館」的英文名字就稱Taipei Fine Arts Museum），Fine arts由於內容包含廣泛，因此沒有統一的譯名，有譯為「純藝術」、「美術」，甚至很奇怪的被譯為「精緻藝術」（難道其他的傳統藝術就不精緻了？），Fine arts不強調實用性的藝術（applied arts），而是強調美學（aesthetic）與意義（meaningfulness），因此作品品質（the quality of the artwork）不被突顯，關注的是藝術純度（purity），也就是說，「意念主張」大於「作品技巧表達」，所以Fine arts範疇就變得很廣泛，以下的類別都是——

- 電影　film
- 攝影　photography
- 影像　video production / editing
- 設計　dcsign
- 視覺對話藝術　sequential art，如漫畫、動畫
- 觀念藝術　conceptual art
- 印刷　printmaking [8]

因為類別主要涉及視覺，所以也有人稱其為「視覺藝術」（visual art），但以學術名詞的周延性而言，這又不太精準，因為電影、影像、動漫，甚至觀念藝術都有聽覺的元素，這也呈現Fine arts範圍包山包海，很難有精確的譯名。

Fine arts涉及範圍廣泛，因此和大眾文化有點像又有點不像，大眾文化衍生的大眾藝術，如電影、偶像劇、流行音樂、動漫，除有文創性格外，和Fine arts有一些重疊，不過還是有一些區別——

---

[8] 參考自 https://en.wikipedia.org/wiki/Sequential_art

- **載具**：大眾文化都使用大眾傳播媒體（電視、報紙、廣播、雜誌）作為載具，但很多 Fine arts作品「作品即載具」甚至「載具即作品」，2016年北美館台北雙年展，越南籍藝術家張公松《盲地圖》，是一捲被白蟻蛀蝕的紙卷，就是「作品即載具、載具即作品」。不過所謂「藝術」應是「觀念」的再現（represented），因此必須是人為的心智創作，創作者個人的表現應被看見，單純的物品（載具）呈現（如白蟻蛀蝕物、小便斗），是否可稱為「藝術」？值得討論。

- **作品數量**：大眾文化由於具商業目的，必須大量生產、大量銷售，因此可以複製，雜誌、報紙印越多越好；但藝術卻要訴求稀有、原創，所以強調單一性，作品之外的摹本，就被稱為山寨或複刻，因此若有人再拿一捲被白蟻蛀蝕的紙卷來參展，就不會被接受。

張公松《盲地圖》，2016 年台北雙年展。

- **傳播對象**：大眾文化的傳播對象是大眾（mass），所謂大眾是沒有特定面貌的一群人，沒有性別、年齡、教育程度、地域的區分，這也顯示大眾文化的銷售對象是多多益善；但 Fine arts 的傳播對象卻是小眾菁英，是公眾（public）的概念，換言之，必須具備一定的興趣或素養的人，方會或方能解讀作品。

- **意義**：大眾文化是以資本主義運作為基礎，考量市場反應，所以是商業性格、營利導向，經由大量生產、大量廣告、大量銷售，而達到高度盈收的營利目標；但 Fine arts 作品很多是創作者個人理念的自我展演（the presentation of self），純粹展現觀念，沒有商業企圖，如 2016 年台北雙年展李明學《光譜》，作品就是一排由深至淺色的去標籤的茶飲料保特瓶，作者自敘作品是「水平線上形成一道可見的光譜，一種商業資本主義下的些許詩意，重新喚醒人茶文化經濟記憶與想像的思考」[9]，這個作品對創作者而言只是「觀念」呈現，可能並不考慮作品的商業功能。

- **閱聽人地位**：大眾文化以銷售為目標，當然消費者至上，作品必須以閱聽人感受為主要考量；但 Fine arts 卻是菁英主義思維，呈現藝術的貴族性或文化霸權，作品是創作者主觀意志的表態，不考慮或很少考慮觀看者感受，不同的觀看者會有不同的詮釋，形成不同的選擇性理解（selective perception），但創作者恐怕也不理會觀看者與其是否有共同認知。

李明學《光譜》，2016 年台北雙年展。

- **傳播者主觀意圖**：在大眾文化的創作中，創作者主觀意圖要被隱藏，不喜歡喝咖啡的廣告片導演，會把咖啡廣告拍得誘人，讓咖啡顯得滴滴香醇意猶未盡；不喝啤酒的藝人，也會透過廣告告訴消費者啤酒「尚青啦」；但在 Fine arts，創作者可以毫不掩飾的陳述自己的立場與意識型態，將主觀意圖完全展現，2016 年台北雙年展陳界仁《殘響世界》就以各種載具（照片、地圖、記錄影像）呈現創作者對「樂生案」的認知與態度，換言之，藝術家不會只是個「中立觀察者」（neutral observer），而是扮演「促動參與者」（advocate participant）的角色，成為歷史學者、社會學者或媒體工作者。

---

[9] 引自 2016 年台北雙年展特刊《當下檔案、未來系譜》，頁 96，台北市立美術館出版。

- **傳播者與閱聽人認知交集**：大眾文化的創作，傳播者與閱聽人認知必須完全交集或大部分交集，「陽春白雪」式的作品很難成為市場的流行；但 Fine arts 作品，創作者與觀眾認知卻不必有交集，或有少許交集即可，2016年台北雙年展賴怡辰《交易活動的語言性》，其作品是敘述創作者做了24條麵包，每條賣了100元，然後以這2,400元購置了畫框陳列架的「過程」，作品包含交易過程的翻譯、對話、檔案；但觀眾在現場看到的是裱框的24張百元鈔，以及所換購的畫框陳列架，畫框裡貼著2,400元的購買發票。

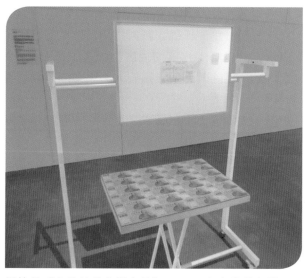

賴怡辰《交易活動的語言性》，2016年台北雙年展。

這個作品只是創作者意念或創作過程的某一截圖，而非全部，必須聽完「故事」（導覽或文字說明），才知道創作理念，觀眾只看作品不看文字說明，會形成選擇性理解的「以管窺豹」或「瞎子摸象」，摸到象腿說大象像柱子、摸到肚子說大象是面牆。這也顯示 Fine arts 創作者，理念（「觀念」本身）執著脈絡化（contextualization），作品背後有冗長的故事或複雜的思緒，但弔詭的是截圖式的作品卻又去脈絡化（de-contextualization），去頭去尾或無頭無尾，不試圖與閱聽人的認知交集。

表 1.5　大眾文化與 Fine Arts

差異點	大眾文化	Fine Arts
載具	大眾媒體	作品即載具，載具即作品
作品數量	多，可複製（duplicated）	單一
傳播對象	大眾	小眾菁英
意義	商業性格、營利導向	創作者自我展演
閱聽人地位	以閱聽人感受為考量	不考慮或很少考慮閱聽人感受
傳播者主觀意圖	隱藏	完全展現
傳播者與閱聽人認知交集	完全交集，或大部分交集	不必交集，或很少交集

　　文創有點像大眾文化，但也有點像藝術，文創因有商業企圖，因此必須有大眾文化的親和性與易接近性，但也要有點藝術性格，否則很難加價賣出，二者的差別可以從以下的觀點討論——

● **消費者對作品認知**：觀眾對藝術作品的確會有選擇性認知，每個人由於養成教育、社經地位、品味的不同，而對藝術品有不同詮釋，這是很正常的現象；但對文創品的歧異認知要越少越好，文創品的創作者固然有其主觀意志，但也會有市場考量，消費者歧異性的選擇性認知是不利於對大量銷售的期待。

● **符號學詮釋**：符號學（semiotics）是分析文本（text）「意義」的產生與交換，經由文本的符號具（signifier），以探討其背後的符號義（signified），符號具是文本外顯的文字、圖像、表情、動作，符號義是文本符號具的指涉，也就是傳播者試圖呈現的意義。從表 1.6 可以瞭解，認知符號具與符號義的關係，大部分來自學習，也就是文化或社會賦予的意涵。

表 1.6　符號具與符號義

符號具（signifier）	符號義（signified）
玫瑰	愛情
菊花	哀悼
桐花	客家
紅燈	禁止
綠燈	通行
眼鏡、書本	文青
鐵塔	巴黎
勝利女神像	紐約
101 大樓	台北或台灣

　　所謂「意義」的產生，指的是創作者個人的思維的產出；「意義」的交換，指的是創作者（傳播者）與觀眾（受播者）認知的重疊與交集，文創品（符號具）是創作者與消費者二者的認知（符號義），雖然不必完全重疊，但必須是大部分重疊，否則交易無法達成。

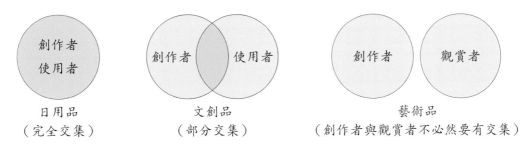

| 日用品 | 文創品 | 藝術品 |
| （完全交集） | （部分交集） | （創作者與觀賞者不必然要有交集） |

圖 1.1　創作者與使用者對「意義」之認知差距

　　相同符號具交給不同藝術家也會創作出不同符號義的作品，如華語的《遊子吟》歌曲與布拉姆斯的《大學慶典序曲》的主旋律都是取自德國民謠，但相同符號具（德國民謠）在不同音樂家手中卻創作出截然不同符號義的作品，布拉姆斯的《大學慶典序曲》是呈現歡樂，但華語的《遊子吟》搭配唐朝孟郊的詩，呈現是有點哀傷、思念母親的符號義，這顯示藝術的抽象性高、可詮釋空間大。

　　但文創因具商業企圖，所以要有大眾性格，因此作品常會借用他物呈現，如修改現成的符號（如故宮文物），搭配在現成物品上（如胡椒罐），因此是具象的，由於作品符號義約定俗成，具社會共同認知，因此作品意涵也不需要創作者詮釋，人人看得懂。

表 1.7　藝術與文創的符號學意義

符號	藝術	文創
符號具 （signifier）	● 作品為獨特創作物 ● 抽象	● 作品常借用他物呈現 ● 具象
符號義 （signified）	● 須創作者詮釋 ● 符號義依觀眾選擇性認知而不同	● 不須創作者詮釋 ● 符號義約定俗成，具社會共同認知

參　文創與文化

　　很多學者討論文創產業，都會追溯到「文化」源頭，認為廣義的文化，是指某一特定社會中，人們共有或接受的信仰、生活方式、藝術與習俗；狹義的文化，是指藝術、音樂與文學，簡單地說，就是「藝術」。並有學者引用阿多諾（Theodor Adorno）及霍克海默（Max Horkheimer）的主張，認為文化的理想狀態就是藝術，是人類創造力特殊而卓越的型態。而世界各國文化政策所管的「文化」，其實是狹義的文化：藝術，這是因為藝術代表國家形象，被視為精神生活水準的指標。(劉新圓，2009)[10]

　　至於文化產業，劉文認為，英國學者 David Hesmondhalgh 所定義的文化產業最為精準。他認為，文化產業的製品都是文本，可以任人加以解讀；文本包括歌曲、敘事或表演等，它主要是為了引起心智反應，充滿豐富的表徵意涵，藉此達成溝通的目標。例

---

[10] 劉新圓（2009）〈什麼是文化創意產業？〉，http://www.npf.org.tw/post/2/586。

如大部分的車輛都會涉及文化性的設計，但它的目標不是為了指涉某種意義，而是為了運輸。根據這個定義，Hesmondhalgh 提出了「核心文化產業」一詞，內容包括廣告及行銷、廣播與電視產業、電影產業、網際網路產業、音樂產業、印刷及電子出版業、影視與電腦遊戲產業。[11]

Hesmondhalgh 的「核心文化產業」討論，似乎混淆了文化（culture）與文明（civilization），廣告、廣播、電視、電影、網際網路、音樂、印刷、電子出版、與電腦遊戲，固然是文化，但更是文明的展現，Hesmondhalgh 所提的「核心文化產業」，似乎是呈現西方的科技文明成就，而不只是文化。

文化是族群生活方式的展現，也是族群聚集演化過程所呈現的集體記憶，這是一種動態的過程，每隔一段時間就會有改變，因此會有文化變遷或社會變遷的說法，此外，文化既然是群聚演化，因此文化只是客觀呈現，彼此之間無優劣之分，換言之，「文化」是中性的名詞。

文化是客觀存在的現象，但文明則有褒貶的意涵，很多人會認為歐美比較文明，但某些國家的政府或人民則「不文明」，如不同民族對說話聲音大小有所不同，這是因不同環境與人際互動禮節所形成的「文化」，但現在卻以講話聲音的大小來定義「文明」程度，形成西方強勢國家以自家的文化來詮釋、定義「文明」——這也是另一種形式的文化帝國主義。

歐陸國家與學者對文化產業的態度，也影響很多台灣學者的看法，因此甚至有學者主張「文創產業」就是「精緻文化的產業化」。但是歐陸國家的庶民文化，搬到台灣就成為精緻文化，如古典音樂是歐洲人生活的一部分，但台灣卻是少數菁英專屬，因此歐陸國家對文化產業的態度，台灣、中國或亞洲國家不必或應該全盤引用，台灣當然可以驕傲的使用「文創」的概念。

---

11 同註 10。

1-4 文創指標

 文創無所不在

「文創」一點都不難！綜合本章所述，文創是個簡單的概念，就是「文化＋創意＝文創」，文化是斯土斯民的生活方式，創意是可提升商品附加價值的巧思與慧點，任何產業只要加入文化與創意的元素，都可以成為「文創產業」，這就是「產業文創化」的精神，因此在行銷與管理的過程就要掌握2個原則——

「文化」商品化：將文化轉換為商品

「商品」文化化：將商品以文化包裝

也就是說，包含歷史、地理、人文、物產、習俗、宗教、動植物、風味小吃，所有「斯土斯民」生活的特色，都是「文化」，而「商品」除了具體、以金錢衡量、具交易價值的物品外，城市、產業、企業的形象也是可以被文創包裝的「商品」，這也表示所有產業都可以用文創思維加值。

雲朗飯店集團2016年在威尼斯的新旅館開幕，旅館華文名字「雲水之都」（Palazzo Venart），只有18間房間。由於該集團執行長張安平曾寫了一本介紹威尼斯發展歷史的書，涵蓋許多重要人事物，於是18個房間扣連在地歷史文化，分別對應一個不同的主題作為裝潢主軸，每個房間的概念、色系和家具完全不一樣，合在一起，就是述說一個完整的威尼斯故事。開幕前送書給威尼斯市長，並介紹旅館設計概念，市長很感動地說，「威尼斯幾百家飯店，沒有人把當地歷史和文化做出如此緊密的結合，沒想到一個來自台灣的集團做到了。」[12]

這是個以文化作為創意元素的好例子，也表示商品、企業或產業是不是冠上「文創」之名不重要，只要溶入文化的底蘊，就是可以用創意加值來加分，文創真的無所不在。

---

[12] 個案摘自盛治仁〈說動人故事，提升文創產業的價值〉，聯合報2016/12/17，http://paper.udn.com/udnpaper/PID0030/307062/web/index.html

以指標評估文創

文創既然就是「文化＋創意」，那其評估標準能不能指標化？廣告學界對訊息創意有一些評估標準，或許可略加修改，以用來評估文創。廣告訊息效果評估指標是——

- **獨特性（Unique）**：廣告有無呈現商品的獨特銷售主張（USP: Unique Selling Proposition）？
- **衝擊性（Impact）**：廣告能否帶來瞬間感動，而令人印象深刻？
- **相關性（Relevant）**：廣告表現與商品特性、使用情境是否有關？其創意是否為本廣告「專屬」，而不能套用其他商品？
- **原創性（Original）**：廣告表現是否原創，而非來自模仿與人雷同？
- **可運動性（Campaignable）**：廣告是否呈系列性？各類型廣告是否仍維持固定調性？[13]

這5個指標，事實上也對應了文創概念的文化指標與創意指標——

文化指標

- **獨特性**：指的是 Unique，商品可呈現獨特的在地文化特色，如歷史、地理、人文、物產等元素，且這個文化特色具顯著的排他性（exclusive），為其他城市、地區、標的所沒有，如博物館行銷，翠玉白菜是台北故宮獨特的藏品，蒙娜麗莎是羅浮宮的特色。

- **關聯性**：指的是 Relevant，即使標的物沒有特別突出的獨特特色，但商品的表現也應該可以代表標的物在地文化，而非到處可用，前述的雲朗威尼斯飯店，用的是威尼斯的在地故事，它絕對不會用日本長崎《蝴蝶夫人》的故事來裝潢。現在市面很多所謂文創商品，無論是文具或用品，美則美矣，但就看不出在地文化特色，就是缺乏與在地文化的關聯性。

再舉一例，貝聿銘所設計的蘇州博物館，就是博物館所在地江南庭園風格，他另一個作品日本京都美秀博物館，主體建築就有日本農舍的味道，均與地方文化具關聯性；但北京中央電視台的建築，就和城市沒有一絲關聯，此建築搬到上海、曼谷、杜拜都可

---

[13] 摘自鄭自隆（2014）《廣告策略與管理：理論與案例交鋒對話》，頁258，台北：華泰。其中 ROI 為美國 DDB 廣告公司的創意哲學，其認為一個有效的廣告必須具備「有關聯的」（relevant）、「原創的」（original）、「具有衝擊力的」（impact）等3個要件。

以。這個道理和電視廣告一樣，很多廣告讓人眼睛一亮，但卻與商品無關，可以用來賣汽車也可以用來賣保險，這種廣告對觀眾而言，只會記得故事而忘掉商品，只有娛樂效果而沒有銷售效果。

創意指標

- **衝擊力**：指的是 Impact，就是接觸瞬間的驚豔與感動，作品無論造型、色彩、功能、尺寸、用途……，都是可以讓人眼睛一亮的元素，這就是創意的功力，文創商品是選購品（shopping goods）而非生活必需品，因此消費者接觸商品瞬間的感動，常成了衝動購買的契機。

- **原創力**：指的是 Original，作品一定要原創，不得模仿或抄襲，模仿或抄襲會讓作品淪為山寨，也會有法律問題。台灣很多地方的遊樂區外牆壁畫，常會使用日本卡通人物做主角，然後搭配不同背景，使用遊客熟悉的卡通人物固然討喜，但也喪失了原創力與品味。當然台北貓空纜車車廂使用授權的 Kitty 圖案，讓遊客量提升，長榮航空的 Kitty 班機也廣受歡迎，但這都是取巧的作法，如何善用設計的原創力才是企業應該努力的目標。

- **傳播力**：指的是 Campaignable，文創作品不能美則美矣，應該要有「說故事」（storytelling）能力，故事可以來自歷史典故、鄉野傳說，也可以是創業者篳路藍縷以啓山林的血淚故事，除了「人」以外，原料、製程、工法、名人消費者都可以是故事。

　　台南著名的「度小月」擔麵（華文寫成「擔仔麵」是錯誤的，當地正確的讀音只有「擔麵」二音，沒有「仔」音），背後是創業者洪芋頭的故事，他是日治時期安平的漁夫，以小舢舨打魚為生，但冬天風浪大，小船出不了港，為了度過無魚可打可賣的苦日子，於是冬季就挑了擔子，擔子擺上火爐，掛了 2 把矮竹橙，沿街叫賣，有客人，就停下來，請客人在竹橙坐，他就當場下麵，麵好澆上蝦湯，擺上肉燥及劍蝦，然後呈給客人，以賣麵「度」過嚴冬的「小月」。

　　這就是為什麼度小月本店，現在還有擔子，店主人要坐在矮竹橙煮麵，客人也可坐在矮竹橙吃麵的原因；有故事，才有媒體效應，才會有傳播力，消費者消費的可不只是商品，而是符號與想像，同樣的媒體的關注點，也不會是商品本身，而是背後的故事，商品容有生命週期，但精彩的故事卻是可長可久。

表1.8 文創評估指標

文創評估指標		說明
文化指標	獨特性（Unique）	作品可展現標的物「在地」獨特的特色
	關聯性（Relevant）	作品與在地文化有關聯
創意指標	衝擊力（Impact）	具視覺衝擊性，帶來瞬間的驚豔與感動
	原創力（Original）	具原創思考，不是模仿或抄襲
	傳播力（Campaignable）	有「說故事」能力，具媒體效應

chapter TWO

文創管理 I：
消費者與商品

照片說明：
北京 798 藝術園區作品，「文創」與「藝術」
一樣，就是將對的商品賣給對的人。

2-1 消費者管理

壹 交易之達成

　　文創就是「文化」商品化（將文化轉換為商品）、「商品」文化化（以文化包裝商品），因此在整個商業化的過程，就會涉及如何以創意巧思將文化整合於商品中，也必須瞭解消費者的需求與購買動機，此外，為拓展銷售量與銷售點，必須有銷售管理的概念，而要讓銷售持續不墜，更要建構並維持品牌價值，所以本章和第3章即分節討論如下的文創管理範疇——

- 消費者管理
- 商品管理
- 品牌管理
- 行銷活動管理

　　文創商品的銷售在消費者的一念間，行銷之達成，其基本條件是消費者因完成交易所得到的利益（benefit）必須大於或至少等於其所支付的成本（cost），舉例來說，購買一瓶包裝水支付20元，20元是其交易「成本」，而交易所獲得的「利益」是解渴；當某人覺得很渴，自認其解渴生理需求超過20元的購買成本時（利益＞成本），他就會買；而另一個人儘管也很渴，但覺得忍一忍回家喝，可以省下20元，交易利益（解渴）小於所支付成本（20元），行銷就不會完成。

　　買車也是一樣，一部國產車60萬元是其所支付的成本，因買車得到的利益是上下班方便、節省時間、不會日晒雨淋、假日可以帶家人出去玩；但購買雙B車，「成本」是300萬元，因此其「利益」不會只是上下班方便、節省時間、免於日晒雨淋、假日可以帶家人出去玩等車子本身的功能需求（utilitarian needs）滿足而已（即商品實體面的利益），而是提升至「社會地位象徵」的社會需求（social needs）甚或「自我實現」的心理需求（psychological needs）的滿足。

　　向親朋好友推銷保險、直銷也是一樣，被推銷者心裡也是徘徊著「成本」（保險價金、直銷商品購買費用）與「利益」（出險給付、商品功能）的考量，此外，尚伴隨著社會壓力（拒絕是否傷害彼此情誼）的斟酌，當成本高於利益與社會壓力，他就會拒絕，反之，交易就會達成。

　　文創商品的交易也是一樣，購買者支付的是商品價金（經濟成本），但得到的商品利益則可能有如下的滿足——

- **商品使用**：如有設計感的文具、杯子可以實際使用；
- **展示陳列**：如有趣新奇的公仔可以陳列擺設；
- **地位象徵**：如購置高價的文創作品代表經濟能力；
- **文化品味**：如以使用或收藏文創品以展現文化或生活品味；
- **同儕讚許**：如以購置收藏文創品博得同儕讚賞；
- **自我期待**：如購置文創品以表示對自我辛勤工作的慰勞。

$$\frac{\text{Benefit}}{\text{Cost}} \geqq 1$$

圖 2.1　行銷之達成

 滿足消費者需求

　　上述提到的購買文創商品，所產生的「利益」會有很多層面，對消費者而言，這些可能的利益包含了 3 個層次的需求滿足——

1. **工具性需求**：指商品工具性與功能性需求的滿足，如飲料之於解渴、泡麵之於療飢、汽車之於代步，是商品最基本的功能；就文創產業而言，商品的使用與展示陳列功能就是文創商品本身具有的基本功能。

2. **社會性需求**：指獲得團體認同、團體承認與歸屬感的需求滿足，社會性需求所呈現的團體歸屬，在生活中處處可見，在外商公司上班的 OL 穿著打扮、所提的包包，和在本土企業的上班族女生不同就是例子；在大學校園也是，同樣是大學教師，但商學院的老師通常會西裝領帶，比其他學院的老師來得講究；因此以文創商品呈現地位象徵、文化品味，或獲得同儕讚許，就屬社會性需求的滿足。

3. **心理性需求**：滿足消費者自我尊重（self-esteem）或自我形象（self-image），如早期台新銀行玫瑰卡強調「認真的女人最美麗」，就是滿足職業婦女自我尊重的需求。購買高價的文創商品是心理層次自我期待的滿足，此外，地位象徵、同儕讚許也是購買者心理需求的想像。

商品就是要創造「需求」（needs），心理有了需求，才就會產生消費動機（motivation），動機促使購買行動，需求與動機是內在的心理驅力，而購買則是外顯的行為。

表2.1是一般商品如何滿足消費者需求的檢核表，不過亦可用來思考文創商品，消費者需求是多面向的，因此商品不必也不能每個面向都具備，「全方位就是沒方位」，只要強化強項即可。

文創商品由於有文化與創意的附加價值，所以通常價格會比較高，因此功能性需求的滿足，應是抽象的，如「有無增進生活情趣？」，太強調具象的功能，和一般性商品競爭並無意義；此外，更應著重社會性需求與心理性需求的滿足，暗示消費者購買商品所衍生的社會屬性與心理療癒功能。

表2.1 商品滿足消費者需求檢核表

消費者需求	指標	有	無	備註說明
功能性需求 （utilitarian needs）	增加商品分量？			
	擴大使用者？			
	延長使用期限？			
	增進生活情趣？			
	改善生活功能？			
	增進工作效率？			

消費者需求	指標	有	無	備註說明
社會性需求 （social needs）	顯示性別屬性、增進性別認同？			
	顯示教育程度屬性？			
	顯示職業屬性？			
	顯示社會階級歸屬？			
	顯示生活或地域屬性？			
	顯示經濟能力？			
心理性需求 （psychological needs）	暗示消費者可提升自我形象？			
	暗示消費者可肯定自我？			
	暗示消費者可提升社會地位？			
	暗示消費者可提升生活品味？			
	暗示消費者可促進同儕關係？			
	暗示消費者可促進親子關係？			
	暗示消費者可增進愛情或婚姻關係？			

參 選擇性過程

　　選擇性過程是古典的傳播理論，用來討論閱聽人接觸傳播訊息的行為，但也可以用來說明消費者與文創商品的互動。J. T. Klapper 是理論的創始人[1]，這個理論說人們每天接觸這麼多的傳播訊息，可不會照單全收、有聞必記，而是經過不同的選擇性過程——

- **選擇性暴露（selective exposure）**：所謂暴露，就是接觸傳播訊息閱聽人有需求，才會去看去聽去注意，沒有需求就會看而不見、聽而不聞，如家裡信箱的房地產廣告傳單，對需要買房子的人，這些傳單是「資訊」，對不需要買房子的人，這些傳單是「垃圾」，因此會形成不同的處理態度，「垃圾」丟棄、「資訊」帶上樓閱讀研究，這就是選擇性的暴露。

---

[1] Klapper, J. T. (1960). *The Effects of Mass Communication*. New York: Free Press.

- **選擇性理解（selective perception）**：閱聽人會根據自己的需求、資訊處理能力、預存立場（predisposition）、意識型態來詮釋所接觸的訊息，每天晚上全家一起坐在客廳看電視，同一則新聞報導、同一部連續劇，每個人看後會從不一樣角度做不同的「解讀」，這就是選擇性理解。

- **選擇性記憶（selective retention）**：人們都有這樣的經驗，昨天看了一個晚上的電視，但若問你記得哪些廣告？可能一個也不記得，或許記得一、二個，而這些少數記得、特別有印象的廣告，會和你的「需求」有關，當想買手機，就會記得手機的廣告，當時肚子特別餓，就會記得泡麵廣告。這就是選擇性記憶，retention 指的是記憶的殘存，記憶會殘存，除與消費者需求有關外，另一個因素是訊息的衝擊力（impact），當廣告表現與眾不同，形成強調對比性（contrast）也會令人印象深刻。

在日常生活中，選擇性過程並不限於接觸媒體訊息的行為，在消費行為中亦會有選擇性的動作，逛百貨公司，有些商品特別引起注意，這是消費者的選擇性暴露；所注意的商品，消費者會從功能、使用者、原物料、色彩、設計等不同角度去評斷，這是選擇性理解；若沒有購買，這位消費者回家後，若是偶而還會懷念這件失之交臂的商品，這就是選擇性記憶。

文創商品如何在消費者暴露、理解、記憶的過程中，爭取到「被選擇」？首先必須滿足消費者個人的需求，但消費者個人的需求有其個別差異，無法全面討好，因此必須在外觀下功夫，商品設計必須「吸睛」，具衝擊力可引起注意，方能在眾多陳列的商品中取得青睞，形成選擇性暴露。

其次，在選擇性理解，文創商品雖然不必像藝術品那樣，充滿創作者的主觀性，刻意拉高抽象層次，但文創商品畢竟不是日用品，不能那麼直白，還是要有些抽象性，但在設計上必須掌握「契合消費者認知」的原則，不應該創作者的理念是「愛情」，但消費者甲看到的是「無言」，消費者乙看到的是「分手」。

在選擇性記憶方面，文創商品要留下餘韻令人回味，除消費者個人需求外，主要要有「故事」（story-telling），商品背後的故事精彩，就會讓消費者記憶久久。像阿原肥皂，肥皂就是肥皂，但有了阿原的故事後，肥皂就不僅是肥皂，而是對自然、健康、生態的想像。

表2.2 購買文創商品的選擇性過程

消費者選擇性過程	文創創作者對應作為
選擇性暴露	設計「吸睛」，具衝擊力
選擇性理解	創作理念「契合消費者認知」 不同消費者對商品有共同認知
選擇性記憶	有「故事」有餘韻

肆 刺激反應模式與消費者區隔

　　接觸訊息（影像、聲音）是刺激（stimulus），刺激會形成反應（response）或不反應，不反應代表訊息令人無動於衷，溝通（communication）失敗，文創商品和消費者的溝通也是一種刺激與反應的過程。

　　看到商品是接受刺激，對商品的認知、態度、行為是反應（response），不是相同的刺激就會形成相同的反應，不同的人看到同一商品反應可能也不同，在精品專櫃前，夫妻爭執該不該買，就是同一刺激但反應不同；在刺激與反應之間會有一個「中介變項」（intervening variables）來干擾或決定對刺激的反應，很多傳播、商學、心理領域學者都有討論是哪些因素影響閱聽人對訊息的詮釋，茲舉傳播領域 M. DeFleur的看法予以說明，DeFleur（1982）認為有3個因素會影響閱聽人對訊息的詮釋：

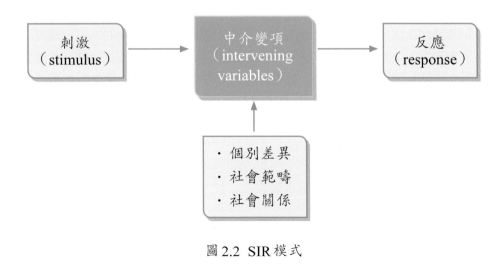

圖2.2 SIR模式

第一個因素稱為「個別差異說」（Individual Differences），每個人本來就有個別差異，相同父母生的兄弟姐妹也會意見分歧，這是來自人格（personality）的差異；此外，前述的因需求或認知不同所產生的選擇性過程（selective process）也屬個別差異。在文創商品行銷的應用，前述的選擇性過程的討論，可供參考。

第二個因素是「社會範疇說」（Social Categories），不同的人口學特徵，如不同性別、教育程度、社經地位對廣告的詮釋也不一樣；此外，分屬不同次文化（subculture）或社會層化（social differentiation）不同，對訊息也會有不同反應，所謂社會層化，係指社會結構中，特徵、地位相同的一群人，即具有相同「人格」，對訊息的反應也類似。

第三個因素是「社會關係說」（Social Relations），不同社會網絡（social network）會影響個人的消費行為，早期的眷村媽媽，不管是外省籍還是本省籍，除消費行為外，甚至價值觀、政黨傾向都很一致，這種一致化的現象，是社會網絡所塑造的無形社會規範（social norm）的影響。

社會範疇說與社會關係說，對文創商品的行銷啟示是精準的掌握目標消費者，很多企業主都有錯誤的觀念，認為每一個消費者都要爭取，何必區隔，事實上，不同商品個性迎合不同消費者，會買 Starbucks 咖啡的人應該不會買罐裝咖啡，會開捷豹車（Jaguar）的人可能也不想開拉風的超跑；一本早期的廣告教科書就曾提到這麼一句話「Don't try to sell everybody and end up selling nobody」（想賣給所有的人，最後一個也賣不掉）[2]，這句話點出一個重點──任何商品都有其性格（personality），不同商品性格適合不一樣的人。

文創商品和日用品比較，其「商品性格」更為強烈，更不可能討好每一個人，甚至同樣是文創商品，文青喜歡，中年大叔卻未必買單，消費者的性別、年齡、工作型態、居住地區、生活經驗可能都不一樣，因為這些人口學變項的差異，讓他們成為不一樣的消費者區塊（consumer segment），這就是消費者區隔（consumer segmentation）概念。

商品性格會來自銷售之前商品化的規劃，如汽車在設計時就有消費者輪廓的想像，房地產也是，設計時就想到要賣給什麼樣的人，許多高涉入感的商品在做商品規劃時，心中都有目標消費者（TA: target audience）的設定，商品再依據目標消費者的喜好、使

---

[2] 見 Wright, J. S., D. S. Warner and W. L. Winter, Jr. (1971). *Advertising*, New York: McGraw-Hill.

用習慣量身訂做；但有一些低涉入感的商品，是研發單位開發出來後，銷售部門再找廣告公司一起思考，要如何包裝、定位，再經由廣告塑造其商品性格。

對文創商品的規劃，最好在開發前就想好要賣給誰，然後根據目標對象的喜好「量身訂做」設計商品，思考文創商品的市場區隔通常有幾個指標可以參考，不同指標，文創創作者應有不同對應作為──

- **性別**：若以性別為區隔，則設計強化性別屬性與認同，如很 man 或很萌；
- **年齡**：若以年齡為區隔，商品加入不同年齡層喜好的元素，如針對十餘歲的女生就使用粉彩、夢幻的元素。
- **社經地位**
- **教育程度**
- **生活型態**
- **居住地區**
- **藝術品味**
- **經濟能力**

此外，社經地位（social-economic status）、教育程度、生活型態（含職業）、居住地區、藝術品味、經濟能力等區隔元素，都屬「社會階級」，社會階級元素都是連動的，通常高教育程度，就會帶來高社經地位，連帶的生活型態、職務階級、居住地區、藝術品味、經濟能力都不同。

社會階級作為區隔指標只能「暗示」不可「明示」，如明示商品是賣給大企業董事長級的消費者，那就 Low 掉了，真正的大企業董事長會覺得招搖而不會買。因此必須經由暗示形成同儕壓力，慢慢的就會變成約定俗成的習慣，如台灣中階經理人，人人都有支萬寶龍筆（Mont Blanc），此筆已成中階經理人階級象徵，就是暗示的、約定俗成的過程。

使用社會階級作為區隔，商品元素必須能滿足消費者社會性需求與心理性需求；此外，上述市場區隔指標應用時須視商品而定，不是所有文創商品的市場區隔都得用到所有指標。市場區隔是要協助行銷能夠「聚焦」，不要散彈打鳥，因此進行市場區隔時，不是把目標市場畫得越大越好，要考慮自己的利基（niche），展己之長，不是憑空想像，這也就是利基市場（niche market）的主張。

表2.3 文創商品消費者區隔

消費者區隔指標	文創創作者對應作為
性別	設計強化性別認同
年齡	考慮不同年齡層特殊喜好
社經地位	• 設計元素必須滿足消費者社會性需求與心理性需求。
教育程度	• 此外若強調「經濟能力」，可以以定價區隔。
生活型態	
居住地區	
藝術品味	
經濟能力	

伍 涉入感與 FCB 模式

所謂涉入感（involvement）簡單的說，就是訊息刺激與經驗認知連結比對後，所形成的反應。更簡單的說，就是「在乎的程度」，買手機和買瓶瓶裝水，「在乎」的程度不同，買手機會蒐集資料，但買瓶瓶裝水，付了錢就走；而買汽車又和買手機不同，買汽車會問朋友間的汽車達人（稱為意見領袖，opinion leader）、會比較功能、價格、參觀展示車、考慮顏色，甚至安排試駕，換言之，越在乎，涉入感越高，決策過程越複雜。

選擇結婚對象的決策過程，似乎又和買汽車、買房子不同，選擇結婚對象是感性、或是盲動的決策過程，買汽車、買房子卻是理性思考；美國一家叫 FCB（Foote Cone & Belding）的廣告公司，即根據消費者決策過程中的感性、理性，與涉入感的高低交叉，形成FCB模式（又稱FCB Grid，FCB方格），用以協助創意思考，以發展廣告策略。

FCB模式以消費者的購買決策為基準，X軸將決策取向區分為理性或感性，Y軸將涉入感區分為高或低，形成2 × 2的方格，當清楚區分消費者購買決策過程後，行銷與廣告方能有明確的策略方向。

消費者要買一樣商品時，決策取向會有理性或感性的區別，理性決策會考量其實用性，並以「價值／價格比」（CP值，cost / performance ratio）作為依據，考量是否價值

＞價格？而感性決策則會偏向「炫耀性」的考量，因此對品牌或造型的考量，會大於功能與價格。涉入感高低通常以「價格」為區分，價格高會牽扯較多的考量為高涉入感；反之，價格便宜的商品，涉入感低，決策過程單純。

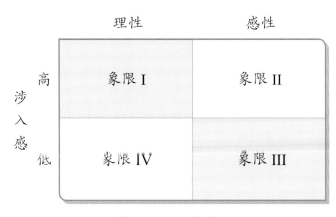

圖2.3 FCB模式

FCB模式區分為4個象限，每個象限的消費者購買決策不同，因此廣告所形成的策略當然也不同。

一、象限Ⅰ：資訊導向消費行為

此象限為理性、高涉入感，如高單價的汽車、房地產均是，人們買房子不會只看廣告就做決策，因為單價高、買賣過程複雜，所以涉入感高，再者，房子是永久財，要考慮地段、學區、交通、建材設備、周遭環境、建商信譽、增值空間……，考慮因素眾多，決策過程複雜。

因此既然是「資訊導向消費行為」，所以這類商品的廣告，就應儘量提供資訊協助消費者決策。

二、象限Ⅱ：情感導向消費行為

此象限為感性、高涉入感，如珠寶、藝術品、高級服飾均是，台灣小資女期待有個LV包包，結婚時有只Tiffany鑽戒；「敗家」貴婦排隊買Hermes包、2個C交叉的涼鞋；不太懂藝術的大老闆到畫廊選畫妝點品味，衣服、鞋子非Armani、Bally不穿，這些商品都是價格昂貴（高涉入感），雖然商品「價值」是否等值「價格」見仁見智，但有人還是非此品牌不用，既執著又感性。

這個導向的商品絕大部分是所謂的「精品」，品牌絕對是重點，消費者決策過程複雜，會以有形「品牌」與無形的「自我尊重」（self-esteem）連結，作為購買的考慮因素；「品牌」就是「自我尊重」的基礎，經由「名牌」價昂、稀有、只有少數人買得起的市場特性，建構對自我價值的肯定，或對自己辛苦工作的慰勞。

三、象限 III：偏好導向消費行為

此象限是感性、低涉入感，如菸酒、品牌文具、糖果、蛋糕……，這類商品涉及自我認同，如情人節送巧克力，有人會送 Godiva 或金莎，但不會送 77 乳加，是 Godiva 或金莎比 77 乳加好吃？當然不是，因為送禮是屬社交行為，所以決策過程會以「品牌」與「自我社會認同」為考慮因素。

對偏好導向消費行為，由於涉入感低，因此廣告要強調立即性滿足，因為是感性抉擇，所以品牌很重要，要訴求品牌，而不強調原物料，並強調商品與消費者社會認同的連結，如塑造中產階級上班族早餐應該就是麥當勞。

四、象限 IV：習慣導向消費行為

此象限為理性、低涉入感，如日常生活用品、柴米油鹽等，因為大都是日常用品，重複購買頻率高，如牙膏、洗髮精、衛生棉都有固定購買週期，因此這個象限的商品間歧異性（differentials）很少，一般人通常不會分辨西螺米與池上米有什麼區別，也不會分辨龜甲萬與萬家香二個品牌醬油到底差別在哪裡，所以雖然有品牌的選擇，但不會太堅持，通常只是「用習慣了」。

由於是習慣導向消費行為，決策過程會以「實用」與「價格」為考慮因素，所以廣告應強調好用，並採價格訴求，強調便宜；由於消費者以價格為依歸，所以要不時搭配促銷活動，一方面培養品牌忠誠（brand loyalty），以防止品牌轉換，另方面也可以讓其他品牌的使用者「起義來歸」。

藝術品的購買屬象限 II 情感導向消費行為，由於價格高，所以涉入感高，但其「價值」來自外在氛圍（藝評、市場與媒體炒作）所建構的評價系統，若是投資型購買是理性決策，但若為收藏型購買則為感性行為，但無論是理性或感性決策，絕對都是品牌導向，大品牌形成高價格，著名藝術家的隨興塗鴉，比起藝術系學生的嘔心瀝血作品，價格就有雲泥之別。

　　文創商品購買則為象限 III 偏好導向消費行為，文創商品價格不像藝術品那麼高不可攀，但卻比日用品貴，譬如說同樣是杯子，憑什麼比日用品貴？因為有設計有品牌，吸引某些人形成偏好導向的消費行為，影響「偏好」的因素分別來自個人因素與商品因素。

個人因素──

- **人口學變項**：不同性別、年齡、職業、教育程度都會影響偏好的形成，如有 Hello Kitty 元素的文具，會吸引年輕女性學生，但不會有中年大叔使用。
- **美學藝術品味**：每人因教育養成與成長環境會形成不一樣的文化素養與藝術品味，對文創商品的鑑賞與喜好也會不同。
- **經濟能力**：同樣的商品功能，是否購買有設計有品牌的文創商品，經濟能力是重要的決定因素，具備足夠的經濟能力，方能跳脫功能性考量，直接滿足社會性需求與心理性需求。

商品因素──

- **外觀設計**：外觀設計良窳、是否吸睛是商品衝擊力（impact）的首要條件，只有好的設計方能從眾多排列的商品脫穎而出。
- **使用功能**：考量外觀後，商品的功能性接著會被消費者檢驗。
- **品牌**：外觀與功能通過後，消費者會接著思考品牌價值，對文創商品而言，品牌是包含「創作人」的概念。
- **價格**：最後消費者會思考價格，這就回到本節第一單元的討論，利益（功能性、社會性與心理性需求的滿足）必須大於或至少等於其所支付的成本（購買價金），交易方會達成。此外，消費者對價格的感受，會型塑其對商品價值與表現（value/performance）的認知，低價會貶抑商品價值，所以必須拿捏消費者對商品價值與價格的平衡，因此文創商品的訂價絕對是藝術！

表2.4 影響文創商品偏好導向消費行為之因素

個人因素	商品因素
• 人口學變項 • 美學藝術品味 • 經濟能力	• 外觀設計 • 使用功能 • 品牌（含創作人） • 價格

效果與效果階層

很多人談到效果（effect），就直接想到產出或行為效果，如討論廣告效果，會直覺的想到銷售量，認為廣告刊播之後，銷售量有明顯提升，表示廣告效果很好，反之，銷售量沒有提升，則代表廣告做得不好，廣告效果不佳。事實上，「效果」包含3個項目：

1. **認知效果（cognition）**，即告知人、事、物、議題，即知名度效果。
2. **情感效果（affection）**，亦即有好的、正向的態度，即情感效果。
3. **行為效果（behavior）**，也就是行為上的支持，如購買、推薦、參與志工、投票、捐款等。

也就是說，當某一個消費者拿起架上的文創商品把玩時，儘管最後沒有購買（行為效果），但已經有了認知效果（知道這個商品），甚至也有情感效果（喜歡或不喜歡這個商品），此外，文創商品的行銷活動，除了商品本身的效果外，效果也會溢散到品牌、創作人，或活動、議題本身，形成如表2.5的效果矩陣（effect matrix）。

表2.5　文創商品行銷效果矩陣

效果階層	商品	品牌	創作人	活動或議題
認知				
情感				
行為				

效果有認知、態度或情感、行為三個層次，但閱聽人的反應過程是不是一定循著「認知→態度→行為」的順序，先建立認知，再培養態度，最後形成行為──購買商品。M. L. Ray在1973年建立一個「傳播效果階層說」（the hierarchy of communication effects），討論閱聽人接受傳播訊息後的認知、態度、行為反應過程，Ray將閱聽人的反應過程分為3種階層：學習階層、不和諧歸因階層、低涉入感階層。[3]

---

[3] Ray, M. L.(1973) 'Marketing communication and the hierarchy of effects' , pp.147-176 in Clarke, P. (ed.), *New Models for Communication Research*. Beverly Hills, CA: Sage.

1. 學習階層

對高涉入感商品，如汽車、房地產、手機、名牌珠寶、高價藝術品，消費者的反應過程是先認識品牌、蒐集資訊，然後培養情感，漸漸下定購買決心，最後才謹慎的採取購買行為，這樣「認知→態度→行為」的過程，稱為學習階層（the learning hierarchy）。

為什麼稱為「學習」階層？因為商品價昂，或決策成敗有重大影響，是屬高涉入感決策，所以要廣泛蒐集資訊，且步步為營，不能輕忽，而各種選擇間的區別也很顯著，如分屬不同地段的 A、B 兩個房地產物件，A 地段好，但價昂、屋齡久，無捷運；B 位處郊區，預售屋、付款壓力低，捷運系統有規劃但無具體施工期；兩個物件各有優缺點，因此需要足夠的資訊做判斷。

對屬學習階層的商品，其訊息擴散固然要以大眾傳播媒體廣告為主，但最後主導決策行為的，卻可能是人際傳播的意見領袖，當面對 2 個房地產物件猶豫不決時，房地產達人朋友關鍵的分析，就會影響決策。同樣的，汽車、手機、名牌珠寶、高價藝術品……的反應過程都是如此。

2. 不和諧歸因階層

不和諧歸因階層（the dissonance-attribution hierarchy），一樣是高涉入感，但各種選擇間的區別卻很低或無差別，在此情況下就會採取「行為→態度→認知」的過程，先強迫改變行為，行為被迫改變後，久而久之就會影響態度與認知。

不和諧歸因階層的例子比較少，宗教傳播是少數的例子，某些宗教教派進行宗教儀式時，會要信徒承認自己「有罪」，透過呼喊、懺悔的集體行為，情緒得到宣洩後，他就會認為自己真的「有罪」，這也是強迫改變行為，再建立態度與認知的例子。

當面對不和諧歸因階層的影響過程時，大眾傳播媒介是使不上力的，必須透過人際壓力，如領導禱告的牧師就是威權的壓力。

3. 低涉入感階層

對日用品，如泡麵、飲料、糖果、文具、衛生棉，廣告就要使用低涉入感階層（the low-involvement hierarchy），先建立消費者對商品或品牌的認知，有了認知後鼓勵其購買，至於喜不喜歡商品，等有了使用經驗後再說，形成「認知→行為→態度」的反應過程。

對上述的商品，由於價格不高，購買頻率頻繁，所以涉入感是低的，而且各種選擇間的區別是低或不重要，泡麵、飲料、衛生棉都沒有顯著的商品歧異性。對屬低涉入感階層的商品行銷，大眾傳播媒介是最重要的工具，尤其是電視，不管是電視廣告或電視置入都有很大的影響力。

表2.6 傳播效果階層

比較	學習階層	不和諧歸因階層	低涉入感階層
反應過程	認知→態度→行為	行為→態度→認知	認知→行為→態度
涉入感	高	高	低
各種選擇間的區別	高	低	低
應使用之傳播方法	大眾傳播為主 人際傳播為輔 （意見領袖）	人際壓力	大眾傳播 （特別是電視）
商業與非商業應用案例	高涉入感商品（汽車、房地產、手機）	中國文革批鬥 宗教傳播	低涉入感商品（日用品、泡麵、飲料）
文創應用	藝術品 高價文創商品，如擺設裝飾、家飾品	宗教傳播	低價文創商品，如文具、餐具

資料來源：參考自李金銓（1984）《大眾傳播理論》，台北：三民，頁168。

文創商品的行銷，除了人際壓力的「強迫推銷」外，用不著「不和諧歸因階層」，但高價文創品，如購買昂貴擺設品的決策過程是「學習階層」，循著認知→態度→行為的過程完成決策，而低價的文創商品，如日用品、餐具、文具，決策過程則是「低涉入感階層」，有了認知就購買，至於是不是真正喜歡，回家再說吧！

決定消費者採取「學習階層」或「低涉入感階層」的因素是「涉入感」與「各種選擇間的區別」，涉入感通常指價格因素，而各種選擇間的區別，高價格與低價位商品差異大，甚至高價商品之間，在不同設計者或功能也有顯著的歧異性；但在低價商品的差別主要在外觀造型的差異。

表2.7 傳播效果階層之應用：高價文創品 vs. 低價文創品

類型	高價文創品	低價文創品
傳播效果階層	學習階層	低涉入感階層
反應過程	認知→態度→行為	認知→行為→態度
涉入感	高價格	低價格
各種選擇間的區別	商品差異大，如—— • 設計者 • 功能 • 外型設計	低價文創商品間之差別可能在造型或顏色
使用之行銷方法	媒體曝光 通路能見度 人員銷售	通路能見度 商品陳列

2-2 商品管理

 壹 **文創商品觀**

　　消費者的心理是很微妙的，從第一節消費者管理的討論，可以描繪出文創商品消費者的輪廓——

• 具備一定的經濟能力、社經地位或美學偏好；
• 購買時，著重社會性與心理性的滿足，而不是商品功能；
• 對商品的象徵意義（symbol）會有選擇性的理解；
• 對商品象徵意義的詮釋即反應消費者的社會屬性歸屬；
• 「偏好導向」的消費行為，品牌與設計是考量重點；
• 購買時依價格高低，決定決策過程是「學習階層」抑或「低涉入感階層」。

　　從上述消費者的心理描述，可以推論出文創商品的商品觀：是衝動式購買的商品、是生活的附麗而非必需、商品無替代性，而且不會重複購買。

一、非必需品

　　購買文創商品，商品本身的工具性功能不是主要的考量，買Wedgwood杯子，喝水的功能是次要的，買法藍瓷花瓶，未必會買來插花，購買時主要著重社會性與心理性的滿足，文創商品是生活的點綴與附麗，不會是非買不可的必需品，因此銷售量與經濟景氣呈現正相關，隨著景氣而起伏，景氣好、銷售量好，景氣不好、銷售量跟著掛點。

二、選購品

　　文創商品既不是生活必需品，因此購買時會比較外型設計、品質、品牌、設計師、創作人，考量細節、考慮感覺，會因細節感覺不對而不購買，屬選購品（shopping goods）的概念。

三、無替代性

　　對文創商品，有時候消費者會形成執著性的購買，非此款不可，其他替代的款式，甚至相同款式不同顏色也不要，形成無替代性的特殊品（specialty goods），沒有取代性。若是成為特殊品，在生產規劃時可考慮「限量」的概念，以量少價昂的方式，形成「飢餓行銷」。

四、不會重複購買

　　除非作為禮贈品，否則文創商品不會重複購買，文創商品不是牙膏、咖啡、麵包，消費者買了一件後，就不會再買一件相同的商品，因為不會重複購買，所以不當的促銷行為，如任意降價並不會吸引老顧客回流，只會傷害品牌價值。

五、衝動式購買

　　因為不是生活必需品，因此不會是計畫式購買，如蒐尋網頁比較價格後再說，文創商品是隨興的、是衝動式購買（impulse buying），看到喜歡就買，因此通路的能見度就很重要，此外，現場銷售人員的說故事推銷能力，也會扮演關鍵的角色。

　　從上述的分析，可以瞭解文創商品有其個性，和藝術品、日用品的確不同，文創商品是介於藝術品、日用品光譜的兩端——

● **傳播者與觀者認知差距**：日用品必須完全交集，如一個水杯，創作者與使用者都同意它是水杯，但藝術品的創作者思維與觀看者的認知卻不必一樣，抽象畫創作者要表現的是「歷史長河」，但觀者甲看到的是滿天星星，觀者乙看到的是落花飄零。文創品是介於二者之間，在功能上，創作者與使用者都同意它是水杯，但加了藝術的想像或

巧思。

- **作品語彙**：藝術家會主張，藝術品的作品語彙必須是豐富的，而且最好形而上，是和者寡的陽春白雪，不會是人人會唱的下里巴人之音，藝術品不是人人都看懂或必須看懂 [4]；但日用品因功能導向，所以作品語彙單純，一眼看穿，介於二者之間的文創品，其作品語彙必須讓人看得懂，但也可咀嚼細品。

- **實用性**：形而上的藝術品不會考量實用性，頂多只是為迎合市場的裝飾或擺設效果（如畫或雕塑品）而做微調，但日用品則完全以實用為考量，甚至以動作研究（motion study）評量水壺好不好提、好不好裝水；文創品則必須同時考慮實用性與作品美學語彙的豐富性。

- **創作者意志**：藝術品完全展現創作者主觀且強烈的意志，個人理念透過作品完全表達，不必有顧忌；但日用品係以市場為導向，創作者個人意志並不重要，符合市場需求的想法可呈現，與市場不能接受的則必揚棄；想法，文創品是介於二者之間，市場考量當然必要，不過創作者主觀意志若能帶來驚豔的市場效果，也會被採納。

- **作品數量**：藝術品除版畫外，強調的是單一獨特，所以一定是唯一；但日用品則依市場需求，大量生產、大量廣告、大量銷售，文創品因價昂且非必需品，所以通常是少量或是限量。

- **價格**：藝術品由於唯一，所以價格當然要高，日用品要的是大量銷售，而且替代品多，因此必須平價以對抗競爭者；文創品價格會遠低於藝術品，但會比日用品高，當然高到什麼程度，要依作品品質、創作者名氣、銷售通路而定，總之依市場接受度來決定訂價。

- **銷售通路**：藝術品由於購買對象特定，所以通路也特定（如畫廊或展場），不必求多；日用品的通路，則依商品屬性選擇通路，多多益善；而文創品要視商品性質以選擇適當通路，換言之，考慮的是商品與通路的「適配」，若商品屬性與通路屬性不適配，擺了也沒用。

---

[4] 典出《戰國策》宋玉與楚襄王的對話，「陽春白雪」是藝術品，所以會欣賞的人是少數，「下里巴人」之音是大眾娛樂，所以人人會唱，以比喻其曲彌高、其和彌寡。

表2.8 藝術品、文創品、日用品之比較

差異點	藝術品	文創品	日用品
傳播者與觀者（或使用者）認知差距	不需要交集	部分交集	完全交集
作品語彙	豐富、最好形而上	豐富	單純
實用性	不考慮	美感＋實用性	強調實用性
創作者意志	主觀且強烈	創作者主觀意志＋市場考量	完全市場導向
作品數量	單一	少量或限量	大量生產、大量銷售
價格	高	略高，依市場接受度而定	平價
銷售通路	特定，不求多	視商品性質而選擇適當通路。即考量行銷4P的第2P：Place	通路越多越好
舉例	清明上河圖	印有「清明上河圖」的膠帶	膠帶

 商品生命週期

　　商品生命有長有短，長命者有超過百年的歷史，如德國Meissen（麥森）瓷器創立於1710年，迄今超過300年，短命者如一些飲料，推出後不受青睞，下一季即消失不見；日用品屬一般商品，當然會有商品生命週期，但藝術品由於單一獨特，有的甚至有歷史與文化價值（如古文物），當然亙古彌新，有的則是當今創作者心智結晶，市場具流通性，所以沒有所謂「商品生命週期」的問題。那文創商品呢？

　　討論文創商品生命週期之前，且先瞭解什麼是「商品生命週期」（PLC: Product Life Cycle）。一般而言，商品如人，均有其壽命，每個商品都有其生命週期，商品生命週期理論，將商品的「生命」分為導入期（introduction）、成長期（growth）、成熟期（maturity）、衰退期（decline）4個階段——

1. 導入期：商品剛被引入市場，消費者對功能或品牌均不熟悉，銷售成長緩慢，廠商最主要的工作是做資訊推廣（informative promotion），讓消費者認識商品功能或品牌，以培養需求與促成購買動機。

2. **成長期**：當消費者認識商品功能或品牌後，市場就會打開，此時銷售量會激增，不過競爭者也會進入市場，也會模仿領導品牌的商品功能，並創新功能，各家商品均有些許差異，市場面臨競爭，此期消費者已逐漸熟悉商品功能，因此廣告應訴求自家的商品歧異性，並創造品牌親和性（brand familiarity），並培養品牌忠誠。

3. **成熟期**：歷經成長期的衝刺，此時商品已為市場接受，成為大眾化市場，銷售成長緩和但穩定，市場逐漸飽和，一些弱勢品牌退出，市場形成寡占（oligopoly），競爭者之間的商品特色消失，商品缺乏歧異性，由於銷售已不可能成長，廠商只會進行提醒式廣告，向消費者宣示品牌仍然存在；或有計畫進行促銷活動，以延緩進入衰退期，但不再投注大量的廣告經費。

4. **衰退期**：此時已有新功能的類似商品悄悄在市場出現，進入另一個商品生命週期的戰鬥，舊商品銷售量急速下降，終至被其他替代性商品取代，廠商採取消極態度因應，能賣多少算多少，因是苟延守勢，所以不會再投注廣告。

表2.9 商品生命週期與文創商品行銷作為

市場狀況	導入期	成長期	成熟期	衰退期
競爭條件	獨占	競爭者加入	部分品牌退出市場；寡占	弱勢品牌退出市場；獨占
Product	獨家；功能有限	功能創新；各家強調商品歧異性	商品同質性高	功能持續，商品不再創新
Price	高價	考量競爭者而訂價；降價		市場停滯，價格亦停滯；或削價銷售庫存
Place	建立通路	廣拓通路	通路穩定	部分通路退出
Promotion（廣告）	強調商品功能，以培養需求與促成購買動機	訴求商品歧異性，培養品牌親和性	提醒式廣告 促銷活動	不再廣告
文創商品作為 價格	設計吸睛 通路布點 高價策略	加強媒體廣宣（publicity）	透過節慶行銷，以不降價方式，搭配其他商品促銷	不必有作為

資料來源：參考自 McCarthy, E. J. and W. D. Perreault, Jr. (1984). *Basic Marketing*. Homewood, IL: Irwin. p.337.

　　商品生命週期理論呈現商品、競爭者、市場等三者的互動關係，其間消費者擔任被教育者的角色，隨著商品生命週期的演化，越後期，消費者的商品知識也越豐富，因此隨著不同的商品生命週期，應有不同的行銷策略思考，混淆不得；這對文創商品行銷有什麼啟示？

　　在台灣，文創商品就整體產業而言，係處於導入期的末期與成長期的初期，自2000年起，官方與民間持續推廣，台灣人對「文創」並不陌生，「文創」成為顯學，什麼行業什麼作為只要搭上「文創」就可以向政府要錢，歌星在展場布置房間擺著自己的雜物，可以，甚至變魔術，也可以。

　　因為成為顯學，媒體也一直關注，2014年三立電視曾經出版《文創Life》，可惜只出版到11期即停刊，目前與文創有關的雜誌有《小日子》、《Sopping Design》等；電視方面，常態節目則有三立電視《文創Life》、佛光山人間衛視《創藝多腦河》，其他新聞性或綜藝性節目，也會報導介紹；報紙方面，一些週末特刊也會以文創為主題。

　　因此在這個階段，文創商品廠商不用再告訴消費者什麼是「文創」，而應告訴消費者我的文創商品有什麼特色。但若是以個別文創商品作為思考，則在不同階段有不同作為——

- **導入期**：要以商品外型設計吸引消費者，因此在商品規劃時就要在造型、顏色下工夫，而且要強化通路布點，以增加商品的能見度，在訂價方面則採高價策略。

- **成長期**：消費者已逐漸熟悉什麼是「文創」，市面上競爭者也推陳出新，此階段就要倚仗媒體力量，廣為宣導，訴求商品歧異性，創造品牌親和力，培養品牌忠誠；但加強媒體廣宣，並不是購買大眾媒體廣告，高昂的廣告費不是小型文創廠商或個人工作室所能負擔，文創廠商的媒體廣宣應善用新聞報導（publicity）方式爭取媒體露出，或透過網路社群，製造話題廣為擴散。

- **成熟期**：市場逐漸飽和，此時應透過節慶行銷（母親節、情人節、聖誕節、新年）舉辦促銷，但不是降價，而是搭配其他商品做聯合促銷。

- **衰退期**：此時消費者對商品新鮮感已過，市場停滯，任何廣告或促銷已失卻刺激購買功能，廠商不必有所作為。文創商品的生命週期極短，因此在成長期或成熟期，廠商就必須從上述的過程中，蒐集市場資訊，瞭解消費者動機與需求，不斷開發新商品，

以避免衰退期銷售停滯影響營運，在商品一進入衰退期就推出新商品，立刻進入新商品的導入期，周而復始。

 商品開發

　　購買文創商品或購買飲料一樣，是嘗鮮、是時尚，因此商品生命週期極短，在成長期或成熟期即應有新商品的規劃，以避免仰賴單一商品，形成在衰退期導致營運的停滯，新商品的開發有其流程，發明4P理論的E. Jerome McCarthy將其區分為5個階段──

- 創意發想　idea generation
- 創意篩選　idea screening
- 創意評估　idea evaluation
- 商品發展　development
- 商業化　　commercialization [5]

　　本書則將創意發想與創意篩選合併，以4個階段討論文創商品的開發：

一、創意發想與篩選

　　新商品創意來源可以來自研發單位或商品企劃部門的開發、消費者意見回饋、競爭商品的啟示、經銷商建議，或外部資源（如設計公司或個人free lancer）的提案。

　　創意經提出後，負責研發的人員經評估若可，即可以列入「商品開發」會議議程討論，會議成員應含企劃、行銷、生產相關部門經理，對新創意篩選重點為──

- **新商品與企業形象的契合度**：若不契合，即應揚棄，如企業以生產創意食器著名，但新商品為創意文具，是否接受，應考量。
- **4P初階檢討**：從商品功能外型、可能售價、經銷商接受程度、銷售方法廣泛討論市場接受的可能性。
- **消費者需求分析**：從消費者角度思考新創意是否滿足其社會性與心理性需求。

　　此外，Phillip Kotler曾發展「新商品機會模式」，亦可列為評量指標，此模式依新商品帶給消費者立即性滿足（immediate satisfaction）的高低，與消費者擁有商品幸福感（consumer welfare）的長短，將商品區分為4種類型，如易開罐飲料即為有立即性滿

---

[5] McCarthy, E. J. and W. D. Perreault, Jr. (1984). *Basic Marketing*. Homewood, IL: Irwin. pp.343-351.

足，但不會有長期幸福感的商品，而購買藝術品，購買當下無限雀躍，買回去可長期保值，甚至可期待增值，為立即性滿足高、商品幸福感長的商品。Kotler 的新商品機會模式區分商品類型如下——

- **嚮往型商品（desirable products）**：立即性滿足高、幸福感長；
- **功能型商品（salutary products）**：立即性滿足低、幸福感長；
- **缺陷型商品（deficint products）**：立即性滿足低、幸福感短；
- **愉悅型商品（pleasing products）**：立即性滿足高、幸福感短。[6]

　　對文創商品而言，最好是第一象限的「嚮往型商品」，購買當下有高度的立即性滿足，買回去可以長期使用或把玩，愛戀久久無限魅力；其次至少是第四象限的「愉悅型商品」，雖然幸福感短，但可以獲得立即性滿足，「不在乎天長地久，只在乎曾經擁有」這種感覺也不錯；至於第二象限的立即性滿足低、幸福感長的「功能型商品」，只適合日用品、功能導向的文具，對文創商品而言，失卻現場購買的衝動，並不適合；而第三象限的「缺陷型商品」，不必討論，把「創意」直接丟到字紙簍！

圖 2.4　Kotler 新商品機會模型

二、創意評估

　　當新商品提案通過第一階段的創意篩選後，第二階段即要對創意做細部評量，評量指標有——

- **消費者分析**：無論是否是文創商品，在新商品的開發，每一階段都要以消費者需求為

---

[6] Philip Kotler, "What consumerism means for marketers." *Harvard Business Review*, May-June 1972, pp.55-56.

念，文創商品更要考慮是否滿足社會性與心理性需求，分析方法可採以群體提案評估法（NGT: Nominal Group Technique），先個體決策，由出席會議人員根據本章表2.1商品滿足消費者需求檢核表，逐一填寫，交予主席後，然後再進行集體討論，最後形成評估決策。

- **通路與行銷方法分析**：可以循上述群體提案評估法，進行通路管道、經銷商接受度與行銷方法討論。

- **訂價／成本分析**：討論訂價／成本，以分析新商品可能的投資報酬率（ROI: Return on Investment）與對企業的貢獻度。

- **產能分析**：討論量產的可行性，與生產線之負荷，並評估自製與OEM委製的利弊。

- **資源（人力、財務分析）**：評估開發新商品，可能涉及之人力負荷與財務調度問題。

- **專利與著作權分析**：由企劃經理與法務經理報告，新商品是否有涉及侵害他人之著作權或專利權。

　　參與創意評估會議，應含企劃經理、行銷經理、生產經理、財務經理、法務經理，參與者應就其職掌，提出專業分析與報告。

・群體提案評估法・

　　群體提案評估法（Nominal Group Technique），亦有譯為「名義團體法」，參與成員即為「名義團體」，此方法採面對面的討論，但會前成員間避免事先討論或溝通，會議方式先「個體決策」再「集體決策」，其進行步驟如下——

1. 挑選相關領域專家集合為「群體」（Nominal Group），人數以5至7人為宜，但集體討論前，成員間避免事先的討論或溝通；
2. 會議開始，由主席或指定人員說明研究目的與研究背景，即欲決策事項；
3. 個別專家先「個體決策」，依決策事項逐一寫下對問題的意見或看法；
4. 蒐集所有專家意見後，再由個別專家逐一陳述自己的意見，但並不進行討論；
5. 所有專家陳述後，由主席引導進行群體討論，每位專家並須針對所有意見，予以評價並排列順序；
6. 整合所有專家之順序，即為集體決策之順序。

此外，若新商品投資龐大，為求慎重，可委託學者或專業調查機構，就消費者對新商品的看法，進行消費者的焦點團體座談（FGD: Focus Group Discussion 或 FGI: Focus Group Interview），受訪者應為潛在購買者（potential buyer 或 target audience），彼此不認識，但企業員工與家屬、競爭廠商員工、經銷商員工，或從事市調工作者不得受邀為受訪者，受訪者人數以 7 至 10 人為宜（最好為 8 人），人數控制係讓每位參與者均能充分發言，人數太少，缺乏激盪效果；人數太多，則在討論過程中易形成次團體，彼此交頭接耳討論，干擾座談進行。

焦點團體座談地點以中性為宜，不應使用企業辦公場所，以避免來源效應（source bias）[7]；進行時間約 2 小時，中途不休息，主持人應為計畫負責人，不宜由助理或他人代為主持；討論題目以 6 題為宜，如此每位受訪者每題方有 2.5 分鐘的陳述時間。此外，文創商品 FGD，新商品應以 3D 列印或打樣方式，讓受訪者直接接觸商品，方不致各憑想像天馬行空。[8]

表 2.10 文創新商品焦點團體座談

注意事項	說明
主持人	研究計畫主持人
受訪者屬性	潛在購買者
受訪者人數	以 7 至 10 人為宜（最好為 8 人），必須彼此不認識
討論標的	以實品，或樣品以 3D 列印或打樣方式展現
討論題綱	以 6 題為宜
時間	2 小時
地點	中性，不使用委託廠商的辦公室

---

[7] 所謂「來源效應」（source bias）是研究效度（validity）的考量，當受訪者知悉委託單位，會為迎合委託單位而作有利於委託單位的陳述。

[8] 有關焦點團體座談方法，可參閱鄭自隆（2015）《傳播研究與效果評估》，台北：五南，頁 233-266。

・焦點團體討論法・

　　焦點團體討論法，亦稱為焦點團體座談，係以小團體的方式，針對議題或特殊標的（如廣告物、電影、節目）予以批評討論。其優點是可以產生滾雪球的效果，一人發表意見可以引起其他人的興趣而跟著發表看法；同時可以發掘受測者內心的觀感，以作為修正的參考，實施容易，費用不多。

　　焦點團體座談，係針對問題，設計開放式題目，透過自然而互動的情境，由受訪者提供態度或意見的質化研究方法。採座談會形式，由主持人引導討論，不過討論結果資料龐雜，應由研究者歸納，如何「沙裡掏金」，考驗研究者能力。

焦點團體座談具有如下特點——
1. 是在自然情境下所進行之研究方法（social-oriented research procedure），互動情境下，受訪者意見不容易隱藏或偽裝，因此研究結果效度高。
2. 主持人（moderate）直接介入，可以控制討論方向，易於掌握研究主題與品質。
3. 成本低。
4. 取得質化、具深度之資料，為電話調查法所不及。

題目設計——
1. 不可使用是非題，必須是問答題。
2. 從背景問題問起，但不涉及個人資料。
3. 前導題必須容易回答。
4. 問題安排要有邏輯性。
5. 可以一再追問深入探討。
6. 必要時可回溯問題。
7. 題目不要超過6題，否則時間會不夠而草草了事。
8. 要能產生 Big idea。

　　所謂 Big idea 是由討論激發出研究者所未想到，並對研究主題有重大創見的看法，焦點團體座談要形成 Big idea，必須是主持人能形成話題引導討論，並且具沙裡掏金的能力。

資料來源：鄭自隆（2015）《傳播研究與效果評估》，台北：五南。

三、生產與商品化

當文創新商品通過「創意評估」階段的評量後，即可交付生產與商品化作業，所謂「商品化」（commoditization）是指將生產線的「產品」轉化為市場可接受的「商品」的過程。

- **打樣檢討**：交付生產之前，必須做精確的打樣，由企劃、行銷、生產等部門經理就商品外型、功能詳細討論，做必要的精進與調整，否則一進生產線就很難挽救。

- **生產方式**：可以自製或OEM委製，應分析成本與產能再做定奪，若為自製，則有流程控管、零組件外包的管理，若為委製，會有發包議價、品質管控的作為；此階段應由生產經理與財務經理主責。

- **包裝**：命名與包裝均涉及商品賣相，輕忽不得，「命名」是對商品的想像，「包裝」是商品的加值，便宜的東西經華麗的包裝，身價與心意馬上翻轉，相反的，昂貴的禮物型商品草率包裝，價值立減。包裝的基本功能在於保護商品、便於運送或攜帶，附加功能是傳遞商品或品牌價值，因此文創商品包裝設計時應再考慮——

  契合品牌風格：與已銷售商品的包裝維持系列性，如台灣茶商「王德傳」都使用大紅茶罐包裝，典雅大器，商品名稱（如凍頂烏龍茶）則以小標籤黏貼，方便消費者使用後撕下，茶罐再利用；新加坡茶商TWG亦使用典雅茶罐造型，但以顏色區別茶種，亦很討喜。

  減量包裝：台灣中秋月餅常被批評過度包裝，這是因為商品（月餅）太同質了，缺乏歧異性，甲飯店的月餅與乙、丙飯店沒有區隔，沒有區隔就沒有辨識度，因此必須透過花俏的外包裝作為區隔，甚至以包裝再利用或附加贈品來吸引顧客，形成本末倒置；為配合環保意識，文創商品不宜過度包裝，實用素雅或許更受歡迎。

- **命名**：命名受到社會變遷的制約，不同的社會氛圍就會有什麼樣的命名，70年代台灣流行瓊瑤小說與電影，當年瓊瑤迷的小女生長大變成媽媽，給她的孩子命名也是瓊瑤風格，造成現在很多明明不錯的名字卻變成「菜市場名」；商業命名也是一樣，連鎖藥粧店屈臣氏命名可遠溯1871年，是創始人Thomas Boswell Watson姓的廣東話譯音，但若是現在恐怕不會這麼翻譯；在台灣，回顧60年代商品的命名風格（如仙桃牌通乳丸）和現在就顯著不同；這顯示無論商品或個人命名都是時尚與流行的現象。

　　文創商品的命名，可以從流行元素得到啓發，但也有一些應避諱的「地雷」，要避免踩到。

地雷 I：侵犯著作權

　　很多文創廠商取巧，急著搭便車，順手引用其他廠牌的名稱，甚至抄襲商品造型成為「山寨」，皆不可取，不但招惹官司，更嚴重的是破壞商譽，輕忽不得；所謂商品造型或命名的剽竊可以從以下3個角度來思考——

　　首先，主張被剽竊的作品，應該有公開發表，或廣受使用、為大眾所習之。雖然我國《著作權法》採用創作主義，創作者不必經由註冊登記即取得著作權，但要主張自己的作品被剽竊，則作品必須曾經刊登或播映，否則很難作如此主張。換句話說，沒有公開發表，就很難舉證說這是自己原創，而別人是剽竊。

　　其次，所謂著作，應該是概念的表達（the expression of idea），而不是概念本身（idea itself），亦即《著作權法》所保護的對象是概念或構思具體化、視覺化後的作品，而不是單純的一個概念或構思。如以「蕃薯」代表台灣，必須是「蕃薯」設計的雷同，不是說我已用了「蕃薯」代表台灣，其他的人就不能用「蕃薯」元素來呈現台灣意象，「台灣與蕃薯」連結的概念，沒有獨占性；若有雷同，也只能說「英雄所見略同」，而不能說誰抄了誰。

　　第三，所謂雷同是程度問題，至於是否抄襲只能依觀看者主觀認定，主觀認定為一樣或極為近似才能視為抄襲。由於這是主觀的看法，因此很難形成客觀、一致的認定，不同觀看者或評斷者恐怕都會有不同主張。

地雷 II：諧音

　　諧音常會使正常的訴求瞬間「破功」，哭笑不得，1994年台北市長選舉，國民黨候選人黃大洲的競選口號是「台北‧新象‧大洲情」，但被對手以諧音消遣為「台北親像大蟾蜍」；90年代初期即飲咖啡「貝納頌」剛上市，有金犢獎的參賽學生以諧音「巴拉松」來做創意；因此命名時，應同時考量台語、客語，乃至英語、日語的發音意涵。

地雷 III：冒犯禮俗

　　禮俗常是民眾內心深不可測的「意底牢結」[9]，碰觸不得，命名應避免挑戰社會禁忌，如開宗教的玩笑，也不要觸及社會對立的議題（如統獨、同性婚、彩虹旗、太陽

---

[9]「意底牢結」是60年代台大殷海光教授對 ideology（意識型態）的譯名。

花），也不可以有死亡、喪葬、自裁的連想或暗示。

● 專利申請

在生產與商品化階段即應思考專利申請問題，依《專利法》，所謂專利，分為3種：發明專利、新型專利、設計專利。

發明「指利用自然法則之技術思想之創作」，通常必須功能有顯著的創新方能通過申請。新型「指利用自然法則之技術思想，對物品之形狀、構造或組合之創作」，而設計「指對物品之全部或部分之形狀、花紋、色彩或其結合，透過視覺訴求之創作」，不過純功能性之物品造形與純藝術創作，不予設計專利。

申請專利是對企業、品牌、商品的法律保障，生產經理應與法務經理研商，找出可切入點，再與專利代理人討論提出申請。

四、商業化

商業化（commercialization）與商品化不同，商品化是將設計中的產品，擺在生產線，變為可銷售的商品；但商業化則是將商品從工廠推向市場，是銷售前的準備工夫，商品化著眼商品本身，是微觀的審視，商業化則是放眼市場，是巨觀的布局。因此，既是巨觀的布局，商業化思考就必須從SWOT，與4P、4C著手，切入分析——

1. SWOT

SWOT分析，是以大角度思考商品與外在環境的關係，所謂SWOT就是strength（長處）、weakness（短處）、opportunity（機會點）、threat（威脅點）——
- **S長處**：因本身條件或內在因素（如企業形象、企業內部條件、商品因素）所形成的長處或優點。
- **W短處**：因本身條件或內在因素所形成的短處或缺點。
- **O機會點**：與經營環境、競爭者因素、消費者因素綜合考量所呈現之可能機會點。
- **P威脅點**：與上述外在因素綜合考量所呈現之可能危險因素。

亦即SWOT分析，即針對行銷組合4P中的前3P進行檢討，含——
- **產品因素**：即對品質、原料、口味、包裝、服務、保證（warranty）、售後服務等進行檢討。
- **價格因素**：瞭解價格、折扣是否具競爭性。
- **通路因素**：分析通路、儲存、運送的優劣。

外在因素包含經營環境、競爭者因素、消費者因素──

- **經營環境分析**：含產業狀況、政府政策與法規、社會經濟狀況、流行時尚等因素的討論與分析，經營環境分析主要用於瞭解整體大環境是否利於企業成長或商品之推廣。
- **競爭者分析**：即競爭者 4P 因素的分析，尤其應側重競爭者商品、訂價、廣告創意與媒體策略、廣告預算的討論與分析。
- **消費者分析**：分析消費者的人口學變項（即性別、年齡、教育程度等變項）、心理變項（如 AIO: Attitude, Interesting, Opinion，即消費者的態度、興趣與意見）、消費能力、消費習慣（如何買、如何用、買多少）、消費者意識（如對環保、健康、消費者權力的看法），以及傳播行為（使用什麼媒體、在什麼時間）。消費者的分析主要用於建構市場區隔（market segmentation），因此分析必須以量化數據為基礎。

2. 4P

4P 是 1960 年 E. Jerome McCarthy（麥卡錫）提出的創見，他將傳統行銷概念以 4P 涵蓋之，所謂行銷 4P 係指「廠商可以『掌控』之影響行銷效果之因素」，包含 Product、Price、Place、Promotion──

- **Product**：即前述指屬「商品」本身的因素，如品牌、品質、原物料、售前保證（warranty）、售後保證（guaranty）等；
- **Price**：指「價格」因素，以適切的價格進行銷售，以及票期、折扣等與價格有關之元素；
- **Place**：指「通路」因素，以適當的經銷體系進行銷售，包含儲存、通路、運送等元素；
- **Promotion**：即「推廣」因素，如廣告、公關、促銷（sales promotion）、人員銷售等活動。

3. 4C（以消費者為思考中心）

傳統 4P 行銷觀念，是「生產者導向」的思維，以廠商角度看行銷，4C 是翻轉角度，以「消費者導向」為思考──

- **Consumer needs**：不能只考慮廠商或「商品」本身的因素，如品牌、品質、原物料、售前保證、售後保證，而應從根本去思考「消費者需求」，消費者要什麼，而不是我們能提供什麼。
- **Cost**：不能只從成本、行銷費用、稅、利潤的角度去決定「訂價」，而應顧及消費者購買時願意支付的「成本」，如交易所所願意付出費用的「經濟成本」，以及購買或使用時產生的「生理時本」、「心理成本」（如戴安全帽的燥熱與破壞髮型），也要考慮消費者的「社會成本」──商品是否能契合社會期望。

消費者成本有些是明確知曉的（如經濟成本），有些是不能明確表達的（生理時本、心理成本、社會成本），但即使是不能明確表達的「成本」也會影響購買意願。

- **Convenience**：不能只考慮廠商的「通路」因素，也要顧及消費者購買的「便利性」。
- **Communication**：不是從廠商角色計畫如何「推廣」，而是站在消費者角度思考如何與其「溝通」。

SWOT分析的strength（長處）與weakness（短處）與4P、4C的討論會有雷同，主要解析商品，以對應消費者需求；而opportunity（機會點）、threat（威脅點），則是以大角度思考商品與外在環境（經濟、法規、社會規範、流行時尚）的關係，文創商品是流行文化，因此與外在環境因素的互動尤其敏感，若有碰撞，應有作法或說詞可以閃避。

文創商品在4P與4C的運用，在商品方面，必須確認文化的元素（尤其是在地文化）是否被突顯，是否有契合「文化商品化」或「商品文化化」的要求，其創意加值是否亮眼，此外應從消費者的角度，思考除商品本身功能性的滿足外，是否也能滿足消費者社會性需求與心理性需求。

在訂價方面，文創商品應超出原先商品功能的訂價，如一個普通杯子賣100元，有了文創加值的杯子就不必只賣這個價格，應酌量提高以彰顯商品價值；消費者支付這個價格購買，這是支付「經濟成本」，此外，廠商也應替消費者考量，消費者是否尚有額外的「心理成本」（如價格太高，會被太太罵）或「社會成本」（如商品挑戰社會禁忌，引來同事側目），若有，應設法消除之，如透過售貨員的講故事本領，讓買者認為購買利益超過所支付的成本。

通路方面，文創商品為高價、衝動式購買，因此大型廠商應以實體通路為主，若價格更為高檔，更可在百貨公司設櫃（如琉園、琉璃工坊、法藍瓷），網路只是資訊查詢的輔助工具，不能完全仰賴電子商務；當然個人工作室或小型廠商也只有網路可著力，不過若能透過寄售方式，在其他賣場爭取露出，會更有助益。

與消費者溝通方面，傳統的媒體廣告非常花錢，並不推薦，透過「媒體公關」的新聞報導（publicity）是個好主意，不是只有大型廠商方有能力透過媒體公關進行傳播，個人工作室或小型廠商也可經由「講故事」包裝商品，讓媒體有興趣報導。

表 2.11　文創商品的 4P 與 4C

4P 與 4C		文創行銷作為
4P	Product	文化商品化、商品文化化
	Price	超出原先商品功能的訂價
	Place	文創商店、百貨公司
	Promotion	媒體公關之新聞報導
4C	Consumer needs	應滿足消費者社會需求與心理需求
	Cost	應考量消費者所支付的經濟成本、心理成本、社會成本
	Convenience	以實體通路為主，電子商務為輔
	Communication	講故事

表2.12 文創商品開發作業檢核表

階段	創意發想與篩選	創意評估	生產與商品化	商業化
意義	• 蒐集創意 • 對創意做初階篩選	• 對創意做細部評量	• 商品外型、功能之精進與調整 • 商品生產 • 相關商品化作業	• 銷售前的再確認與準備
作業內容與評估指標	• 商品與企業形象的契合度 • 4P初階檢討 • 消費者需求分析 • 新商品機會模式	• 消費者分析 • 通路與行銷方法分析 • 訂價／成本分析 • 產能分析 • 資源（人力、財務分析） • 專利與著作權分析	• 打樣檢討 • 生產方式 • 命名與包裝 • 專利申請	• SWOT分析 • 4P：Product、Price、Place、Promotion • 4C：Consumer needs、Cost、Convenience、Communication
參與者	• 企劃經理 • 行銷經理 • 生產經理	• 企劃經理 • 行銷經理 • 生產經理 • 財務經理 • 法務經理	• 企劃經理 • 行銷經理 • 生產經理 • 財務經理 • 法務經理	• 企劃經理 • 行銷經理
評估方法	• 相關主管會議	• 消費者焦點團體座談 • 相關主管會議（群體提案評估法）	• 生產流程管控 • 財務管控 • 相關主管會議	• 相關主管會議 • 消費者調查 • 市場調查

chapter THREE

文創管理 II：品牌與行銷活動

BE NOT INHOSPITABLE TO STRANGERS
LEST THEY BE ANGELS IN DISGUISE

照片說明：
巴黎聖母院前莎士比亞書店的提袋，它是法國少見
的英文書店，以「故事」型塑品牌定位，2013 年因
長榮航空《I See You》廣告而為台灣人熟悉。

3-1 品牌管理

 壹 品牌的意義與功能

一、意義

任何企業要長久經營一定要有「品牌」觀念，文創商品當然也是，Hermes的包包與Armani的衣服可以高價賣出，靠的是品牌，台北市努力辦牛肉麵節、鳳梨酥節，就是要經由特色來建立城市品牌；品牌管理是以品牌為主的管理系統，品牌對企業影響力越來越大，創造成功品牌所帶來的利潤，往往大於創造商品的利潤，因此，如何成功經營品牌已成為現代企業最重要的挑戰。

「品牌」可以是名稱（name）、標誌（sign，如米其林寶寶、麥當勞叔叔、肯德基爺爺）、符號（symbol，如IBM的藍字、味全的五個圓圈或政黨黨徽）、口號（如提到「科技始終來自於人性」就會想到Nokia），或是上述元素的組合。品牌的功能不只在於區隔競爭者與突顯而已，其最終目的係提升消費者認知與促進購買。不只商品或服務需要品牌，政黨、政治人物、演藝人員、運動選手，甚至地區、城市，都可以透過標記、符號、口號來塑造價值，以爭取好感或支持。

品牌的起源有一些不同說法，一種說法是在19世紀中葉的美國西部，廣大的草原上，各個部落與牧場都自由放牧，牛隻雜沓，當牛隻成群送往牛市販賣時，各部落與牧場為區別牛群歸屬，於是便在牛的臀部以熱鐵烙印簡單的辨識標誌，以標示牛隻的歸屬，形成品牌的商業意義。

另一種說法則追溯到中古歐洲，品牌是用來識別手工藝品來源的陶器和石器的標記，消費者可藉戳印作為判斷品質的依據，如1266年英格蘭法律規定，麵包必須有烙印方能出售，以確立責任；當歐洲人往北美遷移，也將品牌的經驗帶進美國，而製造專利藥品及菸草的製造商更是早期美國品牌的先驅，競爭激烈的驅蟲藥市場，藥商為突顯產品，就在包裝上印製精美的獨特標籤，以刺激消費者購買。當然如果要追溯更早，早期的中國瓷器、希臘及羅馬出土的陶罐、遠至西元前13世紀的印度古文物都有印記，均可視為品牌的源起。

二、功能

根據美國行銷學會（American Marketing Association）定義品牌為：「品牌是一個名稱、名詞（term）、標記、符號、設計（design）或以上各項的總合，以試圖辨認競爭者之間的產品或服務，進而與競爭者商品具有差異化。」

此定義突顯品牌外在的符號表徵，是用以辨識自己與區隔競爭者的工具，其附加價值係與競爭者商品的差異化。因此品牌的功能，可以分別從消費者、生產者與社會監督的角度來思考——

- **消費者**：品牌可以協助消費者形成視覺甚至聽覺的辨識[1]；
- **生產者**：品牌用以區隔競爭者，以塑造差異化；
- **社會監督**：品牌可用以監督企業履行社會責任與企業公民角色。

上述的功能就累積成品牌權益（brand equity）的概念，品牌「權益」（equity）一詞來自會計學，以財務觀點來看，品牌權益是商品或服務冠上品牌後所產生的額外現金流量。80年末美國購併風潮興起，如何計算品牌價值是雙方極為關注的焦點，也引發實務界與學界對品牌財務價值的重視。

因此從企業經營觀點而言，品牌權益來自於品牌所帶來的策略性競爭優勢，具知名度的品牌，可以替新商品或延伸品牌提供行銷基礎，並阻擋競爭者的攻擊，及減少進入市場障礙；亦即品牌權益就企業面而言，可強化品牌忠誠度、高價售出商品或服務、利用品牌延伸追求成長、強化通路關係、阻斷競爭者行銷等企業價值。

就消費者觀點，品牌可提供下列功能——協助顧客解釋、處理、儲存及回憶商品或品牌資訊，並影響購買決策，提高使用滿意度，而這些功能亦回饋而增強企業價值；亦即商品除了本身原物料、品質、設計及功能所產生的可視價值外，冠上品牌後使商品在消費者心中所增加的額外、無形價值，即是品牌權益。同在銷售架上，材質、款式類似的皮包，但冠上 Louis Vuitton，售價即不一樣，這就是品牌權益。

對文創商品而言，除廠商的品牌外，個人工作室的設計師個人就是品牌，品牌可對企業產生加分效果，因此廠商應從消費者角度來看品牌權益，視消費者為創造品牌權益的合夥人，所形成的品牌權益就是企業與消費者所形成的互動效果，而互動過程也就是雙方品牌關係的建立。

 ## 品牌忠誠

文創商品屬 FCB 模式的象限 II：情感導向消費行為與象限 III：偏好導向消費行為，消費者都是以品牌作為決策考量的基礎，就和名牌消費一樣，很多名牌的粉絲對品牌非

---

[1] 企業或商品的廣播廣告或電視廣告的歌曲（CM song）、片尾配音（jingle）都屬品牌的聽覺識別。

常執著，非此品牌不用，不但高價的名牌如此，一般的流行也是，有些女生滿屋子的Kitty，連手機、手錶、手帕、髮飾都是，這些都是品牌忠誠（brand loyalty）表現。

品牌忠誠不只是內在信仰，同時會有外顯行為表現，會形成執著選擇（biased choice behavior），不但非此品牌不用，形成重複購買，或高度的購買機率，甚至對其他品牌會有不公平的評價，而且抗拒品牌轉換。

品牌忠誠度乃品牌價值之核心，消費者品牌忠誠度建立，對企業或商品其直接利益是「維持老顧客、吸引新客群」，明確降低行銷成本，轉換成利潤，直接反映在企業盈收上。間接利益是提供交易槓桿，有較多的談判空間，如上架費、陳列位置等，自然可創造較高的知名度與利潤；此外，品牌忠誠度也讓企業有時間回應競爭者或危機的威脅，不會立刻形成品牌轉換。

企業如何建立品牌忠誠度？

1. **消除消費者內心不和諧（dissonance）**：市場上競爭品眾多，各有長處與優點，因此商品透過廣告或其他行銷活動提醒消費者建立忠誠度的理由，以消除消費者因放棄其他競爭品，所形成的內心不和諧，但如何化解內心的不和諧？此時商品必須明確告知消費者me too，即競品有的優點我也有。

2. **必須積極拉攏消費者**：透過廣告、公關或促銷活動與消費者對話，以傳達企業對其重視的訊息，並不時提醒消費者，企業或商品仍然「健在」。例如使用「常客獎勵計畫」以留住忠誠顧客，並使消費者覺得自己的忠誠有所回饋，星巴克就常有這類優惠活動。

   此外如航空公司的「累計航程計畫」或成立「會員俱樂部」，進一步加強品牌和顧客間關係，早年的裕隆March汽車、福特Escape汽車的會員組織，不僅提供商品相關資訊，並經常舉辦會員戶外聯誼活動；又如「星巴克咖啡同好會」，透會FB社群媒體，讓咖啡控相互取暖，不但可與其他同好分享經驗，還可以有形成內團體（in-group）感覺，凝聚內聚力。

3. **重視顧客滿意度**：時常進行調查以瞭解消費者對企業滿意度的變化，而調查結果更應形成決策，融入日常的管理工作中，不斷修正管理或溝通方式以符合消費者需求，同時提供超乎預期的服務以取悅消費者，當商品出現問題時，這些額外的服務或許可提供消費者原諒的理由。

　　簡單的說，建立品牌忠誠度策略是瞭解消費者insight（內在真正需求），透過廣告行銷形成符號消費，讓消費者使用「符號」，而非商品本身，對時尚商品與文創商品而言，品牌忠誠度尤其需要。

　　文創商品要建立品牌，並進行品牌管理，進而累積品牌權益、形成品牌忠誠，必須建構品牌認知，品牌認知也是品牌管理最具主要的傳播任務；品牌認知是由「廣告文宣」與「使用經驗」構成，消費者透過直接的商品使用經驗，與間接的新聞、廣告、促銷、活動贊助、事件行銷等傳播活動，認知品牌名稱、符號、口號或商品包裝，最後影響品牌忠誠度或購買行為。

　　換言之，「廣告文宣」與「使用經驗」是自變項，「品牌認知」是中介變項，而品牌忠誠度與購買行為是應變項。品牌認知也就是幫助消費者建立參考架構（reference frame），對文創商品品牌而言，無論是花錢的廣告文宣，或不花錢的媒體新聞發布（publicity），都必須告知消費者該商品基本資料（如特色、「故事」、文化意義與功能），以及該商品在整體文化網絡中的地位，讓消費者感動。

　　品牌認知的目的，最後在於形成消費者的回憶（recall）與確認（recognition），確認是消費者能描述品牌特徵，回憶則是從眾多品牌記憶中，被消費者檢索出來，當然最終目的在於建立品牌忠誠與購買。

圖 3.1「品牌認知」關係圖

 品牌知識評估指標之建構

　　從上述的品牌理論討論，可以發展品牌知識評估指標，以檢驗文創商品的行銷作為、媒體傳播之訊息，是否能達到建構品牌知識的目的，指標分別以品牌認知與品牌聯想（association）切入──

1. 是否告知商品基本資訊與「故事」，傳達基本認知？

此題係評估品牌認知，廣宣中除告知商品基本資訊外，「故事」的呈現更是文化商品所應傳達的訊息，例如銷售創作「琉璃」，告知消費者「琉璃與水晶、玻璃的異同」是基本資訊，但告知「投入琉璃創作所遭遇的困難與喜悅等點點滴滴」則是「故事」，在本質上，文創商品的價值絕對不是作品的原物料成本，而是其所附加的「故事」，消費者要購買的也不是它的原物料，而是它背後的「故事」。

2. 是否以特殊象徵物（symbol）作為商品特徵？

亦即品牌對消費者最深刻的印象描述，它可與商品有關（如原物料、口味、包裝、功能），也可能與商品無直接關係（如使用情境、價格、使用感覺）。除非商品夠強，商品本身就是象徵、就是 Symbol，否則可以透過某一象徵物（如代言人、「肯德基爺爺」之類的吉祥物）作為商品代表，但此象徵物必須是長期使用，方能印象深刻，成為特徵。

3. 是否與競爭者明確區隔？

這也是強調品牌特徵，文創商品與其他商品一樣，必須在行銷訊息與活動設計和競爭者形成明確區隔。如台灣各縣市或鄉鎮常舉辦地區性活動，這些活動必須有明顯區隔，方能形成特色，當新北萬里辦了「萬里蟹」的活動後，其他縣市再接著舉辦已不具吸引力。

4. 是否強調商品對消費者帶來之顯著性利益？

此項目係評估品牌聯想類型之「利益」（benefits），廣告必須讓關聯人覺得獲得利益與報償（reward），方能打動閱聽人。文創商品亦是，必須讓消費者因購買而獲得利益與滿足，第 2 章討論的消費者工具性（即功能性）需求的滿足、社會性需求的滿足、心理性需求的滿足均是。

滿足就是消費商品得到的「利益」，對文創商品而言，功能性利益（functional benefits）並不重要，消費者渴望的是符號性利益（symbolic benefits），滿足來自因使用商品而獲致的符號性滿足，而非商品本身，如口渴，喝水是功能性滿足，但以前年輕人愛喝可樂是消費美國文化的符號性滿足，現在年輕人愛喝消脂茶飲也是另一種符號性滿足，向他人炫耀自己是注重健康的訊息。

5. 是否有塑造對商品的尊敬？

此項目亦用予評估品牌聯想類型之「態度」，態度是消費者對品牌的整體性評估，消費者常依上述的特徵或利益而形成態度，對特徵或利益的認知有來自親身的使用經驗，但大部分來自媒介的影響（新聞報導或廣告），以之形成肯定、正向的態度，或批

評、負向的態度，由於消費者的滿足來自社會性與心理性需求，因此當商品無法獲得尊敬時，商品價值與價格會迅速殞落，不能累積形成品牌資產。

6.品牌歷史是否悠久？媒體傳播聲量是否足夠？

　　品牌聯想強度來自使用經驗的頻率，以及所暴露的傳播工具的量與質，消費者每次的使用經驗與媒體暴露，均會累積增強品牌聯想強度；也就是說，品牌聯想強度的因素是「時間」與「金錢」，歷史越久、媒體曝光越多，品牌聯想越強，歐洲瓷器主要品牌Meissen、Wedgwood、Copenhagen都有數百年歷史，歷史悠久的品牌自然會累積歷史厚度，對新品牌的文創商品，則必須靠高度的媒體曝光來創造品牌聯想。

7.商品風格與傳播訊息是否長期維持一致性？

　　此項目係評估品牌聯想偏好，品牌聯想偏好除了商品本身是否滿足需求、訊息內容是否恰當外，訊息維持長期一致的印象也極為重要。對文創商品而言，除廣告文宣必須有固定調性（tone and manner）外，主要必須讓商品線維持一致風格，如主力若是發展故宮系列的商品，就不宜突兀插入非洲動物的設計。

8.是否建構對商品獨特的認知？

　　此項目係評估品牌聯想的獨特性（uniqueness），係建立有別於競爭品牌的獨特認知，簡單的說，就是塑造品牌個性（brand personality）——在眾多品牌的聯想中所突顯該品牌的獨特點。因此行銷訊息必須塑造商品鮮明或獨特的認知，這種認知可以是商品的USP，也可以是企業所欲塑造的商品定位。

表3.1 文創商品品牌知識建構基礎與訊息評估指標

品牌知識建構基礎	商品與傳播訊息評估指標
品牌認知	1.是否告知商品基本資訊與「故事」，傳達基本認知？
品牌聯想：特徵	2.是否呈現商品獨特特徵（uniqueness）？ 3.是否與競爭品牌明確區隔？
品牌聯想：利益	4.是否強調商品對消費者帶來之顯著性利益？
品牌聯想：態度	5.是否有塑造對商品的尊敬？
品牌聯想：強度	6.歷史是否悠久？媒體傳播聲量是否足夠？
品牌聯想：偏好	7.商品風格與傳播訊息是否長期維持一致性？
品牌聯想：獨特性	8.是否可以用一句話來描述商品？

3-2 行銷活動

 USP 與 DSP

　　消費者不會憑空知道品牌或商品的存在，因此廠商必須有適當的行銷活動以傳遞訊息，行銷活動指的是 4P 的 Promotion 與 4C 的 Communication，指的是品牌或商品對消費者的訊息傳播與溝通，包含：廣告、新媒體傳播、媒體公關與新聞發布、消費者公關、人員銷售、促銷、事件行銷、議題管理。

　　在思考行銷活動之前，必須先把梳自己的品牌、商品有什麼獨特性，和競爭者有什麼區隔，品牌或商品的獨特性就是 Rosser Reeves 的「獨特性銷售主張」（USP: Unique Selling Proposition），而 USP 也可發展為 Ries and Trout 所謂的「定位」（position）。[2]

　　USP 也有人說是「Unique Selling Point」，不過 Point 無法完全呈現 USP 的精神，Point 似乎只是彰顯商品與生俱來的特點，但 USP 強調的卻是論述（proposition）的過程，以及被包裝出來的主張，未必是商品天生的特點，非商品天生的特點也可包裝為 USP；R. Reeves 就認為進行 USP 可以透過有形的利益，也就是商品所具備的明顯特點（feature）或透過無形資產的利益，也就是經由廣告賦予的特徵（attribute）來形成。用「商品明顯特點」來型塑 USP，台灣啤酒的「尚青」就是一個好例子，在地生產的新鮮度的確是進口啤酒所不及[3]；另以「廣告賦予的特徵」來型塑 USP，如 80 年代後期至 90 年代初期，火紅的司迪麥口香糖，就是以廣告所賦予的都會生活「挫折感」的風格來塑造商品的 USP [4]。

　　R. Reeves 認為要建構 USP 必須有 3 個要件——
1. 必須強調特定的商品利益；
2. 廣告所主張的特色必須是競爭者無法模仿；
3. 訊息必須明確，可以在廣告或其他傳播訊息中「講清楚說明白」，清晰呈現。

---

[2] USP 與定位都是「古典」的廣告理論，可參見 Reeves, R. (1963). *Reality in Advertising*, New York: Knopf. 與 Ries, A. and Trout, J. (1979). *Positioning: The Battle for Your Mind*, New York: McGraw-Hill.

[3] 台灣啤酒「尚青」廣告的分析，可參閱鄭自隆（2014）《廣告策略與管理：理論與案例交鋒對話》，台北：華泰，頁 96-99。

[4] 司迪麥口香糖廣告的分析，可參閱鄭自隆（2014）《廣告策略與管理：理論與案例交鋒對話》，台北：華泰，頁 58-60。

　　USP談的是DSP架構中的D，DSP係觀察廣告實務運作，並參酌傳播、行銷學理而建構的企劃模型，根據3個主要概念（key concept）——Differential（商品特色）、Segmentation（消費者區隔）、Position（商品定位），再分為3個階段——情境分析、策略建構、戰術執行而展開之，情境分析作為策略建構的基礎，戰術執行則依循策略建構的規劃。

　　情境分析包含「商品特色」與「消費者區隔」2個概念，首先應分析商品及其競爭者各有何優缺點，經比較後找出USP，以確立商品應強調的特質——展己之長，攻敵之短；其次應分析消費者結構，再找出商品應賣給哪些人？他們各有何需求？使用媒體習慣又是如何？消費者分析可參考第2章第一節消費者管理的討論。

　　從「商品特性」與「消費者區隔」2個概念的分析，可以型塑「商品定位」，就屬策略建構，所謂定位是建構商品在消費者心目中的印象或認知，不同的商品特性與消費者品味格調決定定位，定位應清晰，最好「一句話」就能說出定位。

　　「定位」也是用於突顯品牌聯想獨特性的方法，定位的目的在於表達消費者腦海中可以呈現出有別於競爭者的清晰品牌或商品印象，也就是說，「定位不是針對商品，而是對消費者心靈的作為。」[5]因此對老商品，「商品定位」不能擅改，絕對不宜每年一變，「定位」就是要型塑刻板印象（stereotype），需要長期耕耘，焉能每年一變？

　　所以定位的重點在於消費者作密集而一致的訊息傳播，定位方法可以有如下的思考——

- **第一定位**：世界第一高峰是喜馬拉雅山，台灣第一高峰是玉山，第一位飛越大西洋的駕駛是林白，可樂第一品牌是可口可樂，「第一」的印象深植於消費者的腦海，有其無比的魅力，品牌或商品最好能找出「第一」的元素。

- **特色定位**：可以透過商品利益、使用方法、使用時機、價格、使用者，甚或文化符號（如Marlboro香菸的牛仔）來呈現品牌的獨特定位；特色定位是最容易操作的，所以案例最多，如Volvo汽車強調「安全」、阿Q桶麵強調大碗吃得飽，就是由商品利益切入的特色定位。

---

[5] D. A. Aaker 的說法，參見 Aaker, D. A. (1992). The value of brand equity. *Journal of Business Strategy*, 13 (4), 27-32.

- **對比定位**：將自我品牌與競爭品牌比較，經由對比以突顯自我。如早期有飲料強調是「非可樂」、租車公司 Avis 的「老二」定位，都是與競爭者對抗所形成的對比定位；對比定位是借力使力，用競爭者墊高自己，不過因與競爭力比較，一般廠商難拉下臉，所以實務上案例較少。

定位確定，就要形成後續的廣告、新媒體傳播、媒體公關、消費者公關、人員銷售、促銷、事件行銷、議題管理等戰術面（tactic）的運用。

廣告

廣告指的是以付費的方式購買大眾媒體的版面（指報紙、雜誌）或時間（指電視、廣播），以傳播銷售訊息；大眾媒體廣告費用昂貴，因此只有大型文創企業方能負擔。

也因為費用昂貴，所以廣告訊息的製作都應委由專業的廣告公司（稱為廣告代理商，advertising agency）處理，拍片會找專業的影片製作公司（稱為 production house），甚至電視台發稿也會透過媒體購買公司（稱為 media buyer），這也顯示廣告是分工細膩的產業。

一、創意管理

廣告創意常是思考重點，創意不是天馬行空式的比花俏，而是要以「銷售」為基礎，切記「廣告的目的是銷售」！而不是娛樂消費者[6]，廣告的第一個目的是銷售，第二個目的也是銷售，第三個目的更是銷售；廣告屬易開罐文化，只能追求瞬間感動，甚難成為經典；廣告是易看懂易遺忘的訊息，其目的是「銷售商品」，而不是鎔經鑄史留之久遠，成為後世品讀聞香的典範，廣告無此功能更不必有此期待，因此思考創意時，具銷售力、能賣商品絕對是第一考慮。

也就是說，廣告最重要的是「效果」，創意是「藝術」、效果是「科學」，在創意與效果之間，必須先求效果再講創意，只有創意沒有效果，讓廣告公司風光領獎，客戶卻賠了身家，是不道德的行為。

---

[6] 這也是奧美廣告公司創辦人 David Ogilvy 的箴言。

二、媒體管理

　　廣告媒體又分為大眾媒體（mass media）與輔助媒體（support media），報紙、電視、廣播、雜誌、網路屬大眾媒體，戶外、交通（如捷運、公車）、贈品為輔助媒體，或稱分眾媒體。媒體的功能是承載銷售訊息的工具，不但廣告訊息，公關訊息如新聞稿發布，以及議題管理、活動行銷、危機處理……，都需要媒體扮演訊息傳送的角色。

　　廣告的最終目的是將訊息傳送至閱聽人處，以達成告知或說服，因此如何將訊息傳送作適當與有效的安排不致浪費，就成了媒體企劃的課題，也呈現了媒體企劃的重要性，這也為什麼廣告代理商要有「媒體部」來運作或轉包給獨立的媒體購買公司的原因。

　　媒體企劃，簡單的說，就是將廣告訊息的傳播作最經濟與最有效的規劃，以傳送至目標對象（TA: Target Audience），以獲得最大的到達率與／或接觸頻率（to maximize reach and/or frequency）。在這個概念之下，媒體企劃除了傳送廣告訊息的基本功能外，尚須考量——

1. 最少之廣告經費
2. 最大到達率（reach）
3. 最大接觸頻率（frequency）

　　因此媒體作業，應考量媒體目標、媒體選擇、媒體排期三項範疇，也應思考由誰來負責媒體作業，是由原本負責創意的廣告代理商，或另外由獨立的媒體購買公司來進行採購——

- **媒體目標**：廣告活動試圖達到多少GRP（總收視率）、CPRP（每一收視單位成本）多少，以及期望之到達率（reach）、接觸頻率（frequency）。
- **媒體選擇**：為達成媒體目標所作的媒體（medium）以及媒體載具（vehicle）組合，可就大眾媒體與輔助媒體就傳播目標調配。
- **媒體排期**：執行媒體目標所作的排期策略（media scheduling），以文創商品而言，應考慮集中新商品上市與節慶行銷。

三、廣告代理商之選擇

　　目前台灣綜合廣告代理商有三大系統，歐美系、日系與本土廣告公司，廣告主如何選擇廣告公司？廣告主與廣告公司的關係如同「婚姻」，是良緣抑或怨偶，端視雙方互動的智慧，廣告主選擇廣告公司可以從幾個指標切入——

- **規模**

  廣告主選擇廣告公司如同適婚的男女選擇對象一樣，一定要「適配」——大預算選擇大公司、小預算選擇小公司；小資女不宜奢望嫁予豪門貴公子、窮光蛋更不能高攀富家千金女，大的廣告預算選擇大公司，是考慮服務的周延性，預算多、服務項目與要求也會比較多，小廣告公司恐怕無法勝任；而小的廣告預算選擇小廣告公司，兩家公司規模對等，比較會得到適當的服務，若是小的廣告預算選擇大公司，其服務排序恐怕無法列入優先。

- **口碑**

  老的廣告公司在業界都有一定風評，新的廣告公司其負責人也應是業界老鳥，所以都可以事先打聽口碑，就屬意的廣告公司，詢問同業或廣告界朋友的看法或意見，詢問重點是——
  *創意能力：作品水準如何？
  *媒體能力：能否買到所期待的版面或節目？
  *收費標準：是否合理？票期如何？
  *配合程度：修改空間如何？能否在壓力下完成客戶交付？
  *共事EQ：是否易溝通、好相處？

- **專長與風格**

  每家廣告公司均有其專長與風格，因此不熟悉廣告界的企業主，要選擇廣告公司時，不妨用一週晚上時間看電視，看到喜歡的廣告影片就記下來，然後打聽是哪家廣告公司的作品，再洽詢之。[7]

 媒體公關

一、公關的意義

公關與廣告概念近似，公關的全名是「公共關係」（也有譯為「公眾關係」），英文原名Public Relations，其意義可以從Public與Relations分別來說明——所謂Public，是關心某一議題（issue）或與某組織有互動關係的一群人。以「興建核四」為例，主張興建的台電、電廠設備供應商、掌握電廠預算的立委、高耗能工廠的老闆與財團、電廠所在地民眾、反核團體……就是「興建核四」議題的Public；對文創廠商而言，內部的

---

[7]「廣告」單元之討論整理自鄭自隆（2014）《廣告策略與管理：理論與案例交鋒對話》，台北：華泰。廣告作業複雜，本書可參考。

Public 是員工，外部的 Public 是消費者、銀行、媒體、工廠所處的社區。

而 Relations，指的是促進瞭解（understanding）與善意（goodwill）的傳播過程。所以公共關係可以定義為「對某一議題（如「同性結婚」）有興趣的一群人；或與某組織（如某企業）有互動關係的一群人，促進其瞭解與善意的傳播過程。」

因此可以瞭解，廣告必須付費購買媒體的版面或時間，但除了買廣告外，很多公關作為（如改善門市人員的服務態度）是不用付費的；公關的功能是推銷「善意」與「瞭解」，功能廣泛，但廣告是推銷特定商品、服務、觀念；公關可使用多元媒體，大眾媒體、人際傳播均可運用，但廣告只使用大眾媒體；至於傳播對象，公關傳播對象多元，而廣告則針對特定與區隔化消費者。

對文創廠商，公關工作有 2 個重點：媒體公關與消費者公關，媒體公關係指以媒體為傳播對象的公關活動，媒體關係是公關的「基本功」，公關的傳播對象是多元的公眾，但組織是無法對所有的公眾做一對一、面對面的溝通，尤其是公共議題，所有的民眾就是「公眾」，因此必須透過媒體來進行，無論發布新聞稿、舉行記者會、發言人談話、舉辦活動……都必須經由媒體報導，消息方能擴散，因此媒體關係的良窳決定了公關的成敗。

二、公關新聞稿

發布公關新聞（稱為 publicity 或 news release）是很多大型企業或政府機構每日的例行公關活動，所謂「公關新聞」是公關傳播者為公關目的而發布的新聞，公關新聞對新聞來源而言固然是「公關」，但對媒體而言，只要具備新聞價值就是「新聞」，所以公關新聞不應被污名化。

即使是公關新聞，也必須具備新聞價值，否則媒體不會刊出，所謂新聞價值，指一個客觀發生的事件（event），媒體將其轉化為新聞（news）所必須具備的元素，因此判斷或包裝新聞價值就很重要，所謂新聞價值元素包含——

- **時效性**

  時效性（timeliness）也稱時宜性，指的是最新發生的事件，這也是「新聞」與「歷史」的區別，歷史要的是「溫故」，新聞要的是「知新」，已經曝光過的事件，除非有新角度、新發現，媒體是不會有興趣的，也因為講究時效性，所以新聞常常缺乏深度而且容易出錯。

- **接近性**

  人總是最關心自己的，越與自己有切身關係的人與事就會越關心，接近性（proximity）指事件越靠近閱聽人越有新聞價值，有「地理」的接近性與「心理」的接近性2種。

- **顯著性**

  一般人打高爾夫球不會上媒體，但總統打高爾夫球卻會上媒體；一般人被狗咬不會上媒體，但著名的政治人物被狗咬卻會上媒體；顯著性（prominence）指的是事件的顯著程度，通常是「人」的顯著與「事」的顯著。

- **衝突性**

  衝突性（conflict）呈現人類好鬥的本能，所以政治新聞的選舉競爭、國會折衝、政治人物爾虞我詐、經濟新聞的股票漲跌、體育新聞的競賽報導、社會新聞的環保抗爭都具有衝突的元素。

- **影響性**

  影響性（consequence）指事件對閱聽人的影響，如兩岸政策、總統大選影響層面大且廣，當然具新聞價值。

- **人情趣味**

  所謂人情趣味（human interest）指的是閱聽人有興趣看的一些無關緊要的新聞，或可「感人肺腑」的故事，最容易操作的人情趣味元素有——

  *性：如檳榔西施、名模美女故事，女星八卦；

  *動物：指小貓、小狗惹人喜愛的動物，如動物園早期操作林旺生日，近期的無尾熊、國王企鵝、貓熊都是；

  *兒童：如台巴親戚搶著收養吳憶樺，或「一碗麵」故事。

  簡單的說，人情趣味就是運用3B原則——Baby, Beauty and Beast（嬰兒、美女與野獸）。

  此外，新聞亦需符合媒體立場或媒體性質，如軟性的文創活動就適合報紙的週末版，與財金有關的文創產業發展議題，就適合《工商時報》、《經濟日報》，熱鬧的活動找電視台，深度的討論就投書報紙，這就是媒體的情境效應（contextual effect），公關新聞發稿時就應注意。

　　所有的新聞都由5W-H元素構成，所謂5W-H包含Who（人）、What（事）、When（時）、Where（地）、Why（原因）、How（狀況經過、如何解決、處理結果），公關新聞就應擇要的展現新聞元素；而新聞寫作就使用「倒金字塔式」（converted pyramid）結構，將越重要的新聞元素擺在越前面，而越後面的新聞元素越不重要，也就是說，第一段「導言」（lead）呈現新聞全貌，是最重要的，看完第一段的導言就知道新聞輪廓，而第二段以後則依重要性逐段呈現。

另外還有一些共同的原則應該遵循──
1. 一則新聞處理一個主題，不同主題應分則處理；
2. 簡潔，每段不宜超過200字；
3. 中性，內文中不得出現「我」、「筆者」、「本公司」、「本局」之類的字句；
4. 不要帶有感性或褒揚的字句；
5. 若提到第一、占有率時，應有證據作支持。

　　下面「新聞稿範例」為2016年玉山菊元樂團與日本書道大師上平梅径巡迴演出之新聞稿，可參考。

玉山菊元樂團與日本書道大師上平梅径演出（2016/10/1）。

新聞稿分析

● 新聞價值分析

　　除時效性與接近性外，主要以「人情趣味」角度切入，訴求年輕教師樂團與日本書道名家在偏鄉公益演出。

- **5W-H分析**

Who（人）：日本書道大師上平梅径、玉山菊元樂團

What（事）：書道與音樂創作融合

When（時）：見下表

Where（地）：見下表

Why（原因）：關注偏鄉兒童及青少年

How（過程）：偏鄉巡迴演出

新聞稿範例

・新聞稿・

　　融合日本書道與台灣樂團的嶄新表演型式，將於本月下旬在六縣市巡迴演出，此項活動為台日民間熱心人士贊助，不賣票、不收費，歡迎各地民眾參觀。

　　演出方式為日本書道大師上平梅径配合玉山菊元樂團的音樂，即席揮毫，同時呈現「書、樂之美」，上平為日本青宵書法會創會會長，書法作品無既定格式，完全由藝術家依當時心境與氛圍而定，呈現無限的可能，也呼應了「青宵書法」的精神，在純白的紙張上自由創作，就像在湛藍清澈、無雲朵的天空即興揮灑一樣。

　　上平梅径在日本頗富盛名，今年G7七大工業國會議在日本召開，曾獲邀表演，即席書贈各國領袖。Lady GaGa訪日，上平亦獲邀上節目，也是即席揮毫後贈予GaGa，顯示其在日本書道界之分量。

　　玉山菊元樂團為2012年創立的團體，成員均為年輕的音樂老師，平時各有教職或工作，暇餘再集合練習，並不定期到各級學校與矯正機關公益演出，也因團員多為老師，因此極為關注弱勢兒童及青少年身心靈發展，秉持這樣的精神，所以此次巡迴演出特別注重偏鄉。

　　此項融合日本書道與古典管樂的活動，稱為「藝起看見台灣」，將自9月25日起在嘉義、台南、台東、花蓮、新北巡迴演出。演出日期與地點如下：

日期	時間		地　點
9/25（日）	下午2:30	嘉義縣	國立故宮博物館南部分院
9/26（一）	上午10:00	台南市	台南孔子廟
9/27（二）	上午10:30	台東縣	忠孝國小
9/29（四）	上午10:30	花蓮縣	石雕博物館
9/30（五）	下午2:30	新北市	新北市立黃金博物館
10/1（六）	下午2:30	新北市	新北市立鶯歌陶瓷博物館

三、新聞採訪

　　文創企業負責人應盡可能接受媒體採訪，以爭取企業或商品曝光，有曝光才能不斷提醒消費者企業的「存在」，因此平常要不斷創造議題，主導議題，要盡可能接受媒體採訪。

　　對平面媒體採訪，最好能事先知道訪問主題，以便準備，採訪地點以在辦公室為宜，主要是考慮幕僚支援與資料取得的方便性；特別要提醒的是——不可要求審稿，記者不需將所寫好的稿件提供給受訪者審閱。

四、記者會

　　文創產業記者會有2種型態——議題型記者會與行銷型記者會，行銷型記者會以商品展示為目的，適合新商品上市、新片發表；議題型記者會則針對特定議題做訴求，如參與世界級大型活動，或對政府文創政策的建言。

　　相對於議題型記者會的「簡陋」，行銷型記者會通常會投入重金，找名人或名媛出席，舉辦如派對型式，贈送出席記者華麗禮物。因此除非是大型文創廠商，否則很少舉辦記者會，此外要提醒的是，記者會禮物不得違反媒體專業倫理，給予媒體金錢酬勞[8]，但可以致贈禮物，文創廠商的記者會以致贈自家商品為宜，不宜再外購禮物。

五、其他媒體活動

　　媒體活動為組織與媒體的正式活動，上述記者會為媒體活動之一，除此之外，媒體活動尚有下列方式——

1. 媒體參訪

　　媒體參訪稱為Press Tour，顧名思義即邀請媒體針對議題進行參觀旅行，參訪對象可以是國內設施，如安排記者至工廠參觀製程與成果的工廠參訪（plant tour），或政府單位邀請記者進行國家重大建設參觀，以展示施政成果；亦可以有國外參訪，如新車上市前，常有台灣代理商邀請媒體至國外母廠試駕，亦有台灣酒商邀請媒體至法國酒莊長住1至2週，以撰寫體驗報導，均屬Press Tour的媒體參訪。

2. 媒體餐敘

　　媒體餐敘（press party）為邀請記者聚餐聯誼，進行媒體餐敘不宜頻繁，以半年一次或年終餐敘為宜，餐敘應使用合法餐廳，而且邀請時應一視同仁，所有在年度內曾採

---

8 給記者出席費，視同「買新聞」，嚴重違反新聞專業倫理。

訪本企業的記者均應被邀請。

3.與媒體策略聯盟

　　與媒體策略聯盟（media tie-in）是將活動「包予」媒體，媒體配合報導，如很多大型宗教活動都是與媒體策略聯盟，以取得新聞或節目的報導；媒體策略聯盟是「有價」的，要付費與媒體。除新聞外，與媒體策略聯盟亦可用於節目置入（placement）或公益活動，進行時最重要的是「保密」，不宜張揚曝光，否則會形成媒體排擠效應，其他媒體看到一、二家媒體是「付費」的「策略聯盟」，而自己並沒有收到費用，會採取抵制行為。

　　文創產業通常活動不會太大，因此沒有與媒體策略聯盟之必要。

 ## 消費者公關

　　消費者由於掌握企業的生存命脈，可以說是企業最主要的公關對象，因此企業透過消費者公關以創造行銷契機也就成了重要的課題。

　　文創廠商消費者公關的對象，不應自限於自己品牌的使用者，固然加強目前的使用者公關，可以養成品牌忠誠度，促其繼續支持本企業，同時可以從消費者中培養意見領袖，以發揮人際傳播效果擴散對本企業的好感。但透過自媒體（owned media）的擴散，除了自己品牌的使用者外，未使用的消費者也可以是公關對象。

　　除使用廣告、新聞發布外，文創廠商如何改進消費者公關，可以從以下幾個方法進行之——

- **建立申訴制度**：建立免付費（080）電話，受理消費者申訴或抱怨，並妥善處理申覆之，這是一般廠商都會使用的消費者溝通方式，文創商品由於非必需品，而且通常無時效限制，一般不會有太多的抱怨電話，因此大型文創廠商設立（080）電話，只是聊備一格，表示善盡企業社會責任而已。

- **舉辦活動**：消費者公關活動也被稱為事件行銷（event marketing），指舉辦各種活動以吸引消費者參加，其目的除促進消費者對品牌的瞭解與善意外，也期待有助於銷售；如表3.2所列之促銷商品活動、公益活動、藝文活動、消費者聯誼活動。對文創廠商而言，舉辦藝文活動是最適合的活動，如每季或半年舉辦活動，除展示新商品外，並

由工藝家、商品設計師擔任講座，邀請消費者參加，透過教育活動，除凝聚品牌忠誠度、培育意見領袖外，亦可提升消費者品味，也連帶提升商品水準。

- **社群溝通**：透過FB、Line形成使用者社群，做生產者與消費者、消費者之間的雙向溝通，或蒐集購買者e-mail帳號，以寄送EDM，經營不必支付費用的網路工具，以拉攏消費者是小型文創廠商應該著力的消費者公關活動。

- **加強售後服務**：有好的售後服務，才有好的消費者公關，如果缺乏良好的售後服務，企業所有的公關努力將流於浮面，這是通則，文創廠商也應該有此認知。

表3.2 消費者公關活動

活動類型	活動內容與目的	文創產業舉例
促銷商品活動	以商品的銷售、介紹、展示為主要的目的，吸引消費者參與，以認識商品與企業。	年終商品展示會，並搭配非價格促銷活動。
公益活動	以公益性的活動提升企業形象。	義賣商品，贊助偏鄉學童出國比賽費用。
藝文活動	以藝術、文化或體育活動，號召消費者參與。	舉行藝術家創作發表與展示活動，並舉辦簽名會。
消費者聯誼活動	舉辦諮詢、講習，以提升消費者對商品的知識，並培養意見領袖。	成立消費者聯誼團體，固定週期舉辦活動。

資料來源：參考自鄭自隆（2013）《公共關係：策略與管理》，台北：前程，頁103。

伍 新媒體傳播

　　網路媒體所衍生的一些新技術，如臉書、APP、關鍵字行銷、QR code、寫手置入推文（"placement" recommendation）、直播，不但改變廣告型態，也改變了公關操作方式，這些新技術，也被稱為新科技，甚至被稱為「新媒體」，創新的新媒體傳播，非常適合講究創新的文創產業使用。

　　文創廠商可使用的新媒體，包含自媒體（owned media）與公共平台（broadcasting

platform）──

- **自媒體**：指個人或組織自行創設、管理之網站或APP，其功能在企業形象塑造，與商品或活動訊息告知。

- **公共平台**：媒體機構創設與管理之平台，為公共傳輸者（common carrier）角色，媒體經營者不提供內容，開放個人或組織在此展示訊息，為使用者提供內容（UGC: user generate content）之媒體，如FB、Line粉絲專頁、youtube、直播平台均是；文創廠商可透過平台經營消費者社群，而且在Youtube、直播平台張貼活動影像，也是公共平台的功能。

表3.3 自媒體與公共平台之比較

差異點	自媒體	公共平台
性質	為個人或組織的廣告或公關目的而創設	公共媒體，有營利企圖
所有權人	非經營媒體之個人或組織	媒體機構
開放性	局部開放（如開放網友留言、由管理人設定之超鏈結）	對不特定之個人或組織開放
廣告	只展示創設此自媒體之組織的廣告	• 有公開之廣告價目與廣告規範 • 接受不特定組織之廣告
營利性	不具營利性質	具營利性質，且為平台之主要收入
營運經費	由創設之個人或組織支持	廣告收入
對外來訊息之媒體守門	為個人或組織的廣告或公關目的而創設	• 具媒體守門功能 • 以平台規範作為守門原則，管理人有權關閉違反原則之訊息來源
閱聽人	通常為有特殊需求或高涉入感（high involvement）之閱聽人，屬公眾（public）之概念。	不特定之閱聽人，屬大眾（mass）之概念
影響力	小或有限	大
文創產業之運用	• 企業網頁（形象塑造、訊息告知） • APP（訊息告知）	• FB（經營消費者社群） • Line（經營消費者社群） • Youtube（活動影像） • 直播（活動影像）

自媒體與公共平台的區別，請參閱上頁表3.3，文創廠商經營自媒體與公共平台的內容都不必付費，但其他型式的新媒體傳播則必須付費——

網紅PO文：要付費給網紅寫手。

網路廣告：付費給網路平台。

科技進步，網路媒體可以不斷創新，新媒體生命週期均很短，長者3、5年，短者推出後不被青睞，立即泡沫化，也因為不斷創新，所以網友的新奇與熱忱容易消失，最易「移情別戀」，但網路訊息製作門檻低，文創廠商或個人工作室應發揮想像不斷創新，以內容創造黏著度！

陸 其他行銷活動

一、促銷

促銷（sales promotion）分為二種，一是價格促銷，如降價、折扣、買一送一，另一種是非價格促銷，含猜獎、摸彩、贈送樣品、以點券換贈品（如7-11的活動）等；促銷常是行銷的特效藥，對短期銷售的確有不錯的效果，看看百貨公司周年慶的人潮，就知道促銷的威力。

對文創商品，要避免使用降價或折扣的方式，這是短多長空的作為，對品牌是一種傷害，如果確實需要做價格促銷，可利用節慶行銷，進行「買大送小」活動，購買大型作品，贈送小型作品作為「伴手」。

文創商品最好的促銷活動是以設計師為賣點，舉辦作者簽名會，兼銷售商品，文創品類似藝術創作，設計師本身就是最好的賣點！右圖就是德國獅牌瓷器（Hutschenreuther）畫師 S. Kriuesch 的簽名會作品，消費者可購買德國獅牌白瓷餐具，請畫師當場作畫並簽名。

德國 Hutschenreuther（獅牌瓷器）畫師簽名會的作品。

二、議題管理

議題管理（issue management）簡單的說，是「對與組織有關的公共議題，經由傳播與管理，以形成社會議程，進而影響民意或公共政策。」如核四停工與否的攻防、2017年的電業自由化討論，贊成方與反對方都必須透過議題管理來努力。

對文創產業，可著力的議題不多，但還是有，如政府文創補助不應獨厚大廠商與明星人物，應扶持小型企業與個人文創工作者；或透過媒體的傳播，替「文創」正名，一方面省得有些人說「我只懂文化、不懂文創」，另方面也可使相關單位更為重視，酌增採購費用；這些都是議題管理可以努力的方向，不過議題管理應由文創相關的產業公會來執行，個別企業較難施力。

三、人員銷售

文創商品不是必需品，是感性消費，消費者購買時容易猶豫，買與不買之間掙扎難決，所以最終端銷售人員要扮演臨門一腳的角色；文創商品銷售人員除了機伶、EQ高、懂得察言觀色外，還要有「說故事」（storytelling）的能力，能夠將商品故事栩栩如生的傳達給顧客。

3-3 專題討論

品牌延伸案例：「幾米」個案

一、品牌「幾米」

在台灣文創作品中，以設計師個人名字為品牌，並廣受歡迎的，「幾米」可為代表，「幾米繪本」是近來在台灣廣受歡迎的文創商品，幾米讓「圖像」成為另一種文學語言，作品營造流暢與夢幻的畫面，散發出獨特筆觸與風采，不但受華文讀者喜愛，作品也有美、法、德、希臘、韓、日、泰國等國的譯本，部分作品還被改編成音樂劇、電影、電視劇，甚至成為公共藝術作品再現。

「幾米」的作品係以成人為對象，成功掌握了讀者心理與閱讀行為，成了讀者童年閱讀漫畫的延伸，或是童年閱讀漫畫受挫的心理補償，「幾米繪本」的讀者都是隨著電視成長的一群，他們使用「圖像」的能力遠勝於「文字」，幾米的繪本成功引導了他們

的閱讀行為；而「幾米繪本」其品牌「幾米」就是設計師本人名字。

　　本名廖福彬，「幾米」是其英文名字Jimmy的譯名，畢業於文化大學美術系，具學院訓練，曾任職廣告公司12年，並為報紙、雜誌等平面媒體畫插畫，1998年首度出版個人的繪本創作《森林裡的秘密》、《微笑的魚》，1999年至2001年陸續以《向左走‧向右走》、《月亮忘記了》、《我的心中每天開出一朵花》、《地下鐵》等多部作品，創作力過人，也帶動了當年出版市場的繪本創作風潮，2002年《我只能為你畫一張小卡片》、《布瓜的世界》，2003年有長篇作品《幸運兒》；他每年均有創作，2016年出版《忽遠忽近》、《你們我們他們》、《照相本子》、《四季》、《我的世界都是你》、《在一起》（筆記書），創作能量驚人。

　　此外，幾米繪本延伸之周邊商品有文具用品（卡片、年曆、明信片、空白光碟、筆記本、原子筆、文具收納、造型文具）、生活用品（靠枕類、寢具、手機吊飾、骨槌、桌上擺飾、音樂鈴、相框、面紙盒、馬克杯、室內拖鞋、收納盒、卡片夾、行李牌）、服飾配件（造型包、造型女夾、造型女襪、T-shirt、毛帽圍巾、名片夾／盒、鏡盒）、趣味收藏（遊戲牌、可愛徽章、造型公仔、絨毛玩偶），是成功典型的文創商品。

　　幾米的作品沒有時間的限制，歷久彌新，2001年作品《地下鐵》在2012年獲得比利時維塞勒青少年文學獎（Le Prix Versele），為9至11歲少年最愛的圖書，此獎項由讀者直接評選，2012年有4萬5千名兒童參與，也是台灣唯一獲獎的作家。

二、品牌延伸作為

　　品牌延伸即經由縱向關係，思考文創商品與其他商品或品牌的連結度，經由品牌延伸，讓自家品牌在其他領域露出，形成線狀延伸，提升曝光並獲取利潤，線性延伸之優勢在於比推出全新商品要便宜的多，同時更可賦予品牌新生命、可預防競爭對手介入。

　　品牌延伸通常採取策略聯盟（strategic alliance）方式，所謂策略聯盟，是指2家或2家以上的企業彼此合作，以創造更高價格或更低成本的一種合作關係，換言之，它是企業間基於風險分攤、專長互補，或資源整合而進行的合作行為。「幾米繪本」的策略聯盟方式，係以異業聯盟為基礎，所展開的生產聯盟（幾米提供繪畫，合作廠商提供商品；幾米提供繪本故事，合作廠商拍攝電影）與垂直方式的X型聯盟，而地理區域則涵蓋國內與國際。

（一）品牌授權之結盟商品

所謂結盟商品指的是透過圖像或品牌授權的商品，其商品主體由合作廠商製造，或使用合作廠商現成商品，但加入了所授權的圖像或品牌元素。

案例1：Formosa之Pourqoui Matiz汽車 [9]

台朔Formosa汽車與幾米於2004年7月底合作推出Pourqoui Matiz，以幾米繪本《布瓜的世界》為主題，推出風格獨具的布瓜版特仕車，Matiz汽車本以色彩繽紛著稱，加入繪本圖像的元素，更能呈現截然不同的風格，以吸引消費者。

「布瓜」是法文Pourquoi的音譯，代表「為什麼」的意思，而《布瓜的世界》呈現無厘頭又搞怪，顛覆了「想當然爾」的回答，也與Matiz汽車所訴求年輕、獨特的風格符合，二者可以呈現調合。除了車體與內裝加入繪本圖像外，尚配合贈品促銷，訂車送幾米抱枕與面紙盒套，交車再送幾米隨身包，此外，幾米也配合設計網頁以服務「布瓜Matiz」車主。

案例2：Moto C350 / C353 幾米彩殼 [10]

Motorola 2003年與幾米合作，推出「雷蒙綠」個性彩殼組，凡在各通路上購買C350 / C353 手機即可獲贈幾米繪製的雷蒙綠彩殼組，內含一組雷蒙綠彩繪造型外殼及雷蒙綠造型手機吊飾。

其創意構想來自《我的異想世界》繪本中雷蒙綠作為彩殼主題人物，雷蒙綠古靈精怪、魅力獨特，以及獨特穿著的個性，與摩托羅拉手機所訴求的追求獨特風格精神相符。此外，摩托羅拉尚推出幾米圖鈴下載，有5萬次的下載數，廣受歡迎。

案例3：遠傳FET520 幾米手機 [11]

遠傳電信於2001年情人節與幾米合作，推出《向左走‧向右走》FET520手機，其外殼圖案均取自該繪本，以現代都會男女愛情風情作為訴求。

其行銷手法主要透過網路，Yahoo!奇摩特別規劃網站首頁兩側的雙浮水印，用一男、一女的幾米漫畫人物，搭配文案「男生由此入」「女生由此入」，讓網友一登入首

---

[9] Formosa 與幾米結盟 Pourqoui Matiz，整理自：http://tw.autos.yahoo.com/040726/68/u3vw.html

[10] Moto C350 / C353 幾米彩殼機整理自：http://www.eprice.com.tw/news/?news_id=1168

[11] 遠傳 FET520 幾米手機整理自：http://tw.emarketing.yahoo.com/sucess-1.html

頁，就馬上注意到特殊版位上的創意浮水印，創下了超高點選數，其特殊效果很快造成網友間的話題。

吸引了消費者注意力後，Yahoo! 奇摩再利用網路凝聚社群的特性，用 banner 引導網友到投票區討論，以話題性行銷，引導活動話題；並鎖定特定族群，以電子郵件行銷，直接刺激網友購買意願，據 Yahoo! 奇摩表示，其傳播效果較一般網路活動高出 4 至 5 倍點選率，有超過 10 萬人次參加活動，並有 1 萬餘名網友留下資料表示要申購手機。

案例 4：金飾品牌 Just Gold 推出「幾米與 JustGold」系列 [12]

金飾品牌 Just Gold 2003 年與幾米合作，以幾米畫作裡經典畫像為設計特色，推出「幾米與 JustGold」，包括「向左走向右走」與「心意卡」兩大系列，分別設計心意卡、墜飾、手鍊和戒指等，採用轉印技術，將《向左走・向右走》系列畫作彩色轉印在 18K 白金的墜鍊，並設計成 1 公分大小的迷你書冊，此書冊墜鍊如同書本般可以開合，商品單價設定在 2,800 至 8,800 元之間，以迎合幾米繪本的讀者購買能力。

案例 5：HP 惠普「我的幾米 AIO」彩色多功能事務機 [13]

HP 惠普科技，於 2003 年與幾米合作，推出「我的幾米 AIO」─ PSC1210 彩色多功能事務機，有《地下鐵》「幾米悠遊版」及《月亮忘記了》「幾米月亮版」兩種版本可供選購，價格低於 5,000 元，以迎合學生與家庭市場，隨機並附贈幾米創意面板貼布及專屬相框。

案例 6：《地下鐵》上演舞台劇與拍攝電影 [14]

音樂劇「《地下鐵》」，2002 年由「創作社」製作，內容描述一個少女失去視力，在 15 歲生日時走進地下鐵，朝著未知的命運出發，藉由地下鐵的一站又一站追尋生命歷程，文辭優美而感傷的《地下鐵》，受到許多人的喜愛。

2003 年 12 月電影版推出，演員有楊千嬅和梁朝偉、張震、范植偉、董潔等，由華納兄弟公司發行。配合電影的音樂原聲帶，由 EMI 旗下藝人蕭亞軒主唱，在整體的通路上形成影、視、音等多元的娛樂結合體。

---

[12] 〈幾米系列飾品〉整理自：http://paper.udn.com/udnpaper/PIL0005/43599/web/#1L-1016450L

[13] HP 個案整理自：http://www.oc.com.tw/readvarucle.asp?id=2172

[14] 〈幾米地下鐵搬上舞台〉整理自：http://www.wfdn.com.tw/9205/030523/01-08/052308-2.htm

案例7：《向左走‧向右走》拍攝電影 [15]

　　電影改編自幾米繪本《向左走‧向右走》，2003年上映，華納兄弟公司發行，導演為杜琪峰、韋家輝，主要演員有金城武、梁詠琪，同時有北京話與粵語兩種版本。

　　影片描述兩個都會寂寞單身男女的故事，金城武飾演抑鬱不得志的小提琴師，而梁詠琪則是飾演恐怖小說的翻譯，兩個人生活在同一個都市、相鄰的公寓，晦暗的都市叢林裡，彼此不知道對方的姓名，但牽掛對方，由於出門時，一個習慣向左走，一個習慣向右走，因此一直碰不到對方。

　　搭配電影推出的周邊商品有《向左走‧向右走》系列寢具，雙人床組、小靠墊、抱枕，以及幾米簽名版音樂專輯等。

（二）與非營利機構聯盟

　　除商業性結盟外，亦有非營利性活動的參與，以建立公益形象，如2002年金馬國際影展形象包裝設計、喜憨兒基金會中秋月餅禮盒包裝、環保團體主婦聯盟於2002年推出「幾米購物袋」，在台北、新竹、台中等地義賣，義賣價250元，並接受郵撥訂購。均是非營利形象的延伸。

　　綜合以上結盟商品的說明，可以發現係以「繪本」為內容、「幾米」為品牌作為中心，向外進行異業結盟，呈現輻射式的擴散，達到以品牌授權取得品牌露出，而達到品牌延伸的目的。結盟的商品，類型看似「無限」（汽車、手機、電腦、金飾、購物袋……），但仍有所「區隔」——以30歲以下的年輕消費者為主要對象，且偏重女性，因此商品單價不高，即使金飾也在萬元以下，而汽車也使用分期付款方式，每月支付亦不超過萬元，目標群設定極為明確。[16]

（三）參與公共藝術創作

　　幾米是宜蘭人，2013年幾米與宜蘭縣政府合作，在宜蘭火車站南側創設了「幾米主題廣場」，此地原為廢棄的鐵路局舊宿舍區，後經過重新規劃整建，成了全台灣第一座幾米主題廣場，為觀光客造訪宜蘭的必去之處。

　　「幾米廣場」保留原有的歷史建築與綠蔭老樹，以「記憶片刻風景」為主題，再現幾米繪本的場景與人物，《向左走‧向右走》中的男、女主角各往各的方向走去，帶給

---

15 《向左走‧向右走》電影整理自：http://www.jimmyspa.com/walkmovie/walk01.asp
16 此個案整理自鄭自隆等（2005）《文化行銷》，台北：國立空中大學，頁302-313。

遊客一絲絲的悵然；《星空》裡的小男孩與小女孩一起等公車上下學，遊客也可以陪他們一起等車，彷彿回到小學的時光。

幾米廣場對街的丟丟噹廣場[17]，鐵樹森林是建築師黃森遠的作品，高掛著幾米繪本作品《星空》裡的列車，星空列車長30公尺，彷彿穿越森林上空，《星空》作品裡的小男孩從車內探出頭，遠望著夢想與幸福。

宜蘭的幾米廣場是將平面的繪本，轉換為立體的公共藝術，看過繪本的讀者，到了廣場會有和書中朋友再見的重逢感，即使沒有看過繪本的人，到了廣場也會有回到童年的莫名溫馨感，療癒效果十足。

台灣有很多地方都喜歡取巧，用日本卡通作為壁畫作品，不但沒有原創價值，而且更有侵權問題，宜蘭縣政府使用本縣自己藝術家的作品，不但具本土思維，且具原創性（originality），將著名繪本與公共藝術結合，借力使力相輔相成，是非常成功的將公共藝術文創化的個案，值得學習。

17「丟丟噹」是宜蘭的童謠。

品牌活化案例：「老台門」個案

一、品牌背景

　　台灣人提到紹興，大概會有兩個連想，一是周星馳電影中能言善辯的「師爺」，另一就是「紹興酒」。而「老台門」個案是一個成功將黃酒從日用品提升至文創品的個案。

　　紹興位於浙江杭州之南，自南宋在會稽（今之杭州、紹興）建都，人文薈萃，生活富裕，有「稻飯食魚」之稱（吃的是白米飯佐以魚鮮），事實上，整個江南地區本為魚米之鄉，紹興酒就是用糯米低溫發酵釀造而成，其釀造約始於唐朝，甚至有人引用《呂氏春秋》說吳越之爭時就有。

　　紹興酒以米發酵釀造，顏色為褐色，因此也通稱為「黃酒」，現在浙江地區釀造黃酒的民間企業很多，「老台門」就是其中之一，因此面臨市場強烈的競爭，為了避免淘汰，並將地區品牌提升為全國品牌，因此委託浙江思美傳媒公司進行「品牌活化」工程。[18]

二、市場分析與策略形成

　　近年中國消費市場有了急遽的變化，「奢侈消費」、「炫耀消費」成了時尚，崇尚「貴就是好」，認為「價格＝品質」，低價商品已不被新貴們青睞，生活「品質」追求越來越高，在世界奢侈品消費排行，中國已超越美國，成為世界第二，而且很多新貴樂觀估計在數年內會超越日本，成為世界第一。

　　消費能力呈現新貴們新的生活品質，從紅酒高消耗量、iPhone/iPad高普及率，號稱有機食品可以天價賣出，甚至購物時會被環保訴求打動而買單，在在都可以看出端倪。

　　當消費能力提高，就會追求文化，當今中國高端消費族群的文化需求是「國學文化認同」，回頭審視老祖宗的資產，強調「中華立領」，孔子重新被定位，有了「孔子學院」，國學也贏得年輕族群的喜愛，央視「百家講壇」創造高收視率，部分內容也帶來討論，形成社會迴響。

---

18 本個案係依據浙江省杭州思美傳媒公司提供之 ppt 檔改寫而成，謹誌謝意。

　　因此在策略上，廣告公司依「差異化行銷」概念，將「老台門」黃酒，從一般飲用的「快速消費品」轉變為「社交消費品」，跳脫傳統黃酒市場品類，不與一般飲用品競爭，將商品高度提升，定位為「中國頂級定制黃酒」，每瓶500ml容量，售價最低為1,000元（人民幣），最頂級者為10,000元，換言之，「老台門」已從黃酒品牌轉化為「奢侈品牌」。

表3.4　浙江「老台門」黃酒行銷策略

分析指標	舊定位：快速消費品	新定位：社交消費品	延伸之戰術
商品	自飲	• 非自飲 • 社交用途	• 禮品 • 宴會 • 收藏
對象	40-60歲	年輕新貴	• 30-50歲 • 高端收入 • 有社交需求之消費者
市場	江浙地區	跳脫傳統區域	香港、台灣、北京、上海、廣州、深圳、成都、廈門、重慶，以及江浙地區
品牌	傳統、歷史文化	• 時尚化 • 非單純文化	• 流行性、話題性 • 新銳性 • 時尚性

（一）LOGO 規劃

為回應銷售對象「國學文化的認同」，因此標準字「老台門」重新修改，從顏真卿所書「顏勤禮碑」找字，此碑找到「台」、「門」二字，但缺「老」字，因此從「九」、「者」二字拆解重拼為「老」字。

顏真卿·顏勤礼碑

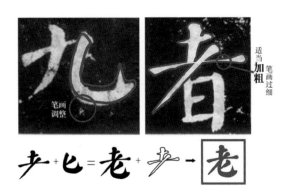

（二）廣告表現

廣告表現遵循策略，呈現「文化＋時尚」概念，看似傳統水墨畫，事實上又呈現時尚感、現代感，蠻有後現代（postmodernism）趣味。

浙江「老台門」品牌廣告。

「老台門」中秋節、春節促銷廣告。

（三）包裝設計

與廣告表現一樣，仍然呈現「文化＋時尚」概念，包裝可以看出就是中國酒，但不老氣，有時尚感與現代感。

（四）公關活動

1. 2010 年「與世界頂級手造酒對話」

拜訪日本京都月桂冠清酒廠，創造「黃酒與清酒對話」的話題，並以月桂冠老闆木戶的話作為廣告標題「這是我喝過極地道的中國酒」。

文案寫得清淡幽雅：

對話世界頂級手造酒‧日本站

他是木戶先生，日本清酒月桂冠的主人，住在京都的一條小巷裡，

373 歲的月桂冠，此行日本的第一位朋友。

老台門，找朋友，喝喝酒，談談天。

「老台門」之 2010 年「與世界頂級手造酒對話」報紙稿。

「老台門」之 2010 年「與世界頂級手造酒對話」媒體報導。

2. 2011年全國兩會指定宴用酒

公關新聞稿強調是「60年來第一次浙江釀造的酒為全國兩會指定作為宴會酒」。

「老台門」之「2011年全國兩會指定宴用酒」報紙稿。

「老台門」之「2011年全國兩會指定宴用酒」媒體報導。

3.《初會》：台門酒會落成雅集

老台門酒廠在杭州市文化街道「南宋御所」開辦會所，落成時舉辦《初會》雅集，邀請藝文人士參與。

「老台門」之「《初會》：台門酒會落成雅集」報紙稿。

「老台門」黃酒原先只是地方性的品牌，但經過杭州思美傳媒公司規劃的「品牌活化」工程後，儼然再生，不但一躍為中國全國性品牌，也充滿文化底蘊，不但品牌價值提升，更重要的是商品售價早非昔日「吳下阿蒙」。

「老台門」個案值得所有台灣與中國文創品牌深思。

「老台門」之「《初會》：台門酒會落成雅集」媒體報導。

chapter FOUR

城市文創行銷

照片說明：
「歷史」與「人文」是行銷城市最好
的元素，老照片經由有縫線的絲襪，
訴說巴黎的歲月與風華。

4-1 導論

 意義

「城市行銷」（city marketing）是一個不算太老的觀念，80年代方有這個名詞出現，其出現的原因在於城市競爭，因為交通方便、資本流通產生國家內部城市間的競爭，而全球化更帶來國家與國家間城市的競爭。

城市競爭的目的在於爭取人流與金流，促進城市的活力，人流與金流的引進，會加速基礎建設，運輸、通訊、能源需求擴張，帶來高品質的人口移入，水漲船高，所得與生活水準提高，消費能力強，地方產業熱絡，也帶動高檔商品與藝文商品銷售，政府稅賦增加，城市與主政者（市長、地方首長）的政治影響力也跟著提高。

而競爭失敗的城市，人口和企業外移，觀光業衰退，產業出走造成銀行授信緊縮，政府稅賦收入減少，都市硬體建設停滯，惡性循環的結果，失業率節節提高、犯罪案件增加、社會問題層出不窮，主政者魅力消失，被黏貼「無能」標籤，阻斷政治前景。

城市競爭直接關係到主政者的政治前途，民主國家的城市首長都有選舉壓力，以台灣為例，面對4年一次的首長選舉的殘酷爭逐，地方首長無不以辦活動、放煙火、拍電視廣告來提高城市與首長個人能見度，不但「一鄉一特色」，而且幾乎天天有活動，據說在台灣「平均每3天就舉辦2項活動」[1]。

然而，城市行銷就只有「辦活動」嗎？當然不是，「辦活動」等於「放煙火」，只有瞬間的燦爛，城市行銷更重要是可長可久的「城市風格」確立，城市有風格就有魅力，觀光客去威尼斯，不會只在面具嘉年華期間，即使平時，聖馬可廣場觀光客都和鴿子一樣多。

將城市行銷簡化為「辦活動」是偏頗的，「城市風格」與「活動行銷」是城市行銷的二大支柱，二者應相輔相成，只有「風格」沒有「活動」，城市將缺乏朝氣而趨老化；只有「活動」沒有「風格」，那是膚淺而沒有內涵，暴發戶式的炫耀，是個沒有個性（personality）的城市。

---

[1] 陳柏州、簡如邠（2004）《台灣的地方新節慶》，台北：遠足文化。

表4.1 城市行銷元素：風格與活動

城市行銷元素	風格	活動
期程	長期	短期
態樣	靜態	動態
形成	歷史演化	主政者主導
都市建設	• 基礎建設 • 歷史建設	臨時設施
在地扣連	與歷史、文化扣連	？
效果	建立城市個性	短期聚集人潮
型塑者	市民、歷史	官方

 # 城市風格

　　城市風格需要長久的經營，方能形成城市印象、建立城市個性；塑造城市風格的元素，可以來自歷史、建築、景觀，或人文氣象、地理條件、城市代表產業。

- **歷史**：很多城市風格來自歷史資產的庇蔭，巴黎、倫敦、羅馬、威尼斯、聖彼得堡，以及眾多的歐洲城市，非洲的開羅、卡薩布蘭卡，橫跨歐亞兩洲的伊斯坦堡，乃至東方的北京、西安、京都，這些世界知名的城市都是歷經數百年，甚或千年的淬鍊。

- **建築**：建築型塑風格，巴黎的鐵塔與凱旋門、紐約的勝利女神、義大利比薩的斜塔，西班牙馬德里的聖家堂、埃及開羅的金字塔群，乃至北京的故宮以皇清盛景、台北101大樓，都成了城市的象徵，也常是城市CIS的圖像。

- **景觀**：都市特殊景觀也能型塑為城市風格與印象，威尼斯的水都，世界唯一無可取代；菲律賓馬尼拉的噗噗車與五顏六色的公共汽車、舊金山的叮噹車、泰國曼谷的佛寺、杜拜的財大氣粗建築、澳門的銷金賭場，都是獨特的都市景觀。

- **人文氣象**：有些都市的人文氣象也是無法複製的，香港的東西交會、紐約的金融首都、京都的細緻優雅、米蘭的名牌拜金，以及加拿大BC省班夫與台北淡水的小鎮風

情、台北的夜市與鼎泰豐，以及24小時不打烊的雅痞書店，都是人文條件所形成的城市風格。

- **地理條件**：北非的卡薩布蘭卡（Casablanca）當然是因1942年電影《北非諜影》而著名，但它本身就是著名的千年沙漠城市，阿拉斯加的費爾班（Fairbanks）則是看北極光（Aurora）的城市，被稱為極光小鎮，這都是以特殊地理條件來型塑城市風格的例子。

　　日本九州大分縣的別府也是以特殊地理條件來型塑城市風格，別府以溫泉著名，2016年11月別府市市長在Youtube發佈了一支「別府市‧湯～園地計畫！（別府溫泉樂園）」的影片，為別府溫泉觀光旅遊規劃做宣傳，擔綱演出的市長表示，如果這支廣告能夠達成100萬瀏覽數的話，就會真的在別府市蓋一座如影片中展示的溫泉樂園，沒想到播出後73小時，這支廣告果真的達到百萬次瀏覽量，這是以創意取勝的城市行銷個案。[2]

- **城市代表產業**：日本本州的岡山縣倉敷市的兒島地區是以產業來型塑城市風格的有趣個案，兒島是日本丹寧褲的產地，被稱為「日本丹寧聖地」，整個城市所有產業都有丹寧布（牛仔布）的風格，連市區的柏油路面都略帶「青」色。

　　兒島地區與牛仔褲相關的店鋪，推出牛仔布質的和服、牛仔休閒輕便服飾，與流行感十足的背包、手提包等，連和牛仔褲無關的和菓子店，其包裝、店招、布簾，都採用牛仔褲的布料來設計，甚至都有「Jeans Street」名稱的街道，此外，倉敷市長的上班服、名片夾，市長室內的裝飾都採用牛仔布料及其色調。[3]

　　城市風格常與城市美學扣連，2016年台北拆除北門高架橋，引起城市美學的討論，甚至引來要統一迪化街商店招牌的主張，城市風格是城市歷史演化的結果，由政府力量強制整齊劃一，是法西斯式美學，未必是好主意。

---

[2] 整理自《動腦》新聞2016/12/25，作者蕭揚今http://www.brain.com.tw/news/articlecontent?utm_source=newsletter&utm_medium=email&utm_campaign=20161223&ID=44197&sort=#PuXbUvkW

[3] 同前註。

日本國美學　中華民國美學　清國美學

資料來源：臉書「小聖蚊的治國日記」上傳的秒懂建築美學照片。翻攝自
　　　　　小聖蚊的治國日記臉書，摘自新頭殼 newtalk（2016.02.20），
　　　　　林禾寧報導。

・城市美學：不是整齊就是美・

鄭自隆

　　台北城北門淨空，冒出城市美學議題，媒體將北門及附近郵局、大樓等三座建築，下了「清朝美學」、「日本美學」、「中華民國美學」註腳，嘲諷當代建物醜陋，引起整治招牌的討論，並殃及迪化街。

　　城市美學有其時空背景與文化意涵，每個城市因歷史演化不同，當然有不同的城市風貌與風格。城市風格需要長久的經營，方能形成城市印象與建立城市個性；塑造城市風格的元素，可以來自歷史、景觀或人文氣象、建築。建築當然可以複製，但不同人住進去就會形成不同的風格。

　　如果將歐洲或日本城市複製到台灣，若是觀光點，那是小人國或民俗村，如同日本九州的豪斯登堡，這且不論。但如果是造鎮，讓台灣人住進去生活，幾年之後這座複製的歐洲或日本城市將變為有台灣味的台灣城市，50年前的中興新村就是複製歐洲小鎮，但50年後中興新村就是台灣小鎮，絕對找不到歐洲的風貌與風格。

因此城市美學的討論，招牌絕對不是罪魁禍首，早年香港老市區招標橫豎交叉，現在看老照片還是覺得很美，認為這就是香港味；招牌無罪，它是最簡單的廣告物，構成元素很簡單，就是企業與商品名稱、功能說明，招牌與店面陳設代表著店主人的品味，品味是沒辦法「統一」的。

很多人談招牌的一致性，都會提到日本商店街，商店街是一式的建築外觀，因此搭配相同尺寸的招牌，不會覺得礙眼，但幾時看過日本的古町是統一招牌的？日本京都祇園有條很美的花見小路，短短二百公尺，兩旁二層樓木構建築，維持昭和初期式樣，店面樸實不花俏，店招就表現在門簾上，講究點的門口會有一盞石燈籠，此外不會有小裡小氣花花綠綠的裝飾。整個店門口沉穩的黑褐色系顯示出格調、歷史，與店主人的自信，這是「日本美學」，但能移植台灣嗎？

因此迪化街就是迪化街，北門台式大樓就是台北的大樓，不需自怨自艾，更不必自暴自棄；要求城市呈現一致的整齊，是法西斯式的秩序，如同要求學生穿制服、理平頭一樣，打壓個別差異，以求視覺與表象統一。城市建築硬要整齊秩序，忘卻市民生活經驗與集體記憶，就會招致疏離或唾棄，建成圓環與龍山寺地下街就是殷鑑。

統一迪化街的招牌真的不必了，迪化街是老社區，招牌有新有舊有大有小，全都是歷史的軌跡，招牌統一後，迪化街就成了電影城、民俗村，再也不是市民記憶中的迪化街。統一的招牌若是「秩序美學」，那五顏六色的招牌就是「衝突美學」，後現代的思維就是省視新舊元素的衝突與融合，不再認為「簡單就是美」，城市美學應以複雜、矛盾代替單純、簡潔與理性，從新舊混雜衝突中呈現歷史與當代、庶民與菁英的對話。

2014/2/24《聯合報》A15民意論壇

參 活動行銷

活動帶來活力，城市也是，城市行銷活動可以分為常態性與非常態性活動，常態性活動有固定的舉辦週期，乃至一定的規模與型態，而非常態性活動，由於涉及龐大的經費不會固定週期舉辦，或有特定的年度值得慶祝方會舉辦（如建城若干週年）。

一、常態性活動

如日本北海道札幌「雪祭」，每年固定2月舉行；西班牙旁羅那（Pamplona）的奔牛節，固定是每年的7月6日至14日，法國亞維儂藝術節、澳門一級方程式賽車也是每年固定舉辦；而每年元宵節台灣各地都會有燈會或慶祝活動，台北的101的跨年煙火與「牛肉麵節」也因年年舉辦，已成為常態性城市行銷活動。

城市舉辦常態性活動必須掌握3個原則：
1. 固定化：同一週期舉辦，不能中斷，不能大幅度變更日期、規模，以累積印象。
2. 扣連城市特色：活動必須與城市歷史、文化、景觀、生活價值有關，方會形成聯想，如每年夏季日本青森的「睡魔祭」、仙台「七夕祭」、秋田「竿燈祭」，都與當地文化有關。
3. 創新：一方面維持傳統，但要不斷加入創新元素，活動才不會老化呈現疲態。

二、非常態性活動

如2008年北京舉辦奧運、2010年上海世博、2009年台北聽障奧運會與高雄世界運動會、2010年台北花卉博覽會、2011年台北設計博覽會、2017年世界大學運動會，均是大型、非常態性城市行銷活動。

這些非常態性活動有固定舉辦期間，有強烈目的性（展示國力、觀光、招商、首長選舉動機……），而透過活動的舉辦除了帶給市民娛樂外，可提供社會參與、文化體驗，與導入城市硬體建設，並帶來商機。城市行銷所舉辦的活動，視其規模可做不同類型的區分 ——

1. 在地型活動（local event）：如花蓮曼波魚季、深坑包種茶節，為規模較小，以當地居民為主要對象，提供休閒娛樂、推廣當地特色商品，並凝聚社區認同而舉辦的活動。

2. 主要活動（major event）：為地區型活動的提升，可吸引外地人潮，媒體廣泛報導，具備明顯經濟或政治效益，為地方政府大力贊助，如東港鮪魚季、古坑台灣咖啡節。

3. 指標性活動（hallmark event）：為主要活動的再提升，當主要活動每年固定時間舉辦，並具國際性話題，吸引外國觀光客參與，則可視為指標性活動，如日本札幌雪祭、慕尼黑啤酒節、西班牙奔牛節均是，宜蘭國際童玩節連續多年，略具國際知名度，亦可稱為指標性活動。

4. 大型活動（mega event）：通常籌備多年，必須動員龐大人力，投注巨額經費，非經常性舉辦的活動，如上述的中國奧運、世博，以及台灣的花博、世運、設計博覽會[4]。這類大型活動主要用以創造市民集體記憶，並且賦予不同的利益關係者不同的目的和意義，同時在符號的互動脈絡中，塑造城市形象與身分認同，進而完成城市行銷，或型塑鮮明城市品牌。

肆 城市行銷與文創評估指標

　　無論是「城市風格」的建構或「活動行銷」的推動，其目的均是型塑城市形象，在城市行銷的過程中若能加入文創元素，更能賦予鮮活的城市生命力，帶來創新觀感。為回應文創評估指標，城市行銷的文創作為可以從以下的方向來努力——

● **創造差異價值**：有差異方能突顯城市特色與個性，差異可以來自歷史、建築、文化、慶典、物產，甚至氣候、地理因素等，主其事者要有敏銳觀察與判斷力，懂得沙裡掏金。

● **回應歷史文化**：歷史是城市最珍貴的資產，再怎麼有錢的城市也不能用錢買到歷史，城市文創行銷就應扣連城市演化的歷史，缺乏歷史附麗，甲城和乙城、丙城會沒有區別。

● **打造城市意象**：城市當然也有「意象」，「意象」是人為賦予的意義，因此必須長期廣宣傳播以建構認知，此外，城市意象本身最好有強烈且獨特的代表意義，如此行銷方能事半功倍。

● **推動城市商品**：獨特的商品，也是城市特色之一，不過既稱為特色商品就是要有「專屬性」——只有本地才有，其他地方買不到。

● **結合媒體素材**：從大眾媒體去塑造城市印象是最便捷而有效的方式，「韓流」所創造的韓國意象就是一個成功的例子，其中「置入」在觀眾不經意、低涉入的情況下，建構下意識知覺，效果尤佳。

---

[4] 參考自 Hiller, H. H. (2000). Mega-events, urban boosterism and growth strategies: an analysis of the objectives and legitimations of the Cape Town 2004 Olympic Bid. International Journal of Urban and Regional Research, 24 (2), 439-458.

表4.2 城市行銷與文創評估指標

文創評估指標		城市行銷作為
文化指標	獨特性	創造差異價值
	關聯性	回應歷史文化
創意指標	衝擊力	打造城市意象
	原創力	推動城市商品
	傳播力	結合媒體素材

4-2 創造差異價值

 壹 差異價值

　　創造差異價值就是強調城市的獨特性（uniqueness），文創行銷就是要強調獨特、與眾不同，有差異方能突顯城市特色與個性。城市是多元的組合，因此可以從很多元素來尋找差異價值，賦予文創意義。

● **歷史**：每個城市都有自己的歷史，城市歷史必須獨特或深具影響性，方具差異價值，如比利時布魯塞爾近郊的滑鐵盧是1815年拿破崙最後一役的古戰場，就具城市行銷的意義。

● **建築**：城市獨特的建築，如大家熟知的巴黎鐵塔與凱旋門、倫敦的倫敦眼摩天輪與大笨鐘已成城市地標，而澳洲雪梨的歌劇院造型唯一，大鐵橋開放登頂，而且跨年煙火也成全球媒體報導焦點，均具備差異價值。

● **文化**：台北大稻埕霞海城隍廟拜月老，年前的迪化街年貨市集人擠人；京都的藝伎風情與花見小路，全日本僅見；印尼峇里島，有濃郁的印度教文化，現在連在印度也看不到，而且加入印尼人文，亦深具獨特性，可惜現在觀光導向海洋活動，與泰國芭達雅、台灣墾丁無異。

- **慶典**：每年的7月1日展開為期1個月的日本京都祇園祭，帶動商業活動與提升城市價值，深具文創意義；元宵節，台灣各地有不同型態的慶典，媽祖慶典各地活動也不一樣，均呈現區域差異價值。

- **物產**：日本下關以河豚著稱、熊本以馬肉、飛驒以牛肉聞名，釧路以海鮮燒烤吸引人；在台灣，想到鮪魚就會想到東港，想到小吃就會想到台南。

- **氣候**：不同氣候條件，可以創造城市差異價值，如日本北海道札幌每年2月的「雪祭」，網走冬季搭破冰船看鄂霍次克海（Okhotsk）流冰，就是因獨特氣候條件所創造的城市行銷活動。

- **地理**：撒哈拉沙漠帶給周邊城市的露營、飆沙觀光效益，非洲動物大遷徙帶給肯亞首都奈洛比的觀光客「看動物」（Safari）活動[5]，位於白朗峰下的法國小鎮夏慕尼，也是地理條件形成的都市差異。

 ## 貳　案例　水都威尼斯

　　義大利威尼斯的城市差異價值在於歷史與地理條件，面臨亞德里雅海，城市內水道縱橫，居民活動搭水上計程車，觀光客則搭船伕會唱義大利情歌的貢多拉（Gondola，鳳尾船），是極具風格與獨特性的城市。

　　除了地理條件，威尼斯的歷史獨特性亦可觀，在十字軍時代，威尼斯可是神氣的城邦國家，「城邦國家」是威尼斯獨特的政治制度與國家定位，它不對外擴充領土，只求城邦與資本家財富的累積，其政治規劃，如上下議院制，資本家主導議會，總督虛位制，行政實權由資本家組成的議會掌握，與現在的內閣制一樣。

　　威尼斯的興起靠長達百餘年的十字軍東征，其位於東、西羅馬帝國之間，是東征的十字軍必經之地，賺戰爭財，走陸地的賺補給費用，走海路的賺運輸錢，甚至1202年第4次東征，從威尼斯走海路的東征部隊因付不出運費，被威尼斯商人算計，轉而攻擊同信仰的東羅馬帝國。十字軍東征是個因愚蠢自私而導致的種族殺戮，上層號召、下層呼應，一層操縱一層的算計，一點也沒有宗教的神聖。

---

[5] Safari原意為「狩獵」，但現在在東非Safari是搭吉普車到處找動物、看動物，尤其大遷徙期間更是熱門觀光活動。

- **第一層教皇**：表面上是要「光復聖城」，事實上是要透過戰爭「取得東正教控制權」。
- **第二層王侯**：表面上是「呼應教皇、光復聖城」，事實上是要透過戰爭「進行資源掠奪，擴大勢力範圍」。
- **第三層騎士**：表面上是「呼應教皇、王侯的號召，光復聖城」，事實上是騎士領地繼承採嫡長子制，次子以下必須另謀出路，只能透過戰爭，才有土地的敕封。
- **第四層農民**：是整個遊戲的最後一隻白老鼠，在騎士壓榨下，淪為農奴，渴望土地，只能追隨主子東征。

　　越下層死傷越慘重，歷經三個世紀、百餘年的戰爭，死傷最多的是騎士，與臨時加入缺乏戰鬥訓練的農民。

　　威尼斯是個有特色的美麗城市，現在聖馬可廣場的道奇宮博物館，仍可看到十字軍東征時的武器、文物，甚至騎士東征離家時為妻子佩掛的「貞操帶」[6]，歷史與地理條件創造了城市的獨特性，此外，威尼斯也是當代義大利玻璃工藝展示地，而每年復活節前40天舉辦面具節嘉年華，號稱世界三大嘉年華之一，「新藝術」與「舊城市」融合，文創性格濃厚。

───────────────
6 「貞操帶」和中國清朝婦女裹小腳一樣，都是不人道的男性沙文，全世界似乎只有威尼斯道奇宮博物館可以看到貞操帶。

獨特的城市風格，讓威尼斯成了複製模仿的對象，澳門威尼斯人酒店（Venetian），就是縮小的威尼斯，酒店裡面除了銷金的賭場外，就是精品店，以及一條人工河，也有貢多拉船，也有會唱歌的船伕，在頂篷（樓地版）的蔽蓋下，沒日沒夜、無晴無雨，一路巡航著。

不過由於每天有6萬名觀光客湧入，擠壓居民的生活空間、房價高漲，造成在地威尼斯人的出走，甚至成為號稱「威尼斯人出走」（Venexodus）的住民運動，40年前威尼斯的常住居民有10萬人，以每年1,000人的速度流失，2016年的居民只剩5萬5,000人，觀光客已超過居民人數[7]。這是警訊，當一個城市失掉常住居民，也就失掉城市生命力，城市已不是城市，變成民俗村或「豪斯登堡」，沒有了城市價值。

文創元素分析

文化 呈現地理獨特性，並與歷史緊密結合，塑造世界「唯一」的城市。

創意 將劣勢的地理條件轉化為獨特優勢，成為觀光資源，具衝擊力；舉辦面具嘉年華，巧妙融合「新」與「舊」元素，突顯城市風格。

參 案例 日本札幌「雪祭」

日本北海道冬季酷寒，本不適合旅遊，但為吸引觀光客，因此設計許多慶典活動，如支笏湖冰濤祭、旭川冬祭、小樽燈節、層雲峽冰瀑祭、五稜郭夢的祭典，其中最著名的是札幌雪祭。

札幌雪祭是自然形成的，後來再由官方接手，1950年一群中學生在市中心的大通公園做了5座雪雕，雖是遊戲之作，不過燃起急欲擺脫戰敗陰影市民的熱情，數萬名群眾除了欣賞雪雕更藉機打起雪仗；1955年自衛隊接手，啟動機械作業，開始有了高達20公尺的巨型作品，到了1972年的冬季札幌奧運，雪祭終於躍上國際媒體，廣為人知，成為北海道冬季的代表慶典。

---

[7] 資料取自〈威尼斯人決心對抗出走潮〉，2016/11/14《自由時報》第4版。

雪祭的主辦單位每年均會向市民徵求主題，鼓勵參與，當年電視劇或漫畫主角、話題人物、建築物，都會成為設計冰雕的素材。會場以市內的大通公園為主，另外還有自衛隊真駒內駐屯地等副會場，雪祭的主角是矗立在大通公園的街道上最大型的冰雕，除主角外，其餘各式冰雕仍極可觀，由於主題每年創新，所以盛況不衰。

札幌「雪祭」固定於每年 2 月第一個星期舉行，為期一週，是日本最受歡迎的冬季慶典，在台灣亦負盛名；雪祭期間，札幌旅館一屋難求，不但日本人蜂擁而入，而且有很多台灣遊客，此時的大通公園不時可以聽到台灣鄉音；雪祭帶來人潮與豐碩的觀光旅遊收入，也活絡了冰封的北地。

札幌「雪祭」固定於每年 2 月第一個星期舉行，活動為期一週。

札幌「雪祭」活動本身就是大型文創作品，是因氣候條件所創造的城市差異價值，除了展示冰雕作品吸引觀光客外，其主要功能是提升市民參與感、榮譽感，與城市認同。

文創元素分析

文化 以地理與氣候特性，創造獨特的冬季活動，並帶動周遭城鎮的仿效，由點而面，成為區域性活動，塑造淡季的觀光熱潮。

創意 市民啟動、官方擴大接手，完美接軌；每年持續舉辦，發揮長期效果，成功累積城市形象。

肆 案例 芬蘭聖誕老人村

芬蘭羅凡尼米（Rovaniemi）的聖誕老人村（Santa Claus Village），整個村落就是文創作品，而且一年展示365天，全年無休，創意極為傑出。

「聖誕老人」不但是小朋友過節的期望，也是所有成人的童年記憶，是不會退時的「商品」，芬蘭人認為聖誕老人來自羅凡尼美，因此在近郊處蓋了聖誕老人村和聖誕老人公園（Santapark），其主要賣點是建於北極圈上——北緯66° 32´。

進入北極圈證書。

羅凡尼美是芬蘭北方拉普蘭省（Lapland）首府，人口才6萬人，聖誕老人村在羅凡尼美東北方8公里處，就在機場旁，聖誕老人村除了各式各樣的聖誕禮品店外，還有郵局與聖誕老人辦公室，造訪者亦可以付費方式，取得進入北極圈證書。

在郵局可以寄聖誕卡，會蓋上特殊郵戳，而且不管是哪一月寄的，辦事人員會控制就在聖誕節前夕方會讓收信者收到，設想極為周到。聖誕老人辦公室是處理各地寄給聖誕老人的信，而且西方部分國家有一特殊習俗，小朋友斷奶後會把不再吸的奶嘴寄給聖誕老人，表示告別嬰兒期，辦公室人員也會把這些奶嘴掛起來；而扮演聖誕老人的人，最主要的工作是和遊客合照電腦相片，遊客必須付費買照片。

傳說中的聖誕老人居住在北極，而儘管北歐諸國丹麥、瑞典、挪威和冰島都主張自己的國家才是聖誕老人真正的故鄉，但芬蘭聖誕老人村的設置，已經取得發聲權與「正統」地位。

聖誕老人村郵局特殊郵戳。　寄至聖誕老人村給聖誕老人的信。

> **文創元素分析**
>
> 文化　聯結宗教與傳說，以「造鎮」方式行銷，是永不過時的商品。
>
> 創意　將「傳說」具象化、商業化，一年365天，天天都是聖誕節，賦予小鎮獨特的觀光價值。

4-3 回應歷史文化

歷史文化

　　回應歷史文化就是將城市文創行銷作為扣連城市演化的歷史，歷史是城市最珍貴的資產，有錢的城市固然可以花錢蓋亮麗的建築，如杜拜的帆船飯店，但再怎麼有錢的城市也不能用錢買到歷史。

　　城市行銷文創化應該首先從歷史與文化找到發想點，如歷史典故、人物故事、鄉野傳說、生活習俗、地方特產，以及先民拓殖奮鬥點滴，均可溶入文創元素中。

- **歷史典故**：每個老城市都有歷史，有歷史就有故事，城市行銷可以嘗試從歷史典故中挖掘文創元素。如台南，歷經荷蘭殖民、明鄭與清朝占領、日本統治，街頭巷尾都有歷史，都有故事。

- **人物故事**：人物帶來故事，也是文創的元素，日本仙台到處是「伊達正宗」的商品，伊達正宗正是戰國時期仙台藩主，而歐洲很多城市都有藝術家、音樂家，甚至科學家的博物館，如波蘭華沙就有居禮夫人舊居的博物館，將「名人」成為城市的賣點。

- **鄉野傳說**：日本長崎早年洋船開港，流傳洋水手與賣春女故事，形成「蝴蝶夫人」傳說的原型，這是文化衝突所造成的集體記憶，並不是單一個案，後來被義大利劇作家普契尼（Giacomo Puccini）創作成歌劇《蝴蝶夫人》（Madama Butterfly），形成淒美傳頌，現在長崎港邊山上就有「蝴蝶夫人」館吸引遊客，成為長崎的觀光點。

- **生活習俗**：香港漁民以漁船為家，生活起居皆在船上，稱為「蜑民」或「艇戶」；高雄美濃敬重讀書人，到處設有「惜字亭」以焚燒字紙，不讓字紙成為垃圾，這些特殊的文化習俗與生活習慣，亦可成為城市行銷的文創元素。

- **地方特產**：各地均有特產，如客家麻糬、擂茶、板條，台南擔仔麵、碗粿、鱔魚麵，日本熊本馬刺（生馬肉）、仙台烤牛舌，這些地方特產均能納入文創元素協助城市行銷。

- **先民拓殖奮鬥史**：艋舺、迪化街是台北的老社區，吳沙拓殖蘭陽平原，這些先民奮鬥經驗，都可以成為城市行銷的文創元素。

貳　案例　大個兒兵馬俑與小朋友

象徵新舊傳承的兵馬俑與小朋友。

西安古稱長安，若是連新莽也算進去，就是十四朝帝都；千載古都，氣勢磅礡，秦風唐韻，典範猶存，城市印象鮮明。由於歷史悠久，因此有個西安人很自豪的笑話：一位西安人和一位大連人同在火車上，長途無俚聊開了，大連人說他們剛慶祝建城一百周年，如何熱鬧云云，接著問西安人如何慶祝建城一百周年？西安人淡淡的說，建城一百周年如何慶祝他是不知道，他只知道建城六百周年時辦了一個「烽火戲諸侯」的遊戲。

西安，處處可觀，遠的漢唐遺跡，如唐玄宗與楊貴妃的華清池，唐僧玄奘譯經之處的大雁塔，集歷代書碑的碑林，近者如西安事變，蔣介石倉皇翻牆而逃、牆面彈孔累累的「五間廳」，都是城市的歷史資產，當然最具代表性的是市郊的兵馬俑，這是來西安觀光者必去之處，兵馬俑也成了西安的城市意象。

兵馬俑是千年文物，如何加入文創元素？2008年北京奧運，打造一座巨大的兵馬俑像，牽著一位著現代服裝的小朋友，二者手腳關節皆可動，兵馬俑用著關愛的眼神俯視小朋友，「新」與「舊」、「歷史」與「當代」融和，代表文化傳承與交接，是極佳的

文創作品，也是古都文創化的象徵。

這座傑出文創作品，現保存在西安兵馬俑展示館中。

文創元素分析

文化 呈現千年歷史底蘊，彰顯昔日帝國風華。

創意 以秦代大個兒兵馬俑牽著現代小朋友，傳承「舊」與「新」的中國，以對比方式突顯城市歷史價值。

參 案例 日本北海道小樽——鯡魚的興起與沒落

　　北海道小樽市是著名的旅遊城市，幾乎所有去北海道的觀光客都不會漏掉札幌與小樽，小樽的成功是建立在「先民拓殖奮鬥史」的文創元素上。

　　觀光客在小樽的活動都從舊運河區延伸至北一哨子館的長型區段，換言之，是以舊運河區為中心，而延伸之「造鎮」現象。小樽原是日本捕鯡魚的重鎮，運河區旁的倉庫都是為處理與儲存鯡魚而建造的，當「鯡魚不再來」[8]，小樽沒落了；拯救小樽的是北一哨子館，小樽玻璃工業的興起是地理因素，玻璃燒製產生高溫，作業環境不好，而小樽終年低溫，所以適合建廠，原先是製作街燈煤氣罩，後來改為燒製捕魚的浮筒，隨著時代變遷，電力街燈取代煤氣燈，鯡魚業也沒落了，北一哨子館承租舊倉庫改為燒製玻璃工藝品，吸引觀光客。

小樽因鯡魚而興起，也因鯡魚而沒落，後來靠「玻璃」再度復興，一家店帶動一條街，再由一條街而帶動整個鎮。

---

8 《當鯡魚不再來》是一本介紹北海道風土與歷史的書，陳玉治著，台北：太雅生活館，2000年出版。

「哨子」（外來語 glass）是日語的「玻璃」，北一哨子館啓動，逐漸吸引其他商家加入，成為商圈，由一家店而一條街，由一條街而整個鎮，成為「造鎮」，商圈也成了小樽城市特色；現在的北一哨子館仍保持創業期的一些風格，在馬路通往商店街的走道仍點著煤氣燈。

小樽之所以吸引日本人以及外國觀光客，在於「日洋混雜」的後現代風格，「後現代」強調拼貼、混雜與裝飾性，在小樽商圈有日式料理店，也有極西化的洋果子店，有日式的「地酒」，也有洋式啤酒屋，走在街上，大環境可以感覺到是日本，但也有極歐風的店家，如專賣音樂盒的「小樽オルゴル堂」不但是純歐式教堂式建築，門口還有一座類似溫哥華街上的蒸氣鐘。

「小樽オルゴル堂」蒸氣鐘，與加拿大溫哥華的蒸氣鐘同款式。

倉庫建築是小樽先民拓殖奮鬥史的歷史資產，加上勇於接受日洋混雜的「後現代」文創元素，造就了小樽獨特的城市風格，帶進了一批批觀光客。

文創元素分析

文化 商圈呈現城市發展軌跡，彰顯先民拓殖經驗，具獨特性。

創意 日洋混雜的「後現代」風格，迎合日本人崇洋的品味，商圈店家林立，好玩好買，其城市風格為小樽獨有，其他城市無法複製。

4-4 打造城市意象

 城市意象

所謂「意象」就是「象徵」（symbol）、標誌（sign），也是民眾或消費者、觀光客習知且容易辨認的符號，個人、城市、國家都會有意象。

個人有「意象」，如鳳飛飛的帽子、李敖的紅夾克、豬哥亮的馬桶蓋頭、《名偵探柯南》卡通人物柯南的圓框大眼鏡、《烏龍派出所》兩津勘吉的木屐與M眉；國家有「意象」，如日本的富士山、和服或壽司，美國的牛仔，英國的禮帽與雨傘，蘇聯的俄羅斯娃娃，埃及的金字塔，澳洲的袋鼠與無尾熊，越南的斗笠與婦女長衫，印度的大象、泰姬瑪哈陵，泰國的佛寺，中國的長城、貓熊，以及西方人看中國帶有負面意涵的「瓜皮帽」，都是國家意象。

城市當然也有「意象」，如巴黎的鐵塔與凱旋門、羅馬的競技場、雅典的阿波羅神殿、倫敦的大笨鐘、紐約的勝利女神、比利時布魯塞爾的尿尿小童、丹麥哥本哈根的美人魚、威尼斯的貢多拉、加拿大溫哥華的印地安圖騰木柱、香港的帆船、澳門的「大三巴」、台北的101與故宮；當城市為首都時，城市意象也會躍升為國家意象。

「意象」是人為賦予的意義，因此「符號具」（signifier）與「符號義」（signified）必須強力連結，民眾或觀光客方會知曉，所以除了長期廣宣傳播以建構認知外，城市意象（「符號具」）本身必須有強烈且獨特的代表意義（「符號義」）。除了上述既有而且約定俗成的城市意象外，城市意象的建構可以從以下的一些文創元素思考──

- **史蹟**：城市特殊或著名史蹟，如羅馬的競技場、雅典的阿波羅神殿、西安的兵馬俑、北京的天壇。

- **建築**：建築物必須是獨特且唯一的，其他城市無法模仿，如比薩的斜塔、台北的101。

- **文物**：必須是「鎮市之寶」，如比利時布魯塞爾的尿尿小童、丹麥哥本哈根的美人魚。

- **食物**：當地特產，如台北的鼎泰豐小籠包或鳳梨酥、香港的鏞記燒鵝、日本九州熊本的「馬刺」、荷蘭阿姆斯特丹的乳酪。

- **動物**：動物活動通常是大範圍，可以成國家意象，但比較難成城市意象，比較獨特的是日本北海道釧路，丹頂鶴是城市象徵；而貓熊除了是中國象徵外，也是成都的城市意象，Starbucks 在成都的城市杯圖案就是貓熊。

- **人物**：城市的代表性人物，如日本仙台的伊達正宗、靜岡清水的「小丸子」、四國高知的坂本龍馬、倫敦的福爾摩斯、哥本哈根的童話作家安徒生、維也納的圓舞曲之父史特勞倫斯、華沙的鋼琴大師蕭邦。

- **人文**：特殊的人文或生活習俗亦能成為城市意象的文創元素，如加拿大溫哥華的印地安文化，香港的飲茶，越南河內的水上布袋戲，台灣平溪的天燈、鹽水蜂炮。

　　城市意象除了作為城市的 VI（visual identity，視覺識別），除傳播、推廣、建立城市形象外，必須要有滴漏（trickle-down）的功能，亦即由上而下的擴散，也就是城市意象除了作為城市的抽象象徵或符號外，必須能夠「商品化」，可衍生為可銷售的商品，如擺飾物、食品、用品，讓市民參與、商家能獲利，並成為市民生活的一部分，「天燈」之於平溪民眾就是一個例子。

丹頂鶴是日本北海道釧路的吉祥物與城市意象。

在加拿大溫哥華，到處可看到印地安圖騰木柱。

案例 **風獅爺與劍獅**

　　很多濱海的城鎮都有風獅爺，日本沖繩與金門的風獅爺，都成了城市的象徵，沖繩風獅爺是動物造型，獅子四腳著地，立於圍牆或屋頂，以防風避煞；金門風獅爺是大型石雕，獅子採立姿，擬人造型，高約3公尺，矗立在村落入口或通衢大道上，類似於中國石敢當的功能，是村民守護神，金門每一村落幾有風獅爺，造型各異，有威嚴、有憨厚，呈現地方特色。

　　除了金門，台南安平也有風獅爺，但與金門迥異，安平的風獅爺是陶燒的蚩尤騎獅子像，約20餘公分高，是黏貼在民宅屋頂上，用以防風辟火。金門的風獅爺，已成了金門的城市意象，並且衍生為各式商品，成了觀光客的愛買禮物；而安平的風獅爺卻是神器與民藝收藏品，觀光客並不熟悉，安平的城市意象是「劍獅」。

金門立於村落入口之風獅爺。

　　劍獅是台南安平的象徵，和金門的風獅爺不同，金門風獅爺是放置於村落入口處，是村落「入口意象」與「公共藝術」，屬村落「公共財」；安平劍獅卻是「私有財」，在安平街道穿梭，仰望家戶門楣很容易找到劍獅，在街道旁的牆面也有，尤其面對「路沖」，屋主人都會設置劍獅以辟邪，甚至還有隱藏版，藏於民宅兩面牆壁之間。

　　「劍獅」圖案由劍與獅構成——獅咬劍，劍為兵器王，獅為百獸首，二者合體自然有辟邪鎮煞的想像；劍獅由來與清領時期鎮守安平水師有關，水師主要配備是刀與盾牌，不用時，刀架在盾上，宵小望之怯步；後來抽象化、宗教化、實用化——實體刀盾畫在

台南安平民宅屋頂之風獅爺。

日本琉球民宅圍牆之風獅爺。

台南安平劍獅。

八卦形木版上，加上裝飾功能（獅子、七星劍），就成了「劍獅」，由於台灣不產獅，畫師從未看過獅子，所以在台南安平看到劍獅中的獅子都是畫師的想像，充滿庶民趣味。

金門風獅爺早已商品化，台南安平近年亦嘗試將劍獅作為特色商品予以推廣，劍獅是有成為城市共同特色商品的潛力，不過必須考量商品多元化，目前將劍獅商品化的只有藝品，做成吊掛的裝飾物，但要成為城市共同特色商品不能只有單一的品類，必須將商品多元化，舉凡糕餅、蜜餞、小吃、香燭等，必須讓大多數商家都可參與獲利，方能成為城市共同特色商品。

文創元素分析

 文化 呈現歷史典故傳說，彰顯先民拓殖艱辛。

 創意 將文化圖騰商品化，除突顯城市特色外，並饒富商機。

參 案例 「馬可波羅的故鄉」柯庫拉

「馬可波羅的故鄉」柯庫拉位於巴爾幹半島克羅埃西亞的南方，是個偏遠的小島，從史東（Ston）離開克國南北縱貫公路，轉入小山路開1小時，經過大片葡萄園，到歐立比（Orebic），再換搭小汽船，開10餘分鐘，可到馬可波羅的故鄉柯庫拉（Korcula）。

這是一個極度觀光化、文創化的小城，有一些中世紀的建築，也有一些是奧匈帝國時代的，全鎮幾是藝品店與餐廳，往來都是觀光客，鎮內有座荒廢的塔樓，約現代的3層樓高，說是馬可波羅的故居，買了票進去，門票就是一張馬可波羅畫像的Post Card，沿著樓梯上去，沒有房間，只有瞭望台，看著灰濛濛的亞德里亞海。問售票員，馬可在哪兒吃喝拉撒睡，她胡亂指著旁邊荒廢的屋子，說就在那裡。整個馬可波羅故居可能就是觀光噱頭。

馬可波羅故居就在高塔上，遙望著亞德里雅海。

《馬可波羅遊記》記載了馬可波羅從威尼斯出發至中國,再返回威尼斯的旅遊經歷,全書共分4卷,每卷分章,每章敘述一地的情況或一件史事,全書共229章;第1卷敘述在前往中國的路上,途經中東與中亞的見聞;第2卷敘述中國旅遊事跡與面謁元朝皇帝忽必烈,第3卷描述東方的沿海地區,含日本、印度、錫蘭,及非洲東岸的風土故事;第4卷則記載蒙古東征。書中所述的國家、城市、地名多達百餘個,內容包括山川地形、

克羅埃西亞之柯庫拉島號稱「馬可波羅的故鄉」,是個極度觀光化的小鎮。

物產、氣候、商賈貿易、居民生活、宗教信仰、風俗習慣等;不過,在當時只靠雙腳與駱駝的年代,一個人能夠完成如此「壯遊」嗎?

據說遊記是馬可波羅口述,由他人記載完成,當時熱那亞與威尼斯戰爭,馬可波羅與獄友他們兩人為威尼斯出戰,戰敗被俘,在監獄中長日無俚邊講邊寫而完成。此書是印刷術興起之前少見的流行之作,影響了歐洲人對東方的想像與探索,在馬可波羅的有生之年,該書就被翻譯為很多種歐洲語言,是當時的暢銷書。[9]

《馬可波羅遊記》記載範圍極廣,即使至現代,此書仍是研究中古時代亞洲地理、歐亞貿易史與交通史的重要文獻。但在13世紀交通不便、旅途充滿凶險的年代,一介平民憑一己之力,要獨立完成旅行幾乎是不可能,果然學術文獻陸續證明馬可波羅根本沒到過中土,他對中土的想像來自熱那亞監獄牢友的敘述,以及旅行中的片斷聽聞,甚至Korcula是否是他的出生地,都還有爭議。不過沒關係,文創化就是「說故事」,有故事就有賣點。

文創元素分析

文化 聯結傳奇性歷史人物,具獨特性。

創意 「賣故事」,將歷史與傳說轉換為觀光資源。

9 《馬可波羅遊記》之說明參考自維基百科 https://zh.wikipedia.org/wiki/%E9%A9%AC%E5%8F%AF%C2%B7%E6%B3%A2%E7%BD%97%E6%B8%B8%E8%AE%B0

肆 案例 以燈籠打造城市意象「越南會安」

越南中部的會安，1999年被聯合國教科文組織列入世界文化遺產，就古蹟而言，並沒有特別顯眼之處，特別的是以燈籠行銷城市。

4百餘年歷史的貿易橋──惠安古鎮的「來遠橋」。

惠安古鎮就是一條街，白天來逛，就只有各式的閩粵風格古宅，以及一座叫「來遠橋」的日本拱橋，古宅見證了數百年的閩粵移民史，來遠橋則述說16世紀日本與越南的貿易往來，該橋是廊橋式，橋上有閩式屋頂覆蓋，係由日本人於1593年（猴年）興建、1595年（狗年）完工，所以橋的兩端分別有猴神、狗神的小廟，當時華人與日本人活動區分屬河的兩端，這座橋於是連結了雙方，成了貿易橋。

白天雖然無甚可觀，但到了晚上，整個古鎮「亮」起來，不只是「大紅燈籠高高掛」，會安人極有色彩感，什麼顏色都有，什麼顏色都敢用，「燈籠」成了城市行銷的symbol；燈籠以竹為骨架，有各式造型，但都為圓筒，高矮不一，再糊以各色綢布，可收縮以便攜帶搬運；燈籠裡面點了燈，城市的古意就出來了，夜晚的會安比白天的會安精彩多了。

數大為美，只有一、二家掛燈籠沒什麼稀奇，但全鎮所有商家、餐廳，甚至民宅都「燈籠高高掛」就成了城市的特色。

越南會安越夜越美麗，「大紅燈籠高高掛」，以燈籠打造獨特的城市意象。

4-5 推動特色商品

 ## 特色商品

城市要令人印象深刻就必須有特色，特色可以來自歷史、人文、傳說、人物，當然獨特的商品，也是城市特色之一，來花蓮會買「花蓮薯」，去王功會吃「蚵爹」，去淡水會吃「阿給」，去東港會點「鮪魚肚」（トロ），這些都是商品帶給城市的特色。

不過既稱為特色商品就是要有「專屬性」（exclusive）——只有本地才有的商品，其他地方買不到，或即使買到也沒有意義，如「花蓮薯」就是花蓮的特色商品，必須在花蓮買到才有其意義，在其他地方買花蓮薯，則一點氣氛也沒有。日本許多古蹟、名勝觀光地區都有賣手提式的日式燈籠，在京都金閣寺，可以買到寫上「金閣寺」的燈籠，但離開金閣寺，即使在京都其他地方就買不到了，這就是特色商品的概念。

特色商品可以分為二類，一是城市共同特色商品，有多家店家都有製造或販售，代表了城市的共同特色，另一是店家獨有特色商品，但到了此城市就會想到這個商品。

一、城市共同特色商品

到了客家庄，很多人就會想到擂茶、藍衫、草仔粿，到了三義，直覺就是木雕，許多外國觀光客來台北就會想吃牛肉麵、買鳳梨酥，這就是城市共同特色商品，來自城市農漁特產、歷史傳承，或城市印象、集體記憶。

由於是專屬特產或歷史傳承所產生的商品，所以不是由個別店家掌控資源，所有的店家都可以投入，當越多的人投入越可以形成「集市」效果，也越可以塑造城市特色，只有一家木雕店，無法塑造特色，當有一條木雕街時，才是大家所認知的三義，這也是

「賣一家店，不如賣一條街」的「造鎮」觀念。

二、店家獨有特色商品

　　到花蓮，除了買共同特色商品「花蓮薯」外，很多人會想買曾記麻糬，或是來碗液香扁食，曾記麻糬與液香扁食是個別店家獨有的商品，不過也代表花蓮的特色，可以視為城市的特色商品。

　　不同於共同特色商品，店家獨有特色商品通常來自店主人世代的傳承，或店主人自己的慧心與努力，店家獨有特色商品雖然帶來的是個別店家的利益，不過其他的店家倒也不應該敵視，個別店家因獨有特色商品而招徠的客人，對其他的店家仍然有挹注與擴散效果，畢竟人潮就是錢潮。

　　無論是城市共同特色商品或是店家獨有特色商品，除了確保品質、鞏固口碑外，在行銷作為上就是要「說故事」，一件沒有故事的商品，顧客會計較於口味、原物料、造型、價格、功能等有形的元素，不過當有了「故事」後，顧客會轉而專注故事本身，精彩故事會成為提升銷售量的重要因素。

　　店家獨有特色商品，屬店主人的慧心與專長，不在討論範圍，但城市共同特色商品最好與城市歷史與地理元素連結，印象才容易深植，也比較容易推廣，其創意來源可以來自幾方面——

- **農漁特產**：靠山吃山、靠海吃海，城市若有著名的農漁特產就可以作為特色商品的開發基礎，例如：東港漁獲種類多，但成功打響「東港三寶」就是——鮪魚、油魚子、櫻花蝦，成為城市共有特色商品；曼波魚是花蓮特產，數年前曾流行一陣子，可惜無以為繼，要成為特色商品必須有多年持續經營，方能累積口碑。

　　台灣甚多鄉鎮都有特色農產品，當地農會相關團體或商家也會根據此農產品研發新產品，但缺乏以「商品化」角度審視之；或缺乏適當推廣，如台中新社盛產香菇，農會就開發香菇麵條、香菇麵線、香椿醬、香菇沙茶醬，品質佳，但欠缺推廣，殊為可惜。

- **人文**：城市的人文條件也可發展特色商品，北港以天后宮著名，因此可以發展以「媽祖」為主軸的特色商品；客家的花布、藍衫，同樣有衍生的潛力。

- **地理條件**：山區客家庄，早年交通不便，因此發展獨特的食物保存與烹飪方法，也成

為客家料理的特色,同樣的也可以發展成城市特色商品;而山區客家聚落,5月桐花盛開,花落吹雪美景一片,近年被客委會成功塑造為客家象徵,桐花一樣可作為客家城市的特色商品,輻射狀的延伸,開發食品、飲品、用品或紀念品[10]。

- **歷史傳承與鄉野傳說**:歷史或傳說都代表消費者廣泛的認知,因此城市特色商品若能接軌將更容易推廣;台南市安平民宅到處有劍獅作為辟邪物,劍獅成了安平的象徵,因此劍獅有發展成商圈特色商品的潛力,可惜目前只開發磚刻與交趾陶吊飾。

開發城市特色商品必須掌握如下的一些原則——

- **在地化**:必須充分與當地特色連結,從前述的當地農漁特產、地理特性,景觀元素,歷史傳承與鄉野傳說去尋求創意靈感,越具在地的趣味,越有機會成為商圈特色商品。

- **多元化**:形成特色商品,很難只靠一家店,花蓮賣花蓮薯的到處都是,即使「曾記麻糬」也開了好多家,越多人投入,越有「集市」效果;新竹內灣的特色商品是「野薑花」,當地業者就不吝於將技術傳授給同業,因此演化許多與「野薑花」有關的特色商品,粽子、蛋捲、冰淇淋等多種產品,數大為美,特色就出來了。

- **生活化**:城市特色商品最忌只有裝飾性功能,除飾物外,必須多開發日常生活可以用到的物品,經濟越不景氣,商品就應越具實用性,可吃可穿可用,而不是只有視覺的擺飾功能。

- **故事化**:商品不應該只是商品,有了故事,商品才有生命,城市特色商品應該用「故事」來包裝。

 地酒與縣酒

日本很多地方都可買到當地獨釀的酒,稱為「地酒」,離開這裡到別的地方就買不到,這類「地酒」,在台灣菸酒公司努力下,台灣也有。

宜蘭縣酒「老紅酒」,就是老牌的紅露酒,米香醇厚。

---

[10] 行政院客家委員會是一個很努力的單位,桐花原先與客家無關,經由客委會多年的推廣,台灣人都認為桐花就是客家的象徵。

宜蘭自清領時期即以「紅露酒」著稱，後被日本納入專賣，國民政府亦沿習之，近年公賣局民營化改制為台灣菸酒公司，成功將之文創化，予以新包裝、新定位變成宜蘭縣酒「老紅酒」，為縣府送禮、宴客之用，民間當然也能買到，成了城市特色商品，「老紅酒」係米釀，屬黃酒系列，濃醇回甘，評價佳。

黑面琵鷺是台南七股的城市意象，市酒就是「黑面琵鷺」。

花蓮產曼波魚，「曼波魚」成了縣酒代言人。

此外，台南市七股濱海地區是黑面琵鷺唯一的棲地，也是台南市象徵之一，改制前的台南縣政府亦曾與台灣菸酒公司開發縣酒，酒瓶造型就是抽象化的黑面琵鷺；花蓮是曼波魚（俗稱「翻車魚」）故鄉，因此花蓮酒廠開發「曼波魚」酒；同樣的，嘉義的「阿里山火車」是特色，因此有「阿里山火車」酒，裡面裝的是玉山高粱（「阿里山」、「玉山」均在嘉義境內），這些都是地理條件衍生的城市特色商品，都可以成為縣酒或市酒。

嘉義縣以「阿里山火車」當縣酒。

文創元素分析

文化 聯結歷史文化、地理條件與地方物產特色，創造商品獨特性。

創意 設計創新或趣味性，具原創力與衝擊力。

參 案例 杭州西湖龍井茶

龍井茶屬綠茶系統，產於浙江中部一帶，主要分為西湖、錢塘、越州三個產區，但中國其他省份亦有零星種植，並回銷杭州。龍井茶以杭州西湖產區最為著名，稱為「西湖龍井」。

西湖龍井為中國十大名茶之首，所謂中國十大名茶，指的是西湖龍井、太湖碧螺春、黃山毛峰、廬山雲霧、六安瓜片、君山銀針、信陽毛尖、武夷大紅袍、安溪鐵觀音、祁門紅茶，主要分布在中國南方。

龍井的歷史源遠流長，相傳有1500年，早在唐朝茶仙陸羽所著的《茶經》即有記載著「錢塘天竺靈隱二寺產茶」，錢塘即杭州古稱，而天竺寺所產茶葉為西元4百多年的南朝詩人謝靈運從天台山攜至杭州；元朝詩人虞集所著《游龍井》，詩中有「烹煎黃金芽，不取穀雨後，同來二三子，三咽不忍漱」之句 [11]，「不取穀雨後」即說龍井茶以明前（即清明節之前）所採者為上品。

杭州西湖龍井茶命名緣起，是來自「龍井泉」的澆灌，以「獅峰」為首，此區有「老龍井、十八棵」茶圃，相傳為乾隆皇帝手植，而蘇東坡與辯才和尚的故事，讓龍井茶因蘇學士品題而聞名。

杭州西湖龍井茶發源地「獅峰」有蘇東坡與辯才和尚雕像，雕像說明謂龍井茶是辯才和尚發明的，辯才和尚俗姓徐，名元淨，原為杭州天竺寺住持，因生性孤僻，退而結廬在西湖畔獅峰的壽聖院，並交代小沙彌，若有訪客，寒暄不逾三香，送客止於虎溪，當時蘇東坡出知杭州，一日上山與辯才煮茶論道，不知是二人投緣抑或和尚逢迎，次日辯才方送東坡下山，邊走邊聊，居然過了虎溪，小沙彌提醒，辯才向東坡說「與子成二老，往來亦風流」；龍井茶經蘇學士品題，遂以傳世。

中國南方各省均有龍井茶，但以杭州「西湖龍井」最為著名，是杭州特色商品，「西湖龍井」又分獅、虎、龍、雲、梅，代表西湖周邊生產龍井茶的村落，依市場評價分別為——獅峰山、虎跑泉、龍井村、棲雲村、梅家塢等五處。獅峰山有龍井泉源頭，龍井泉下的18顆龍井茶樹為當年乾隆下江南時親手所植，稱為御茶，又名「老龍井、十八棵」。

---

11 參考自維基百科https://zh.wikipedia.org/zh-tw/%E8%A5%BF%E6%B9%96%E9%BE%99%E4%BA%95

龍井茶加上虎跑泉的水，被稱為絕配，虎跑寺為民初雅士弘一和尚出家之地，亦充滿故事性，龍井茶為杭州在西湖之外的另一象徵，是歷史悠久的城市特色商品，也是觀光客必購的紀念品；杭州有豐富歷史底蘊，勝景有歷史、文化、名士加持，充滿獨特城市魅力。

4-6 結合媒體素材

媒體素材

從大眾媒體去塑造城市印象是最便捷而有效的方式，韓國經由偶像劇的置入（placement）帶來許多地區的顯著觀光效益，就是媒體素材與城市行銷結合的例子。媒體素材與城市行銷結合有二個途徑，一是刻意的結合，另一種是無意識的介紹。

一、刻意結合

即媒體素材創作者或被介紹的城市事先被告知，通常是媒體置入與媒體業配（media tie-in），媒體「業配」指的是「業務配合」，是客戶提供廣告，媒體配合在新聞、節目中「不經意」露出。

置入是試圖在觀眾不經意、低涉入的情況下，建構下意識知覺（subliminal perception），由於觀眾對廣告會有抗拒心理，但置入則融入劇情之中，因此效果反而比直接訴求的廣告好。韓國的偶像劇場景，台灣電影《痞子英雄》以高雄為背景、三立電視劇《愛‧回家》帶入花蓮的風光與人情，都是媒體置入的方式，「置入」早期指的是「商品置入」（product placement），就是在電影、電視畫面中出現某一商品，這個商品可能是純擺設道具，也可以是演員使用的物品，而要置入商品必須付費給電影或電視製作單位，但現在的「置入」已經無所不「置」，不限商品，城市行銷當然也可以。

二、無意識的介紹

媒體素材創作者和被介紹的對象事先沒有聯繫，或無利益瓜葛，媒體素材所呈現的城市，純粹是創作者主觀選擇的場景，或作為故事背景，因此呈現出來的城市影像未必是正面的，如很多電影中的紐約，是兇殺、吸毒與賣淫的罪惡之都，就是這個原因。無意識的介紹常會出現在文學作品，或是因為城市漂亮，所以被電視、電影取景；媒體素材無意識的介紹城市，若是正面的，當然可作為城市行銷之用，不過若是負面的或是有

負面連想的顧慮，就不宜運用，1960年好萊塢電影《蘇絲黃的世界》就是一個例子。

《蘇絲黃的世界》（The World of Suzie Wong），原是愛情小說，作者為英國人Richard Mason（李察·梅森），1957年出版，曾為舞台劇，1960年派拉蒙（Paramount）製作成電影，就在香港取景，天星小輪、天星碼頭、中環、灣仔六國飯店、香港仔避風塘都曾入鏡，在當年是極轟動的電影，並讓女主角關南施（Nancy Kwan）一片成名。

此片完全聚焦香港，照理說這是一部很好的城市行銷電影，不過其故事是說，一個西方畫家在渡輪上認識謎樣的華人女子蘇絲黃，後來成為畫家的模特兒，二人並同居。畫家原以為蘇絲黃是出身上流社會的千金小姐，但後來發現她其實是個灣仔妓女，並有一位私生子……，最後這位畫家英勇搶救被土石流淹沒的私生子，雖然沒成功，但真誠終贏得芳心。

表面上《蘇絲黃的世界》是愛情故事，但事實上強烈的兩元對比，呈現西方（白人男性、畫家、英勇救人）對東方（中國女性、妓女、有待拯救的私生子）的施捨、不對等關係。

整個《蘇絲黃的世界》就是Edward W. Said（薩伊德）東方主義（Orientalism）理論的印證，雖然薩伊德的《東方主義》出版於1978年，而《蘇絲黃的世界》早在1960年就推出；「東方主義」是指西方人所建構對東方的認知，西方人把非西方的事物視為異類。在歐洲人想像的世界中，東西方是不同的，西方是強而有力的，是文明而理性，而東方是遙遠曖昧、不文明，是被征服或等著被救贖的國度，電影《蘇絲黃的世界》就將東方世界的「他者化」，以突顯西方的優秀，如此故事架構就不宜引用為城市行銷。

表4.3 電影《蘇絲黃的世界》的文本分析：兩元對比

西方	東方
符號具： ● 白人男性 ● 藝術工作者、畫家 ● 英勇救人 ● 付費的包養者	符號具： ● 華人女性 ● 妓女 ● 有待拯救的私生子 ● 賣身的被包養者
符號義： ● 西方文明社會 ● 高尚 ● 救贖者、施恩者	符號義： ● 東方落後社會（以香港為代表） ● 低賤 ● 渴望被救贖

運用於城市行銷的大眾媒體素材，範圍廣泛，只要沒有負面聯想的顧慮都可以使用 ——

- **電影**：電影是最有效的城市行銷管道，尤其是好萊塢電影影響力及於全球，如《達文西密碼》（*The DaVinci Code*）由小說而電影，造成轟動，也引起許多觀光客追尋電影足跡造訪城市。

- **電視**：亦有很大的影響力，韓國偶像劇在亞洲各國形成「韓流」，帶動觀光客旅遊拍攝景點。同樣的，日本NHK大河劇《坂本龍馬》也幫助了四國高知（坂本龍馬出生地）的城市行銷。

- **書籍**：電視的影響較為短暫，但書籍的影響卻非常久遠，莎士比亞四大悲劇之一的《羅密歐與茱麗葉》（*Romeo and Juliet*），很多觀光客至今到義大利的維洛那（Verona）還會去看兩人密會的小陽台。

梵谷《星空下的咖啡店》畫作（左圖）與實景（右圖），畫作空靈，實景人聲雜沓。

在《星空下的咖啡店》用餐，吃的是氛圍與想像，不是煎得柴掉的牛排。

- **報紙、雜誌**：三浦綾子1964年《冰點》，在朝日新聞連載，把北海道沒沒無聞的城市旭川瞬間打響，1989年還拍成電視連續劇。

除上述的大眾媒體外，藝術作品對城市亦有行銷功能，如前述的義大利劇作家普契尼創作的歌劇《蝴蝶夫人》，捧紅了日本長崎，「蝴蝶夫人」館成為長崎的觀光賣點。梵谷（Vincent Willem van Gogh）的畫作成了法國南方普羅旺斯的賣點，觀光客來此除了享受陽光，就是追尋梵谷的足跡。

當然不是每齣歌劇或每幅畫作均有行銷城市的功能，歌劇與畫作屬小眾、菁英式的文化素材，必須有大眾媒體（電視、電影、報紙）的拉抬，方有擴散效果。此外，還要

靠點運氣,梵谷畫作拉抬普羅旺斯,是在他過世後隔數十年,而生前他只被視為神志有些不清楚、會自殘的窮畫家,他所畫的《星空下的咖啡店》(Cafe Terrace at Night),此店現已成造訪普羅旺斯必到之處,餐點 so so,但生意頂好。

 貳 案例 《北非諜影》與卡薩布蘭卡

《北非諜影》的英文片名就是 Casablanca(卡薩布蘭卡),它原是非洲摩洛哥一個並不顯眼的城市,卻因電影而聞名於西方世界。

電影是以二戰為背景,法國維琪政府控制的卡薩布蘭卡成了諜報之都,充斥著歐洲難民、納粹軍官、法國官員,而各方情報員彼此角力的地方就在美國人力克·布萊恩(Rick Blaine)所開設的力克酒吧(Rick's Cafe),捷克地下反抗軍領袖的妻子伊麗莎,是力克的舊愛,故事就在說酒吧老闆如何「發揮大愛」拯救地下反抗軍領袖夫妻。

好萊塢電影總不會忘了告訴大家「美國人如何拯救全世界」,這片子也是,此片由韓福瑞·鮑嘉(Humphrey Bogart)與英格麗·褒曼(Ingrid Bergman)主演,榮獲1944年奧斯卡的最佳影片、最佳導演,和最佳改編劇本獎。2007年美國編劇協會公布影史「最偉大的101部電影劇本」名單,就由《北非諜影》奪冠。

卡薩布蘭卡是西班牙文房屋(casa)與白色(blanca)二字而成,是一個普通的阿拉伯城市,摩爾人、黑人、阿拉伯人、西班牙人、法國人混雜。《北非諜影》成了卡薩布蘭卡城市行銷資源,很多觀光客到了卡薩布蘭卡,第一個要找的就是 Rick's 酒吧,殊不知此酒吧是好萊塢片場的美工之作,並不是真實存在,不過當地一家五星旅館腦筋動得快,有複製一座在旅館大廳中。

 參 案例 《清秀佳人》與愛德華王子島

《清秀佳人》(Anne of Green Gables)是小說改編的電視劇,原著作者是 Lucy Montgomery(露西·蒙哥馬利),1985年首度由加拿大廣播公司 CBC 電視台改編為迷你影集(miniseries)播出,1987年、2000年也接著播出續集;也是現代台灣五年級生的國中、國小記憶。

主角是紅髮安妮,是一個充滿生命力的孤兒,故事是敘述她被領養到愛德華王子島

Cavendish 鎮，領養她的 Cuthbert 兄妹原先要的是可以協助務農的男生，沒料到卻陰錯陽差。她就住在山坡上的綠屋頂房子，所以片名就稱 Green Gables 的安妮。

故事很平凡，不過演員稱職、內容溫馨，因此也造成風潮，連帶也捧紅 Cavendish 鎮，此鎮在加拿大東方的偏遠小省愛德華王子島首府 Charlottetown 附近，因為有了《清秀佳人》，觀光客就來找紅髮安妮的綠頂小屋，鎮上的紀念品店都是安妮的商品。

肆 案例 《神隱少女》與道後溫泉

日本四國松山市道後溫泉號稱日本最古老溫泉，其木造建築據說是宮崎駿《神隱少女》中大湯屋（油屋）的造型。很多觀光客來到道後就是要尋找《神隱少女》的大湯屋。

不過也有旅遊書說《神隱少女》的大湯屋是東京江戶建築博物館的「子保湯」。事實上，任何影音作品的創作靈感不會只有單一來源，單一來源就成了複製與抄襲，影音作品的創作靈感應來自多元的激盪，因此日本少女熱衷來台灣九份，尋找《神隱少女》的街

日本四國松山道後溫泉，不是博物館式的展示，而是可以買票入浴，道後地區的溫泉旅館也鼓勵住客撐著毛巾，來此享受百年溫泉的氛圍。

道、燈籠與鬼面具。所以道後溫泉是否與《神隱少女》有關也就不重要了。

但道後溫泉與另一文學作品卻確實有關聯，夏目漱石的《少爺》（坊つちゃん）就是以道後為背景，1895 年夏目在四國愛媛縣松山中學任教，這段生活經歷就出現在他《少爺》中，而道後溫泉也有文物呈現與作家的關係，裡面有間夏目漱石「則天去私」書房[12]；在一階「神の湯」，男湯有東、西兩室大小一樣，內部設備規格亦同，20 坪不

---

[12] 夏目的「則天去私」有日文譯本把它翻譯成「替天行道」，帶了濃濃的江湖味，不甚妥當，或許說成「法天地、無自我」還適當些。

道後溫泉擺置之《神隱少女》漫畫，將湯屋與宮崎駿卡通電影聯結。

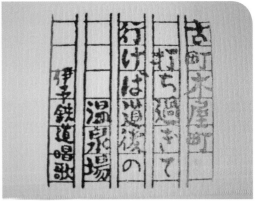

日本四國松山市將夏目漱石的作品充分發揮，公車車體廣告、城市旅遊紀念章、海報、燈籠、車票都有《少爺》的影子。

到的面積，中間半圓形池，兩旁為沖浴座，池中靠牆面處有一人高的大石柱，想必是出水口，壁面有青瓷磚畫，西室為雙鶴泡溫泉療傷圖，東室的壁面是人物，另一東西室不同之處為出水口石柱刻文，西室為隸書「皇神祖之神……」，書體頗有魏碑的趣味，應是古刻，現在的日本人寫不出這樣的字。東室為楷體行書。兩室牆面均釘有一木板，謂夏目漱石《少爺》書中，少爺將浴室作為泳池而遭主人斥責之處。

道後溫泉是日本最古老溫泉，相傳有受傷的白鶴在此療傷而被發現，因此鶴成了吉祥物，本館建於明治27年（1894），有3層樓，最高就是「振鷺閣」，每天清晨6時，「振鷺閣」會擊鼓，開門營業；道後溫泉也有皇室專用的休息室與浴間，稱為「又新殿」，建於明治32年（1889），昭和天皇於昭和25年（1950）亦曾駕臨；由於紮實的歷史源流，道後地區的其他溫泉旅館也以道後溫泉為榮，旅館會幫住戶準備提籃，裝著毛巾，並安排往返交通車，鼓勵住客到道後溫泉入浴，享受百年溫泉的氛圍。

除了道後溫泉，街上也有《少爺》古董火車行駛，火車站之紀念印章，以稿紙為背景刻了歌詞，是設計極為傑出的「觀光印章」；驛（火車站）前的鐘樓，仿道後溫泉的「振鷺閣」造型，鐘樓是道後溫泉業者捐贈的，正點報時，閣樓自動升起，人偶隨音樂演出，演的正是夏目漱石《少爺》的故事。

市區仿道後溫泉「振鷺閣」之音樂鐘塔，準點報時，木偶會演出《少爺》的情節。

道後以夏目漱石的《少爺》為都市行銷主軸，是極成功的個案。

案例 《露西》與《城市星發現》

電視、電影是行銷城市的捷徑，電視、電影紅了，城市也就紅了，但這要押對寶，電影《露西》（Lucy）就是押錯寶的例子。

2014年上映的《露西》挾盧貝松盛名，2013年部分場景在台北拍攝，台北市政府不但協助封街拍攝，還大方的補助3,750萬元（包含台北市政府第二預備金2750萬元、與2017年世界大學運動會宣傳補助金1,000萬元[13]），比通常補助國片的197萬元多了19倍。

台北市得到什麼？電影中出現的台灣場景有桃園機場、101、晶華酒店、永樂市場，汀洲街二總，以及一些地下道，但除了台北101外，都不顯眼，看電影時即使特意找，恐怕也不會注意到。

更糟糕的是，電影把台北描述成毒販與國際黑幫流竄的城市，而且充滿西方至上的思維，女主角問計程車司機會不會講英語，不會，馬上拔槍幹掉，這樣對城市不會加分，甚至扣分的電影，值得給它3,750萬元？更何況，場景搬到香港、曼谷、吉隆坡，都無損於電影故事完整性，換言之，台北的文化或城市特質沒有被呈現，只是電影場景或「道具」。

相反的，2016年台北市政府以招標的方式，由三立電視得標，拍攝《城市星發現》，介紹電影或電視偶像劇中的台北場景，扣連觀眾對影視內容的印象，以深化台北的美麗或宜居。

短片內容擷取電影、電視有台北場景的片段，包含電影《我的少女時代》及《醉生夢死》、《六弄咖啡館》、《我的蛋男情人》、《風雲高手》等5部；電視劇則有《愛上哥們》、《1989一念間》、《必娶女人》、《我和我的十七歲》、《紫色大稻埕》、《後菜鳥的燦爛時代》等偶像劇。

配合短片推出，還發行《城市星發現──台北追星之旅》手冊，分為3個單元，「星朝聖」、「星打卡」、「星路線」，介紹可追星的餐廳或服飾店，還規劃了10條順遊路線，利用台北大眾捷運系統為核心，以明星常出沒店家及影劇拍攝場景，發掘新的觀光路線，並請明星帶遊，推薦其私房旅遊點。

---

13 當時市議員吳思瑤就質詢，《露西》和世大運有什麼關係？

　　城市行銷文創化，不見得要花大錢、也不必崇拜國際大師，要的是主其事者的慧黠與用心。

4-7 專題討論：布袋應不應該有「高跟鞋」？

壹 興建背景

　　布袋高跟鞋教堂在2016年初開放，吸引很多觀光客，更吸引很多的討論與「社會對話」，作為嘉義縣城市地標之一，或是嘉義縣布袋區唯一城市地標，它是不是一座合宜的設施？

　　布袋是嘉義縣西南邊的濱海漁村，有定期的航班往返澎湖，地面為鹽埔地，不適合農耕，居民都以捕魚或養殖漁業為生；和台灣一般的農漁村一樣，青壯人口大量流失，只剩老人，小學也一再減班，交通部觀光局雲嘉南濱海國家風景區管理處（簡稱「雲管處」），為吸引觀光客活化偏鄉，於是以2,300萬元的經費興建了藍色玻璃的「高跟鞋」教堂。

　　2,300萬元蓋一個觀光景點算不算多錢？台北市辦花博連同相關周邊開支用了百億，辦元宵花燈、跨年演唱會，連同企業募款，也要2,000萬元以上，每年輪流在各縣市舉辦的「台灣燈會」經費更遠超過2,000萬，2,000萬元應該辦一次性的活動，或是永久性的設施？一次性的活動，常成了「放煙火」，只有瞬間的燦爛，但永久性的設施最怕變成「蚊子館」，還好高跟鞋教堂在當年11月26日就迎接第200萬名遊客。

　　說是「教堂」，不過沒有十字架，也沒有祭壇與牧師或神父，換言之，它只是以「教堂」為名的地景建築（政府本就不宜投資任何宗教設施），「教堂」使用1,296根不鏽鋼及320塊藍色玻璃，主體高17.76公尺、長25.16公尺、寬11.91公尺，將近6層樓

高。它也成功獲得台灣人最熱衷的金氏世界紀錄，之前世界紀錄最大的高跟鞋建築高度僅9公尺，但高跟鞋教堂幾乎超過一倍，因此2016年6月23日獲得金氏世界紀錄認證為全世界最大的高跟鞋型建築物，也吸引了超過300多家國外媒體報導。

 ## 貳 專家批評

不過庶民喜歡，專家可不這麼認為，高跟鞋教堂的熱潮呈現專家與庶民的認知差距，很多專家批評「高跟鞋教堂的建造，不論在歷史面、文化面、環境面、藝術面或宗教面的考量上，都有所不足。」[14] ——

由於官方建造背景的論述，提及半世紀前雲嘉南沿海地區，由於自來水管線無法普及，居民都仰賴地下水生活，而地下水含砷，因此烏腳病盛行，患者最後都慘遭截肢，為彌補當年被迫截肢女子心中的遺憾，因此建造教堂以完成她們踩著高跟鞋完成婚禮的夢想。

但有專家認為，烏腳病的醫療史上，找不到「高跟鞋」這三個字；專家抨擊，地方政府、行政單位先射箭再畫靶，為了要讓高跟鞋教堂的存在能自圓其說，硬是扯上烏腳病，卻忽略台灣早有紀念烏腳病、具有歷史意義的場館，「又憑什麼說女性的夢想是穿高跟鞋呢？」[15]

也有專家認為，「高跟鞋教堂植入一個視覺性很強的符號，同時又販賣一種虛幻的想像，刺激、吸引眾人的目光，但觀光客除了拍拍照、打打卡，然後呢？」；「公共藝術應該回應一下人民在生活、環境要面對的課題，民眾被刺激去觀光，在過程中有所學習，而非只是來消費」；「高跟鞋教堂硬扯上烏腳病故事，強調是紀念當年因病不幸截肢的少女，無法一圓穿高跟鞋走紅毯的美夢，問題是，烏腳病又不是只有女生得，男生也有，這種說法太性別化」；「就算高跟鞋真的與烏腳病有關聯，周邊應該要有介紹烏腳病歷史的博物館，讓參觀民眾認識，否則這個設計理念只是亂掰。」[16]

---

14 引自維基百科https://zh.wikipedia.org/zh-tw/%E9%AB%98%E8%B7%9F%E9%9E%8B%E6%95%9
   9%E5%A0%82

15 引自 2016/4/21《新新聞》http://www.new7.com.tw/NewsView.aspx?t=03&i=TXT20160413173410C6A

16 2016/1/31《中國時報》報導 http://www.chinatimes.com/newspapers/20160131001129-260102

更有專家評論,「以歷史為名,缺乏思辨的反省意義;以文化為名,脫離常民的生活脈絡;以環境為名,增長無謂的環境負荷;以藝術為名,毫無獨創的美感詩意;以宗教為名,虧缺上帝的神性榮耀」;「台灣拚觀光,拚來的只是一次性效益,未考量文化厚度與生活意涵,短多長空,寶島就這樣成為粗糙的主題樂園,可惜!」[17]

 ## 參 官方回應

面對這些嚴苛的批評,當時負責起建的雲管處處長鄭榮峯說「人潮先來,談文化才會成功」,他澄清,無論是高跟鞋教堂,或是台南北門的水晶教堂,都是利用地方長久以來的荒廢閒置空間,並沒有破壞生態的問題。

在文化議題方面,他也否認跟地方文化脫節,他說,當地曾發生烏腳病,藉由高跟鞋的意象可讓遊客認識在地歷史。他承認建造高跟鞋教堂是為了吸引遊客,不過「先有人來了以後,再來講鹽業文化、宗教文化、濕地與鳥類生態,遊客不來,講這些都不會成功。」

他表示,雲管處要推動市場的產業創新,促進地方發展不只做一級產業,也能發展到三級產業,景點讓周邊房價提高,青年返鄉經營咖啡館,地方也開始經營民宿,高跟鞋教堂確實為當地帶來改變。他更強硬的表示,雲嘉南管理處在風景區創設的設施不是學者專家導向,而是顧客導向,「我常問建築師、顧問公司『這個做了,你會不會來?』,他們通常無法回答。做了大家不來的設施,就是閒置設施了。」[18]

肆 討論

面對雙方的論點,作為一位文創書籍的讀者或是一位打發假期的遊客,您有什麼看法?

歸納持批評觀點的學者專家看法,就是——庸俗化的觀光設施,缺乏歷史縱深與文化厚度,也對環境不友善。但事實是否如此,可以分就專家所關注的環境、文化、性別、景觀來討論。

---

[17] 同前註。

[18] 摘自環境資訊中心 http://e-info.org.tw/node/113210

- **環境**：高跟鞋教堂的建築基地是一塊荒蕪的鹽埔地，地目屬公園用地，因鹽分重，又臨海邊，不遠處就是布袋港，海風強，無法耕種，連種樹都很困難，原先就作為公園用，但荒廢了，這樣的一塊地，拿來蓋一個可以吸引觀光客打卡、拍照的景觀設施，似乎就是「無用之用」，對環境或生態並無傷害。

- **文化**：或許高跟鞋、教堂與烏腳病的連結是有點微弱，但說烏腳病的醫療史上，找不到「高跟鞋」這三個字，這對截肢的患者而言是很殘酷的再傷害，醫療史會著力於流行病學的記載，與個案醫療過程的描述，想也知道不會提到「高跟鞋」三字，女性截肢者失掉了腳，也可能失掉婚姻，當然也沒有機會穿上高跟鞋，搭上禮車、拋下摺扇，到了夫家，也沒辦法跨過火盆、踏破瓦片，這些截肢者喪失的憧憬，一座玻璃高跟鞋造景給予卑微的補償，又有何不可；即使是先射箭再畫靶，也是一種在地歷史的提醒與人文關懷，又何忍拆穿扯破。

　　說是應該蓋介紹烏腳病歷史的博物館而不是高跟鞋教堂，這也是菁英的無知與傲慢，會這樣講的專家表示不知道在布袋沿61號公路南下約10餘公里的台南北門就有一座為紀念王金河醫師的「台灣烏腳病醫療紀念館」，並早在2007年開幕；再說一般普羅大眾難得假日全家放鬆出遊，是會到光鮮亮麗、沒有心理負擔的高跟鞋教堂，還是背負沉重歷史壓力的流行病博物館？

　　流行病博物館當然有其必要，以見證並反省歷史，但不是每個嘉南濱海休閒地區都必須設立，這就跟公共電視一樣，進步國家當然要有公共電視，但不是把每家商業電視台都改為公共電視才是進步；批評者建議觀光應順便學習以豐潤知識，固然很對、很好，但沒有學習只有消費，不就是每日汲汲營營、假日放空的庶民最真實的生活寫照，又何必苛責？菁英的象牙塔式的思維，以為人人都要和知識分子一樣的品味，旅行就是參觀博物館，假日就該聽音樂會，這是與民眾距離遙遠的想像。

- **性別**：更扯的是扯上性別，批評者提到烏腳病又不是只有女生得，男生也有，建造高跟鞋教堂的說法太性別化了；這種批評像鬥嘴，不像討論，真的要性別平衡，難道旁邊得蓋一個象徵新郎的領帶為頂棚的走廊？對婚禮的想像，本來女生就遠高於男生，更何況每個男生也期待新娘美美的、婀娜多姿，因此以「高跟鞋」象徵男女共同對婚禮的憧憬，並無不對。

- **景觀**：高跟鞋教堂就是貧瘠的濱海漁村的地景藝術，創造了人流與金流，就設計面來說，絕對是水準之上，否則不會吸引了超過300多家國外媒體報導，說是「毫無獨創

的美感詩意」，倒也未必。

　　專家的評論，這讓我們想到，若是草間彌生沒有成名，在瀨戶內海的直島海邊，樹立一個圓點大南瓜，或許也會招來同樣的專家說，與地方文化脫節（直島不產南瓜），符號視覺性很強，唐突海景破壞景觀，脫離常民的生活脈絡（民眾多久才吃一次南瓜？），以及觀光客只有消費沒有學習，除了拍拍照、打打卡，「然後呢？」的批評。

　　當時主其事的雲管處處長鄭榮峯說「人潮先來，談文化才會成功」，這是對的，沒有人潮，任何理想都是空談，雲管處也蓋了台南北門水晶教堂，在布袋不遠處舊名「魍港」的七美里也請畫師曾進成畫了10餘幅的立體壁畫與地畫，號稱「3D彩繪村」，作品水準當然有精進空間，但因有趣味性，吸引很多遊客拍照，活絡了以往冷清的小漁村，畫師曾進成說有位村裡的阿嬤就很感謝他，因為以前每年只能在三節看孫子3次，但現在每週

七美里壁畫或許不那麼「藝術」，但很滿足民眾需求——不只看看，還有「參與」與互動。

都可以看到孫子，人潮吸引兒子利用假日回鄉擺攤賺外快 [19]，這是設置公共藝術作品的周邊效應，也是政府擺脫冷氣房的菁英思維，以對庶民的親和性來思考公共藝術作品的意義。

伍 文創指標檢核

　　作為布袋的城市代表性裝置，或是整個嘉義縣的地標建築之一，「高跟鞋教堂」是否符合文創評估指標的要求？

* **獨特性**：嘉義縣文化觀光局製作網頁所述，提到嘉義布袋總讓人想起鹽田、鹽山，現在鹽業沒落，漁業則沿海鄉鎮都有，不具獨特性，因此布袋就缺乏獨特的產業或人文訴求；因此「高跟鞋教堂」現在雖無法呈現在地價值，不過假以時日，或許就會成為

---

[19] 2016 年 12 月 11 日訪問曾進成先生。

布袋獨特的地景指標。

- **關聯性**：如前所述，即使是先射箭再畫靶，「高跟鞋教堂」確與在地歷史人文有些關聯，烏腳病當然是過去的社會現象與負面歷史，不過仍然是布袋歷史的一部分。

- **衝擊力**：巨大型地景建築，鮮豔且跳脫環境背景的色彩，與參觀者經驗相連結（成年女生都歷經當新娘、穿高跟鞋的人生經驗），具視覺衝擊性，確會帶來接觸瞬間的驚豔與感動。

- **原創力**：數大為美，設計具原創思考，獲金氏世界紀錄認證為全世界最大的高跟鞋型建築物。

- **傳播力**：落成後，台灣媒體大篇幅報導，電視媒體以庶民角度表示受歡迎，平面媒體褒貶不一，網路媒體則分兩派，旅行遊憩網頁持肯定態度，社會評論網頁則批評居多，不過也吸引了300多家國外媒體報導，有討論就可提升知名度，「高跟鞋教堂」傳播力十足。

表4.4 以文創指標評估「高跟鞋教堂」

文創評估指標		說明	等第
文化指標	獨特性	無法呈現在地目前產業或人文特色	弱
	關聯性	與在地歷史人文（烏腳病）略有關聯	中
創意指標	衝擊力	具視覺衝擊性，確會帶來瞬間的驚豔與感動	強
	原創力	數大為美，具原創思考	強
	傳播力	有「說故事」能力，具媒體效應	強

　　「高跟鞋教堂」以文化指標評估之，的確略嫌薄弱，以創意指標評估，卻是個搶眼、受民眾歡迎的地景設施；以往到嘉義旅行，就只會想到阿里山，2016年故宮南院開幕，觀光線可以從故宮南院南下，沿布袋高跟鞋教堂、七美里3D彩繪村、台南北門水晶教堂、台灣鹽博物館、台江國家公園，一直玩到台南安平、市區，由點而線，活絡貧瘠濱海地區。專家眼中只能「拍拍照、打打卡，然後呢？」的高跟鞋教堂與水晶教堂，串連了台南與嘉義兩縣市。

LA MÈRE POULARD
RESTAURANT

照片說明：
法國西北方的聖
米契爾山，漲潮
是島、退潮是半
島，早年是修道
院與戰鬥型城
堡，現在是博物
館，人潮讓登山
道旁賣拉媽媽的
餅店與餐廳生意
興隆。

5-1 導論

壹 意義

博物館源起於人類收藏的本能，幾乎每一個城市都有博物館，博物館成了國家與城市文明化的象徵，由於收藏物件的稀少性與真實性，博物館一直以來被視為是歷史守護者、文化傳播者與知識詮釋者。

世界兩大博物館的組織，國際博物館協會（ICOM: International Council of Museums）與美國博物館學會（AAM: American Association of Museum）都曾對博物館下定義，綜合其定義，所謂博物館應符合下列條件——

* 不以營利為目的
* 負有社會與教育使命
* 對大眾開放
* 有固定館址與組織
* 其功能是透過藏品蒐集而達到展示與研究目的

英國倫敦迷你型玩具博物館，藏身在巷道的民宅中。

嚴肅產生距離，這個嚴肅的定義似乎針對如紐約大都會、巴黎羅浮宮、倫敦大英、台北故宮之類的世界級博物館而下，隨著社會變遷與全球流動，多元文化得到尊重，博物館似乎已經不再這麼嚴肅，現在的博物館不要「大而博」而是「小而美」，主題化、嗜好化、社區化、企業化已經成了現代設立博物館的趨勢——

* **主題化**：現代博物館不再包山包海，而是針對主題蒐集，如美術館、歷史博物館、科學館，甚至在大主題下再選擇小主題聚焦以突顯特色，歐洲很多城市的美術館都以畫家命名，也只收藏此畫家的作品，如荷蘭阿姆斯

澳門老當舖不營業後，「實景重現」改為原汁原味的「當舖博物館」，以有趣主題取勝。

特丹梵谷美術館、西班牙巴塞隆納畢卡索美術館。

- **嗜好化**：這類博物館可能被專家認為不具藝術性，也被雅痞視為不登大雅之堂，不過卻被特定族群歡迎，如日本橫濱的泡麵博物館、鐵皮玩具博物館、清水玩具博物館，這種特殊嗜好博物館（hobby museum）已成為忙碌城市的避風港，連倫敦市中心小巷弄也有一家設在閣樓中的迷你型玩具博物館，賣票，參觀者要在陡峭的樓梯爬上爬下。

- **社區化**：很多小鄉鎮都成立博物館，以展示當地物產、著名人物或風土人情，這種迷你型社區博物館在日本非常多，幾乎達到「一鄉一博物館」的普及，對居民提升土地認同與城鎮推廣當然有助益。這類強調社區特色的博物館（鄉土文物館）通常規模不大，如日本有馬溫泉有家3層樓的玩具博物館；不過也有例外，日本鳥取因產二十世紀梨而致富成名，當地就有一座雄偉的、由產業組合（同業公會）支持的「二十世紀梨記念館」。

- **企業化**：所謂企業化並不是博物館的經營轉變為營利，指的是由企業來擔任金主角色（sponsor）所成立的博物館，企業成立的博物館有兩類，一是與本業無關的博物館，如台灣奇美企業許文龍在台南創設的奇美博物館，展示他個人在樂器、畫作及其他文物的收藏，呈現主事者的品味與嗜好，雖可提升企業形象，不過和商品銷售無直接關係。

　　另一類則稱為企業博物館（corporate museum），當企業經營達到一定的規模後，為保存與展示企業歷史文物，提升民眾對企業或商品的認知與好感而設立的博物館，屬企業公關的一環。這類博物館很多，在台灣有南僑榮恭館（1993）、樹火紀念紙博物館（1995）、黑松飲料博物館（1996）、可口可樂世界（1998）、琉園水晶博物館（1999）、郭元益糕餅博物館（2001）、大甲阿聰師糕餅館（2001）、台塑文物館（2004）、陽明海洋文化藝術館（2004）、台南家具博物館（2005）、黑松牛軋糖博物館（2005）、台灣鹽業博物館（2006）、高雄台灣糖業博物館（2006）、金蘭醬油博物館（2008）、白蘭氏健康博物館（2008）、丸莊醬油博物館（2009）等等。

　　本書所談的博物館，並不只是博物館館學所討論的「正式」博物館，而是從文創角度，看那些有固定館址、對外開放，有收藏與展示功能，具特定主題、有趣的「小」博物館或企業博物館，這些博物館因沒有歷史包袱或菁英思維的壓力，更可以「玩」出文創火花。

「民眾的博物館」

博物館英文字museum，源自希臘文mouseion，即獻給繆思女神的神殿，繆思是希臘神話中9位女神，主管音樂、藝術、文學、舞蹈、哲學、戲劇；所以衍生出來對博物館的期待是充滿貴族性，參觀博物館為都會雅痞所專屬的菁英生活，與庶民無關。

這種傳統的思維，博物館是神聖而嚴肅的，展品靜態陳列展示，觀眾要肅靜、不得喧嘩且帶著崇拜的心情去體會、去與古人或創作者做心靈交融，難怪與一般民眾產生距離感，很多人一談到參觀博物館，第一個念頭是「看不懂」或是「不好玩」。

對博物館的定位與功能，一向有「專家」與「庶民」的認知差距，不過博物館行銷文創化就是要建立「民眾的博物館」，使博物館變成庶民生活的一部分，這不是將museum變為amusement park（遊樂園），而是將博物館親民化，讓民眾樂於接近與使用，博物館學中所臚列的博物館四大功能（收藏、教學、研究、展示）中，對「大」博物館而言，「收藏」、「教學」、「研究」仍應維持其專業性與學術性，不過可將「展示」還給庶民。

 博物館行銷與文創評估指標

「民眾的博物館」的主張並不是將博物館「迪士尼化」，而是透過建築物的吸引、展品陳列的互動、活動的舉辦、主題的親切性，與在地連結等方式，文化扣連創意，將博物館行銷文創化──

- **強調主題創造差異**：除了大型綜合性博物館外，小型博物館的經營要「小題大作」，主題整合、創造差異、言之有物，讓參觀者驚豔。

- **扣連城市在地價值**：博物館都應盡可能扣連城市特色、突顯在地價值，名人、歷史、史蹟、地理、物產都是可以切入的連結。

- **創造驚奇型塑印象**：博物館若有跳脫刻板印象的規劃，就會令人覺得驚奇或驚豔，印象也就特別深刻，這是小型博物館或主題博物館取勝乃至存活之道。

- **建立特色無法複製**：博物館也如同一般的商品，有特色才好賣，必須思考從主題、建

築物、展品去尋找特色,建議USP(unique selling proposition)論述。

- **展現品牌突顯商品**:對一般博物館館,「傳播力」指的是舉辦活動以吸引媒體報導;但對企業博物館而言,「傳播力」就是「展現品牌突顯商品」。

表5.1 博物館行銷與文創評估指標

文創評估指標		博物館行銷作為
文化指標	獨特性	強調主題創造差異
	關聯性	扣連城市在地價值
創意指標	衝擊力	創造驚奇型塑印象
	原創力	建立特色無法複製
	傳播力	展現品牌突顯商品

5-2 強調主題創造差異

壹 主題整合、小題大作

除了像倫敦大英、紐約大都會、巴黎羅浮宮等這類的大型綜合性博物館外,小型博物館的經營,如同個人收藏一樣,如果沒有主題,這也要那也要,永遠不會呈現特色。主題如同一把傘,由其來涵蓋展品,傘內是要蒐集與展示的,傘外只好割愛,不是撿到籃子的都是菜;如何選擇主題?除了收藏歷史淵源、主事者個人品味與興趣外,必須考量市場與觀眾的接受度,通常與「生活經驗」有關的主題,民眾的接受度較高,經營才會成功。

「生活經驗」不外食、衣、住、行、育、樂,主題之下再細分小主題,越「小題大作」越具新奇性,越能吸引人。除企業博物館受限品牌與商品外,主題選擇要具文化與創意巧思,呈現地方特色、人文意涵,以及一些慧點與遐想。全世界各地的小型具特殊主題的博物館很多——

- 食：日本橫濱拉麵博物館、咖哩博物館，清水壽司博物館，東京池袋餃子博物館，神戶UCC咖啡博物館；澳門紅酒博物館；台灣桃園黑松博物館；以及世界很多地方都有的可口可樂博物館（台灣的可口可樂博物館也在桃園，離桃園黑松博物館不遠），這些博物館絕大部分是企業博物館，為企業展示商品與歷史而創辦，是企業公關的一環。

- 衣：如日本神戶流行美術館，展示「流行」為主題的物品，衣服是其主要收藏，此外，很多其他產業主題的博物館也會將此產業的制服作為展品之一，如台灣桃園機場的航空博物館有蒐集世界各航空公司的制服，台灣警察大學的校內博物館也收藏各國警察的制服。服裝有文化與消費的差異性，也難做動態體驗，因此以「衣」作為主題的博物館較少。

- 住：日本東京的江戶建築園，展示江戶時代的老建築，名古屋的明治村，則將明治時期的建築、鐵道重建，還把當時東京地標之一的帝國飯店重建，呈現往日帝國風華；澳門的「葡韻」是氹仔海邊數棟葡式建築，原先是殖民者用以聊慰鄉愁的住所，後被規劃為戶外博物館區，屋子成為藝術品展示場，屋外為花園，連同附近的教堂，成為拍結婚照的地方；台灣台北淡水的「一滴水」，將1915年建造、是日本已故著名作家水上勉故居的古宅，2004年拆除，依古法編號裝箱，2009年在淡水重組，以呈現日本昭和年代民宅樣貌，雖然是單棟建築，規模不大，但也屬「住」的博物館。

- 行：澳門海事博物館展示澳門的海洋文化、賽車博物館展示汽車，日本靜岡法拉利博物館，展出業主的法拉利收藏，東京交通博物館展示公共交通工具（火車、電車、公車），名古屋豐田汽車博物館則是產業博物館，展示自家的商品與他牌的古董車。

- 育：大型博物館都具社會教育使命，均屬「育」的博物館，此外，東京三鷹之森吉卜力美術館，呈現卡通製作與宮崎駿創作脈絡；台北九份黃金博物館，展示昔日採金礦坑；澳門葡韻住宅博物館，呈現殖民時期風華，富教育意義，也屬「育」的博物館。

- 樂：以娛樂為主的博物館，如日本有馬溫泉的玩具博物館、日本伊賀上野忍者博物館、京都手塚

日本神戶北北方有馬玩具博物館就在溫泉區，為私人經營，需購票入場。

治虫記念館、箱根小王子博物館，倫敦福爾摩斯館，台北袖珍博物館、九份風箏博物館、台中汽球博物館等，都是以有趣、好玩、「寓教於樂」做號召。

博物館主題的選擇，當然主要來自業主個人的品味、興趣與收藏，不過要吸引人，必須以創意開發主題，「小題大作」與新奇性是重要的考量。

殖民時期「高級」葡萄牙人住宅群，老屋經活化所形成的澳門「葡韻」戶外博物館。

小題大作，是主題小而細但展品深而廣，在這主題之下的該蒐集都蒐集了；新奇性，是言人所未言，主題是別的博物館所沒有，澳門有家當舖博物館，是一家不再營業的老當舖改裝的，是「實景重現」而非「虛擬複刻」，樓梯陡峭易守難攻，用以防盜，雖然只有一棟樓，規模不大，但「小題大作」與主題具新奇性，也是成功的規劃。

全無古物，僅以蠟像呈現民族自卑感的澳門林則徐博物館。

不過即使小題大作，也要言之有物，在澳門有一家林則徐博物館，參觀者會想，澳門和林則徐有什麼關係？怎麼會有他的博物館？而且這個博物館還在澳門博物館的參觀套票中，想必應有一定的規模。事實上，錯了。

林則徐和澳門的關聯是他會見英國代表是在澳門的蓮峰廟，所以硬蓋個博物館在蓮峰廟埕旁，裡面只有蠟像，以及不相干的名人到此一遊照片，全無古物，蠟像呈現民族自卑感，故意把洋人做得狼狽扮成小丑，以示「民族自尊」，但反過來想，被小丑打敗，不是比小丑更不堪嗎？

慎選主題，「小題大作」與新奇性是博物館文創化重要的一步。

案例 日本東京江戶東京建築園

　　東京，在德川幕府時代稱為江戶，江戶東京建築園是座戶外建築博物館，保存從江戶時期到昭和初期東京的歷史性建築物，由於都市更新，很多建築物面臨拆除，而這些建築是城市歷史的一部分，也見證了城市發展的不同階段，因此東京都廳在 1993 年成立了江戶東京博物館的分館——「江戶東京建築園」，面積不算大，才 7 公頃，但重現昔日東京建築景觀，讓參觀者想像當時的城市風貌。

　　園區中的建築物都是從各地拆來組合重建，不但展示外觀，也保留內部陳設，呈現了當時庶民生活，園內的建築物有農家、豪宅、居酒屋、湯屋，以及一些商家，如賣化妝品的村上精華堂、賣日常用品雜貨的丸二商店、賣文具的三省堂、小寺醬油店等，其中「鍵屋」被稱為日本居酒屋的起源。

將待拆的老建築物集中在一處，以呈現帝都昔日風華的江戶東京建築園，也是另一種型式的「老屋活化」。

令台灣參觀者感興趣的是「子保湯」，是座湯屋，因為此地離宮崎駿吉卜力美術館的三鷹市不遠，所以很多人就附會子保湯是宮崎駿創作《神隱少女》中大湯屋（油屋）的原型，比較子保湯與道後溫泉，後者規模大，屋內曲道迂迴、房間交錯，宛如迷宮，似乎更像些。

文創元素分析

文化 呈現城市發展軌跡。

創意 以聚落方式展現舊建築，彰顯城市歷史與榮光。

參 案例 日本名古屋明治村

名古屋明治村也是個戶外建築博物館，位於愛知縣犬山市入鹿池西岸丘陵上，占地很廣，園內有復古馬車、公車可供搭乘；與江戶東京建築園不一樣的是，它只蒐集明治時期的建築物與鐵道設施。

創辦者是谷口吉郎博士與原名古屋鐵道株式會社會長土川元夫，他們二位是高中同學，談好後即著手籌設，谷口還出任首任館長，1965年（昭和40年）開館。

村內重要建築有西鄉從道邸、三重縣公署、東山梨郡官署、東松家住宅、札幌電話轉換局、品川燈塔、菅島燈塔附屬官署、宇治山田郵政局、吳服座劇場，以及開館時由北海道遷建的札幌電話交換局，京都聖約翰浸信會教堂，東京遷入的有大文豪森鷗外與夏目漱石住宅、帝國飯店等，建築物有67棟之多，加上鐵道相關設施、京都市電等，目前的基地面積已較創辦初期擴大一倍。

　　明治時期（1868-1911）是日本國力由弱轉強的年代，明治維新徹底西化，不像清廷腐儒主張「中學為體、西學為用」；在德川幕府之前的1千年，日本建築改變不大，飛鳥、奈良時期的佛教建築，鎌倉、室町時代仿唐建築，江戶時期流行桃山建築，但到明治時代，西式建築大量引進，其中具代表性的是東京日比谷的帝國飯店，由美籍建築師Frank Lloyd Wright設計，稱之「帝國的門面」，建築改變，也帶動社交活動與飲食習慣的改變，上流社會吃起了西餐，引進了巧克力。

明治時代是日本帝國的巔峰期，名古屋明治村蒐集該時期的代表性建築，成為具休憩與歷史教育的戶外博物館。

　　帝國飯店的門廳被拆到明治村重建，裡面有一個歷史傢俱——日露（俄）戰爭結束後，二國代表的談判桌，展現昔日帝國的驕傲。

　　到博物館要買紀念品，帝國飯店賣的紀念品是Wright設計的咖啡杯，實用、好攜帶，與展示品（帝國飯店）有直接關聯，蠻有創意的。

文創元素分析

文化 呈現特定年代（明治時期）光榮。

創意 以建築彰顯歷史，呈現昔日帝國風華。

肆 案例 東京三鷹之森吉卜力美術館

　　說到吉卜力美術館（Ghibli Museum），恐怕沒幾個人知道，但如果說是宮崎駿美術館，很多人就知道了，它位於東京都的三鷹市，基地原先是個公園，1998年經東京都廳同意撥用，因此稱為「三鷹之森」，2001年完工落成。

　　公家的公園用地，為什麼可以撥用？其運作模式是由宮崎駿動畫公司興建，再無償捐贈給三鷹市政府，由市政府組成基金會營運管理，董事成員由市政府、宮崎駿動畫公司、日本電視公司（Nippon Television Network Corporation）代表組成，營運收入（門票、禮品店、餐廳）歸基金會，人事費用也由基金會支付，但維修費用由市政府負擔。也可能因為是公營單位的原因，所以美術館不直接以「宮崎駿」命名，而稱為「吉卜力」，Ghibli指的是沙漠中的氣旋，曾出現在多部宮崎駿卡通中。

將宮崎駿卡通動畫具象化的東京三鷹之森吉卜力美術館，獨特而且富教育與娛樂意義。

　　吉卜力美術館主題就是呈現宮崎駿卡通製作的精神與脈絡，因此整個美術館外型就如同卡通城堡，內部陳設也很卡通，將很多宮崎駿作品的場景實體化。更有趣的是門票，卡紙夾入卡通電影膠片，成了 unique，獨一的門票。

　　宮崎駿卡通的觀眾成人多於兒童，而美術館參觀者也是成人多於兒童，由影視作品帶動，吉卜力美術館是家成功的主題博物館。

文創元素分析

 再現文化商品（卡通影片），及其產製過程。

 1. 以文化包裝商業，行銷於無形；
2. 創造商品的再次銷售，增加收益（門票與禮品）；
3. 型塑品牌形象，有助於新商品之行銷。

案例 澳門賽車博物館與葡萄酒博物館

　　澳門賽車博物館與葡萄酒博物館位於新口岸旅遊活動中心地下室，還門對門，跑一趟，看兩家博物館。

　　博物館 1993 年創立，因為主辦一級方程式賽車，因此有了賽車博物館，澳門有賽車活動，是因為海岸道路和摩納哥賽道相似，有髮夾彎適合飆車競技，館內收藏以賽車為主，但也有競賽用機車，此外最應該強調的是，1915 年出廠的福特 T 型車，這是人類第一部透過生產線量產的汽車，在文明史上有其獨特意義，為什麼稱為 T 型車？福特從 A 型車開始，一型一型改良，至 T 型車方成功，換言之，其間歷經 20 次的失敗。

　　館內的體驗活動當然與賽車有關，真車不能玩，館方提供賽車電動玩具，模擬真實駕駛，不須付費。

　　葡萄酒博物館就在對門，1995 年創立，是亞洲唯一的紅酒博物館，分為三區域：釀酒歷史區、酒類收藏區、酒類陳列區。有模擬酒窖，展示採收工具，及釀造與貯藏情形。由於展品有限，因此連各酒區的男男女女民俗服裝模型，也予陳列，有點濫竽充數。體驗活動是試酒，費用包含在門票中。

澳門賽車博物館展示之福特 T 型車，這是有史以來量產汽車的第一款，開創人類「行」的里程碑。

澳門賽車博物館展示之賽車。

澳門葡萄酒博物館。

文創元素分析

文化 連接東西方文化，呈現殖民歷史與城市特殊地理條件。

創意 博物館小而美，主題明確，可吸引特定參觀者；兩家對門而設，有相互拉抬效果。

5-3 扣連城市在地價值

壹 在地價值

　　除了大型博物館（倫敦大英、紐約大都會、巴黎羅浮宮、台北故宮）可以強調跨國性外，一般博物館都應盡可能扣連城市特色、突顯在地價值，在地價值如何突顯？名人、歷史、史蹟、地理、物產都是可以切入的連結。

- **名人**：強調名人與城市的關係，如出生地、求學地，或發跡地，如法國南部的普羅旺斯是梵谷創作力最強時代的居住地，到處有與梵谷有關的小型博物館；西安華清池，除了楊貴妃外，還有西安事變蔣介石翻窗越牆落荒而逃的「五間廳」，名人「加持」，博物館方能增色。

- **歷史**：歷史呈現文化深度，歐洲很多老城鎮，整個城鎮似成一座博物館，處處皆有可觀，比利時滑鐵盧是拿破崙的最後一役，滑鐵盧蓋了一座小博物館，訴說戰役始末，附近的山丘與草原，刻意保護成了觀光客憑弔的「古戰場」。

- **史蹟**：史蹟轉型為博物館比比皆是，日本長崎與廣島都有原爆博物館，訴說自己被大個兒如何欺負（但絕口不說自己如何欺負鄰居的小個兒）；北京故宮是帝王之家、權力中樞，但現在成為觀光客到北京必遊之處，其他如天壇、頤和園亦是，西安的兵馬俑址、華清池也是古蹟轉型博物館；台灣鹿港辜家老宅，是日治時代辜家政商巔峰期所蓋，現為博物館；台北士林蔣介石故宅、陽明山上草山行館，昔日是何等森嚴，現也是博物館，人人皆可購票而入，一窺獨裁者生活。

- **地理**：因地理所形成的城市特色，也可以成為博物館主題，海港城市會有港市博物館（如日本長崎、橫濱），靠近名山勝景的城市也會來座介紹名山勝景的博物館附麗。

- **物產**：亮麗的地方物產也可成立博物館宣揚，日本鳥取縣的二十世紀梨，從20世紀大賣到21世紀，當地就有一座規模宏偉的「二十世紀梨記念館」；台北九份產金著名，因此也有「黃金博物館」，參觀者可以摸大金塊，並深入礦坑一睹究竟。

　　博物館與城市聯結，就應該有故事，有故事才會有深度，方不會走馬看花。如何用故事包裝？除了前述的名人、歷史、史蹟、地理、物產元素外，更重要的是如何說

故事——

- **新資訊**：要以小故事來烘托大歷史，不要只講歷史課本已經講過的素材，要跳脫「官方說法」，從野史、傳說來輔助正統歷史觀點，方不會流於制式、枯燥。

- **深入**：城市那麼大，與展品主題有關的故事應該很多，要深入挖掘小故事，小故事有時會比大歷史更讓人印象深刻。

- **人性**：不用冷冰的數據、法條，故事要有「人」，用人性的角度出發，連結故事與參觀者，方會讓參觀者產生心理接近的感覺。

- **不批判**：不臧否歷史事件或人物，畢竟不同時空下所做的決策，都可能是當時最佳的選擇，而且面對歷史，不同人有不同的詮釋，因此不宜批判而讓歷史客觀呈現，由參觀者自行結論。

貳 案例 聖彼得堡阿羅拉軍艦博物館

在蘇聯很少有事物會和台灣有關，唯一搭上一點點關係的就是這艘老軍艦——阿羅拉（Aurora）。

這艘戰艦原是帝俄時代波羅的海艦隊的巡洋艦之一，日俄戰爭時，它和其他的船艦從聖彼得堡開拔，經北海、大西洋、印度洋、麻六甲海峽、南中國海、台灣海峽，航行18,000浬，1905年5月27日到日本與朝鮮之間的對馬海峽和以逸待勞的日本艦隊開戰，師老兵疲，吃了大敗仗，艦隊幾乎被殲滅，28艘船艦被東鄉平八郎指揮的日本海軍擊沈21艘，其中8艘主力艦就沉沒7艘，官兵淪為波臣，只剩幾艘船倉皇逃回。

曾參與日俄戰爭，戰敗回國再參與共黨革命，對聖彼得冬宮開了一發空包彈的阿羅拉軍艦，「革命有功」，現已成海上博物館，停泊在聖彼得堡。

戰敗的阿羅拉，外鬥外行內鬥內行，居然在聖彼得堡參與共黨革命，對冬宮開了一發空包彈，也因為「革命有功」，所以它逃過了解體的命運，成了售票的海上博物館，由海軍預校接管，管理與導覽都由預校生擔任。時代在變、潮流在變，資本主義終於取得最後勝利。

阿羅拉號起造於聖彼得堡、成名於聖彼得堡，亦終老於聖彼得堡，緊扣城市記憶，成了城市歷史的一部分。

台南安平港億載金城也有一艘軍艦博物館，驅逐艦德陽號，噸位比阿羅拉大多了，德陽號是二戰最後一年的1945年下水，1977年移交我國海軍。可惜沒有歷史沒有故事，也和所在地的台南、安平沒有特別關聯。

文創元素分析

 呈現歷史。

 扣連城市記憶，彰顯歷史價值。

 案例 **橫濱日本丸帆船博物館**

橫濱是日本第一大港，也是美國海軍將領裴利率領黑船叩關、要求德川幕府開港之地。明治維新後，橫濱開始建造船塢啟動新式造船，現在停泊日本丸的就是1898年完工的乾式船塢，稱為橫濱船渠株式會社1號船塢，1982年關閉，被指定為國家古蹟。

日本丸是1928年（昭和3年）由文部省（教育部）出資委造的大型訓練用機帆船，二艘之其中一艘（另一艘為「海王丸」），由神戶川崎造船廠承製，1930年（昭和5年）竣工交船，主要用於商船學校學生遠洋訓練之用。

> 日本丸是昭和時代建造的大型訓練用機帆船，並沒有參與二戰，但在戰後擔任運回日本海外軍民的任務，除役後停泊在橫濱港，成了船舶博物館。

　　1984年除役，54年間培養了11,500名海員，航行里程183萬公里，等於繞行地球45.5圈，對日本海運產業貢獻卓著。除役後的日本丸即被置於橫濱船渠株式會社1號船塢永久陳列，經整修後，1985年對外開放。日本丸與旁邊的橫濱港博物館串連，參觀者一張票可參觀二座博物館，票價600円。

　　日本丸博物館參觀動線流暢，登船後沿著指示路線即可綜覽全船，直到下船，由於除役後即有開放展示的規劃，所以設備保存良好，通訊、機艙、教師與學員生活區（寢室、餐廳）、船纜索椿都原樣呈現。

　　日本丸博物館扣連城市風格與歷史，呈現日本海事教育與海運產業的驕傲，是成功的文創個案。

文創元素分析

 文化　呈現城市歷史與地理特色。

 創意　博物館扣連城市風格，寓教於樂。

 肆　案例 日本靜岡東海道廣重美術館

　　廣重美術館位於靜岡縣清水，「廣重」指的是浮世繪名家「歌川廣重」，1797年出生於江戶（東京），原名安藤德太郎，1811年投入浮世繪大師歌川豐廣門下，因此後來繼承師門改名「歌川廣重」。

　　浮世繪是17世紀日本的一種繪畫形式，也是日本獨特文化財，在莫內印象畫中也有浮世繪的影子，「浮世」是指是現世，即當代、塵世之意。因此浮世繪是描繪當時斯土斯民活動與環境（風土景像）的畫作，呈現當時人們日常生活、風

歌川廣重的「浮世繪」，浮世繪呈現江戶時代的人們生活、景物和戲劇人物，很庶民性。

景和戲劇人物，所以從浮世繪可看到當時民眾的生活樣貌，其功能等於現代的影像媒體。

浮世繪也有手繪的作品，但不多，主要是彩色印刷的木版畫（稱為「錦繪」），也因是印刷作品，所以可大量複製，成了廣為流行的庶民藝術，有別於當時主流「狩野派」、「土佐派」等貴族武士專有、單一作品不能複製的菁英藝術。

18世紀是浮世繪創作的高峰期，也發展出很多流派——
- **美人畫**：以喜多川歌磨為代表，擅長以纖細高雅的筆觸繪製女子臉部；
- **役者繪**：以勝川春章、東洲齋寫樂為代表，畫作描繪歌舞伎俳優（演員）；
- **武者繪**：以歌川國芳為代表，主要描繪武士，歌川的《水滸傳》人物系列在當時引爆了《水滸傳》閱讀風潮，現今日本青森的睡魔祭（ねぶた）燈籠，尚有以浮世繪筆法畫《水滸傳》人物，可見其影響至今；
- **名所繪**：以葛飾北齋、歌川廣重為代表，描繪風景、建物。

因為是版畫印刷，所以除原畫師（版下繪師）外，尚須有雕版師（彫師）與刷版師（刷師，或稱摺師），一色一版，專業分工體制確立。由於要多次印刷反覆上色，所以紙張也特別考究，也帶動製紙業的進步。

歌川廣重是多產畫家，一生創作了5,000多幅畫，其中以《東海道五十三次》、《富士三十六景》、《名所江戶百景》、《六十餘州名所圖會》、《京都名所》、《浪花名所》、《東都名所》最為著名。

「東海道」是幕府時期由京都至江戶的兩條幹線之一，走的是海線，另一條是山線稱「中山道」，東海道沿途有53個驛所，歌川廣重每站畫一張圖，因此稱為《東海道

日本靜岡東海道廣重美術館，位於靜岡的清水町，古稱「江尻」，正是歌川廣重所繪《東海道五十三次》的53驛所之一，規模不大，但以讓參觀者體驗「浮世繪拓印」，創造獨特性。

五十三次》，美術館所在地靜岡的清水町，古稱「江尻」，正是53驛所之一。美術館設於此地，當然有其在地性的意義。

由於位處東海道，廣重美術館以展示「保永堂版」的《東海道五十三次》作品為主，因此展場不大，不過其大廳設有二處浮世繪體驗區，參觀者可以付費拓印東海道五十三次的兩幅作品「由井」與「蒲原」，由於是習作，因此美術館只準備三色。拓印浮世繪對很多參觀者都是第一次經驗，因此興趣盎然，也願意花時間去玩，這也彌補了展場不大的缺點。

文創元素分析

 文化 呈現重要文化財，扣連作品與展館地理關聯。

創意 「浮世繪體驗」拓印具吸引力。

伍 案例 日本下關春帆樓「日清講和記念館」

「下關」古名「馬關」，城市對日本人的意義是12世紀長達數十年的源平之之爭，在1185年的檀ノ浦海戰畫下句點，平家亡，源賴朝的鎌倉幕府創立，開啟武士主導的時代，直到明治時期方「大政奉還」；終結源平之爭的海戰「檀ノ浦」，就是現在馬關與門司之間的關門海峽。

馬關對台灣人與中國人的意義是李鴻章、李經方父子與伊藤博文、陸奧光宗（時任外相）簽訂馬關條約的地方，1894年甲午敗戰、1895年乙未割台，台灣又被另一外來政權統治。

簽約地在春帆樓，現在的春帆樓有兩座建築物，一是領有日本河豚料理第一張執照的高級料亭「春帆樓」，一座是在旁邊的「日清講和記念館」。記念館是座2樓建築，但只開放1樓，展示空間陳設簡單，主要是當時的會議桌椅，椅子旁邊還置有座位的標示排，標示雙方主副使與事務官名銜，此外就是當時照片、合約影本與一個上書「春帆樓」的舊店牌，「春帆樓」三字是伊藤博文所書，也是現在春帆樓料亭的LOGO。

春帆樓前有伊東巳代治伯爵所撰《講穌》（同「講和」）碑，謂「今日（指大正年間）國威之隆實濫觴于甲午之役」，但日清講和記念館規模不大，裡面就只複製乙未年當時會談所的景像，門口有日方正使首相伊藤博文（左）與副使外相陸奧光宗（右）的銅像。

甲午之戰是日本受盡西方武力逼迫開港開國羞辱之後，第一次與外國交戰贏得勝利，為什麼議和簽約地不選在東京，而選在鄉下地方的一處料亭？應是伊藤博文的一點私心，伊藤原是武士，明治維新廢藩置縣後，武士階級消失，頓失依靠，幸賴春帆樓店主接濟得以溫飽，因此選為簽約地，這是伊藤發達後的回報，讓春帆樓得以歷史留名。

館內展示的合約影本，顯示當時日本要的不是台灣而是中國東北，但東北是清廷老巢，祖宗之地豈可割讓，於是聯合德、法、俄「三國干涉」，以割讓康熙爺口中「得之無所加、棄之無所損」的台灣取代，形成「宰相有權能割地，台民無力可回天」。

可能是忌憚中國的反應，日清講和記念館數十年來就是如此規模，既無擴大也無更新，相對檀ノ浦海戰的論述，海邊聳立的源義經、平知盛銅像，日清講和記念館是低調許多。作為迷你型的博物館，記念館呈現城市與歷史的聯結，對台灣人與中國人感觸最深。

現在的春帆樓是專門料理河豚的餐廳，日本的河豚餐廳需領有執照，以免誤食中毒，河豚以箱網方式養在北九州海域，因此日本各地的河豚店，大多來自下關與北九州，其中又以春帆樓為翹楚，領有河豚餐廳第1號證書。

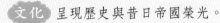

文創元素分析

文化　呈現歷史與昔日帝國榮光。

創意　刻意保持低調，默默彰顯歷史風華。

 案例 **日本鳥取二十世紀梨記念館**

日本本州鳥取是靠日本海的縣，有一大片靠海沙漠（鳥取砂丘），土地並不富饒，但卻是二十世紀梨的故鄉，整個縣就靠梨子發達。

二十世紀梨原株是明治21年（1887）一位千葉縣的13歲少年無意間發現的，皮為淡綠色，甜而多汁，明治37年（1904）鳥取的北脇永治購入10枝苗枝推廣，因為氣候、土壤適合，所以鳥取農民紛紛投入，在昭和初年產量已為日本第一，也因是世紀之初的農產，所以命名為「二十世紀梨」。

鳥取縣種植二十世紀梨已有超過百年的歷史，全日本一半產量的二十世紀梨就來自鳥取，鳥取梨農集資在倉吉市蓋了2層樓、圓形的「二十世紀梨記念館」，館裡蒐集了全世界各種品種的梨作成標本，還拍攝梨的起源影片，介紹二十世紀梨與鳥取的關係，而視覺焦點就是館中央一棵高齡74年的大梨樹，枝葉伸展達20公尺寬，每年可以結4千顆梨。

台灣 60 至 80 年代所進口的蘋果與水梨主要來自日本，蘋果是青森的五爪蘋果，水梨則是鳥取的二十世紀梨，在當時都是富貴人家才買得起的水果。

文創元素分析

文化 以地方特色商品呈現歷史。

創意 以產業博物館彰顯地方歷史。

柒 案例 北京香山曹霑故居

北京近郊的香山植物園，除植物園外，尚有臥佛寺、梁啓超墓與黃葉村，黃葉村是曹霑故居。

說曹霑大概沒幾個人認識，說曹雪芹大家都會想到《紅樓夢》，此地舊名黃葉村，是曹氏被抄家後，曹雪芹隱居寫《紅樓夢》的地方，曹家是漢人，先祖早年投靠滿人，算是「包衣」，滿人入關，授予江南織造，是大肥缺，康熙幾次南巡，曹家大擺排場接駕，因此虧空，雍正繼位清查虧空，曹家還不出銀兩，因此被抄家。

《紅樓夢》為華人所熟悉的古典文學著作，也多次被拍成電影或電視劇，曹雪芹寫《紅樓夢》的地方就在北京郊區的香山黃葉村，故居整理為博物館，陳列相關物品，如《紅樓夢》木刻版，與當時傢俱，是城市獨有的記憶。

抄家後，曹家潦倒，曹雪芹因此有閒工夫寫《紅樓夢》，《紅樓夢》寫男女之愛、族人之爭，記錄一家一姓之興衰，關照侷限，中國文人每隔一陣子會流行「紅學」，這是亂世躲避文禍的遊戲之作，不算主流。不過《紅樓夢》倒讓曹氏留名青史，家族由盛而衰，因此得以閉門寫書，世事無常，是得是失很難講，得固可喜，失亦無礙，得失之間不用太在意。

入口處有「薛蘿門巷」的石刻，描繪黃葉村的綠意與曹氏故居的深邃幽靜，另有一石刻「勸君莫彈食客鋏，勸君莫叩富兒門；殘盃冷炙有德色，不如著書黃葉村。」是人家送給曹雪芹的一首詩，倒有意思，要潦倒後的曹雪芹不要再攀附乞官，不恨不求，昂然且對「殘盃冷炙」，「著書黃葉村」。曹雪芹後來閉戶寫《紅樓夢》，果真留名。

黃葉村的曹霑故居，呈現以往擺設，也有《紅樓夢》的刻版與印製品，是以名人故居為主題的博物館。

文創元素分析

 文化 原地「實景重建」勾連古典名著影像，滿足讀者神遊，再現文化商品記憶。

 創意 具獨特性（unique），他人無法複製。

5-4 創造驚奇型塑印象

 ## 驚奇！驚豔！

一般民眾對博物館的看法是高不可攀，或是內容呆板無趣看不懂，即使到了名氣響亮的博物館，也會挑通俗或明星的展品看，羅浮宮的《蒙娜麗莎微笑》前面永遠擠滿人群，華人遊客來台灣故宮就會排隊看翠玉白菜，也搶著和肉形石拍照，而忘了真正鎮館之寶的毛公鼎、散氏盤，這是庶民的趣味，沒啥挑剔的。

但若有一家博物館有跳脫刻板印象的規劃，就會令人覺得驚奇或驚豔，印象也就特別深刻，這是小型博物館或主題博物館取勝乃至存活之道，小型或主題博物館必須有令

人驚奇的特色，如何創造驚奇，有幾個方向可以思考——

- **展品**：展品是博物館的主角，到埃及開羅博物館就是要看木乃伊，每一位和木乃伊初見面的遊客，也只有「驚奇」可形容；到威尼斯道奇宮，十字軍的裝備武器，以及騎士為防制妻子紅杏出牆的貞操帶，令人嘖嘖稱奇；而可樂迷到世界各地的可口可樂博物館，要看的就是眼花撩亂的各式可樂周邊商品與文創品。突顯稀有、珍奇的展品，的確可以創造驚奇，型塑博物館獨特的印象。

- **建築**：日本東京三鷹之森宮崎駿的吉卜力美術館，外觀像童話世界；巴黎龐畢度中心外型像煉油廠；京都美秀博物館整個園區設計，就是營造陶淵明的「桃花源」。這些都是以建築驚豔的例子。

- **典故**：博物館與歷史傳奇連結，也有驚奇的趣味，台灣人和日本人一樣對忍者充滿想像，忍者博物館也就令人印象深刻；對日本戰國史著迷的人，到了愛知縣岡崎城的德川家康紀念館，會流連忘返，以「故事」創造傳奇，永遠不會退流行。

- **主題**：不同主題會吸引不同玩家，蒐集可口可樂瓶的人，會到可口可樂博物館；喜歡玩具的人，會到玩具博物館；喜歡唐三彩的人，會到台北市南海路的歷史博物館；此外，九份泥人吳鬼臉館、風箏博物館，屬個人所設，規模不大，但也有驚嚇或驚奇的效果。

　　創造驚奇與營造特色有點類似，不過「特色」是中規中矩，其亮點就在參觀者預期中，但「驚奇」是出乎意料之外的 surprise，很多到九份的遊客，去了泥人吳鬼臉館，最後臉色慘白出來，還貼文告誡「膽小勿進」，這就是「驚奇」的效果。

　　不過泥人吳鬼臉館是特例，絕大部分「創造驚奇型塑印象」的博物館，其「驚奇」是出奇制勝而不是嚇人，且看以下案例。

 貳 案例 日本伊賀上野忍者博物館

　　伊賀上野忍者博物館是以展品與活動表演取勝的博物館，位於三重縣，上野從 14 世紀開始就是忍者的培訓所，稱為「伊賀流」，忍者不是正規的武裝部隊，而是早期藩主豢養的特務人員，其功能是潛入敵人陣地進行偵察、策反、奇襲，甚至暗殺。

忍者博物館是在 1964 年遷移古老民宅而改建，稱為「忍者屋敷」，後來逐漸增建，有忍者體驗館，展示忍者武器與裝備，忍者可以水上飄，並非有特異功能，而是穿了一雙像小船似的藤鞋；也有忍者傳承館與忍術體驗廣場，除了看表演，遊客還可另以付費方式，玩忍者的基本武器「手裏劍」。

日本忍者流派很多，很多遊樂園性質的時代村，也有忍者館的設置，但成立主題博物館以宣揚在地文化並招攬觀光的，似乎只有「伊賀流」，伊賀流活動於現今三重縣伊賀市及名張市，忍者平常務農或行商，與農民或商賈無異，但其功能是行走各地蒐集情報，戰爭時更穿梭戰場與後方進行情蒐。伊賀流與現今滋賀縣的甲賀流的差別是，甲賀流忍者對主君盡忠，但伊賀流忍者與僱主之間只是金錢契約的僱傭關係，屬傭兵性質。

不管是東方人或西方人，對忍者總是充滿想像，日本伊賀上野忍者博物館就是帶給參觀者驚奇，文物不多，以趣味性為主，老少咸宜都會喜歡。

上野忍者博物館結合文化與創意，將文化商品化，彰顯歷史趣味與價值，值得肯定。

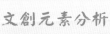

文創元素分析

文化 呈現歷史與展現地區特殊文化。

創意 將行銷元素帶入傳統文化，彰顯歷史趣味與價值。

參 案例 克羅埃西亞札格雷布「情傷博物館」

巴爾幹半島克羅埃西亞首都札格雷布（Zagreb），在舊城區聖馬可廣場的巷子裡，有許多小型博物館，其中一家最特別，叫 Museum of Broken Relationships。

光看名字大概猜不到它的主題，它所謂的 Broken Relationships 是指男女關係的斷

裂，分手的男女可將對方送的紀念品、往來書信、定情物，甚至分手後末及搬走的衣服，捐給此博物館，再附上戀愛期間濃情蜜意、分手後的刺骨錐心故事，讓它來個「緣盡情也了」。

世間男女事，本難斷是非，因驚艷而結合，因情淡而拜拜，都沒有對錯，此館提供瀟灑分手，留置「遺物」的空間；分手的情侶，不管以前如何情濃意合，如何如膠似漆，如何不捨，只要將對方棄置的物品贈予該館後，都可揮揮手，不帶走一片雲彩。

館方的華文名字是「失戀博物館」，直白但失雅，宜叫「情傷」，若務實些，就直接叫「分手博物館」好了，其實還有一個更信達雅的譯名，就叫「切館」，一刀兩斷不就是「切」。

蒐集情侶分手後「遺物」與故事的克羅埃西亞札格雷布「情傷博物館」，看別人的故事，滿足觀者的「偷窺慾」；規模不大，但提供瀟灑分手的空間，彼此揮揮手，不帶走一片雲彩。

博物館以主題取勝，此館可為範例，從生活中找主題，令人莞爾。博物館創辦人是Olinka Vištica（歐琳卡‧維史媞莎）和Dražen Grubišić（德拉任‧格魯比奇），他倆原是情侶，但分手時，不知該如何處理這段感情期間的紀念物，不能留不必留，但丟了又可惜，於是設立這座博物館，展品當然瑣碎，但每一個展品背後就是一個情傷的故事。博物館部分展品2013年曾來台北華山文創園區與高雄駁二藝術特區展出，就叫「失戀博物館」，熱戀或失戀者門票均一，索價200元。

處理情傷，台灣人似乎比較「務實」，2017年3月11日，Carousell旋轉拍賣在台北市花博公園花海廣場舉辦拍賣前男友「遺物」，物品還貼上「出清舊愛」貼紙，還真有一群女生有賣有買共襄盛舉，現場也有男生建議應舉辦拍賣前女友「遺物」，台灣人不分男女果真都很「務實」[1]。

---

[1] 見2017/3/12《蘋果日報》A6版。

文創元素分析

> 文化　呈現特定社會現象，扣連時代變遷。
>
> 創意　以趣味性主題，成功包裝商業行銷。

肆 案例 日本瀨戶內海「豐島美術館」

　　日本瀨戶內海的「豐島美術館」是沒有展品的美術館，美術館本體建築就是藝術作品，裡面沒有展品，藝術家的理念透過建築本體呈現，就是作品；進館後，空無一物，只有或坐或躺或立的參觀者，先是錯愕，但經沉澱，或會轉為驚奇。

　　豐島美術館包含3個建物，主體建築、禮品／咖啡店、售票屋，美術館就在唐櫃臨海山丘上，為了不破壞地景，建築物儘量低矮，主體建築與禮品店遠遠望去就像埋在山坡地裡的蛋，只露出一點蛋殼（有人就稱它「恐龍蛋」），而售票屋就藏在丘陵土堆中，主體建築與禮品店是橢圓形蛋殼，主體建築是大蛋，禮品店是小蛋，大蛋窄處40公尺、最寬60公尺、高8公尺，採薄殼工法（shell slab），蛋殼兩端各挖一大一小的圓洞（穹蒼），讓風對流。

沒有展品的日本瀨戶內海「豐島美術館」，主體建築所營造的氛圍就是展品，入內脫鞋、噤聲，參觀者可能先是錯愕，但經沉澱，或會轉為驚奇，主場館內不能拍攝，此圖彩色照為主場館之外觀，下頁圖黑白照片為賣店。

建築師是西澤立衛，藝術家是內藤禮，1961年次的女性，武藏野美術大學畢業，作品名稱日文「母型」，英文為Matrix，也就是「子宮」，參觀者必須脫鞋進入，入內噤聲，可坐可躺，最好閉目感受風動、鳥聲，地面散布著冰球形成的水珠，以形成如同在子宮內的濕潤。

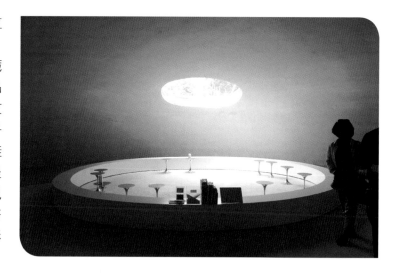

從售票屋要進入主體建築，不能走捷徑近路，必須依照博物館規劃的動線，繞過禮品店，穿過屋後蜿蜒的樹林小徑，方能到達博物館主體建築，然後脫鞋噤聲入內，為什麼不走直線？這是日式庭園的設計思維，強調「迴遊式」，不能一眼看穿，更不可在遠處就看到大門入口，在直島安藤忠雄其他的博物館也可看到這樣的設計。

禮品店是縮小版的「子宮」，有賣紀念品與咖啡，觀光客的咖啡座就在圓洞下，使用自然照明，紀念品座也是圓形矮桌，以呼應主體建築。內藤禮說她的創作理念是回歸最原始的自然，她說自然的生氣（vitality）無所不在，「子宮」就是自然的容器，人們在裡面因感受而感動，瞬間得到重生（reborn）。

所謂的「美術館」，只有一棟主體建築，二座附屬建築（禮品店與售票屋），三座建築分散在偏遠離島的山坡上，沒有任何展品，靠的是觀眾入館後自己的體會與感動，藝術家內藤禮的創見固然應予肯定，但願意勇敢投資的巧連智福武財團更應該給予掌聲。

豐島美術館，這座沒有展品的博物館或許是世界僅見。

文創元素分析

文化 以空靈設計呈現日本文化對生殖的想像。

創意 展場即展品。

5-5 建立特色無法複製

建立特色

　　所有的商品都被期待有歧異性（differentiation）——與眾不同的個性或特性，廣告也要求要有「獨特銷售主張」（USP: unique selling proposition）——把不一樣的地方「說清楚、講明白」，博物館也如同一般的商品，有特色才好賣，但如何建立無法複製的特色？以下的方法可以參考——

- **建築物**：法國巴黎近郊的凡爾賽宮、市內的羅浮宮都是皇家宮殿改成的博物館，但羅浮宮蓋了貝聿銘的鋼骨玻璃金字塔，外觀有了明顯區隔，更容易辨別。巴黎的近代美術館龐畢度中心，管線外露，像極了未完工的工廠，也是因建築物所呈現的特色。

  對博物館建築，建築師與藝術家（展覽者）常有爭執，前者強調空間美感，認為博物館空間也是展品的一部分，疏忽不得，簡陋不得體的空間無法烘托出好作品；後者認為應以展品為主，不適當的空間除會讓藝術家削足適履，形成對作品的傷害外，也會喧賓奪主，分散觀眾對作品的注意。事實上二者並不衝突，展示空間與作品若有對話，將相得益彰，對作品絕對加分，而博物館外觀若具特色，更有集客功能，吸引更多觀眾入館參觀作品。

- **展品**：大型綜合性博物館展品繁多，都可以挑出鎮館之寶，強調是其他博物館無法企及的，但新成立的小型博物館仍可以特殊展品定位，如台北三峽李梅樹紀念館，就是研究台灣前輩畫家李梅樹畫作最權威的展場；日本東京三鷹之森吉卜力美術館呈現的就是宮崎駿的創作脈絡。

- **主題**：建築物、展品無法與大博物館、老博物館競爭，以特殊主題也可呈現小博物館的特色，日本箱根小王子博物館、橫濱拉麵博物館、咖哩博物館，清水壽司博物館、小丸子樂園，東京池袋餃子博物館，京都手塚治虫記念館，台北袖珍博物館、九份風箏博物館、黃金博物館，澳門賽車博物館、葡萄酒博物館，倫敦福爾摩斯館等，都是以有趣主題創造特色。

　　上述的建立特色，建築物、展品受限於經費與歷史淵源，不是每家博物館都能企及，而主題也因主事者興趣、專長，選擇面向也會受限，甚至企業博物館更侷限於企業

任務，不能隨意揮灑，那要如何建立特色？

　　應思考小地方創造特色，如展示方式的創新，採取互動設計、鼓勵參與，或是規劃具吸引力的體驗行程，不但延長停留時間、增加消費，讓參觀者可以動手做，而且保有自己的作品，歐洲有些酒莊、香水工廠會讓參觀者動手調製一瓶屬於自己的啤酒或香水，甚至可自己命名、列印標籤，成了個性化、具獨特性的商品。

　　此外，販賣店也是可以創造特色的地方，幾乎所有博物館都設有gift shop、souvenir store，禮品店或販賣店的設置不應只有博物館財源的考量，應該思考滿足參觀者只能「看」不能「擁有」的缺憾，有其重要的心理層面功能，雖然有些博物館將販賣店視為特色刻意經營，大量開發周邊商品，而引來「品味低俗」、「商業導向」的批評，當然「商業」代表博物館財源，「品味」可能只是菁英思維，忽略了普羅大眾的消費者需求，不過博物館周邊商品，若能在「文化」元素上加上「創意」再製，而不是將展品圖樣胡亂張貼在不相干的物品上，批評聲音或許會少些。

「小丸子」是我們的小學生活集體記憶，她家在靜岡縣清水，鎮上百貨公司頂層「複製」一個小丸子的家，規劃不大，但要買票進場。

貳 案例 北京長城腳下的公社

　　「長城腳下的公社」是家對外營業可以住宿餐飲的酒店，業主是凱賓斯基酒店集團與SOHO中國，但它也是一個建築的戶外博物館，參觀門票每人120元人民幣！

　　其成功之處在於經營創意，基地面積8平方公里，在很偏遠的水關長城附近，從北京開車要近2小時，業主請麻省理工學院建築教授張永和擔任策展人，找來12位亞洲建築師，一人設計一棟前衛建築，2002年開放參觀，2003年參加威尼斯雙年展，獲得「建築藝術推動大獎」，從此聲名大噪。得獎後，2005年被美國《商業週刊》評為「中國十大新建築奇蹟」之一。

　　參與設計的12位建築師是——

- 張智強（香港）：手提箱
- 坂茂（日本）：家具屋
- 崔愷（中國）：三號別墅
- 簡學義（臺灣）：飛機場
- 嚴迅奇（香港）：怪院子
- 安東（中國）：紅房子
- 隈研吾（日本）：竹屋
- 堪尼卡（泰國）：大通鋪
- 陳家毅（新加坡）：雙兄弟
- 古谷誠章（日本）：森林小屋
- 張永和（中國）：土宅
- 承孝相（韓國）：俱樂部

　　作品大都很前衛，光是看作品名就覺得有趣，業主之一的SOHO中國公司總裁張欣在《長城腳下公社》作品集一書前言表示，這些建築師在當時有些並不知名，甚至有很多人認為他們設計的東西不能用，不過業主考慮的是亞洲精神，因此提供機會，用以肯定、鼓勵這些建築師[2]。這可能是實情，不過也可能是場面話，不用「大牌」，而使用新銳建築師可能也有費用較為低廉、較易溝通的考量。

　　作為建築的戶外博物館，當然有其可觀之處，而更值得肯定的是經營創意，長城腳下公社，在台灣被渲染為近代中國、非官方的建築代表作，其操作方式是經營房產致富的中國資本家，先以極低廉價格承租土地，整地後，邀國內知名或具官方肯定的建築師投入（如艾未未負責景觀規劃），慢慢打開名氣後，再邀各國建築師參與，其間當然亦需媒體配合吹捧，是典型的資本主義操作方式，其過程就如同張欣所主張的「商業是建築藝術最有效的推動工具」。[3]

---

[2] 見潘石屹等編（2002）《長城腳下的公社》，天津：天津社會科學院出版社。

[3] 同前註。

「公社」（commune）是社會主義者崇高的理想，現在歐洲還有一些地方試行，長城腳下的公社利用低廉的土地成本、設計費用，但經營成高級酒店，一晚即索價萬餘元；此外，參觀門票貴，連作品集也賣180元人民幣！社會主義的「成本」、資本主義的「收費」，因此說是「公社」，有些諷刺，不如說是「資本主義樣品屋」！

事實上，「長城腳下的公社」原名「建築師走廊」，案名平庸並不突顯，但改名後，「長城」與「公社」烘托濃濃的中國意象，也滿足了洋人對古典中國與現代中國的想像，是極高明的命名創意。

這種一人設計一棟，讓建築師「同台競技」的設計方式，稱為「集群設計」（group design）；長城腳下的公社暴紅後，中國吹起「集群設計」風，短短2、3年便出現十幾個類似的房地產建案，典型的山寨文化。台灣也有房地產商想模仿，央請交大建築所教授擔任策展人，邀集國內外20位建築師，在新北市貢寮的基地上，一人設計一棟建築，2007年開始籌備[4]。

不過「創意貴在創新」，當「本尊」名氣已響亮，所有模仿複刻都將成為不顯眼的「分身」與「山寨」，台灣既無「長城」也無「公社」，缺乏文化、歷史、社會條件，複製作品恐會成為另一個「小人國」。

文創元素分析

 文化 命名呈現歷史，有濃郁中國元素。

 創意 以集群設計，融合不同國家建築師風格於一處，創新規劃、創新設計、創新營運。

參 案例 巴黎龐畢度中心

法國巴黎不乏博物館，但沒有一家外型如龐畢度中心這麼搶眼。

龐畢度中心是1969年由法國總統龐畢度所倡議興建，用以紀念第二次世界大戰期間帶領法國對抗希特勒的戴高樂總統，1971年採國際競圖方式，從44個國家、681件

---

4 見聯合新聞網台灣人物 http://mag.udn.com/mag/people/storypage.jsp?f_ART_ID=86747。

作品中，選出由3位跨國年輕建築師（2名義大利籍 Renzo Piano、Giantranco Franchini 及1名英國籍 Richard Rogers）的作品。隔年（1972）動工，經過近5年施工，於1977年1月31日完工啓用。

因為倡建人龐畢度在1974年去世，繼任總統季斯卡（Valéry Giscard d'Estaing），於是將其命名為龐畢度中心以為紀念。另以1974年啓用的巴黎機場命名為戴高樂機場（CDG），用以紀念戴高樂。

巴黎龐畢度中心管線外露，似乎鷹架未拆，像是尚未完工，也有人稱它為「鬧區的煉油廠」。

龐畢度中心由其法文館名 Musee National d'Art Moderne-Centre Georges Pompidou，可以瞭解是間現代藝術博物館，也因為是現代藝術博物館，所以外型非常「跳tone」，管線外露，像座未完工的工廠，與巴黎市區的傳統風格建築完全不同，開始時許多市民無法接受，稱它為「鬧區的煉油廠」。

龐畢度中心外面的廣場，隨時都可看到街頭藝人的表演，今日的街頭藝人，或許就是明日的藝術家。

但巴黎是個對藝術極度包容的城市，1889年為慶祝巴黎舉辦世界博覽會而興建的艾菲爾鐵塔，當初有300多名藝文界人士聯名反對，說它是白紙上的墨漬，汙辱了巴黎，以寫短篇小說著名的莫泊桑還揚言，鐵塔完成，他將遠颺，眼不見為淨；不過鐵塔完成後，莫泊桑沒有離開巴黎，倒常到鐵塔裡的餐廳用餐，還自嘲說「全巴黎只有在這裡，才不會看到這個醜陋的建築」；同樣的，貝聿銘為羅浮宮設計金字塔時，也有反對的聲音，不過這些作品後來巴黎市民都「欣然接受」，還引以為傲。

這棟地上7層、地下3層的博物館，除了外觀外，還以強烈的對比色彩形成特色，4種顏色：藍色（空調）、綠色（水管）、黃色（電路）、紅色（電扶梯與消防管線）構成視覺中心，是一家以外型建立特色，他人無法複製企及的博物館。

文創元素分析

文化 從艾菲爾鐵塔、羅浮宮金字塔，到龐畢度中心，呈現城市文化脈絡。

創意 勇於創新思維，彰顯城市文化包容力。

肆 案例 甕藏春梅

每年過完年開春，新北市鶯歌的陶瓷博物館就會舉辦《甕藏春梅》的醃脆梅活動，這個活動結合「陶」與「梅」，充滿春天趣味。

參加的民眾報名繳費，就可製作一斤的脆梅，梅子來自南投水里鄉，陶甕當然是鶯歌陶，梅子由產地新鮮直送，再由梅農現場指導如何以鹽搓揉殺青，再以木槌敲裂，即可裝甕帶回家。

帶回家後，還要繼續工作，8小時後倒出鹽水，以清水細流漂洗4-8小時，然後將梅子撈起瀝乾，加入砂糖翻動後，存入冰箱；一天後取出倒掉糖汁，另加糖水，3天後即可品嚐「春天的味道」。

陶甕每年推出新款，有創新感，能吸引老顧客再次光臨，2016年的陶甕是《舞動陶》，外形發想自歐洲貴婦穿的蓬蓬裙；釉色選用北宋官窯的冰裂釉；甕蓋使用安全矽膠套，可與甕身密合，可存放小零食或茶葉、咖啡豆，蠻實用的。

2016 年甕藏春梅的《舞動陶》。

2017年的陶甕稱為《梅梗》由陶博館同仁自行設計，由於每年梅樹修枝都會留下許多樹枝，設計者將梅枝變成甕上的蓋鈕，提升陶甕的設計感與質感，每根樹枝都不同，所以每個梅甕都成唯一，提升收藏的價值。甕蓋同樣附有安全矽膠套，與甕身緊緊密合，可重複使用；甕為圓筒型，甕口開闊，手可伸入，甕內無死角方便清洗。甕身為淡雅的汝窯天青色，高雅又韻味。

此項活動自2002年起持續舉辦，頗受歡迎，不但呈現博物館特色，也和時令、其他產業配合，是個不錯的企劃；不過雖然前半部作法簡單，但帶回家後功課還蠻多的，作法有些繁複，難怪參與者以「主中饋」的大姐們居多。

文創元素分析

 彰顯在地產業特定，具獨特性。

 1. 結合時令，具時宜性（timeliness）效果；
2. 與其他產業策略聯盟，共存共榮；
3. 陶甕年年創新，不退流行。

5-6 展現品牌突顯商品

 ## 企業博物館

對一般博物館，文創行銷評估指標的「傳播力」，指的是舉辦活動以吸引媒體報導，如引進國外特殊展覽，爭取媒體曝光；但對企業博物館而言，「傳播力」就是「展現品牌突顯商品」。

企業博物館是為特定企業經營，用以展現品牌歷史突顯商品價值的博物館，是企業公關的一環，除與外部公眾（external public，消費者）做品牌與商品溝通外，對內部公眾（internal public，員工）則有激勵與承諾功能，宣示企業永續經營的決心。

相對於一般博物館，企業博物館算是起步較晚，至19世紀末方有歐美企業知道設立展示空間，用以陳列紀錄文件、商品樣本或與企業有關之紀念性文物（如舊機器設備、生財工具、獎杯），以展現企業歷史。

著名的企業，如英國Wedgwood公司，1759年創立，1906年才成立Wedgwood瓷器博物館，可口可樂1886年創立，但100餘年後的1990年亞特蘭大的可口可樂世界方開幕。日本在60年代開始有企業博物館，東芝科學館、東海銀行貨幣資料館均在1961年設立。台灣則至80年代方有第一家企業博物館，台灣糖業公司所屬的台灣糖業研究所於1980年在台南市市郊生產路研究所所在地，成立台灣糖業博物館，台糖為公營公司，戰後接收日本人製糖株式會社而成立，是台灣擁有最多土地的企業，也是台灣第一家設置公關部門的企業。

企業博物館和傳統博物館的定位與功能完全不同，傳統博物館會強調收藏、展示、研究等嚴肅使命，但企業博物館則用來呈現品牌歷史突顯商品價值，有濃厚的企業公關功能。因此二者展品與展示方式也不同，傳統博物館收藏、定位、方向、收藏品，陳列方式均有社教目的與學術考量，所以較為嚴肅；企業博物館當然只收藏與企業、商品有關的物品（如可口可樂博物館有很多民間廠商自行開發的周邊商品），展示方式也會考量是否活潑有趣。

此外，觀眾來源、館內人員、體驗活動、禮品店、門票、財務來源的比較，請參見表5.2企業博物館與傳統博物館之比較。其中最大的差異是人力的投入與組成，企業博物館之大型者會有專職人員，規模小者由企業員工兼任，有預約參觀，才由兼職員工開燈、開冷氣接待；而傳統博物館則均是專職人員，其中大型博物館因有學術功能，因此會有獨立的研究部門，博物館招牌越大、研究部門規模也越大，這是企業博物館不會成立的單位；而且企業博物館因附屬於營利單位，所以不會如傳統博物館會有義工投入。

早期企業博物館主要是企業文物的保存與展示，現在企業博物館的規劃必須以公關的角度來審視，思考如何與消費者做品牌定位的溝通，因此「文創」元素的引進不能忽視。

台灣可口可樂廠區內的可口可樂博物館，周邊商品令人驚豔。

　　企業博物館文創化，考慮的是「文化」與「創意」，文化除了企業文化外，更應該扣連企業所在地的人文、歷史、地理，以說故事方式強調企業與地方的共存共榮；創意，則指切入角度、呈現方式、體驗設計要新、不老梗，出人意表，令人驚喜。

表5.2　企業博物館與傳統博物館之比較

	企業博物館	傳統博物館
功能	呈現品牌歷史突顯商品價值（企業公關功能）	收藏、展示、教學、研究（學術與社教功能）
展品	與企業有關	與博物館定位、主題有關之物品
展示方式	活潑有趣，以吸引參觀者為主要考量	較嚴肅，有學術考量
觀眾來源	該商品之愛好者（hobbyist）	對館藏主題有興趣之民眾
館內人員	大型企業博物館會有專職人員，規模小者由企業員工兼任	由專職人員與義工組成，大型博物館會特別著重研究部門
體驗活動	以自家商品體驗為主，常是企業博物館規劃重點	不是規劃重點
禮品店	自家商品與相關周邊商品	必須自行開發，或引進有關聯之藝文商品
門票	大型企業博物館會採售票方式，規模小者會採預約參觀	絕大部分採售票方式（大英博物館採自由捐獻）
財務來源	企業捐贈、門票收入	政府、財團法人捐贈、門票收入、社會捐款

　　企業都有營運壓力，因此不會是為喜好而設立博物館，所有企業博物館均有其公關功能與傳播目標：傳播功能、形象功能、銷售功能；陶雅育（2010）以德菲法（Delphi method）蒐集資料，再經因素分析（factor analysis），以探討企業博物館公關功能，發現企業博物館具「企業形象」、「溝通」、「銷售」三大功能，其中企業形象功能含「契合經營理念」與「傳播品牌價值」二項構面，溝通功能含「迎合環境趨勢」、「加強社區關係」、「延伸企業影響」、「傳遞相關知識」、「潤滑組織溝通」五個構面，而銷售功能含「擴大體驗行銷」一個構面[5]。

---

[5] 陶雅育（2010）《企業博物館公關功能指標之建構》，世新大學公共關係暨廣告研究所碩士論文。鄭自隆教授指導。

　　亦即透過企業博物館的建議可以傳播企業資訊（歷史、使命），建立消費者對企業的善意與瞭解（goodwill and understanding），進而間接促成銷售，換言之，企業博物館對消費者有認知、情感、行為的功能。

　　要達成這些功能，企業博物館的建置必須考慮如下的指標——

- **契合經營理念**：企業博物館是整個企業體系的一部分，因此設立宗旨與展示內容必須扣緊企業經營哲學，與經營理念無關的展品必須割愛剔除。

- **傳播品牌價值**：品牌價值是綜合許多有形與無形的資產計算而成，如商譽、形象、顧客認同與忠誠度等。企業博物館的設立具有長期品牌曝光的優勢，民眾參觀就是自主性地接觸品牌，比起強迫性的訊息接收，令人更

展示黑松文物的黑松博物館，也設在黑松桃園廠區內。

容易接受，參觀的過程中讓消費者直接認識生產過程、歷史沿革、社會貢獻，提升對品牌的情感與認同。

- **提出前瞻想像**：設立博物館的企業通常都是產業的領導者，對於產業環境應有比較敏銳的觀察；透過博物館的展示，可預測未來趨勢，提出前瞻性的看法，以回應社會期望，如韓國Ubiquitous數位生活館，展示的是對未來新科技家居生活的想像。

貳　案例　東京愛宕山 NHK 放送博物館

　　日本廣播產業開始於1925年（大正14年），該年3月22日東京放送局播音，6月1日大阪放送局播音，7月15日名古屋放送局播音，隔年三大都會區電台合組「日本放送協會」，1946年戰後方使用NHK（Nippon Hoso Kyokai）名稱。

　　創辦人是後藤新平，後藤與台灣頗有淵源，1889年（明治31年）後藤新平就任民政局長，後藤氏畢業於須賀川醫學校，為兒玉源太郎總督延攬來台就任，任內一方面弭平武裝抗日，

東京愛宕山 NHK 放送博物館之後藤新平銅像。

確保治安穩定，另方面積極展開衛生、公共工程、教育建設，以及典章制度之建立，直到明治39年離職返日，總計在台8年，對台灣現代化貢獻頗著；也因在台灣的政績，返日後出任遞信大臣（交通部長），因此創辦日本放送協會。

後藤新平曾任台灣民政長官，對台灣現代化貢獻頗著。

愛宕山因是東京的高地，方便發射電波，所以被選為東京放送局最早的台址，戰後1956年改建為NHK放送博物館，也是世界第一家創立的廣播博物館，有4層樓，典藏2萬件廣播電視文物。其中最特殊的一件是1945年錄製昭和天皇投降詔書「玉音放送」的錄音機，當時少壯派軍人主張「玉碎」不要投降，因此埋伏在皇居外準備狙殺放送協會錄音人員，這些人冒死完成任務，也順利播音，終止了太平洋戰爭。

東京愛宕山NHK放送博物館展品，1945年錄製昭和天皇投降詔書「玉音放送」的錄音機，「玉音放送」結束了戰爭，避免美軍強行登陸而生靈塗炭，改變二戰戰史。

NHK已有90年歷史，節目品質獲日本人肯定，1963年開始的「大河劇」是叫好叫座的年度大戲；此外在1951年開始、1953年改為除夕特別節目的《紅白歌合戰》，許多家庭闔家坐在客廳觀賞，成了日本人每年告別舊歲迎接新年的固定儀式。NHK放送博物館就收藏許多代表性的演出服，與《紅白歌合戰》優勝戰旗。

應該一提的是台灣廣播產業與日本放送協會的淵源，台灣廣播事業也是始於日治時代的1925年（大正14年），與日本同步，當年為日人治台30周年，因此依循1915年「始政第20回紀念」例，舉辦始政30周年展覽會，在第三會場（總督府舊廳舍，即前清台灣巡撫布政使司衙門，今之中山堂）首次有了無線電試驗性廣播。

1931（昭和6年）台北放送局正式成立，局址即今228公園中之紀念館。電台代號為JFBK，該年亦成立「台灣放送協會」，並比照日本放送協會之運作，向民眾徵收「聽取料」（收聽執照費）作為營運收入。1932年（昭和6年）並播出廣播廣告，領先日本本國。

文創元素分析

文化　呈現日本廣播電視產業歷史。

創意　傳承「舊」與「新」，彰顯企業價值。

參 案例 京都伏見月桂冠大倉記念館

月桂冠大倉記念館是日本清酒領導品牌「月桂冠」的企業博物館，位於京都伏見市南浜町，也是月桂冠酒廠的發源地，以自己的發源地創設企業博物館，扣連在地價值。

創設於1637年（寬永14年），創辦人是大倉治右衛門，屋號「笠置屋」，酒名「玉の泉」。直到1905年（明治38年）方改名「月桂冠」，取桂冠勝利、光榮之義。現行的大倉記念館是整體廠區的一部分，1909年（明治42年）建造的，迄今已逾百年歷史，1987年（昭和62年）改為企業博物館。

月桂冠大倉記念館在伏見古老社區蜿蜒的巷子內，附近都是低矮古意的老房子，坂本龍馬遇襲、旅館女中ぉ龍（後來成為坂本的妻子）示警拯救的侍田屋旅館就在附近，保存良好，坂本龍馬推動「大政奉還」促成明治維新，改寫了日本近代史，可見此區之歷史文化厚度。

記念館占地不大，但動線流暢，進門處是大廳與昔日之帳房，導覽先是展示室 I，呈現以前製酒的設備與壁畫，展示室 II 是酒樽、明治期的酒品、海報，其中有一張1933年（昭和8年）的廣告海報，印製後從未發行，理由是「過於暴露」，顯示當時社會氛圍與現代有很大差異。展示就只有這二棟，接著回到大廳，試飲酒品，而旁邊就是販賣店。

導覽人員都是退休老員工，甚至有80歲杵著枴杖的老阿嬤當導覽員，所以導覽不是在背稿，而是在講故事，極為親切自然。用退休的老員工當導覽員，是個好主意，他們的故事就是酒廠的故事。

　　記念館採售票制，門票300円，但離去時會贈送一瓶180ml的「月桂冠大倉記念館特撰清酒」，門票等於酒資，記念館並沒有占參觀者的便宜，但可以用門票過濾只是路過進來喝試飲酒的人，也是不錯的主意。

保留起家厝作為博物館是很多日本企業的作法，位於京都伏見的月桂冠大倉記念館就是，廠房文物陳設完整，使用退休的阿嬤作為導覽員是其「亮點」，雖然售票，但離開時會送一小瓶酒，門票等於酒資。

文創元素分析

（文化）呈現城市與企業歷史。

（創意）獨特導覽方式與「門票＝贈品價值」經營模式，令人印象深刻。

案例 # 神戶 UCC 咖啡博物館

　　咖啡是現代人生活的一部分，庶民喝罐裝、菁英喝現煮，UCC咖啡博物館屬於日本 UCC 上島珈琲株式會社，為日本唯一的咖啡博物館，1987年設立，是棟獨立的建築物，由於咖啡起源於阿拉伯文明，所以建築物外觀類似回教清真寺。

　　上島珈琲株式會社前身是1933年（昭和8年）創立的上島忠雄商店，戰後1958年開始開設「喫茶店」（咖啡廳），第一家上島咖啡店是博多（今之福岡）大丸前店，1969年罐裝咖啡飲料開發成功並開始生產銷售，這也是世界上第一次將咖啡裝入罐頭內，成為即飲飲料來賣，從此咖啡成了量產的商品，也奠定UCC的企業基礎；1981年神戶舉辦世界博覽會，UCC有設館，外型是個大咖啡杯，引起熱烈迴響，因此有籌設企業博物館之議，1986年動工，1987年博物館完工落成。

　　館內分為6展區，分別說明陳列咖啡的起源、栽培、流通、加工、文化，以及咖啡相關資訊知識；另有一個特別展示室，介紹UCC企業成長軌跡；參觀方式是搭電扶梯至最高層，然後沿著斜坡順道而下參觀，動線流暢，不會重複也不會遺漏任一展示，除展示空間外，亦設有禮品店，銷售自家商品與咖啡杯，「喫茶店」則賣現煮咖啡，是小型博物館絕佳的空間設計。

　　UCC咖啡博物館，展場以咖啡文化的介紹為主，UCC咖啡商品為輔，這也是它吸引人的地方，此外，獨立建物、流暢動線是小型博物館絕佳的空間設計，值得其他企業博物館參考。

文創元素分析

文化 呈現企業歷史。

創意 展場動線創新。

伍 案例 名古屋豐田汽車博物館

豐田汽車博物館位於名古屋附近的愛知縣長久手市，是豐田汽車的企業博物館，創立於1989年（平成元年）4月。

館內收藏120餘輛汽車，1樓是接待中心，2樓展示歐美古董車與跑車，人類史上第一部量產的福特T型車也有收藏，福特汽車從A型車開始開發，將萌芽中的生產線、動作研究（motion study）的觀念導入汽車生產，A型失敗則改良推出B型，不斷努力一直到1915年的T型車，才算成功可以量產，一次大戰期間美軍還大量採購，改裝為救護車投入歐陸戰場。

消費者熟知的歐美汽車品牌，大都可以在這裡找到，當然不是每個型號都有，但代表性的型號都有，台灣參觀者可以在入口處發現，台灣人喜歡的Benz汽車，最早的樣子像鐵管車。

其陳列方式是依年代而分類，A區是1800至1910年的開拓者時代，B區是量產、實現大眾化到汽車普及的年代（1910至1920年代），C區是流行與技術成熟年代（1930年代），D區是收藏1900至1930年代追逐速度與馬力的古董跑車，E區是收藏1910至1930年代的高檔豪華車。另有一小區（F區）則是Rene Lalique汽車吉祥物展示室。

3樓是展示日本車，A區是展示日本自製汽車萌芽期的車子（1930至1950年），B區是戰後汽車大眾化時代（1950至1960年），C區是需求多元期的車子（1960年代），D區是日本自製比賽用跑車（1960年代），另有一小區（E區）是展示未來汽車發展技術。

1999年（平成11年）開館10周年，啟用第二座博物館，稱為「新館」，參觀者由一館2樓的迴廊可直通新館2樓，新館2樓是展示汽車對日本人生活的影響，呈現展品與社會變遷的關係，極富意義。3樓是資料室，收藏廣告與相關圖書，1樓是兒童區、禮品店與簡餐咖啡廳，參觀動線流暢。

豐田汽車博物館有2個特色——

1. 雖然說是「企業博物館」，但其規模與企圖應該稱為「產業博物館」，其收藏並不自限自家商品，而是連競品都收藏，當然所收藏的競品都是60年代以前，不會展示現在還在流通的競品，以免為「敵」宣傳。

2. 豐田汽車博物館並沒有將商品孤立於社會情境之外，因為孤立於社會情境之外的商品，參觀者會產生「與我何干」的感覺，對商品失去感情，新館2樓的汽車與日本社會變遷的展示是極成功的設計，所展示60年代包含汽車在內的商品，無論冰箱、冷氣、洗衣機、黑白電視機、漫畫、原子小金剛、流行唱片，都是日本人走過的年代，相信日本的參觀者會「心有戚戚焉」的感覺，當然也間接提升對豐田汽車的品牌感情。

名古屋豐田汽車博物館規模大，蒐集完整，已經不是「企業博物館」，而成了「產業博物館」，其陳列扣緊日本社會變遷，每個年代不只展示當時的豐田車，也同時陳列當時的社會流行物品，以告訴參觀者，豐田汽車和日本社會的成長是息息相關、血脈相連。

文創元素分析

文化 呈現企業歷史。

創意 將競品列入展示，呈現擴大為產業博物館之壯志，此外，強調商品與日本社會變遷之關係，間接提升商品地位與價值。

陸 案例 靜岡資生堂博物館

資生堂博物館創立於1992年（平成4年），是為紀念資生堂創業120周年而設立。

創辦人福原有信原是日本海軍藥劑師兼船醫，於1872年在銀座創辦資生堂藥房，銷售當時日本較少使用的西方藥品，「資生堂」店號名稱源自《易經》古籍，《易經》有「至哉坤元 萬物資生」之說，蠻符合藥房的宗旨。

1897年資生堂開始化妝品事業，1902年福原在遊歷過歐美後，甚至引進汽水機，受到當時日本人熱烈的歡迎。接著鑒於汽水機的成功，資生堂還創辦休閒餐廳（Shiseido Parlour），引進冰淇淋。現在的資生堂當然不賣藥，也不賣汽水與冰淇淋，而是專注於化妝品生產與銷售。

資生堂博物館位於靜岡縣掛川市，有2棟建築，近入口的一棟是「資生堂企業資料館」（Shiseido Corporate Museum），較遠的一棟是「資生堂藝術館」（Shiseido Art House）。藝術館是陳列企業主的收藏，是展示企業主的品味，不屬於企業博物館。

資生堂企業資料館只陳列文物，缺乏有深度的說明，成了「沒有故事的博物館」，殊為可惜，上圖為1902年引進的汽水機。

企業資料館稱為Corporate Museum有些單薄，全館上下2樓，1樓展示商品，2樓展示平面廣告做成的燈箱，商品只有簡單的文字說明，平面廣告燈箱甚至沒有文字說明，參觀者無從瞭解這些商品、廣告與當時社會、時代的關係，殊為可惜；事實上，化粧品與社會情境、經濟狀況、女性就業與地

位、角色息息相關,缺乏社會變遷資料的烘托,這些展示的商品與廣告成了沒有生命、缺乏意義的展示物。

作為跨國的化粧品公司,資生堂博物館有很大的改善空間。

文創元素分析

 呈現企業歷史。

創意 展場內容單薄,缺乏與社會背景扣連,有待改進。

5-7 專題討論:日本京都美秀 MIHO 美術館

 興建背景

　　京都美秀 MIHO 美術館是在山谷中的私人博物館,位於日本第一大湖琵琶湖東南方,距京都車程約 1 小時,以建築取勝,是華裔美籍建築師貝聿銘晚年的作品,充滿後現代的趣味——現代主義的鋼材、玻璃,日本農舍的外觀。

　　稱為「美秀」是創辦人小山美秀子的名字,她是日本新興宗教「神慈秀明會」的創辦者,該會的理想是以美育提升心靈,因此美秀是個有哲學基礎與宗教理想的美術館,其精神是將「建築美學」、「藝術典藏」、「山川勝景」融合為一,以「自然包融建築」、以「建築烘托藝術」,為配合當地建築法規的限制——建築高度不得超過 13 公尺、室外可見的建物樓地板面積不得超過 2,000 平方公尺,所以美術館主體建築物的 80% 是埋藏於地下,以保護環境不砍伐林木,並與自然景緻融為一體。由於要藏於地下,所以用愚公移山的方式,先將山鏟平,用卡車將樹與土運走,建築物完成後,再將土運回回填、樹木重新植栽,動用卡車超過 10 萬車次,工程艱辛可以想像。

　　因此,建築如何處理因保護環境所產生空間、照明問題是個挑戰,美秀美術館中文網頁描述「一進入室內,便可領會到因美術館室內環境而產生的戲劇性變化。陽光從屋頂裝有現代設計的百葉窗板的天窗中進入寬敞的接待處,照亮了蜂蜜色的石灰石牆,帶

來一種溫暖的光芒。空間感及開放感被四周山脈的景色影響下變得更廣。」[6] 這段不太流暢的中文描述博物館建築、環境、展品三者之間緊密不可分的關係,事實上,MIHO美術館呈現的是自然、建築、展品、人(參觀者)的交融與互動。

貳 自然、建築、展品、人的互動

博物館或美術館是「美」的呈現,展品要美、建築要美,所處地段環境要美,如此就會吸引人潮,MIHO美術館將展品擺在合適的建築,建築迎合環境,不唐突自然,自然環境優美愉悅,參觀者到MIHO,看展品、看建築,也看自然環境,形成參觀者(人)與三者的契合。

- **自然與建築**:通常博物館建築會以展品與參觀者人數、動線為主要考量,比較不會把環境作為第一考慮因素,但MIHO美術館的建築卻溶入環境,很自然成為地景的一部分。

美術館位於滋賀縣桃谷山區,有大戶川及田代川流過,要到美術館必須經過隧道、走過天橋、跨過山谷,春天沿途櫻花夾道,營造了貝聿銘理想中的「桃花源」——「緣溪行,忘路之遠近;忽逢桃花林,夾岸數百步,芳草鮮美,落英繽紛。」出了洞口看玄關大門,充滿通透性,融入大自然中,似乎就是一棟轟立山野中的民宅農舍,一點也不會覺得突兀。

館內建築使用鋼材為骨架,上鋪玻璃,除採光考量與營造館內光影變化外,主要是「自然」因素的考量,玻璃屋頂引進陽光,讓室內有陰晴變化,內外一體,身處屋內宛如室外。

- **建築與人**:所謂「人」有二種涵義,一是指參觀者容量與參觀動線的規劃,這是所有美術館設計都會考慮到的,沒有問題;另一個「人」的考量是,建築物與「斯土斯民」的關係。

儘管使用大量鋼質框架與玻璃天幕,但造型融合日本元素(如帳子門、古民宅式樣),一看就知道是「斯土斯民」的建築,是屬於日本與日本人的,不會與土地切割,這是MIHO美術館建築最成功之處,世界很多城市的博物館或公共建築,迷信「國際

---

6 見 http://www.miho.or.jp/chinese/index.htm

化」，熱衷國際競圖，當然找外籍建築師並非不可，但設計者必須有建築所在地的文化修為，否則選中的作品只注重外型，忽略本土元素，這種作品搬到甲國或乙國都沒區別，成了沒有土地感情的「外來建築」。

- **人與自然**：很多博物館的停車場就在大門旁邊，參觀者下車就直接進入，沒有和周遭環境產生關係，甚至不知道博物館所處的地理位置與環境特色。

　　MIHO美術館的停車場與主體建築各在一座山，中間以斜張橋相連；下車後先到一棟半圓形一樓建築的接待室歇歇腳喝口茶，然後信步走上去，路旁種滿櫻花樹，可以想像4月盛開時，一路櫻落吹雪的景緻，或是秋季時節，滿山遍野的楓紅。

　　進入山洞，貝聿銘高招之處並沒有將山洞鑿成一直線，而是蜿蜒的弧形，捨直取彎這頭看不到那頭，當然增加建築費用，但一直線的山洞，入口就可看到出口，多無趣。此外，山洞內講話會有迴音，旅人一多，嘰嘰喳喳，頓時成菜市場，破壞空靈，因此特別花費巨資在山洞牆面鋪上鑿有小洞的隔音鋼板以消除迴音，以靜寂尊重自然。

- **建築與展品**：所有古文物被擺在博物館都是「異地重建」，尤其是原在戶外的古文物被移置室內，刻意燈光照明與陳列架，就如同將野鳥關在雕花鳥籠一般，抽離展品與環境的互動，因此很多西方博物館竊奪自中亞地區的宮殿、建物，都會來個擬真複刻，重組原先模樣陳列，看起來有些山寨；MIHO美術館沒有大規模宮殿或建物收藏，不過有一尊阿富汗2世紀的犍陀羅浮雕立像，高250公分，原是戶外作品，因此在展品上方特地留一個採光空間，讓陽光自然投射。

- **人與展品**：很多美術館過度保護展品，將展品層層保護，形成參觀者與展品的隔離，甚至不准拍照，參觀者不能留下展品的記憶，這些措施有些是保護展品所必須，有些則是矯枉過正，以拍照為例，只要不用閃光燈、不影響他人參觀，應沒有限制的必要，如大英博物館與台北故宮對照相就不管制。MIHO美術館也有展品不得拍照的規定，不過有幅《酒神戴奧尼索斯邂逅妻子》馬賽克作品處理的很好，它原先是地板的裝飾物，因此MIHO美術館仍將其鑲在地上，不罩玻璃，從上層樓可俯首全畫，沒有反光的顧慮，到作品樓面亦可近看，讓參觀者可以自由拍照親炙展品。

- **自然與展品**：前述的阿富汗犍陀羅浮雕立像，直接引進自然光，酒神戴奧尼索斯馬賽克就擺在地面，怎麼來怎麼去，這都是「自然與展品」的互動。

　　此外，MIHO 美術館所在地為信樂町，在室町時代原被選為東大寺的建築用地（東大寺後建於奈良），顯示頗有靈秀之氣，此地也是信樂燒的發源地 [7]，信樂燒為日本六大古陶之一，也是茶道文化中茶器的逸品，因此館內也有收藏大批信樂燒作品，展品與環境緊密結合。

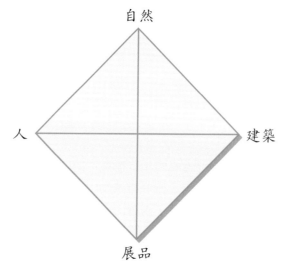

圖 5.1　京都美秀 MIHO 美術館構成元素關係圖

參　文創指標檢核

　　所有的私人美術館，受限經費與規模，展品不會是強項，美秀 MIHO 美術館也是，它的強項是建築。建築、自然、展品、人的互動，所呈現的整體博物館形象是否符合文創評估指標的要求？

- **獨特性**：美術館以傳統日式農舍造型為主體建築，但使用鋼材、玻璃，呈現後現代趣味，有豐沛的日本文化語彙，亦不失現代進步感，直接呼應古都「京都」優雅氣勢。

- **關聯性**：規劃尊重自然，不過度破壞環境，展品亦呈現在地獨特產業（信樂燒）特色，與地方緊密結合。

---

[7] 信樂燒以手拉胚，不上釉素燒，並讓燃燒的稻草、松枝灰自然附著胚體以呈現趣味。

- **衝擊力**：參觀者處在建築、自然、展品的互動情境，必須走路，過山洞、過吊橋，方能到達主體展場，沿路氛圍確會感受其空靈，而帶來驚艷與感動。

- **原創力**：建築本身呈現後現代趣味，而建築與自然、展品的互動，為人所未為，亦具原創性。

- **傳播力**：除建築外，美術館缺乏故事力，殊為可惜。

表 5.3 以文創指標評估「美秀 MIHO 美術館」

文創評估指標		說明	等第
文化指標	獨特性	建築呈現在地環境、產業與人文特色	強
	關聯性	建築尊重自然與地景，呈現在地關懷	強
創意指標	衝擊力	建築與自然、展品、人的互動，有別於傳統博物館	強
	原創力	建築本身呈現後現代趣味	強
	傳播力	缺乏故事力	弱

位於日本京都近郊的美秀 MIHO 美術館，以建築物取勝，華裔建築師貝聿銘不但營造了陶淵明「桃花源」再現與想像，也透過建築與自然、展品、參觀者對話。

米沢 愛と義のまち

天地人博

chapter SIX

内容商品
文創行銷

照片說明：
日本 NHK 一年一度的大河劇，型塑日
本人的國族驕傲，不但拍得好，行銷
也很棒，拍攝時就在拍攝地，邊拍邊
大張旗鼓宣傳，營造觀眾的期待。

6-1 導論

 內容商品？

「內容商品」所謂「內容」指的是 content，也就是大眾媒體作為載具（carrier）所呈現的內容，如電影、電視的節目、平面媒體的報導或文章，或是書籍的文稿、圖片。

使用大眾媒體是台灣民眾最主要的休閒活動，台灣媒體產業開創於清領時代的《台灣府城教會報》，光大於日治時代的《台灣日日新報》，日治時代除報紙外，亦有了廣播，而文人也踴躍投入雜誌經營，換言之，在日治時代三大媒體（報紙、廣播、雜誌）已有紮實基礎。戰後1962年，台視創立，台灣媒體產業於焉燦然成形。

而媒體之間的替代與襲奪現象則始自戰後，戰後由於政治力量介入，日本的台灣放送協會，由國民黨接收，併入中國廣播公司，由日產而國產，再變為黨產，最後被國民黨賣掉；報紙排名的變動，接收《台灣日日新報》改組的《台灣新生報》原為戰後第一大報，《中央日報》復刊後則取代之，後來市場力量凌駕政治力量，報紙排名再次變動，《聯合報》與《中國時報》取代《中央日報》，而電視誕生襲奪了廣播與電影，至20世紀末，電視更超越報紙，成了廣告量與民眾接觸率最大的第一媒體，而近年來，網路更顯著的襲奪了報紙市場。

表6.1 媒體接觸率2010-2016

年度	電視	報紙	廣播	雜誌	網路
2010	93.4	43.0	23.1	30.1	51.8
2011	91.1	40.6	21.1	30.5	52.7
2012	91.1	39.6	19.4	30.5	57.1
2013	89.4	35.4	21.5	28.4	61.6
2014	88.3	33.1	22.1	26.1	68.5
2015	88.4	32.9	23.4	25.9	79.1
2016	86.6	28.7	22.8	24.5	85.3

單位：%

資料來源：AGB Nielsen；本表整理自歷年《動腦》雜誌資料。

自1975年來，民眾接觸率最大的媒體一直是電視，地位屹立不搖，在1962年電視出現之前，報紙是第一大媒體，電視出現後，報紙成為「老二」，當網路普及後，2007年的調查，報紙已淪為「小三」。內容決定接觸率，使用與滿足理論（uses and gratification）主張民眾使用媒體，是為了不同需求的滿足（資訊、娛樂、社交、經濟……），當網路提供多元、互動、跨界的訊息，讓默默接受資訊的傳統受播者（communicatee），一躍變成可以對全世界發聲的傳播者（communicator）時，它擊倒了沒有聲光效果的報紙，一點也不奇怪。

《台灣府城教會報》是台灣第一份報紙、第一個大眾傳播媒介，也是至目前仍持續發行的宗教刊物，於1885年（清光緒11年）6月12日創刊，是蘇格蘭長老教會傳教士巴克禮（Thomas Barclay）所創辦，使用台語羅馬拼音。

貳 產業特質

「內容商品產業」包含電視、電影、電玩、報紙、廣播、雜誌、圖書出版、網路等等以生產、銷售「內容」的產業，內容業通常具有如下的共同特質——

一、印象來自商品

閱聽人對電視、電影等影音娛樂的印象來自內容，也就是「商品」本身，並非來自播映平台，換言之，品牌印象來自節目，而不是媒體或發行公司，《悲情城市》、《臥虎藏龍》、《海角七號》電影賣座極佳，但觀眾的印象來自電影本身，而非電影院，更不會注意是哪家電影公司製片發行。電視偶像劇也是，觀眾在乎的是偶像劇內容，而不會在乎在哪一台播出，在多頻道時代，內容將會決定媒體的成敗。

二、展現流行文化

媒體是呈現影音娛樂內容代表著流行文化，流行文化有幾個特質——

1. 易開罐式消費：既稱「流行」表示「善變」，流行文化商品通常生命週期短，與社會脈動緊緊扣連，追隨短暫時尚，甚少成為經典。因為善變，所以呈現「易開罐式消費」，用過即丟，看過即忘。

2. **代言社會價值觀**：流行文化呈現當代社會價值觀，30年前台灣社會喜歡的文藝愛情片是瓊瑤式的「純純的愛」，女主角長髮飄逸，不食人間煙火，男女戀愛清純生澀；但現在的「大和拜金女」式的偶像劇，其愛情觀則轉變為物質導向，充滿了目的性，戀愛為結婚，結婚為享受富裕生活，社會價值觀在電視劇中看出明顯的轉變。

3. **透過媒體擴散**：流行文化是經由媒體擴散傳播，沒有媒體即不會出現流行文化，大眾媒體成為流行文化向外傳播的橋梁。

4. **大眾品味**：流行文化以追求最大消費群為目標，因此以大眾品味為考量，而非菁英文化所呈現的曲高和寡。在通俗的偶像劇中，主角人物常成為觀眾自我投射的對象，經由替代式參與，觀眾情緒得以紓解，而形成使用媒體得到的「通便劑效應」（catharsis effect）。

5. **偶像消費**：影音娛樂素材通常會以偶像為基礎，偶像特質的包裝來自製作者對觀眾喜好的臆測，而偶像的推廣則是典型的商業行銷手法——從外型打扮，到議題塑造（如緋聞、八卦）、活動參與均有縝密的規劃，而偶像的價值，也從影音娛樂素材擴散到唱片銷售、舞台演出或其他商品代言，成為市場活動的一環。

三、二元行銷標的

　　報紙、雜誌，乃至電視等媒體產業的行銷標的有兩項：「廣告」與「發行」。廣告指的是媒體版面與時間的銷售，廣告對廣告主而言，是承載銷售訊息的工具，對消費者而言，是廠商訊息的告知，但對媒體而言，卻是可銷售的商品，也是主要的收入之一。

　　不同的媒體有不同的廣告「商品」觀，對平面媒體（報紙、雜誌），其廣告銷售的是「版面」（space），對電視、廣播而言，廣告銷售的是「時間」（time）；對網路而言，廣告同時具備「版面」與「時間」兩種特質。但同樣的，即使是不同媒體，廣告均為無庫存的商品，今天沒有賣出的版面或是廣告時間均不能累積至明天銷售，因此再加上媒體間廣告銷售競爭激烈，媒體的廣告行銷就顯得特別重要。此外，媒體廣告的銷售對象為廣告主或廣告代理商、廣告媒體購買公司，由於是金額龐大的商業政策，為理性、高涉入感的購買行為，必須以理性說服（發行量、收視率）。

　　「發行」指的是媒體所傳播訊息的遞送與銷售，狹義的發行概念侷限於印刷媒體紙本的銷售，但廣義的發行概念則涵蓋所有媒體的閱讀、觀看、收聽或使用。對媒體的使用者（閱聽人）而言，發行有3個意義——

1. **成本（cost）支出**：包含經濟成本（訂閱報紙、雜誌，或訂閱有線電視所支付的費用），以及使用媒體時所用的時間成本。

2. **品味（taste）表徵**：閱讀不同的報紙、雜誌，收看不同的電視節目，儼然成為社會階級與品味的象徵，有時也會成為意識型態的投射，如不同政黨支持者會閱讀不同的報紙，收看不同的電視政論節目。

3. **工具（utility）意義**：對閱聽人而言，媒體所提供的素材，應具備資訊、教育或娛樂的意義，因為媒體具備這些功能，閱聽人才願意支付經濟成本與支付時間成本使用。

　　對媒體而言，發行具有如下的功能——

- **主要收入**：媒體的主要收入來自「廣告收入」與「發行收入」，報紙、雜誌「廣告」與「發行」收入均有，無線電視業者主要收入是「廣告」，而有線電視系統業者主要收入則為訂戶所繳交的月費（「發行」收入），也有來自部分衛星電視業者繳交的「頻道上架費」；而高收視率的衛星電視業者（如三立、八大、Ｔ台、東森）一方面有廣告收入，另方面也有有線電視系統業者上繳的「播映費」。

- **價值（value）傳遞**：媒體素材內容呈現媒體經營者或媒體組織的價值觀與意識型態，而發行則是媒體價值觀的傳播與運送。

- **市場意義**：大眾媒體存在的意義在於「發行」，必須有大量的閱聽人，媒體方具存在的意義，缺乏大量發行，媒體則成為「同人誌」之類的特殊社群刊物，影響力減縮，只有共同興趣者相互取暖，不具備廣告功能與市場意義。

四、書籍的行銷特性

　　對圖書出版而言，商品性質與電視、報紙等大眾傳播媒體有異，台灣是個出版事業發達的國家，平均每個月約有2千餘本的新書出版，新書上市後會先陳列在書店的新書平台，若銷售不理想，可能不到一週就會從「平躺」的新書平台撤離，被擺到一般的書架上立放陳列，競爭激烈。書籍具有如下的商品特性——

- **低涉入感**：從FCB的模式來看，圖書屬於低涉入感（low involvement）的商品，至於是感性還是理性，卻因人而異，有人買書深思熟慮，有人則是一時興起，若是理性購買，則必須實用取向並搭配適當折扣促銷，若是感性購買，則必須在以品牌認同（作

者或出版社）或有花俏活動。

- **耐久品、無需重複購買**：圖書是耐久品，可長久保存，而且不會和牙膏、飲料、泡麵一樣，使用完畢後會重複購買，一個人買了一本書後他再也不會購買同一本書。但會有品牌忠誠（brand loyalty），喜歡某作者的人可能會購買同一作者或同一作者系列的書。

- **無替代性**：除了工具書（如字典）或語言類圖書外，每一本書均有其個性與不可替代性，換句話說，每一本書都是獨特的，沒辦法被另一本書取代。

- **常是衝動式購買（impulse buying）**：很多人買書不是計畫性的，而是看到喜歡就買，一般人常說的「逛書店」，就是無計畫、消遣式的瀏覽，但因價格不高，所以會立刻形成購買決策，因此「易得性」就成了書籍銷售的重要因素，必須陳列於顯目處，或在以輔助性的視覺物，如跳跳卡式的POP [1]。

- **可以試閱（trail）**：試用常是購買之前的一個動作，很多商品都是經由試用，才被購買，而書籍正是其中之一，除了少數的圖書（如限制級刊物）外，所有的書籍都是可以經由試閱瀏覽而促成購買行為。

參 內容決定商品價值

　　電視、電影、電玩、報紙、廣播、雜誌、圖書出版、網路都屬於「內容商品產業」，內容決定是否可以在激烈的競爭中存活，這也就是這些業者常掛在嘴邊的一句話「Content is king」（內容才是王道）。

　　媒體只是載具或通道（channel），在報禁、廣電頻道管制的時代，媒體是非常值錢的，報禁時期一張報紙執照可以賣到數億元，而廣播與電視執照甚至有錢也買不到，但隨著科技進步與政治解嚴，辦報已不需事先登記取得許可，報紙執照的價值為「零」，有了有線電視，頻道增加至百餘台，數位化後可達數百台，在網路世界，甚至每個人都可經營自己的小媒體，而且不用花錢。

---

[1] POP（Point of purchase）指放置於賣場的輔助廣告物，大如人形立牌，或懸掛物，小如貼紙或跳跳卡均是。

　　頻道無價值（Channel is nothing！），媒體真正的價值在「內容」。當年台灣民眾瘋韓劇《大長今》時，他就是要看《大長今》，至於《大長今》是在八大、緯來或某某頻道播出，是不會在意的。

　　媒體內容的產製來自不同的「生產線」——

　　其一，媒體的經營者也是內容的生產者，平面媒體的報紙、雜誌就是例子，報紙、雜誌的內容大部分都由社內的編採部門產生，少數來自投稿與外稿、邀稿；電視媒體則有自製、委製、外製、購片的區別，「自製」是由電視台自己拍攝，如新聞節目均是，「委製」由電視台出資，委託獨立製作公司製作，如公視很多得獎節目都是透過委製；「外製」則是獨立製作公司製作後，賣給電視台；「購片」通常是電影及外國的連續劇的選購。

　　其二，媒體的經營是某個組織，內容的生產則是其他來源，網路就是如此，媒體的經營者不提供內容，媒體是共同載具（common carrier），人人都可以是內容提供者，如維基百科的內容都由網友提供，Facebook 也是。

內容商品行銷與文創評估指標

　　內容商品就是文化商品，但在商品開發與行銷，亦可加入文創元素，以擴大商品價值，以下的方向或可以參考——

- **翻轉表現型態**：內容商品就是「流行」與「時尚」，既是流行與時尚就必須不斷創新，方不致被市場淘汰；007系列電影自1962年迄今已過半世紀，依然賣座長青，就是不斷翻轉創新——無論題材、武器、「壞人」、女主角，每集都推陳出新。

- **展現文化底蘊**：對弱勢的國家，內容商品不必也不應侈言「國際化」，複製強國的價值觀，相反的應該反應斯土斯民的生活、價值觀，與成長的記憶軌跡，所以內容商品不應只是娛樂，更應以在地文化價值作為亮點，以吸引國際買家。

- **擴大商品觸角**：指的是商品功能、消費者、行銷、聯盟等方式的擴大，內容商品經由影響範圍的擴大，不但創造額外的利潤與商機，更可引爆衝擊力。

- **跳脫題材窠臼**：內容商品就是要「善變」求創新，故事不老套，不跟風、不抄襲，走出自己的路，從歷史、文化、社會流行趨勢，庶民生活經驗與想像找題材，求新求變，以滿足觀眾善變的胃口。

- **創新行銷方法**：傳統銷售方法不外人員銷售、廣告、促銷活動、公關活動等4項，但應用於內容商品的推廣可加一些巧思，2012年倫敦奧運開幕式，007龐德與英國女王伊莉莎白二世「空降」至會場，就是極具震撼力的行銷策略聯盟方式。

表6.2 內容商品行銷與文創評估指標

文創評估指標		內容商品行銷作為
文化指標	獨特性	翻轉表現型態
	關聯性	展現文化底蘊
創意指標	衝擊力	擴大商品觸角
	原創力	跳脫題材窠臼
	傳播力	創新行銷方法

6-2 翻轉表現型態

 創新表現

　　內容商品是流行文化的一環，既然是「流行」就得不斷的翻轉創新，如此方能引領時尚，不被市場淘汰。內容商品的創新表現，可以從以下的方向思考——

一、加入科技元素

　　所謂「加入科技元素」就是影音商品透過電腦後製所呈現的特效，以增加作品的聲光效果，這種後製特效在電視廣告、電影應用廣泛，好萊塢改編自漫畫的「類卡通」電影《蝙蝠俠》、《蜘蛛人》，周星馳電影的《少林足球》、《功夫》，多的是這類的後製特效所呈現的飛天遁地的畫面。

二、創新表演方式

　　內容商品的演出必須不斷創新，周星馳在香港電影史有其地位是創新表演方式，2005年張藝謀的《麗江印象》創新實景演出，是「實景劇」的鼻祖；台灣明華園歌仔戲團以消防車灑水，製造「水淹金山寺」的效果，比《印象西湖》升起大三角錐，來得有臨場感與互動感，這也是創新的表演方式。創新一方面要預期市場反應，一方面要斟酌自己資源（人力、財力、物力、環境），換言之，要考慮其可行性。

　　在翻轉創新之餘，也必須考慮「長效」的因素，也就是以不斷的翻轉創新，領先同儕，滿足觀眾或讀者嘗鮮的期待；內容商品以「內容」為賣點，因此當內容消失，商品價值也跟著消失，電影下片，電影跟著消失，電視節目下檔，節目跟著消失，因此如何創造「長效」以延長商品價值，也就成了重要課題。

　　「長效」並不是像台灣某些連續劇，讓主角跳海不死、死而復生，或用「變臉」方式永遠演下去，這是把觀眾當傻瓜的拙劣方式，最後必招唾棄。長效必須讓觀眾期待看下一齣戲，而不是一齣戲演到爛，007電影與日本NHK大河劇就是好例子，007情報員電影至2015年已推出24部；NHK大河劇一齣戲一定在一年內演完，創新題材，再讓觀眾期待下一齣的年度大戲。

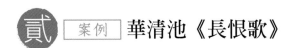

貳　案例　華清池《長恨歌》

　　西安古稱長安，若是連新莽也算進去，就是十四朝帝都。

　　去西安，除了看秦始皇的地下兵團「兵馬俑」外，就是要看華清池，華清池有中國近代史「西安事變」蔣介石倉皇翻牆而逃的五間廳，更著名的是唐玄宗讓楊玉環「溫泉水滑洗凝脂」的華清池，現在看到的瓊樓玉宇都是後來建的，不過以前石砌的溫泉池還在，略可回味唐韻風華。

　　華清池在晚上有演出票價極貴（人民幣258元）的「實景劇」《長恨歌》，所謂的「實景劇」，指演出的舞台就是真實的歷史場景，《長恨歌》演的當然是唐明皇與楊貴妃的故事，場景就在華清池，在歷史場景演出歷史，具衝擊性（impact），會令人有與歷史人物神會的感覺。

　　此劇運用大量科技工藝，當背景是夜晚，華清池後的驪山即出現滿天星星，還升上

一輪大月亮；演出安祿山進逼長安，建築物後即換成超大LCD銀幕，播出胡騎奔騰，氣勢驚人；連舞台前的水幕，亦作為銀幕投影，計算精準。

美則美矣，但壓縮1小時，因此內容跳躍、劇情不連貫——10分鐘前安祿山才上朝觀見，10分鐘後即起兵進逼長安，以致只有知道這個故事的人才知道在講些什麼，老外只能看熱鬧，而無法一窺門道。

文創元素分析

文化 在歷史場景演出歷史，具衝擊性。

創意 扣連科技，創新演出。

案例 **古籍新刊**

傳統的線裝書和一般人的生活極為遙遠，想到線裝書就會想到古籍——使用文言文、沒有標點，因為是文言文，又沒有標點所以不會斷句，閱讀困難。誰會買線裝書？大概只有圖書館和中文系的老教授。

線裝書本身有其書籍與藝術的魅力，書的魅力在於「用料、印刷、裝幀」，而這三者線裝書兼具；用料，內頁使用宣紙，古意盎然；因是宣紙，所以必須使用特殊印刷，方不致無法著墨或暈染，講究的更是用雕版，而不用鉛字；裝幀更是考究，以綾、綢披黏在紙上作封面，並向內包（稱為包角），然後再以襯頁回黏；裝訂用四目騎線式，挖四個洞，以絲線或棉線穿過眼孔，將書頁綁牢。若是一書多本，則另製作函套，將書冊包紮，函套使用硬紙板，上糊同色同款綾綢，考究的再配以象牙或牛角別子作為扣鈕。

要完成一本線裝書要歷經35道工序，且不談書的內容，光是線裝書的型制，就是藝術品！

北京聯合出版公司將線裝書普及化，保留線裝書的基本型制，但內容做了調整，使用明體鉛字印刷（線裝書就是明朝時代誕生的），以取代古書的木刻套印，有標點符號，方便閱讀，請現代方家評注，且「字大如錢」，不損目力。換言之，有古書的味道，但讀的卻是現代書的內容，舊瓶新酒，滿足讀者與古人交、神遊的樂趣。

另有一善用老祖宗「遺產」的例子，西安碑林蒐集數百面古碑，碑帖通常是印刷，但此地賣的碑帖是從碑直接拓下，再將拓下的拓本一條條割下，裱褙到帖本上，因極為費工，所以索價頗昂，不過打開帖本，墨香油然撲鼻，因一次只能拓一張、裱一本，所以也算「孤本」，即使貴也值得。

文創就是要在「文化」的基礎上，做「創意」的加值，老祖宗的智慧就是文化資產，當然要善用。

文創元素分析

 善用老祖宗「遺產」。

 回應時代需求，保留基本型制，但內容做適當調整。

 肆 案例 **豬哥亮的電視秀**

「豬哥亮」本名謝新達，高雄左營人，1946年生，2017年因病去世；為80年代秀場天王、秀場巨星。與張菲、邢峰齊名，並稱「南豬、北張、中邢峰」；豬哥亮是台灣電視界的長青樹，也是電視台的金雞母，從80、90年代的豬哥亮的餐廳秀錄影帶，到2015年的《華視天王豬哥秀》，都頗受歡迎。

豬哥亮在台灣影視界紅了30餘年，他的表演源自80年代餐廳秀，其興起的原因有——

1.經濟繁榮：80年代台灣經濟繁榮，歌舞昇平，股市熱絡，人人都是股民，玩股票成了「全民運動」，大家白天玩股票，晚上就到歌廳看表演抒壓，加上電視普及，家家戶戶都有電視機與錄影機，由於沒有版權觀念，歌廳秀錄影帶大量複製翻拷，讓「餐廳秀」形成庶民文化的流行風潮。

2. 政治高壓：80年代為蔣經國統治末期，雖然因蔣氏健康敗壞，社會控制逐漸鬆散，陸續發生情治單位「凸槌」（林宅血案、陳文成案、江南案）、飛行員叛逃（黃植誠、李大維）、社會治安敗壞（1982年李師科搶案）等事件，但整體社會氛圍仍然高壓，民眾不會也不敢主動臧否政治，「餐廳秀」成了政治高壓下民眾的抒壓閥。

---

3. 電視難看：台灣在90年代中期之前只有3家電視台（台視、中視、華視），表面上產權分屬省政府、國民黨，與國防部、教育部，事實上完全由國民黨掌控，國民黨中央黨部第四組（現在文傳會的前身），可以直接對電視台下指令，內容必須歌頌黨、政府與領袖的偉大；電視既然難看，於是部分民眾轉而看不用傷腦筋的「餐廳秀」。

「餐廳秀」的內容，主持人是靈魂人物，由其操控氣氛，以talk show為主軸，主持人與來賓逗趣對談，且有性暗示，以逗樂觀眾，至於歌唱表演，只是輔助性，並非重點，因此來賓以女星為主，男星只是陪襯與諧角。一場次的表演約2小時，下午與晚上各2個場次，歌星會在同一城市趕場，由於當時不發給夜總會執照，因此表演場地為西餐廳，所以稱為「餐廳秀」。

由於「餐廳秀」賺錢容易，因此黑道會介入，秀場由黑道把持，黑道再以毒品、賭博、武力威脅主持人與來賓，形成社會問題，如諧星許不了受毒品控制，以致早逝，余天亦曾經被黑道脅迫，豬哥亮則涉及賭博與大家樂簽賭。

1993年，豬哥亮因積欠大筆賭債，因此消失在秀場。1997年曾短暫復出過，但到1999年再度離開演藝圈，沈潛10年，直到2009年4月豬哥亮為燦坤拍攝電視廣告而復出，復出後，曾於民視、中視主持節目《豬哥會社》、《萬秀豬王》，2015年於華視主持《華視天王豬哥秀》。豬哥亮是收視保證，不管在哪一台開節目，收視率均佳，節目首播收視率都在3.5-4.0間，有時也會超越4，即使重播也有2-3的收視率，遠超過一般新製的偶像劇。

豬哥亮的電視秀常被衛道與菁英人士批評為低俗，事實上所謂「低俗」是迎合不同區隔觀眾的需求，對這些觀眾，豬哥亮的節目有傳播理論的「通便劑效應」（catharsis effect），透過大眾媒體的使用，以紓解抑鬱的情緒；此外，從節目內容來看，的確也反應了台灣庶民的真實、直接、不做作的次文化，難怪會這麼受歡迎。

文創元素分析

 文化　節目內容反應台灣庶民的次文化，具民眾生活壓力的紓壓閥。

 創意　使用俚語、誇大舞台動作，翻轉表現型式，緊扣觀眾情緒，創新節目內容，掌握觀眾喜好。

6-3 展現文化底蘊

文化價值

　　內容商品，無論是電視、電影、報紙、廣播、雜誌、唱片、圖書出版，都是文化商品，因此所呈現的內容，就應該反應斯土斯民的生活、價值觀，與成長的記憶軌跡，所以內容商品不應只是娛樂，應有其文化價值。

　　內容商品所展現的「在地」文化價值，包含——

- **歷史**：日本NHK的「大河劇」就是展現日本歷史，中國製作的《康熙帝國》、《雍正王朝》，則展現盛清帝國風華。

- **地理**：除了以山川風光為主體外，地理的特色也可以是背景，經典電影瑪麗蓮·夢露的《大江東去》（the River of No Return），是位於加拿大洛磯山脈班夫國家公園內的弓河，電影成功後也成觀光景點。

- **人物**：NHK的「大河劇」就是歷史人物的故事，《康熙帝國》、《雍正王朝》以清帝為主軸，近臣、皇子權力鬥爭為支線，也是歷史人物故事。

- **人文風土**：國片《悲情城市》呈現戰後統治者更迭對台灣社會的衝擊；《玫瑰玫瑰我愛你》、《蘋果的滋味》諷刺早期台灣社會的盲目崇美，《兒子的大玩偶》、《殺夫》以小人物的忙盲茫，表達作者對弱勢者的關懷，《艋舺》演出黑社會人物的無奈與不歸。

- **物產**：1965年的《養鴨人家》以物產做背景，呈現當時台灣社會的物阜民豐，用以宣傳國民黨的農村「德政」。

不要忽略了內容商品所展現的「在地」價值的影響力與意識型態建構，台灣人對美國國家形象，絕大部分是由好萊塢塑造的，而近年來台灣人熱衷去韓國旅遊，也是韓劇帶出來的。此外，由於考慮內容商品外銷的可能性，因此若能加入跨文化的元素則更佳，如007系列電影都使用美國以外的場景，也有使用亞裔的演員飾演龐德女郎（如《明日帝國》之楊紫瓊），除了演出需要外，票房也是重要考慮。

跨文化元素的另一個思考是內容商品是否有挑戰另一市場的政治、宗教或文化禁忌，因此除非有特別考量，否則在處理議題或創意發想時，就必須考慮到。Richard T. Gere（李察‧吉爾）1997年演出的《紅色角落》（Red Corner），電影敘述一個美國富商傑克在北京與中國政府洽談衛星通訊交易，在交易進行中，他被陷害成謀殺某位將軍女兒的兇手，被捕入獄，而衛星通訊交易也因此被競爭對手取得。他的辯護律師起初不相信傑克的清白，但是隨著兩個人對案情的偵查，逐漸發現了事件的真相。此片由於演出中國政府和高層人員的腐敗，以及人權問題，所以被中國禁播。

由於內需市場的限制，以及全球化的影響，台灣絕大部分的內容商品都會以「區域」銷售為考量，著眼亞洲的華人市場，因此創作時，積極面要考慮跨文化市場接受的潛力，消極面則要避免挑戰他國政治、文化禁忌。

案例 《悲情城市》與台灣電影

早在1955年就有台語電影，但讓台語電影揚眉吐氣的是1989年的《悲情城市》。

台灣電影始自日治時期，1895年割台、日人始政，隔年台北西門即有日本商人放映「西洋鏡」（愛迪生發明的原型電影機）供人收費觀賞，由機器上頭的洞眼下看，一次一人；真正放映電影是在1900年6月，大島豬市在台北「淡水館」劇院舉行放映會，使用法國盧米埃式電影機，是為台灣電影業的源起。

日治時期第一部在台灣拍攝的影片是《大佛的瞳光》（1922年），當時電影產業發達，部分電影院亦保存至今；而電影政策，早期視為商業行為，後來則逐漸納入國家體系，成為政令宣傳機器，台灣第一部紀錄片是總督府委託高松豐次郎拍攝的《台灣實況

の紹介》，以闡揚日人理「蕃」「德政」，戰爭期的
《沙鴦之鐘》更露骨地試圖呈現山地少女對日本教
師的崇敬與「報恩」。

1945年終戰，由台灣省行政長官公署接收原
本台灣總督府管轄的「台灣映畫協會」、「台灣報導
寫真協會」，於1945年成立「台灣省製片場」，以
日治時期的製片基礎，開始拍攝電影，大都是新聞
紀錄片，並由政府統籌在各電影院電影正片放映前
播出，為政令宣導的工具。

戰後初期電影以洋片居多，但台語片在50年
代後期興起，1955年《六才子西廂記》是戰後第一部台語片，接著隔年麥寮歌仔戲團
的《薛平貴與王寶釧》推出，造成轟動，台語片因此崛起。1956年台語片開拍21部，
1957年送檢62部，數量躍增3倍。1955至1959年間，總計生產178部台語片，是台語
片的黃金時代。

1962年台視開播之後，隨著電視機的普及，衝擊電影業，台語片逐漸沒落，一方
面是電視影響，另方面是國民黨政府強制推動「國語」政策奏效，60至80年代是台灣
「國語」電影蓬勃發展的時代，國語電影取代台語電影。

60年代興起「健康寫實電影」、「瓊瑤電影」、「武俠片」、「功夫片」等國片風潮，
健康寫實片有李行的《街頭巷尾》（1963）、《蚵女》（1964）、《養鴨人家》（1965），
白景瑞的《寂寞的十七歲》（1966）、《家在台北》（1969）；瓊瑤電影有《婉君表妹》
（1964）、《啞女情深》（1965）、《煙雨濛濛》、《幾度夕陽紅》（1965）；武俠片有胡金
銓的《龍門客棧》（1967）；功夫片有李小龍的《精武門》（1972）。在戒嚴保守的年代，
民眾將對現實不滿與焦慮心理，轉移到電影劇情的想像中得到撫慰，大眾文化發揮了移
情功能，紓解民眾情緒。

70年代台灣社會更呈現焦慮不安，1970年被逐出聯合國、1975年蔣介石去世、
1978年台美斷交，這些事件也影響了電影走向，國民黨以「愛國電影」（1973年《英烈
千秋》、1975年《梅花》、《八百壯士》、《筧橋英烈傳》、1978年《黃埔軍魂》）鼓舞愛國
情操，以軍教片（如《成功嶺上》、《報告班長》）卸下軍方嚴肅的面具，並以勵志電影
（1977年《汪洋中的一條船》）激勵民心；但另方面台灣社會轉型，成為資本主義導向

的工商業社會，社會壓力倍增，民眾情緒極欲得到紓解，因此也接受台港兩地推出的低成本的殭屍片、賭片、黑社會寫實片、女性復仇片。

80年代強調清新風格的「校園青春電影」、「新電影」為台灣電影帶來新風貌，所謂新電影有不同的定義，除文學著作改編為電影外，寫實主義或現代主義風格，或編導合一均可視為新電影，如《小畢的故事》（1983年，朱天文原著）、《兒子的大玩偶》（1983年，黃春明原著）、《看海的日子》（1983年，黃春明原著）、《油麻菜籽》（1983年，廖輝英原著）、《玉卿嫂》（1984年，白先勇原著）、《殺夫》（1984年，李昂原著）等。

1989年的《悲情城市》則開創台語片的新紀元，其文化元素是呈現台灣再次被殖民的悲情記憶，直接挑戰當時的政治禁忌，背景是戰後1945年九份林家四兄弟的故事，四兄弟中有3人是二次殖民（日本人與國民黨）的受害者，電影以九份四兄弟的遭遇，道出台灣被再次殖民的無奈，四兄弟的老大陳松勇飾演的林文雄說「台灣人可憐，眾人吃，眾人騎，沒人疼」。

1989年強人（蔣經國）已逝，李登輝接任總統，台灣處於威權過渡到真正民主的轉型期，在《悲情城市》之前，台語片都是描述自怨自艾卑微的小民生活，沒有一部電影膽敢挑戰禁忌題材。

《悲情城市》的創意元素是規避官方檢審與行銷作為，先以國際得獎塑造聲勢，「先外銷再轉內銷」，由於題材首度碰觸228事件，片商即擬定要在國際影壇建立聲譽後再回國上映，因此以時間匆促為由，由東京沖印之後直寄威尼斯，造成新聞局審查時間與威尼斯審查時間同步，最後新聞局只能彈性處理。

1989年9月，《悲情城市》成為威尼斯影展舉行46屆以來第一部入選參加金獅獎競賽的國產電影，影展主席畢拉西為此特邀我國駐教廷大使周書楷參加9月12日下午在影展放映大廳舉行的公開映演活動。9月15日《悲情城市》贏得該年威尼斯影展最佳影片金獅獎，這是歷年來台灣電影在國際影展上所獲得的最高榮譽。接著《悲情城

《悲情城市》電影海報（1989）。

市》並同時獲得聯合國教科文組織頒發「人道精神特別獎」，以及義大利當地電影雜誌頒發的「最佳影片獎」。

電影一方面參展，一方面送新聞局審查，早在送檢之前，各大報就開始競相報導，並對其「前途」進行預測，報導中不斷重述「敏感」、「情結」等用詞，電影宣傳也宣稱「不讓重要歷史留白」，而以完整拷貝送檢，在新聞局為求慎重，經初檢、複檢，一刀未剪輔導級過關，又傳出片商自己「未審先砍」的爭議，引發了電檢制度檢討的高潮，最後再接上「失蹤」片段後，重新再審通過，《悲情城市》逐能以完整版播映。

由於《悲情城市》造成轟動，1992年立委選舉，民進黨即仿《悲情城市》電影海報型式製作競選海報。

　　《悲情城市》99%的對白都是台語及小部分日語，因此新聞局發給台語片准演執照，《悲情城市》照常參加國際影展和金馬獎，有人檢舉其與金馬獎規定不符，但主管人員認為既然最禁忌的題材都予以開放了，規定便可不去計較，因此，《悲情城市》除了以台語片身分獲得國語片從未得到的大獎，大大提升台語片地位之外，更使日後台語片或國語片台語版希冀參加國際影展或奧斯卡金像獎最佳外語片競爭時，已不會再受到有關單位之阻止。[2]

　　電影《悲情城市》造成的轟動擴大到政治層面，1992年二屆立委選舉時，民進黨即仿《悲情城市》電影海報型式製作競選海報，引起民眾注意與收藏。[3]

　　《悲情城市》之後，扣連本土史觀的台語電影再次沉寂，直到20年後的《海角七號》（2008），台語片方再度受到重視。

文創元素分析

文化 再現台灣被二次殖民記憶，不但創新題材，也扣連本土史觀。

創意 創新電影行銷方式，「先外銷再轉內銷」，營造行銷氣勢。

---

[2] 參考自陳冠樺（2005）《台灣電影推廣策略研究》，頁102-103，政治大學廣告學系碩士論文。

[3] 《悲情城市》與台語電影單元，整理自鄭自隆（2008）《廣告與台灣社會變遷》，台北：華泰，頁222-230。

案例 **NHK 大河劇**

日本放送協會（NHK）的「大河劇」是該台的年度大戲，所謂大河劇中的「大河」係來自法文的「roman-fleuve」，意即以家族世系的生活思想為題材而寫成的系列長篇小說，固然NHK的大河劇是以人物為主軸，但人物的背後是整個當時的時代，透過美化歷史人物，彰顯日本歷史，培養國民的歷史觀，強化國家認同與國族驕傲，非常符合NHK作為公共電視台的角色。

大河劇早在1963年就開始播出，劇目是《花の生涯》，內容是幕府末期重臣井伊直弼的故事，從該年的4月7日播到年底的的12月29日，這也成了大河劇的傳統，集數控制在50集以內，每集45分鐘，每週播出一集，在一年內播完，首播時間在週日20:00，重播在次週週六下午13:05。

除了1993至1994年拍了三齣戲外，其餘都是一年一部，故事以戰國時代與幕末人物為主，很多日本人甚至台灣人都是透過大河劇來認識日本歷史，近年的大河劇，如《利家與松》、《義經》、《篤姬》、《龍馬傳》、《天地人》、《坂上之雲》、《八重之櫻》、《軍師官兵衛》、《真田丸》，在台灣都有不錯的收視率。

大河劇是與歷史文化扣連的「內容商品」，其高收視率的原因，除了內容考證、製作嚴謹、卡司紮實外，「長效」也是因素之一，每年固定播出，容易培養固定觀眾群，養成收視習慣，如同每年12月31日晚上，日本人會固定守在電視機前看《紅白歌合戰》（台灣稱為《紅白歌唱大賽》），以送舊迎新一樣。

文創元素分析

 將歷史與歷史人物通俗化，培養國民歷史觀，強化國家認同與驕傲。

 創新節目呈現方式，每年固定播出，培養固定觀眾群，養成收視習慣。

6-4 擴大商品觸角

 壹 商品觸角

　　擴大商品觸角指的是商品功能、消費者、行銷、聯盟等方式的擴大，內容商品經由影響範圍的擴大，以創造額外的利潤與商機。

一、功能

　　很多工藝品只有擺飾功能（「置物」），事實上一物多用，更能產生購買誘因，內容商品很難「一物多用」，但內容商品可以思考其他方法間接達到一物多用的功能，如演唱會中場休息兼擺攤賣CD或DVD，以延續商品露出；書籍販售除紙本書外，搭配有聲書、電子書；或歌手CD熱賣，就開演唱會、拍電影；此外，將內容商品由娛樂提升至文化或教育層次，也是商品功能的擴大。

二、消費者

　　廣告學有消費者區隔（consumer segmentation）的概念，每種商品因具有不同性格（personality），所以適合不一樣的消費者，如高階公務人員不會戴Swatch手錶，也不會戴Rolex鑽錶。內容商品當然也有消費者區隔，不過可以改變商品性格，以擴大區隔層次，如平劇原先只是外省權貴、退休老人聊慰鄉愁的娛樂，但提升至文化功能時，會吸引年輕知識分子參與，同樣的，歌仔戲也是如此。

三、行銷管道

　　與消費者區隔概念一樣，不同商品也有其適合的行銷管道，賣乖乖，不會使用精品通路，同樣的，賣LV包包也不會使用大賣場；不過當商品性格改變，通路屬性也會跟著改變，如前例，當平劇或歌仔戲被提升至文化層次時，大學校園也可以成為其通路。

四、商品置入

　　所謂「廠商置入性行銷」指的是商品置入（product placement），即在電影或電視的演出中使用廠商所提供的商品，如007電影中，情報員龐德所用的Omega手錶、BMW汽車均是商品置入，韓劇置入更多，劇中的男主角的圍巾、女主角的手機、男女主角約會的餐廳都是刻意置入的。

商品置入的廠商必須付費予電影或電視業者，方能取得商品曝光，而置入的商品、餐廳只是道具與場景的一部分，通常製作單位不會殺雞取卵，形成置入過火或牽強置入而破壞劇情的完整性，所以置入並不違反傳播倫理。

五、策略聯盟

所謂策略聯盟是兩家以上的企業，基於風險分攤、專長互補，或資源互享而進行的期限性的合作關係，因此媒體促銷當然可以使用策略聯盟的作法，當媒體與廠商合作時，就形成異業結盟的關係，而當媒體與媒體結盟（如平面媒體與網路媒體結盟）就形成同業結盟。

六、推出周邊產品

文化商品的另一創收是推出周邊產品，有時候周邊產品甚至成了主要收入，《原子小金鋼》就是，其紙本漫畫1952年在《少年》漫畫雜誌連載，1963年在富士電視台播出卡通劇，創造30%收視佳績，但其科幻內容已與現代社會的環境不契合，所以現在重播的電視片已不叫座，不過原子小金鋼的周邊產品卻依然流行到現在，很多早期的周邊產品現仍賣出高價，甚至也有信用卡以原子小金鋼為主題。

 案例 **偶像劇《命中注定我愛你》商品置入**

所謂偶像劇，很難有精準的定義，在日本原稱為趨勢劇（trendy drama），劇中故事反映當代社會現象和潮流，劇中所出現的服裝、食物、用品（如手機）和各式各樣的商店，也成了觀眾的流行資訊。在台灣，偶像劇的範圍較為狹窄，通常指的是以青少年族群為對象，使用年輕的俊男美女演出當代都會愛情故事。

《命中注定我愛你》是三立電視台在2008年3月推出的偶像劇，劇情描述「便利貼女孩」陳欣怡（小資女）與年輕帥富商的戀情，故事平凡，但開播後於第二集就取得同時段偶像劇收視冠軍，5月25日播出的第11集收視率打破了歷年最高偶像劇《王子變青蛙》8.13%的紀錄，7月播出的第20集收視率更高達13.64%，並以最高平均收視10.91%的好成績刷新了本土偶像劇的新高紀錄。

收視率高，就有很多商品置入，劇中幾乎「無所不置」，置入商品，高低單價、食衣住行都有，高單價有筆記型電腦、萬寶龍（含包包、手環、項鍊、戒指與Cool Blue鋼筆）、麗星郵輪；低單價有便利貼、礦泉水、面紙。以FCB模式分析，每一象限都

具備。[4]

	理性	感性
高 涉 入 感 低	遠傳 MSI 筆記型電腦	萬寶龍 麗星郵輪 Luxy 艾葳精品婚紗 王朝大酒店 台北晶華酒店麗晶精品 IDO 頂級汽車旅館
	3M 便利貼 藍泉奈米黃金礦泉水 春風面紙 小丁嬰兒用品店	Myyoho 伴發港式茶餐廳 奇哥股份有限公司 Kinghts Bridge 服飾 non.stop 服飾 島民工作室／N型肥皂盒

圖 6.1 偶像劇《命中注定我愛你》商品置入

資料來源：邱啓紋（2009）《電視偶像劇操作置入型態分析——三立〈命中注定我愛你〉個案研究》，國立政治大學廣告研究所碩士論文。

參 案例 偶像劇《心動列車》異業結盟

《心動列車》係由惠聚多媒體公司製作的本土偶像劇，以捷運為主軸，2003年7月在台視頻道播出，8月在衛視中文台播出，極受台灣觀眾歡迎，創下頗佳的收視率，因此10月接著在鳳凰衛視做境外播出，收視範圍涵蓋亞洲、歐洲、北美及紐澳等地；其海外版權也銷售至中國、香港、馬來西亞、新加坡、菲律賓、印尼、泰國、韓國、北美等地區。

捷運為貫穿「心動列車」全劇的主場景，充分的曝光有助於台北捷運形象的提升。劇情安排使用捷運悠遊卡，展現台北捷運系統先進、快速、方便與科技的形象。台北智

---

[4] 本案例資料摘自邱啓紋（2009）《電視偶像劇操作置入型態分析——三立〈命中注定我愛你〉個案研究》，國立政治大學廣告研究所碩士論文。指導教授鄭自隆。

慧卡票證公司也推出「捷運心動列車紀念車票」與限量「心動列車悠遊卡」珍藏版銷售活動。

1.「捷運心動列車紀念車票」網路預購活動

活動日期：2003年7月9日上午09：00

辦法：透過台北捷運公司網路預購。

活動說明：售價350元，開放預購1000套（內附超值「緣結御守」乙份）發行一萬套（一套兩張），凡參加網路預購，並完成取票者，就有機會於7月29日與「心動列車」第一單元女主角許慧欣在麻布茶房共渡「浪漫情人夜－與偶像共進晚餐」。

2.「捷運心動列車紀念車票」販售

活動日期：7月21日捷運站同步銷售

活動說明：數量6500套，前50名購買者可獲得捷運愛情導遊書「心動小站」一冊。[5]

心動列車捷運紀念套票
資料來源：惠聚多媒體公司提供。

《心動列車》創新台灣偶像劇行銷型式，自此以後台灣的偶像劇開播之前與開播後，無不卯足全力進行廣宣行銷，終於型塑了2015年業界口中所謂的「粉絲經濟」，成了電視台的另一財源。

文創元素分析

 文化　本身為「文化商品」。

 創意　使用策略聯盟，鼓勵觀眾參與，提升商品曝光。

---

5 本個案整理自鄭自隆等（2005）《文化行銷》，台北：國立空中大學。頁 210-215。

6-5 跳脫題材窠臼

 壹 創新、再創新

內容商品最忌跟風與炒冷飯，別人拍穿越劇大賣，也跟著拍，想不出好點子，就找國外的例子抄，或是老戲新拍；忘了觀眾都是嘗鮮而喜新厭舊，80年代初期港劇《楚留香》風靡台灣，90年代重播，卻沒有人要看而提前下片，就是觀眾不會回頭看的例子。

經營內容產業必須有敏銳的感覺，創新內容是故事不老套，走出自己的路，好萊塢電影《班傑明的奇幻旅程》（The Curious Case of Benjamin Button），說一位出生像小老頭的嬰兒，越長大越年輕，是影史上從未見過的故事；《神鬼奇航》（Pirates of the Caribbean）創新鬼海盜船；《神鬼傳奇》（Mummy）創新冒險家族與復活木乃伊故事；《第六感生死戀》（Ghost），創新人鬼戀；1970年喬治‧盧卡斯（George Walton Lucas Jr.）的《星際大戰》（Star Wars）也引領科幻電影的流行。創新內容通常會有好的票房。

當創新受歡迎後，幸運的可以引導流行，讓別人跟風，1962年好萊塢推出007電影，延續至今，不但是史上最「長命」的電影，而且有很多諜報片跟風，但跟風者永遠跟不上本尊，如詹姆斯‧柯本（James Coburn）的《諜報飛龍》（Our Man Flint）就只演2集。

在電視節目方面，1962年台視《群星會》開創電視歌唱節目；1969年中視《晶晶》開創連續劇，1970年台視《雲州大儒俠史豔文》開創了電視布袋戲，2001年《流星花園》則開創偶像劇，這些節目都是以創新引領風潮。

以偶像劇為例，《流星花園》之後，台灣電視台群起跟拍，《吐司男之吻》、《薔薇之戀》、《花樣少年少女》、《惡作劇之吻》、《惡魔在身邊》、《天國的嫁衣》、《愛情魔髮師》、《王子變青蛙》、《綠光森林》、《MVP情人》、《海豚灣戀人》……，但觀眾又記得幾部？這些偶像劇劇情結構化，都是富家女愛窮小子，或是貴公子愛小資女，男二[6]或女二則愛女一或男一，但對方又不搭理，再搭配家世不對稱、父母做梗……，故事結構化發展，場景可以是傳統大產業，也可以是科技公司，幾年下來，戲被拍爛了。台灣偶像劇就如同70年代的瓊瑤劇，瓊瑤劇的男主角都是翩翩公子，女主角則長髮飄逸，不食人間煙火，他們共同的特色是有個詩情畫意的名字[7]，場景則是「三廳」──客廳、餐廳

---

[6] 「男二」指第二男主角，餘類推。

[7] 80年代後期或90年代初期，很多新生兒都有瓊瑤式的命名，如「詩婷」、「逸凡」，都是受媽媽在少女時期讀瓊瑤小說或看瓊瑤電影的影響。

與咖啡廳……，以前固然引領風潮，但現在又有誰會看瓊瑤劇？

內容商品消費屬「易開罐文化」，易開罐飲料容易購買、容易使用，也容易滿足，更容易忘卻，大眾媒體的影音內容就是如此，打開電視就看，一看就不會離開，但隔幾天就忘了內容，只有瞬間的感動，甚難成為明天的記憶，遑論鎔經鑄史留之久遠，成為後世品讀聞香的典範。

因此，翻轉題材求新求變，以滿足觀眾善變的胃口，就成了內容商品文創化的努力目標，以下幾個方向或可著力——

一、從歷史中找題材

歷史是族群的共同記憶，從歷史中找題材是容易引起共鳴的方法，威權時代的當權者也常用歷史題材拍成電影或電視劇，以作為政治社會化（political socialization）的工具，70年代台美斷交時人心浮動，就有《英烈千秋》（1973）、《八百壯士》、《筧橋英烈傳》（1975）之類的歷史電影，以及三台聯播的《寒流》（1976）連續劇。

不過肩負政治使命的歷史電影或電視劇，已不符現代社會的需求，近來台灣從歷史中找題材的電影都是有商業目標，也因為是商業電影，所以更能契合觀眾的需求——
• 《悲情城市》：以228事件為背景；
• 《1895》：描述台灣客家庄抗日事件；
• 《大稻埕》：以日治時期大稻埕社區為背景，略述及文化協會運作；
• 《賽德克‧巴萊》：描述日治時期霧社事件；
• 《海角七號》：以日治時期日本人與台灣人的愛情為軸線所發展的故事；
• 《紫色大稻埕》（電視劇）：日治時期大稻埕茶商與畫家郭雪湖的故事。

以歷史事件作為題材，要注意的是歷史有其不同面向，不同的人或族群基於意識型態會有不同解讀，無法面面討好，因此中立最好，就讓史料自己講故事；此外，處理日治時期題材，對日本官員或軍警，切勿將其醜化為小丑，不要忘了被小丑打敗或統治，不是比小丑更不堪嗎？這點《1895》的處理就遠比《大稻埕》高明。

二、觀察社會流行趨勢

大眾媒體呈現大眾文化，就是社會的鏡子，有什麼樣的社會，就會有什麼樣的大眾文化素材，因此觀察社會流行趨勢的確可以發現亮麗的題材——
• 《犀利人妻》（電視劇）：婚姻外遇；

• 《敗犬女王》（電視劇）：高齡失婚的女性，與女大男小的戀情。

　　社會流行趨勢通常是短暫的，因此更適合拍成電視劇而非電影，籌拍期短，即拍即播，即時反應社會現象，很多台灣鄉土劇就有這種本領，今天的社會新聞，就會即時出現在明天的劇情中。

　　反應社會流行趨勢的電視劇，通常會有很大的迴響，台灣社會有婚姻外遇問題，《犀利人妻》呈現出來，帶動收視高潮，並衍生出「小三」（小老婆、第三者）的流行語，後來甚至有「小王」的另一種稱謂（相對於老公外遇對象的「小三」，妻子的外遇對象稱「小王」），成了有趣的媒體與社會變遷案例，社會變遷（婚姻外遇）影響媒體素材創作（《犀利人妻》電視劇），但媒體播出後，也影響了社會流行（「小三」、「小王」的流行語）。

三、取材庶民生活經驗與想像

　　台灣是多元社會，庶民的生活經驗與想像是無窮無盡，極為多彩多姿，不過如何沙裡掏金，就考驗編劇與導演的功力——
• 《雞排英雄》：選舉文化、政客嘴臉，與小市民如何在夜市討生活；
• 《大尾鱸鰻》：小人物渴望出人頭地的想像；
• 《總舖師》：辦桌文化，與地下錢莊討債喜劇化；
• 《大喜臨門》：台灣與中國通婚的文化衝突；
• 《艋舺》：都會老社區的底層民眾無奈的幫會生活；
• 《陣頭》：邊緣少年透過陣頭的再生，呈現廟會文化正向價值；
• 《翻滾吧，阿信！》：誤入歧途少年的更生，勵志的想像；
• 《那些年，一起追的女孩》：台灣所有人的高中與大學生活的集體記憶；
• 《大釣哥》：身世之謎、黑道小弟替老大擔罪、法官立場會隨當事人關係而搖擺。

 貳 案例 《史艷文》與《晶晶》

　　1969與1970年的台灣社會，最流行的時尚是什麼？答案是看電視連續劇《晶晶》與布袋戲《雲州大儒俠史艷文》。

　　「史艷文」的魅力現在看起是有點不可思議，電視收視率曾高達37％！中午播出時段，許多農人不種田，工人不上工，小店的老闆不做生意，三輪車夫也不拉車，小學生

翻牆翹課，大家圍在電視機前看史艷文。

史艷文不但捧紅了他的主人黃俊雄（布袋戲大師黃海岱的兒子），也捧紅了主題曲〈苦海女神龍〉、〈相思燈〉[8]，電視史艷文一共有4個版本，第1個版本正是「驚動武林，轟動萬教」的正版史艷文，一共有583集，1970年起在台視播出。第2個版本是1983年8月由黃俊雄在中視重拍，11月由黃俊雄兒子黃文擇接手的《苦海女神龍》，以及次年2月由黃文擇演出的《忠勇小金剛》。第3個版本則是1987年推出的《新雲州大儒俠》和《史艷文與女神龍》，由黃俊雄演出。第4個版本是1994年在華視播出的《新雲州大儒俠》，亦由黃俊雄演出，有47集。

台灣從1967年開始就有一波波的媒體熱，先是瓊瑤的三廳（客廳、餐廳、咖啡廳）電影流行，接著王羽的《獨臂刀王》帶動武俠風潮，1969年更是全民半夜守在電視機前看著金龍少棒隊在美國比賽轉播。

除了史艷文，還有中視《晶晶》連續劇也引發電視熱潮，劇中以女主角晶晶（李慧慧飾）「全台走透透」尋找母親（劉引商飾）為主軸展開，風靡了台灣觀眾，《晶晶》是台灣電視史上的第一部連續劇，從1969年11月3日播出至1970年2月28日。

當時台灣民眾會有一股電視、電影的媒體熱，主要是時局影響，政治禁忌使民眾熱情不能投注在公共事務上，而且外交困境也壓得人喘不過氣來，大國不斷斷交，聯合國的「中華民國席次保衛戰」是每年必定上演的戲碼，台灣民眾於是從電視與電影中得到情緒的紓解。

《史艷文》與《晶晶》因為創新、因為「第一」，所以即使50年後觀眾仍然記憶猶新。

文創元素分析

文化 掌握社會情境，回應社會需求。

創意 創新節目內容。

---

8 〈苦海女神龍〉、〈相思燈〉主唱人西卿後來嫁給黃俊雄；創立霹靂布袋戲、拍攝《聖石傳說》、《奇人密碼》的黃強華、黃文擇，則為黃俊雄與正室陳美霞之子。

案例 《聖石傳說》

1999年底殺青、2000年1月上映的《聖石傳說》是台灣第一部布袋戲電影，也是全球首部，展現台灣文化的創新力。

延續民眾對1969年台視布袋戲《雲州大儒俠史艷文》的記憶，黃俊雄之子黃強華、黃文擇走出野台戲，走進電視台，後又創辦霹靂國際多媒體公司，90年代起即在有線電視台演出，現在則有自己專屬的電視頻道「霹靂」。

《聖石傳說》就由該公司製作，耗資3億，在內容、木偶、配音、燈光均有創新，技術方面採用環場杜比音效、18分鐘的特效動畫、及特殊剪接鏡頭，開創布袋戲史上嶄新的一頁。

為嘗試跨文化行銷，《聖石傳說》發行的語言版本共有3種，分別是台語、國語及英文。國語版配音部分，基於國內觀眾排斥國語配音，因此上檔一天因成效不佳便取消，而中國市場則以國語配音。2001年的夏天布袋戲電影《聖石傳說》進駐北京、上海、廣州、重慶及武漢等五大都市，也成了第一部以拆帳方式在中國上映的台灣電影。

《聖石傳說》行銷策略靈活，除了記者會外，還辦了許多影友會活動，如「聖石群英會變裝Party」、「霹靂大亂鬥」聖石電玩高手爭霸、「聖石傳說全省首映會」及「許願大會」，在台北捷運車站設置《聖石傳說》櫥窗，甚至走入國語廣播電台，在NEWS98電台，由黃文擇以《聖石傳說》中之角色播報新聞，非常難得；由於宣傳成功，上映一週後票房成績打敗了迪士尼的《玩具總動員》。

2015年霹靂再推出布袋戲電影《奇人密碼》，以樓蘭大漠為背景，但沒有引起轟動，這也表示跳脫題材窠臼的重要，唯有創新，方能不斷領先。

文創元素分析

 文化 延續民眾對電視布袋戲記憶，將道地本土文化行銷國際。

 創意 將野台戲搬上電影銀幕，創新表演方式。

肆 案例 唐美雲歌仔戲

一般人認為歌仔戲是沒落中的娛樂，是廟宇酬神才會演出的野台戲，塗著厚粧演員隨便比劃，演來演去就是教忠教孝的老戲碼，甚至鄉間的老人家也不願意看，台上的演員都比台下的觀眾多；不過，真的是這樣嗎？

歌仔戲是源自宜蘭的台灣本土藝術，是以歌代語（口白），由唱腔與身段呈現的表演型式；稱為「歌仔戲」應是粵語的誤用，台語中並無「仔」的讀音，就如台南度小月「擔仔麵」也是誤用一樣，正確讀音應是「擔麵」，而「歌仔戲」台語應唸成「歌阿戲」，「阿」是語助詞，無義，只是讓後音讀起來順一點而已。

照片來源：經唐美雲女士同意，翻攝自唐美雲歌仔戲《燕歌行》DVD封面。

台灣歌仔戲歷經廟宇酬神的野台戲，到進入戲院演出，稱為「內台戲」，在沒有電視的50年代，內台戲可是當時有錢人家女眷的主要娛樂，演員哭跟著哭，是現實生活中挫折情緒的投射與發洩（如媳婦被婆婆虐待），觀眾還會打金牌、金戒指送給喜歡的演員，就和現在花大錢買票迷韓星的小女生並無兩樣；因內台戲有票房，後來廣播電台就有了「廣播歌仔戲」的演出。

與內台戲流行同時，也有了「電影歌仔戲」，史上第一部台語片是1955年的《六才子西廂記》，就是歌仔戲電影，不過影像效果差，上映3天即下片，但隔年麥寮歌仔戲團的《薛平貴與王寶釧》推出，卻造成轟動，觀眾擁入，還擠破戲院玻璃，此歌仔戲電影帶動台語片崛起，造就了不到10年的短暫台語片風光歲月。

1962年台灣進入電視時代，歌仔戲也成了下午時段的主要節目，邁入「電視歌仔戲」階段，三台也各自培養自己的歌仔戲班，台視是楊麗花，中視是黃香蓮，華視是葉青。但隨著60年代的推行國語運動，台語節目縮減，而電視內容多樣化，綜藝節目越來越豪華、八點檔興起，電視歌仔戲遂沒落。

　　沒落的電視歌仔戲也有人嘗試加入新元素，如增加打鬥動作、特效、增加外景、簡化演員身段、增加口白減少唱腔，但似乎都無法力挽狂瀾。在眾多歌仔戲團的努力中，從文創角度的觀察，唐美雲歌仔戲有2個重要的突破——

1. 顛覆題材窠臼：早期歌仔戲劇本都不脫七俠五義、包公展昭、楊家將、樊梨花、貍貓換太子的範疇，都是傳統忠孝節義文化，觀眾看了前面就知道結局，當然引不起興趣，而新編的劇本，趕工居多，結構鬆散；唐美雲歌仔戲卻勇於創新，《梨園天神》（2006）中的主角桂郎君是貴族子弟的音樂天才，因相貌奇醜獨居小樓，而與女主角因歌舞結緣的故事；《燕歌行》（2012）雖是講曹丕、曹植、甄宓的老故事，但劇情曲折，亦有可觀；而2016年的《冥河幻想曲》，更融合希臘神話經典於歌仔戲中，穿越了神界、人界、冥界，顛覆題材的窠臼。

2. 創新音樂演出：歌仔戲以歌代語，伴奏音樂非常重要，傳統歌仔戲的文武場所使用樂器，文場就是二胡、三弦、揚琴、古箏，武場就是鑼與鼓，唐美雲歌仔戲很勇敢的使用西洋的管弦樂器，小提琴、中提琴、大提琴、低音大提琴、長笛、雙簧管、單簧管、低音管、法國號、小號都用到，將台灣古典戲曲用嶄新的方式演出，看唐美雲的歌仔戲，不只是看戲，也是聽音樂。

　　文創就是以在地文化為基礎，以新的創意顛覆舊有思維，唐美雲歌仔戲就是一個好例子。

> **文創元素分析**
>
> 文化　延續台灣傳統藝術。
>
> 創意　以創新劇本、創新故事與創新配樂，讓傳統歌仔戲在國家劇院演出，顛覆觀眾認知。

伍　案例　《通靈少女》

　　2017年5月由公視與HBO聯合製作的《通靈少女》就是取材台灣在地的宮廟文化，播出後造成轟動的例子，分析《通靈少女》的成功有4個因素——

1. **題材創新**：扶鸞、扶乩、觀落陰是宮廟文化中神祕的儀式，是少數台灣老年人的信仰，與青少年文化本不相干，但將二者結合就有了「兩元對比」式的趣味，有衝突性，很「後現代」。

2. **集數短**：只有6集，每集1小時，比起同時期的8點檔《春花夢露》、《甘味人生》連播2年，每週播5天，每天2小時或2.5小時，當然更適合一般觀眾的需求。

3. **觀眾層完整**：因為內容有宮廟文化的儀式、地方勢力的嘴臉（仗勢欺人的民意代表），契合中老年人的生活經驗，當然會看，而高中生校園生活也吸引學生族群，因此觀眾層完整，似可將台灣電視族一網打盡。

4. **HBO加持**：台灣很多影視作品要紅，最好是「出口轉內銷」，《悲情城市》就是一個例子，「既然是世界級的HBO參與製作，又在東南亞多個國家播映，一定是好片子」，台灣人就吃這一套，果然未演先轟動！

6-6 創新行銷方法

 行銷方法

　　傳統銷售方法不外人員銷售（personal selling）、廣告、促銷活動、公關活動等4項，但應用於內容商品的推廣，卻必須考慮一些限制——

一、人員銷售

　　人員銷售是最傳統的提升媒體發行的方法，早期報紙的推銷都是使用業務人員挨家挨戶拜訪說服，雖然有效，但成本高昂，現在已少媒體使用。目前有部分媒體改採電話行銷（telemarketing）方式，由業務員透過電話進行訂戶兜攬，不過由於媒體（報紙、雜誌）是低單價商品，使用昂貴的人員銷售，並不是好主意。

二、廣告

　　和人員銷售一對一的拜訪不同，廣告可以依次傳達資訊給千千萬萬的消費者，雖然費用高，但廣告觸及每一位消費者的平均費用卻遠低於人員推銷。因此廣告常成為新雜

誌、新電台、新電視節目的行銷工具，新電台會使用區域性的公車車體廣告；新電視節目會變裝成新聞，在自己電視台的新聞節目宣傳；而近年來電玩遊戲軟體的推廣更是依賴電視廣告。

三、促銷活動

促銷活動（SP: Sales Promotion）係以特定的誘因（incentive）來促使銷售的方法，有價格促銷與非價格促銷兩種方法，促銷常成為媒體刺激發行的工具。

四、公關活動

媒體對閱聽人的公共關係（PR: Public Relations）常以舉辦活動的方式展現，用此提升媒體形象，《自由時報》贊助4A廣告獎，《中國時報》主辦許多藝文展覽，《聯合報》舉辦新人小說獎，TVBS與東森的慈善基金會活動都屬公關目的，其最終目的除了提升媒體形象外，其間接目的也是希望效果能反映到發行量與收視率上。

在上述行銷方法中，促銷是比較直接的方法，透過媒體促銷，可以帶來讀者對媒體的試用、重複購買、維持品牌忠誠（brand loyalty）、品牌轉換（brand switching）等四大功能，亦即透過促銷可以促使讀者試閱、養成固定習慣，或是轉換閱讀習慣，從他報轉換成本報等效果，所以很多報紙與雜誌都會有定期或不定期的促銷活動。

促銷方式可以分為價格促銷與非價格促銷兩大類，價格促銷包含降價、折價券、分期付款、舊品兌換抵價（trade-in）等方式，媒體的價格促銷，如報紙維持低價銷售，或新雜誌上市以低價搶占市場提升知名度均屬此類。非價格促銷有試用（sampling）、贈品、抽獎、比賽或遊戲、集點券贈獎等方式，這也是目前平面媒體常用的促銷方式，如「買報紙，送包子」，買報紙送咖啡，訂報送書、送相機、送瓦斯爐，甚至長期訂報還可以送電腦、送手機、送機車。

無論是贈品或抽獎，媒體的獎品來源通常是採取交換廣告的方式，以節省經費支出，這也是一種策略聯盟的方式，所謂交換廣告是由廠商無償提供商品給媒體作為促銷運用，而媒體則提供免費的版面讓廠商刊登廣告，彼此兩益。作為媒體促銷的獎品，應具吸引力、新奇性或價值感，最好是在市面上買不到的物品，如此才能吸引讀者參與。

這種交換廣告的方式，也是策略聯盟的運用，無論是同業結盟或異業聯盟，若能達成促銷的目標就可以考慮進行。

案例 《自由時報》促銷活動

　　《自由時報》是報禁開放後崛起、存活，而且目前閱讀率第一，領先《中時》、《聯合》等老品牌報紙。《自由時報》可以在短短的10年間成為我國主要的報紙之一，有兩個原因，一是市場區隔明確，其言論與《聯合報》、《中國時報》有明顯的不同，因此能區隔讀者；二是行銷策略成功。

　　《自由時報》的前身為台中的《自強日報》，1980年由創辦人林榮三承購，1981年元月改名為《自由日報》，1986年10月總社及印刷廠遷往新北市新莊，1988年隨著報禁解除，更名為《自由時報》，全面改版，擴大為全國性報紙。

　　《自由時報》自1992年起連續舉辦三次大規模的發行促銷活動，1992年為「六千兩黃金大贈獎」，1993年為「兩億黃金大贈獎」，1994年為「五億連環大贈獎」，此項促銷活動被認為成功，並不在其獎額較大，而在其給獎辦法富刺激性，一張獎券有刮刮樂，可以對照當日國內股市收盤加權指數，也可以對照統一發票特獎號碼，一張獎券三種玩法，而且可以持續玩。此外，贈獎促銷連續3年舉辦，讓讀者可以一年一年的看下去，以培養閱讀習慣，閱報行為的養成常常只是「看習慣」而已，如此經過3年的連續閱讀，可以建立讀者閱報的忠誠性。

　　此外，在1996年元月，《中國時報》與《聯合報》將報紙售價由10元漲至15元，但《自由時報》仍維持10元售價，使得兩報流失的報份一部分轉至《自由時報》，這也是一項成功的行銷策略。

　　《自由時報》在ABC的調查，一直是台灣第一大報，發行量每日維持60餘萬份，即使2003年進入台灣的《蘋果日報》，都無法撼動其第一品牌地位。[9]

> **文創元素分析**
>
> 文化 本身為「文化商品」。
>
> 創意 創新促銷手法，培養讀者長期閱讀習慣。

---

[9] 本個案整理自鄭自隆等（2005）《文化行銷》，台北：國立空中大學。頁238-241。

案例 《中國時報》、《聯合報》公關活動

　　戰後台灣第一大報是《台灣新生報》，由於接收日產設備，因此硬體與發行系統遙遙領先其他報社，又是省政府機關報，帶有官方色彩，通路通暢，所以廣告來源無虞，在60年代之前，《台灣新生報》一直維持第一大報地位。

　　60年代中期以後，《中央日報》挾國民黨黨報的優勢逐漸取代《台灣新生報》，《中央日報》著重台北中央政府的新聞，加上中央副刊內容符合當時知識分子的需求，頗受歡迎，所以取代了側重省政新聞的《台灣新生報》。

　　70年代，《中國時報》、《聯合報》又取代了《中央日報》，成了台灣發行量最高的兩份報紙，兩報的優勢一直維持到1995年《自由時報》崛起，前後有20餘年的榮景，20年間兩報不但形成龐大報團，蓋了聳立的報社大樓與「南園」（聯合報系位於新竹縣的休憩渡假別墅區），更具備了顯著的政經影響力，兩報創辦人余紀忠與王惕吾均曾擔任國民黨中常委。

　　分析兩報崛起的原因，除了突顯社會新聞創新閱讀率、言論相對《中央日報》開明、以及因報禁帶來寡頭壟斷效益外，企業化經營也是重要影響因素。[10]

　　兩報係民營報紙，有市場營運壓力，因此也早就知道應該報團化、多元化、促銷化的經營。如《中國時報》在早年就知道舉辦公關活動和讀者及廣告公司做溝通，建立良好形象。

　　《中國時報》曾舉辦台語片影展，頒發影片金馬獎及影星銀星獎（1959），舉辦台北市「應屆國校畢業生作文比賽」（1962），舉辦十大影星選舉（1964），與天工公司合辦國語歌唱比賽（1966），與嘉新公司合辦「冬賑麵粉」活動（1968），舉辦十大名歌星與十大新歌星選舉（1971），舉辦台美電報圍棋比賽，經由電報交換比賽圍棋（1975）等促銷活動，而1978年舉辦的第一屆廣告設計獎（1980年更名「時報廣告金像獎」）延續至今，並成為台灣最重要的廣告獎項之一。

　　90年代的促銷活動轉向引進國外大型展覽，如《聯合報》之兵馬俑展（2000）、《中國時報》之赫胥宏美術館雕塑展（1995）、黃金印象──法國奧塞美術館展

---

10 參閱鄭自隆（2008）《廣告與台灣社會變遷》，台北：華泰，頁 126-130。

（1997）、世紀風華──法國橘園美術館展（1999）、達文西展（2000）等。

在報禁保護下，官報（《新生報》、《台灣新聞報》）、黨報（《中央日報》）官派主事者缺乏面對市場的敏感度，致使報紙逐漸萎縮，而民營報也形成強者越強、弱者越弱的態勢，兩報用心經營，獨霸台灣報業市場20餘年。

文創元素分析

 舉辦藝文活動，彰顯媒體文化角色。

 創新公關活動，後為其他媒體所效尤。

 ［案例］ 《蘋果日報》上市活動

《蘋果日報》是在2003年SARS肆虐台灣時登陸的，5月2日出刊。出刊前的廣宣活動造成轟動，宣告台灣從日治時期「文人辦報（雜誌）」、戰後「（強人）扈從辦報」時代的結束，進入「商人辦報」。

投注1.5億的廣宣活動，是一般新商品上市廣宣費用的5倍，之前《壹週刊》的成功崛起加上昂貴、高調廣宣，《蘋果日報》上市不久發行量即成為「老二」，僅遜於《自由時報》，成功擠下《聯合報》與《中國時報》。《蘋果日報》上市前的廣宣活動主要有4項──

1. **戶外廣告**：在人口稠密地區廣設巨幅戶外看板，台北西門町、環亞商圈、信義區紐約紐約，此外，新竹、台中、高雄都有，畫面是全裸美女鍾麗緹躺在一堆蘋果裡，告訴往來行人，《蘋果日報》「一咬上癮」。

2. **公車廣告**：都會地區的公車，一樣是全裸鍾麗緹躺在一堆蘋果中，一樣告訴民眾「一咬上癮」。戶外廣告與公車廣告，構圖「清爽」、訴求清晰，應該是高手的作品。

3. **電視廣告**：報紙不會「助敵」接受《蘋果》的廣告，但電視媒體沒有利益衝突，當然欣然接受，4月18日起電視密集播出「創蘋記」廣告，一樣是全裸美女躺在一堆蘋果裡，蘋果慢慢減少，美女越露越多，美女口齒不甚清晰地問：「發生什麼了？」

4. **Sampling 活動**：「Sampling」在促銷活動中稱為「贈送樣品」，但《蘋果日報》尚未

上市，當然沒有樣品報可送，不過它送了一般人不會拒絕的「樣品」——真正的「蘋果」，《蘋果日報》進口了75萬顆蘋果，每顆貼著「警告，蘋果日報52創刊」小貼紙，在鬧區發送。

《蘋果日報》上市前的廣宣活動是台灣媒體行銷的創舉，也對報紙同業形成莫大的壓力，改版的《大成報》頭版下方還刊著巨鯊追趕著一位泳者的廣告，文案寫著：「歡迎黎智英，海明威說：跟鯊魚游泳，你才會游得更好……。」《聯合報》與《中國時報》的售價也由15元降至10元。

當然《蘋果日報》不只上市廣宣創新，編輯戰略也創新，新聞使用大照片、表格化，大而聳動的標題，社會新聞常上一版頭條（不久，《自由》、《聯合》、《中時》三報也跟進），政治不選邊、藍綠都打，紙張印刷也比三報考究。

不久，《蘋果日報》效應逐漸浮現，成功襲奪了台灣報業市場，在2006年之前，《中央日報》、《台灣新生報》、《民生報》、《大成報》、《中時晚報》等主要報紙陸續吹了熄燈號，連老牌的《中國時報》也在2008年易主售予旺旺蔡家。

6-7 專題討論：007電影《空降危機》的行銷

史上最長命的電影

好萊塢007電影是具「長效」的內容商品，也是電影史上最「長命」的作品，1962年好萊塢米高梅電影公司推出首部007電影《Dr. No》，由於創新內容與表演方式（特務的裝備），大受好評，隔年又推出續集，以後幾乎每年或隔幾年就推出一部，是史上最長命的電影。

007電影前幾部是根據英國小說家伊恩‧佛萊明（Ian Lancaster Fleming）作品而發想改編，描述英國軍事情報局第六組（MI6），代號007的中校情報員詹姆士‧龐德（James Bond）冒險「拯救世界」的故事，故事架構陽剛，所以加入龐德女郎調劑，男主角會延續多部，但龐德女郎則每部換新。

佛萊明在二次大戰期間，曾擔任情報員工作，所以撰寫的間諜小說會比較貼近真

實，龐德系列小說在其1964年去世時，共寫了12部，除了此12部外，其餘007電影故事都是好萊塢編劇群的創作。

看007電影沒有心理負擔，反正龐德絕對不會殉職，而「壞人」一定會被做掉，俊男美女、豪華場景，瀏覽異國風光，充滿聲光娛樂效果，是標準的好萊塢商業電影，至2015年止，007電影一共發行24部，是史上最長命的電影，長青不衰，電影史上無出其右。

序號	年代	電影片名	中文譯名
1	1962	Dr. No	007情報員
2	1963	From Russia with love	007情報員續集
3	1964	Gold finger	金手指
4	1965	Thunder ball	霹靂彈
5	1967	You only live twice	雷霆谷
6	1969	On Her Majesty`s secret service	女王密使
7	1971	Diamonds are forever	金鋼鑽
8	1973	Live and let die	生死關頭
9	1974	The man with the golden gun	金鎗人
10	1977	The spy who loved me	海底城
11	1979	Moonraker	太空城
12	1981	For your eyes only	最高機密
13	1983	Octopussy	八爪女
14	1985	A view to a kill	雷霆殺機
15	1987	The living daylights	黎明生機
16	1989	Licence to kill	殺人執照
17	1995	Golden eye	黃金眼
18	1997	Tomorrow never dies	明日帝國
19	1999	The world is not enough	縱橫天下
20	2002	Die another day	誰與爭鋒
21	2006	Casino Royale	皇家夜總會
22	2008	Quantum of Solace	量子危機
23	2012	Skyfall	空降危機
24	2015	Spectre	惡魔四伏

007 的「變」與「不變」

007電影之所以具「長效」，並不是偶然或是運氣，其長效的效果在於題材創新、內容創新，行銷方式也不斷創新，在題材與內容方面，有「變」與「不變」因素——

- **「不變」因素**：男主角固定，角色固定，主要配角固定（軍情局長官M與其愛慕龐德的女祕書潘妮，研發新武器的Q先生），此外，故事結構也固定，「壞人」破壞世界和平，龐德奉命制止，龐德女郎開始是反派角色阻撓龐德，後與龐德墜入情網，龐德陷入險境，龐德女郎拯救，壞人陰謀終不能得逞。因為有「不變」因素，所以電影可以維持其系列性，觀眾也沒有額外心理負擔，充滿娛樂效果。

- **「變」的因素**：武器裝備更新，「壞人」及其企圖也不一樣，「壞人」角色隨著美國政府外交立場而改變，早期有蘇聯、中國、北韓，隨著冷戰結束，「壞人」則變為私梟、毒販、恐怖分子、MI6叛逃特工、野心商人，甚至《明日帝國》的媒體大亨也是壞蛋。

故事場景也不一樣，歐洲、美國出現頻率固然高，其他如牙買加、伊斯坦堡、香港、印度都曾作為主要場景，而且龐德女郎也每集更換，以迎合觀眾「嘗鮮」的心理，龐德女郎即使與龐德結婚，也會在當集被壞人「做掉」，不會作為下一集的女主角。因為有「變」的因素，所以電影歷久彌新，每部都是新故事，沒有老梗老套。

《空降危機》的行銷

2012年推出《空降危機》（Skyfall），是007系列50周年（1962-2012）指標性作品，全球賣座超過290億新台幣，成了最暢銷的007電影，《空降危機》的行銷有許多創新行銷方式，堪稱經典。

此片的行銷公關極為傑出，除置入外，尚有策略聯盟，與自行策劃的事件行銷（event）——

一、事件行銷：**2012年倫敦奧運開幕活動**

倫敦奧運開幕式「Happy & Glorious」的橋段，現場觀眾看到一段事先錄好的影片，一輛充滿英國復古風味的老爺車開往白金漢宮，007影片飾演詹姆士·龐德的Daniel Craig（丹尼爾·克雷格）前來邀請英國女王伊麗莎白二世參加奧運開幕式。他下

車走進王宮，敲門後進入女王的辦公室，龐德誠摯邀請女王出席，女王欣然應允，和龐德一起走出王宮，趕往奧運開幕式現場。

前往開幕式現場的方式竟然是搭乘直升機！直升機飛過倫敦市區，地面上的人紛紛向飛機揮手，連邱吉爾的雕像也揮手了。直升機飛到會場上空，天色已暗，此時畫面從預錄影片轉換成了現場直播，觀眾屏息以待，等著飛機會如何降落。只見女王從飛機跳出來，在半空中打開降落傘！接著龐德也往下跳，護送女王到達現場。

接著鏡頭轉向觀眾席，女王在夫婿菲利普親王的陪伴下，從王室包廂走出來，由國際奧委會主席羅格迎接他們。然後是8位皇家禁衛軍高舉英國國旗進場，伴隨著兒童樂團唱著英國國歌《天佑吾皇》，英國國旗緩緩升起。

這段007與女王，兩人搭乘直升機從開幕式會場的上空跳下來，是結合當時即將上映的《空降危機》電影的概念，由得過奧斯卡最佳導演獎的英國導演丹尼‧鮑伊執導，倫敦奧運開幕式是全球同步播出，因此宣傳效果也是全球性的，創意極為傑出，是成功塑造話題效果的事件行銷。

2012 年倫敦奧運開幕活動《空降危機》電影事件行銷。
影片來源：http://www.youtube.com/watch?v=1AS-dCdYZbo

二、策略聯盟

（一）海尼根電視廣告

　　海尼根啤酒90秒電視廣告，敘述被誤認成龐德的男主角在車站被追殺，情急之下跳上火車，經過一個個包廂躲避敵方追趕，期間當然就不斷出現被置入的海尼根，最後男主角到一個車廂，真正的龐德遞給他的海尼根，龐德女郎並偷偷的交付一只擺在角落的手提箱，此時敵方追來，真正的龐德跳出在高橋上急駛的火車，長景出現高橋、火車與一面緩緩而降、印有英國國旗的降落傘。

　　廣告中沒有一句台詞，但緊湊的動作場面與歡樂的派對氣氛，就是007電影與被置入商品（海尼根）的特色元素：節奏快、配合007主題音樂，剛開始很容易被觀眾誤認為「空降危機」的電影宣傳廣告，但其中不斷出現海尼根啤酒，二者搭配完美，ending畫面龐德跳下火車張開降落傘，符合「空降危機」主題，最後字幕帶出「海尼根」與「007空降危機SKYFALL」、「11月2日起　空降全台」。

《空降危機》電影海尼根電視廣告。
影片來源：http://www.youtube.com/watch?v=T_GDXeheagA

（二）海尼根開箱任務

　　延續前面廣告，海尼根要觀眾化身為廣告中的男主角解開箱子，因此設計互動遊戲。上海尼根網站，就會看到龐德女郎把箱子遞給你，以及頗有科技感的任務頁面，共有3個箱子，每個都是一個互動遊戲，全部破關後，即可進入最後一個遊戲「遠征之

箱」，創造屬於個人的007短片，還能將這支影片分享給親朋好友。而只要完成3個任務的其中之一，就可以參加抽獎得到電影首映會的電影票或海尼根007紀念瓶。

透過這種具有007特色的故事情節，先在廣告中留下伏筆，讓觀眾上網參與遊戲，親自體驗，將單向宣傳變成互動與參與。

（三）Coke Zero

此為「空降危機」與Coke Zero合作的實體活動。Coke Zero在車站大廳放置一個全觸控螢幕的自動販賣機，當民眾買了飲料後，畫面中便會要求你輸入名字並接受任務，完成「在70秒內趕到第六月台」的指令，就可以得到空降危機的特殊套票。任務聽起來十分簡單，但是民眾在趕往月台的途中，卻充滿了各式各樣趣味性的阻礙。

如同電影情節一樣，途中充滿「艱難險阻」，有人冒充你多年未見的好友，企圖攔下你，或是樓梯上有個牽著一大堆狗的婦人，擋住去路，還有店員撒落一大推柳丁，必須敏捷的改道而行⋯⋯等等，當你在70秒內趕到月台上另一個Coke Zero自動販賣機時，最後一個指令是「請哼出007主題曲」，完成即可得到套票。

透過這個實體活動，讓民眾有臨場參與感，而途中的各種阻礙也符合007電影調性。參與民眾的闖關過程被拍成影片，在網路上供人點閱，更擴大宣傳效果，因極具趣味性，所以點閱與轉載量極高。

《空降危機》電影與 Coke Zero 實體活動。

影片來源：http://www.youtube.com/watch?v=RDiZOnzajNU

（四）Coke Zero 電視廣告

同樣以「Unlock The 007 in You」為主題，敘述一個看似瘦弱的男子喝著 Coke Zero，在餐廳中遇見一個美女，兩人對唱著 007 的主題曲，他卻被與美女同行的三個男子欺負。隨後，美女搭上其中一人的車離開，瘦弱男子為了追回美女，如同 007 一般越過重重阻礙，最後順利抱得美人歸，也代表成功的「Unlock The 007 in You」。最後一幕兩人跳下橋，呼應主題「空降危機」。

《空降危機》電影與 Coke Zero 電視廣告。
影片來源：http://www.youtube.com/watch?v–Vtz4qL4-hNE

（五）SONY - Xperia T

在瑞典斯德哥爾摩一家首映《空降危機》的戲院，觀眾在入場前會拿到一杯免費、印有「SONY」的飲料紙杯，當坐定準備看電影時，螢幕出現一段極具科技感的短片，告訴觀眾情報局有個特殊任務，在一連串追蹤訊號畫面後，發現信號來源正在劇院裡……。

螢幕出現衛星空照圖，空照圖由遠而近，最後定位在這家電影院，影片接著說，「親愛的 007 粉絲們，歡迎您觀賞空降危機，希望你們都可以盡情的享用這杯飲料，因為，你可能就是這個幸運兒，得到一台防水的 Sony Xperia Acro S 智慧型手機，請各位注意，我將要撥出一通電話，用情報員特有的方式，通知你……。」

全場一片靜寂，螢幕出現手機按號碼的聲音，探照燈在觀眾席來回搜索，不久有人

飲料紙杯響了，原來Xperia手機就藏在飲料中。

　　所費不多，但極具話題性的行銷公關活動，表現方式契合影片調性，將手機藏於飲料杯中，也呈現商品的「防水」特質。

《空降危機》電影與 SONY- Xperia T 實體活動。

影片來源：http://www.youtube.com/watch?feature=player_embedded&v=Yg8aYw-ODyk

三、商品置入

　　《空降危機》置入的商品很多，如龐德的座車Aston Martin DB5、Tom Ford西裝、Omega手錶都是，置入商品都要付費給電影公司，因此也會透過自己的管道進行廣告，對電影也形成拉抬效應。[11]

　　在電影或電視中置入（placement）商品，通常為道具或場景的使用，龐德戴Omega手錶或Rolex，並無區別，只要不拙劣、不鑿痕斑斑，並無損於節目內容的呈現，亦不違反傳播倫理。

---

11 《空降危機》的行銷單元，摘自鄭自隆（2013）《公共關係：策略與管理》，台北：前程，頁199-207。

肆 文創指標檢核

《空降危機》片名Skyfall，不是動詞，也不是形容詞，Skyfall是名詞，而且是地名，是龐德的出生地，蘇格蘭高地的龐德家族私人莊園，是片尾龐德與本片的「壞人」MI6叛逃特工生死駁火之處，而MI6主管M夫人也命喪此役。

此片與「空降」無關，會把龐德家族私人莊園命名Skyfall，應是先思考2012年倫敦奧運開幕活動「女王跳傘」的Event，然後再搭配形成的片名，如此方能天衣無縫式的契合主題，反正好萊塢電影是商業活動，奧運也是商業活動，二者搭配「搶錢」並不意外，不過能說服英國皇室邀請女王客串演出，其公關工夫確屬一流。

《空降危機》的宣傳從片商自已的廣告、策略聯盟廠商廣告、實體活動到2012年倫敦奧運開幕活動炫麗的演出，都可堪稱內容商品廣告傳播的典範，尤其奧運開幕「女王跳傘」更是神來之筆，且以文創評估指標檢視之——

- **獨特性**：從來沒有一部電影的宣傳，可以在奧運開幕活動置入演出，又邀請到英國女王本尊客串，是電影史上「空前」的絕佳企劃，更可能「絕後」，後來的電影宣傳已無法複製依樣葫蘆。

- **關聯性**：電影MI6為英國特工單位，007是為英國效命的情報員，與英國女王一起演出，一點也不突兀，當然具連結性。

- **衝擊力**：當年英國女王伊麗莎白二世已年近90，畫面中的女王跳傘當然是假的，自有人代勞，不過前面的007到皇宮邀請的影片，是真的女王，開幕式現場女王進場，是Live播出，當然也是真的，此設計「戲劇」張力十足。

- **原創力**：電影宣傳結合奧運開幕典禮與英國女王本尊，前無古人，當然具原創力。

- **傳播力**：2012年倫敦奧運開幕畫面，全球數10億觀眾同步關注，並引起媒體接續討論，其傳播力不是其他電影可比擬。

表6.3　以文創指標評估「007電影《空降危機》」

文創評估指標		說明	等第
文化指標	獨特性	與倫敦奧運配合，邀請女王演出，為電影史上僅見	強
	關聯性	電影MI6為英國特工單位，與英國皇室當然具連結性	強
創意指標	衝擊力	女王跳傘，話題張力強	強
	原創力	結合奧運與英女王，當然具原創力	強
	傳播力	奧運開幕畫面，全球數10億觀眾同步關注	強

chapter SEVEN

在地文化文創行銷

照片說明：
日本之美，美在京都；京都之美，
美在花見小路；而花見小路的巷弄
更呈現城市內斂的文化底蘊。

7-1 導論

 在地文化、在地價值

在地文化為什麼要行銷？有幾個理由，其一是具備商業價值，經由在地文化的行銷，可以繁榮地方活化社區，並創造就業機會，這也是鼓勵居民參與的最大誘因，台北平溪是個偏遠的小山城，但因天燈的推廣，讓家家戶戶投入，連老阿嬤都在賣天燈，就業機會提升，整個社區也就活化了。

其次，在高度競爭的社會，城市與城市競爭，社區與社區競爭，為避免在激烈競爭中被邊緣化，將在地文化予以包裝行銷，增加媒體曝光，是參與競爭的方式之一。台灣政府強調的「一鄉一特色」（OTOP: one town, one product），就是讓每一鄉鎮社區都有自己足以傲人的特色商品，換言之，也是在地文化行銷文創化。此外，在一片全球化、國際化的「潮流」下，邊陲國家要與西方主流文化競爭的唯一方法，只有將在地文化予以文創化包裝，賦予嶄新的意義，方能脫穎而出。

文化就是生活方式，在地文化呈現斯土斯民活動軌跡，也就是地方特色，包含節慶、宗教慶典、特殊民俗、特色餐飲、歷史或地理特徵、物產、人文活動等，在地文化行銷常因具濃厚地方特色，而成為城市行銷的一部分。

- **節慶**：過年、端午、中秋都是華人的節慶，各地也衍生不一樣的年節活動，台灣人除夕圍爐，過了子夜12時放煙火，馬來西亞華人則放鞭炮；端午節划龍舟，杭州西溪濕地蔣村因地型水淺溪灣而發展迷你體型的龍舟，粽子也因各地物產不同，而有不同口味，台灣最富創意，甜鹹兼具，內餡各異，冰熱皆宜，連形狀也不同；中秋節，現在的台灣不時興吃月餅，而是家家戶戶烤肉，這是早期廣告公司在中秋節幫醬油廠商強力播放「一家烤肉萬家香」的電視廣告，所創造的節慶文化。

- **宗教慶典**：日本各地的祭典，如京都祇園祭、岐阜高山祭都是有名的祭典活動；台北慶祝霞海城隍聖誕，所舉辦的霞海城隍文化季，也是宗教慶典；更著名的是大甲鎮瀾宮媽祖每年遶境進香活動，已成為台灣政治與宗教盛事，政治人物都搶著扶轎沾光。

- **特殊民俗**：有些特殊民俗也成為重要在地文化，農曆7月7日的七夕，台南「做十六歲」的習俗，家中有年滿16歲孩子的台南父母，當天要帶孩子到台南市中山路的「七星娘娘廟」拜拜，酬謝七星娘娘保佑孩子長大成人，貢品是女士用的香粉、化妝品，孩子拜完後還得跪爬神桌，方算禮成；這種特殊而有趣的民俗，非常有「文創

化」的潛力。

- **特色餐飲**：日本壽司、韓國泡菜、法國馬賽魚湯、瑞士起司鍋、德國豬腳與香腸、中國北京烤鴨、杭州的東坡肉、西湖醋魚都是特色餐飲；在台灣，花蓮的花蓮薯、蕨薯，台南的牛肉湯、度小月擔麵、鱔魚意麵、虱目魚粥也是特色餐飲，這些都是當地文化的特徵，應可考慮不更動食材與烹調原則下，周邊器物或行銷作為加入創意元素。

- **歷史或地理特徵**：指的是古蹟勝景，如西湖之於杭州，因此在西湖演出之《西湖印象》，就是在地文化行銷文創化，在台灣，阿里山是嘉義的地理特徵，當然也可以行銷文創化，如在阿里山辦日出音樂會就是，在台南會看到荷據、清領、日治與國民黨時代的建築物，這些具歷史意義的建築，都能夠文創化的包裝。

- **物產**：在台灣，到東港會想到鮪魚，到嘉義阿里山、南投鹿谷會想到烏龍茶，到花蓮會想到曼波魚與柴魚，到屏東會想到蓮霧；在日本，到飛驒、神戶會想到牛肉，到熊本會想到馬肉，到伊勢會想到海老（龍蝦），到紀州就想到梅子；到中國杭州當然就連想到龍井茶、黃酒，這些在地的特產就是在地文化的一部分。

- **人文活動**：每年9月28日的孔廟祭典，農曆元月15日各地元宵節活動，台南的鄭成功文化季，花蓮的石雕藝術季，貢寮與墾丁的音樂季都是具特色的人文活動，都可以文創化。

在地文化行銷與文創評估指標

　　文化是不斷的滾動與創新，停滯的文化如同一潭死水，不是枯竭就是腐臭，因此在地文化行銷文創化，除了突顯文化特色外，更必須強化創意因素，以免落入窠臼，而呈現老態。在地文化文創元素，可掌握以下的一些原則——

- **連結在地價值**：有獨特性自然就會形成差異，文創就是突顯地方特色，包含節慶、宗教慶典、特殊民俗、特色餐飲、歷史或地理特徵、物產、人文活動等，都可以透過故事化、小題大做的方式包裝，甚至「導負為正」，將負面的歷史記憶變成正向的文創資產。

- 活動常態舉行：在地文化要文創化，不能只是「放煙火」，只有一次性的演出，必須常態舉行，方能建立認知，累積印象，塑造品牌價值。

- 發展特色商品：在地文化的特色商品必須有「文化」元素，經由自然演化，先沿襲舊制，再加入創新元素，最重要的必須有「故事性」，有故事就能創造差異價值。

- 加入創新元素：只有文化不能自行，必須創新，「文化」是沒有產值的，必須是商品，方能創造營收。

- 鼓勵社區參與：在地文化活動必須運用「報償」與「認同」2個元素，經由「參與－報償－認同」的過程，以鼓動社區參與，形成滾雪球似的效果。

表7.1 在地文化行銷與文創評估指標

文創評估指標		內容商品行銷作為
文化指標	獨特性	連結在地價值
	關聯性	活動常態舉行
創意指標	衝擊力	發展特色商品
	原創力	加入創新元素
	傳播力	鼓勵社區參與

7-2 連結在地價值

 在地價值

　　在地文化行銷文創化最主要的是呈現獨特在地價值，所謂在地價值，就是在地文化的特色或值得驕傲的地方，有人的聚落就會因地理或人文因素而形成與他地不一樣的文化，中國很多農村地區，儘管是相鄰的兩個村落，但仔細觀察生活方式、飲食，甚至語言都會有差異，而在地價值就是突顯這個差異。

　　差異性指的是獨特（unique），有獨特性自然就會形成差異，各地都有湖泊，但只有南投有日月潭，只有杭州有西湖，也只有北京清華大學有「荷塘月色」；「山」各地都有，但阿里山、黃山、富士山卻是唯一；「茶」也各地都有，但好的烏龍茶就在鹿谷凍頂與阿里山石桌；華人社會都有元宵節，但台南鹽水的「蜂炮」卻是唯一且具特色。

　　將具差異性在地價值「商品化」，必須考慮以下3個要素——

1. 產值：在地文化要行銷文創化，必須有產值觀念，思考如何將「文化」變成「錢」，換言之，必須有具體經濟價值，而且其創造的產值不能集中在少數商家或資本家手中，要有滴漏效應（trickle-down effect），由上而下讓地方多數人受惠。

2. 集客：集客是吸引非在地民眾乃至觀光客參與，有集客力、有吸引力方能創造產值，當然有些在地價值不是一開始就有吸引力，而是必須加入文創元素予以商品化包裝，因此事先評估是否有集客潛力，必須極為謹慎，不能誤判，台灣有很多展演設施、文化園區，最後變成「蚊子館」，就是集客潛力評估失準。

3. 長效：在地價值商品化，必須考慮是否「長效」，是放煙火式只能辦一次，還是能年復一年辦下去，很多在地文化行銷文創化，不會辦一次活動就一炮而紅，而是一次又一次的改進，經過時間淬鍊，方能累積印象。大甲鎮瀾宮媽祖遶境進香，始於清領，日治延續，但卻是2000年以後才逐漸「紅」的，可不是第一年舉辦就能吸引民眾或媒體注意。

　　地方特色，包含節慶、宗教慶典、特殊民俗、特色餐飲、歷史或地理特徵、物產、人文活動等，如何連結在地價值可以從幾個方向著手——

- **故事化**：在地價值必須有故事方有賣點，從典故、工法、匠師、原料中要想辦法找出故事，故事方能將在地價值具體化、聚焦化，杭州西湖龍井茶就有蘇東坡與辯才和尚的故事。

- **小題大做**：將某項小特點予以放大，以小博大，將七夕變成「情人節」，就是一個小題大做的例子，農曆7月7日的「七夕」，民間傳說是被玉帝拆散的牛郎與織女，一年一度會面的日子，本來是蠻淒美的，將淒美的七夕變成浪漫「情人節」是1979年國華廣告公司創造的，當年該公司在台北榮星花園舉辦「七夕情人節」活動為客戶做聯合促銷，以後逐漸演化為台灣社會獨特的節慶文化。

- **導負為正**：即將負面特色變成正面賣點，礦坑代表偏遠、危險、苦與髒，是負面的印象，但在歐洲、日本、台灣就有很多礦坑轉型為觀光遊憩地，台北九份就是成功的例子，這就是將負面印象轉變為正面賣點，此外，日本北海道網走監獄博物館也是一個好例子，百餘年前虐囚的不文明地方，轉型為博物館。

當然一個地方可能有很多文化特色，但在行銷時要有主副之分，只能集中資源強調一個主訴求，每個特色都要「賣」一定會失焦，記得「全方位，就是沒方位」、「多特色，就是沒特色」。

 案例 **鵜飼**

「鵜飼」（らかぃ）即以鵜鶘捕香魚（鮎），在日本已有1300多年歷史，日本3處地方有「鵜飼」，但以岐阜長良川最為著名，是非常獨特的文化活動。

鵜匠從戰國時期即被織田信長及德川家康保護，明治23年起成為日本政府宮內省（現在的宮內廳）所屬，身分為宮內廳式部職鵜匠，目前只有6家獲得政府特許可在長良川上從事鵜飼活動；「鵜」就是台灣人俗稱的布袋鵝，中文學名鵜鶘，又稱鸕鷀、魚鷹，英文俗名Pelican。

鵜飼現已成文化表演活動，期間為每年夏季的 5/11至秋季10/15，捕魚在夜間進行，8時30分至9時30分，觀光客必須搭船至河中觀賞，若是住在長良川畔的旅館，如「十八樓」，即有一條通道，稱「鵜飼小路」，直通旅館專屬碼頭，直接搭旅館木船看鵜飼去，很是方便，木船沒有裝上馬達，而由舟子櫓篙，極富古意；住客可選擇在旅館先用餐，或在船上，由旅館準備簡單外燴，以江上月色佐酒。

時間一到時，點著篝火的鵜舟就會準時出現，篝火的用意不是照明，而是聚光，以光吸引鮎魚聚集；鵜舟一行會有4艘，分散江面，此時觀光客的船就會依照原先分配，有秩序的靠攏鵜舟，保持約30公尺的距離，以方便鵜匠操弄鵜鶘抓魚，鵜鶘脖子綁線，一來鵜匠可控制行動，二來抓到的鮎也吞不下去，只能任由鵜匠取走，鵜匠與鵜鶘的關係，如同資本家與勞動者，匠以一御眾，取眾之勞動所得，抓魚的鵜鶘，所得被鵜匠剝削，若一夜鵜得10鮎，匠取其8，有10鵜，則一夜得80鮎，但鵜卻僅得2鮎，所以得拼命抓方得溫飽。

「鵜飼」有有1300多年歷史，維繫日本岐阜縣長良川的文化價值，活動與社區共存共榮。

鵜舟有2人，助手操舟兼控制篝火，頭戴黑帽身穿草裙的鵜匠是主角，以繩索操縱著鵜鶘探入水面下捕抓香魚，船首頭掛著篝火，不時噴出火星，和著鵜匠們的吆喝聲，幽明之間呈現千年文化底蘊。

初夏看鵜飼，可謂「櫻落葉綠岐阜城、鵜舞篝紅長良川」；晚上在長良川抬頭就可看到在山頂、燈光投射的岐阜城，位於美濃國井之口，原稱稻葉山城，1567年織田信長陷城後，易名「岐阜」，「阜」為山丘，「岐」則效法「周之文王定點岐山」，誓言布武逐鹿天下，所以岐阜城也是織田信長的「起家厝」。

鵜飼已成為社區產業，旅館靠鵜飼吸引客人，布置、備品都與鵜飼有關，酒標印有香魚，餐食有烤香魚，連海菜湯中的魚板就是「鮎」的造型；旅館外的團扇店，丫婆賣的摺扇，也是手繪的鵜飼；在地文化的文創活動就是要與社區共存共榮，如此才能走得長久。

文創元素分析

文化 將千年文化活動精緻化。

創意 聯結周邊產業，與社區共存共榮。

參 案例 平溪天燈

平溪天燈是特殊的人文習俗所形成的城市意象,平溪位於新北市東北方,基隆河上游,東是瑞芳、雙溪,南是坪林,西接石碇,北與基隆、汐止為界,是一個偏遠的山區小鎮,到平溪,北邊可從基隆進入,南邊從木柵、深坑,雖有鐵路,但屬觀光性質,班次不密,交通主要還是靠公路。

這樣一個偏遠的山區小鎮,在每年元宵節,公路交通管制的情況下,10餘萬人耐心排隊搭公車等著進入,其魅力就是「天燈」。

「天燈」的發明據說遠溯至三國時代,為諸葛亮所創,所以又名孔明燈。天燈在平溪施放的由來,相傳為早期有盜

一年 365 天都在過節的平溪天燈,天燈成為平溪、菁桐、十分三個小鎮的 Symbol 與 icon,連菁桐警察派出所的建築都是天燈造型;天燈將小市民的願望「天天快樂、中樂透、加薪」、「減肥成功」帶上天空,充滿療癒效果。

匪作亂,居民避難山中,待危機過後,以天燈為號,通報村民可以返家,後來由「平安燈」演變為「祈福燈」,成了許願祈福象徵。

天燈是紙糊、小型不載人的熱氣球,利用熱氣上升的原理讓燈盞飄浮,燃料用盡則自然掉落,因為祈福,所以使用金紙作為燃料;天燈文創化是擴大功能與加入了使用者參與的過程,早期是實用功能,現在是節慶與許願,放天燈的人可以用毛筆或粗大的麥克筆在天燈上書寫願望,除了滿足創作慾,更對祈求充滿期待,有心理療癒效果。

由於銷售量大,現在的天燈都是來自工廠量產,而平溪每一家商店不管營業性質為何,也都有天燈可賣,「天燈」成了地區民眾的全民運動;每年過年後至元宵期間,天天有數萬人湧入,至元宵節當天更達到高峰,晚上「千燈齊放」迎向天際蔚為奇觀,是

台灣躍上世界舞台的重要文化財。即使在平常也有人專程到平溪放天燈，終年不斷。

> **文創元素分析**
>
> 文化 連結先民拓殖艱辛印象。
>
> 創意 聯結節慶（元宵節），成為在地文化特色，為具產值之長效商品。

 肆 案例 日本北海道網走監獄博物館

日本北海道網走監獄博物館，是將在地文化由負面印象轉變為正面賣點的好例子。

網走在北海道東北方，酷寒之地，近年台灣遊客喜歡搭破冰船看鄂霍次克海流冰，就在網走上船，因為酷寒、偏僻，所以被稱為「番外地」，明治時期此地人煙渺茫只有熊跡，因此在此蓋重刑犯監獄，以防囚犯脫逃，冰封季節脫逃囚犯難敵酷寒，夏秋則難逃熊噬。

除了獄政考量外，最主要是「拓殖」需要，19世紀末日本崛起，與帝俄爭逐遠東霸權，為防止帝俄染指，北海道原先設根室、函館、札幌三縣，但東京派去視察的大書記官金子堅太郎建議採集權制，廢縣置廳，由北海道廳統籌拓殖事務，開闢中央道路。金子還缺德提議，開闢道路須巨額經費，但若使用囚犯開路，一方面省下費用，另方面若囚犯死亡，更可節省監禁開支。

北海道網走監獄博物館，將不良人權記錄的「番外地」監獄，賦以故事、蠟像、紀念品店，將缺點轉變為賣點，轉型為博物館。

　　明治政府接受建議，道廳長官兼屯田兵司令官的永山武四郎受命，他命令典獄長大井上輝用囚犯開路，1890 年（明治 23 年）大井選定網走，建造臨時監獄，並命令分監長有馬四郎助，在 8 個月內開闢網走到北見嶺 163 公里的道路。分監長有馬銜命，將中央道路分為 13 工區，讓囚犯彼此競爭，2 人一組用鐵鍊綁著，勞動到深夜。由於氣候酷寒、食物短缺，加上過度勞動，累死、病死的囚犯極多，而死亡者則就地掩埋。

　　網走監獄是不良人權記錄的地方，但轉型為博物館，將缺點轉變為賣點，現在網走監獄博物館強調建築工藝，「五翼式放射狀」監舍設計，便於監視是監獄建築的創舉；此外還有囚犯監禁、沐浴、「面會」，甚至試圖逃脫的蠟像，饒富趣味，參觀遊客還可以體驗囚犯生活，換囚服、吃牢飯。

文創元素分析

 文化　呈現地方歷史，彰顯拓殖艱辛。

 創意　將缺點轉變為賣點，以趣味性掩蓋監獄陰森印象。

 伍　案例　日本白川鄉合掌村

　　在日本岐阜縣白川鄉冬季酷寒，以前農民居所「合掌造」也是將缺點轉化為在地文化賣點的好例子。

　　合掌村的房子稱為「合掌造」（合掌造り），但台灣習慣稱之「合掌屋」，以厚厚茅草覆蓋屋頂，呈人字型，如同雙手指尖相連、手掌分開一般，因此稱為「合掌」，因屋頂陡峭，積雪自然滑落不會堆積，避免冬季大雪將屋頂壓垮，是日本多雪地區的特殊民宅形式，呈現了先民的智慧——在惡劣天候下求生存的無奈與慧黠，以及對大自然的妥協，從妥協中學習與大自然共容。

　　合掌造，通常有 3 層，因必須燒地爐驅蟲，屋子都是煙味，地板滿是煙塵，襪子髒兮兮，屋主必須不斷擦拭，2 樓以上樓板以竹做經緯，再鋪木板，走起來心驚膽顫；此外，由於是竹木造建築，又是茅草屋頂，防火是個大問題，居家使用得小心翼翼避免火噬，而且每隔 3、40 年就必須更換屋頂腐朽茅草，更換茅草是個大工程，需要大量人力，除了花錢僱工匠，若要自行翻修，很難一家人獨立完成，必須找左鄰右舍幫忙。換

白川鄉合掌屋，也是導負為正，將缺點（不好住的房子）變為賣點（觀光），遊覽車載來一批批
觀光客，農舍翻身為賣店、餐廳、民宿與咖啡廳。

句話說，合掌屋真是個不好住、難維護的「麻煩」建築物。

在日本現代化過程中，合掌屋本是應該被淘汰的，讓合掌屋存活下來的是一位德國
建築師布魯諾‧陶德（Bruno J. F. Taut），1935 年（昭和 10 年）他至日本進行傳統民居
樣式的調查，到白川鄉發現合掌屋，驚艷之餘極為讚嘆，並呈現在其著作《日本美再發
現》一書中。日本人是極度崇洋的民族，既然洋人都肯定，一定是好東西，於是不好
住、難維護的合掌屋被保存下來。

1995 年白川鄉合掌村更被聯合國教科文組織登錄為世界文化遺產，現在的合掌村
每天遊覽車載來一車車的觀光客，合掌屋也不再是農舍，而變成了賣店與民宿，居民也
不再只是農民，而是賣店與民宿主人。

文創元素分析

文化 呈現因地理條件所形成的地區獨特建築文化。

創意 改變建築物用途，將缺點轉變為賣點。

7-3 活動常態舉辦

壹 活動常態化

在地文化要文創化，活動常態舉辦是必須的，只有一次「放煙火」式的展示是無法建立認知，遑論累積印象。在地文化活動常態化，包含2個層面——

一是活動常設化，通常以文化館、展示室方式呈現，台灣有很多縣市都有客家文化館就屬於這種型式，不過設立這類的文化館，除了考量硬體建設經費外，也應考量展示內容物的豐富性，以及開辦後營運所需的人事、水電、維護等相關費用；此外更需事先評估市場潛力，瞭解是否有足夠的集客吸引力，避免淪為「蚊子館」，台灣有太多這類的文化館，政客選舉濫開支票，當選後為兌現，蓋了再說，最後就成了工作人員比遊客多的「蚊子館」。

大規模是專案興建的文化館，小規模是在既有建築中開闢展示室，如縣市轄區的大型博物館中設置某某文化展示室，或台北市政府內的「台北探索館」都是，這類展示室由於依附另一機構，所以開辦與日常營運費用相對減輕許多，此外，人潮來自主體建築，因此也不用特別煩惱參觀人數問題。這類文化館或展示室的文創化，請參閱第5章「博物館行銷文創化」。

活動常態化的第二種考量是固定週期舉辦，如台北市假日花市是週六、週日，台南善化牛墟則固定在每旬的2、5、8日[1]，很多地方的跳蚤市場也固定在一週中的某一天擺攤，台灣各地的流動夜市也是每日輪流在不同社區出現，這些市集常態化的意義，在於加深民眾記憶，並將活動融入日常生活中。

在地文化活動常態化也應如此，通常大型活動如台北燈會以一年舉辦一次為宜，此外，更要維持下列元素的一致性——

- **日期**：固定日期。
- **天數**：固定天數。
- **地點**：固定地點。

---

[1] 牛墟為早期台灣農村買賣牛隻的市集，全台約有80餘處，相鄰地區的牛墟市集日期一定分開，以便牛販可以到處趕集。

- **規模**：不宜忽大忽小。
- **活動內容**：在主軸不變原則下，逐年加入創新元素。

案例 台北燈會

　　台北燈會前身是1990年交通部觀光局在中正紀念堂舉辦的元宵燈會，後來這個由中央舉辦的活動分年在其他縣市舉行，台北燈會就由市政府接手，原先由民政局主辦，2017年轉由觀光傳播局承接。

　　儘管維持活動常態化，每年持續舉辦，但每年都會加入創新元素，讓市民有新鮮感，媒體也樂於報導——

- **地點**：早年在中正紀念堂，後來移至國父紀念館廣場，台北花博之後，為讓展館不致閒置，台北燈會又移往花博公園，2017年配合北門淨空，台北燈會地點「由點而線」，由北門沿中華路一段，至貴陽街口，主燈則設於西門町紅樓前之小廣場，此外，該年在台北市的12個行政區也分設小燈區，如文山區的燈區就設在貓纜的指南宮站。

- **提燈**：根據生肖設計的小提燈，市民可在燈會期間排隊索取，也帶來熱烈的迴響，而且媒體也樂於將台北燈會的小提燈，與交通部觀光局舉辦的台灣燈會、及各縣市的小提燈相互比較，饒富趣味。

- **主燈**：每年干支不同，所以有不同生肖的主燈，主燈設計公布後，常帶動媒體討論，2016年猴年的主燈「福祿猴」挨轟醜斃了，且造型與日本賀年明信片雷同，有抄襲之嫌。

　　當然所謂著作，是概念的表達（the expression of idea），而不是概念本

2016 年日本賀年明信片。　　2016 年猴年的主燈「福祿猴」。

身（idea itself），亦即《著作權法》所保護的對象是概念或構思具體化、視覺化後的作品，而不是單純的一個概念或構思，所以同樣是葫蘆猴，沒有抄襲問題，必須是葫蘆造型的雷同，方會涉及抄襲，至於是否抄襲只能依觀看者主觀認定為一樣或極為近似才能算是。綜觀台灣猴與日本猴，顏色、造型、傾斜度一樣，差別的只是有無嘴巴，而日本猴綁繩飾以梅花，台灣猴則畫個壽桃而已。

「福祿猴」被批評有抄襲之嫌後，加入了燈光秀與「福祿猴產生器」，只要手機拍照就能將被拍者合成為福祿猴；但所有花燈作品只要有足夠的投射空間，與手機置入軟體，都可以有燈光秀與合成照片，因此缺乏unique元素，不算亮點。

2017年台北燈會主燈「小奇雞」，比稿提案時，造型類似五月天阿信潮牌的吉祥物Stay Real，被評審要求修改；經4個月沉澱，設計師搶在台北市政府公布之前，在自己的臉書公布修改的主燈造型，黑白色調的孵化小雞，頭戴棒球帽還貼著OK繃，但其造型簡直是三立電視台吉祥物的翻版，只是把熊改為雞，並戴上棒球帽而已，後來由於時間緊迫，定案亮相的「小奇雞」加了滑板與白雲，做了一些變化，增加動感。

創作者搶先公布造型。　　　　三立電視台吉祥物。

這也顯示主燈設計的不易，難以討好，不過主燈的討論，讓例行性的台北燈會有了火花，增加市民的期待。

經修改之造型。

表7.2 台北燈會常態化元素

常態化元素	內容
日期	元宵節（農曆正月15日）期間
天數	以元宵節週次考量，自開幕至閉幕約2週
地點	中正紀念堂、國父紀念館廣場、花博公園；2017年改為北門至西門町，由點而線
規模	每年規模相當
活動內容	以年度主燈為主軸，搭配靜態各式花燈展示，與動態猜燈謎、影視明星表演活動

文創元素分析

 擴大傳統民俗活動，常態化舉辦。

 主燈表演、小提燈、會場布置均常有創新。

 案例 迎媽祖

媽祖是靠海地區華人的共同信仰，原為地區神祇，被封「天后」始自台南，康熙22年（1683）施琅平台，藉口神助，奏請康熙敕封「天后」，改台南寧靖王府為「大天后宮」，媽祖神格從地方一躍為全國性神祇，因此台南大天后宮早期為台灣媽祖信仰中心。

台南早期每年的「迎媽祖」非常熱鬧，「迎媽祖」活動匯集台南各廟宇共同參與，「大道公開路、媽祖婆押後」（大道公指保生大帝，遊行時成功路「興濟宮」的大道公為第一個神轎，「大天后宮」媽祖神轎一定在隊伍最後），各廟宇神轎分散其中，這時商家的遊行隊伍「百百旗」也會在各陣頭穿插出現，除了「百百旗」

台南大天后宮媽祖神像。

外，還會有商品展示（如腳踏車店請一群人騎腳踏車跟著走）、沿途分送樣品，亦曾有香水廠商以手推式噴霧器沿街向民眾噴灑香水，是廟會綜合商業行銷的民俗活動。

「迎媽祖」遊行由大天后宮出發，最後再回到大天后宮，隊伍長達數公里，繞遍全台南市主要街道，站在自己家門口看完整個遊行大約要花1小時餘，「百百旗」贊助宗教活動，也將歡愉氣氛帶入了遊行中，當時有句話說「府城迎媽祖，百百旗，無奇（旗）不有，啥眯（什麼）都有」。

「百百旗」屬於廣告活動（event），是府城廟會活動中，商家將店號，主要營業項目以印製或刺繡方式呈現在廣告旗上，隨著神轎遊行來做廣告，由於商家眾多，廣告旗也多，所以稱為「百百旗」。日治時代的百百旗，一般商家都以印染的方式呈現，如關東旗型式，由幾個人扛著遊行，老店或講究的商家會請繡莊（製作八仙彩、桌裙的刺繡店）精心製作，由兩個人前後扛著，這種繡旗貴重且具保存價值，因此遊行完後商家會妥善收存，以待下一次使用。

府城的廟會活動以「迎媽祖」最著名，嚴格來說，台南的大天后宮（原明朝寧靖王府邸）才是媽祖真正的祖廟，媽祖原先只是中國沿海地方性神祇，施琅打敗鄭經，認為有賴媽祖神助，因此奏請康熙敕封「天后」，媽祖從地方性神祇躍升為全國性神格，始於台南大天后宮，此宮也獲自康熙至光緒各朝清帝賜匾，為包含中國大陸在內各媽祖廟所不及，而全華人地區被封為「大天后宮」的也只有此宮，因此說是祖廟，誰曰不宜。

然而缺乏創新與文化論述，近年來台灣媽祖信仰已從台南大天后宮轉移至台中大甲鎮瀾宮。大甲媽祖廟的鎮瀾宮（俗稱大甲媽祖宮），主事者刻意經營，在早年台灣與中國尚為不往來年代，即搶先組團至湄洲。

大甲鎮瀾宮取得文化論述權與獲得媒體青睞的活動，是每年農曆3月的大規模宗教行腳遶境。農曆3月23日是媽祖生日，台灣各媽祖廟都有慶典，所以民間有「3月迎媽祖」的活動。

每年大甲媽祖遶境進香的日期並不固定，都是在當年的元宵節以擲筊方式決定出發日期與起駕時辰。每年農曆3月來自各地的10餘萬信徒組成聲勢浩大的進香隊伍，從鎮瀾宮為出發點，在8天7夜中徒步至南部來回；早期進香終點是北港朝天宮，後因二廟爭執主從關係，1988年後改至新港奉天宮。遶境隊伍跨越台灣中部沿海4縣市（台中、彰化、雲林、嘉義），經過21個鄉鎮市區，80餘座廟宇，來回步行330公里路，最後回

駕大甲鎮瀾宮，沿途宮廟獻香敬拜、提供食宿，信徒供水、供點心，有病痛或家中不順遂者則跪拜於路中成一直線，等媽祖神轎從頭而過，賜福去厄，是台灣最具規模的宗教活動。

大甲鎮瀾宮除透過文化論述與媒體協助外，主要是將遶境進香活動常態且週期化，建立民眾深刻印象，而成為台灣媽祖信仰中心，是在地文化文創化成功的例子。

文創元素分析

 宗教活動常態化，並擴大參與。

 強化文化論述，爭取媒體支持。

 案例 **台灣元宵活動**

台灣元宵節雖不放假，但各地都有熱烈而獨特的慶典活動，「台灣燈會」輪流在各縣市舉辦，南北二大城市亦都有「高雄燈會」與「台北燈會」，「月上柳梢頭、花市燈如畫」，但除官方活動外（台灣燈會、高雄燈會、台北燈會），民間活動更為精彩，更能突顯城市特色——

- **平溪天燈**：新北市平溪施放熱氣球似的天燈。
- **鹽水蜂炮**：台南市鹽水配合元宵關聖帝君遶境擲放大量炮竹，因炮絮成蜂巢狀，所以稱為「蜂炮」。
- **澎湖乞龜**：「乞」為祈求，「龜」為糕餅做成龜形，寓意福壽喜，即在廟裡拜拜求神賜「龜」，若應允，明年元宵需加倍奉還酬神。
- **台東炸寒單**：「寒單」為玄壇爺、武財神趙公明，相傳玄壇怕冷，所以信眾擲炮為其驅寒，炸得越旺，當年的財運也越旺。寒單爺都為乩童所扮，赤身紅短褲立於竹轎上，任人炮轟。
- **野柳淨港**：新北市野柳元宵淨港，活動漁船遶港祈福、壯丁扛神轎跳港、百人跳水、發放平安鱸魚等。
- **苗栗㸆龍**：龍燈遶境，民眾擲炮，此為客家習俗，此外，客家庄尚有吃菜包與新丁粄、「擲炮城」的活動。

　　台灣本係移民社會，多元而精彩，同一元宵節，因各地信仰、傳說、人文與物產條件不同，而衍生不一樣的慶典活動，創造城市差異價值。

文創元素分析

文化 聯結宗教、傳說習俗、物產條件，常態化舉辦。

創意 創造城市差異價值，帶來觀光效益與民眾自我認同。

肆　案例　日本東北「國境祭」

　　「國境祭」是呈現「生活習俗」的城市行銷活動，所謂「國境祭」是集合日本東北4縣（青森、秋田、岩手、山形）祭典的活動，日本東北夏短冬長，冬季酷寒，因此居民在夏季（7至9月）就在各地分別舉辦各式祭典，而「國境祭」就是將東北各地祭典集合於一處而舉辦的慶典，也有各「國」較勁的意味，也因較勁，所以演出特別賣力。

　　幕府時代，藩主在其領地都自稱「國」，所以「國境祭」也就是東北各地祭典的集合，有10餘場表演，每年固定在9月第一個週六與週日舉行，舉辦地點固定在青森縣十和田湖畔的大廣場，其中較著名的是青森的「睡魔祭」與秋田竿燈祭。

「國境祭」是集合日本東北4縣（青森、秋田、岩手、山形）祭典的活動，每年固定時間、地點舉行。

- **青森的「睡魔祭」**：青森位於本州最北方，是日本最著名的蘋果產地，「睡魔祭」日文稱ねぶた，由幾十個壯漢推拉的一部有大形燈籠台車（山鉾），燈籠的圖案是武士造型，看似日本武士，其實很多是

《三國演義》或《水滸傳》的人物。「睡魔祭」要晚上看才有燈光效果，抬轎者忘情的奔跑，配合傳統祭典音樂，鼓、鑼、笛的高亢聲音，有著神祕又古典的氣氛。

- **秋田竿燈祭**：竿燈祭在秋田已有3百多年歷史，主要用以祈求五穀豐登。竿燈高約十餘公尺，有3層樓高，上面橫架著9排竹竿，每排竹竿懸掛2至6個不等的燈籠，全套重者有60餘公斤。竿燈是先抬著進場，再隨著傳統樂聲旋律，逐漸將它豎起。豎起後掌竿者開始較勁，比高、比重，更比技巧，可用肩膀頂，或用腰撐，頭好壯壯者亦可用頭頂，撐燈時要保持平衡，以避免「火燒燈」。

青森的「睡魔祭」、秋田竿燈祭都是不同時間，在各縣分別舉行，「國境祭」將東北各地庶民節慶活動，整合於一處，方便「一次飽覽」，是「生活習俗」加入文創元素的在地文化行銷活動，參加過日式的祭典才算來過日本，日式祭典活動其實蠻「後現代」的，在傳統的儀式中加入了現代的元素，此外在祭典中方能看到真正的「日本人」──脫下商業文明拘謹的外衣，釋放了原始真實的熱情。

文創元素分析

 常態化舉辦，呈現庶民活動，彰顯特殊習俗。

 整合各地節慶，方便「一次飽覽」，以一次活動同時呈現東北各地特色。

7-4 發展特色商品

特色商品

在地文化文創化除了加強文化論述，與舉辦連結在地價值、加入創新元素的常態化活動外，如果有具象的特色商品，將能更吸引非在地的民眾。

與城市行銷的特色商品不一樣之處，就是在地文化的特色商品必須有「文化」元素，也就是包含節慶、宗教慶典、特殊民俗、特色餐飲、歷史或地理特徵、物產、人文

活動等的地方特色。在地文化特色商品最好是自然演化的產物,經由沿襲舊制,再加入創新元素,這是最容易的方法,如「天燈」是先民所創,加入的創新元素是經由購買者自我書寫,創造祈福功能。但若是要新開發,則必須掌握以下的一些原則——

- **故事性**:一定要有故事,沒有故事即與在地文化脫鉤,當然成不了「在地文化特色商品」,台北市的鳳梨酥、台中市的太陽餅、台南市祀典武廟旁的冬瓜茶固然熱賣,但沒有故事,只能說是「城市特色商品」,而不是「在地文化特色商品」。

- **實用性**:經濟越不景氣,商品就越要講究實用性,「吃、喝、用」都有實用性,但「玩、樂」就沒有,因此新開發、單純的「置物」(擺飾品)難以期待大賣。

- **差異性**:台灣的每一條老街賣的紀念品都類似,沒有差異性即與在地文化沒有連結,所謂「在地文化特色商品」強調的是排他(exclusive),其他地方無法複製或複製也無意義,去鵝鑾鼻放天燈、到彰化賣花蓮薯都是脫離文化意象的行為,只是單純的玩一盞燈或吃一塊餅。

　　新創的在地文化特色商品,必須投入大量行銷與廣宣費用,而且不保證成功,即使剛推出時造成轟動,也必須等待時間的淬鍊,能持續長銷,方能稱為在地文化特色商品。

 貳 案例 日本山形「小芥子」

　　山形縣是電視劇《阿信》主角阿信的故鄉,在日本東北是偏遠的農業縣,山形有「小芥子」(こけし)是鄉野傳說所形成的特色商品,「小芥子」是用圓樹幹刻出女娃。

　　「小芥子」的由來,有一說是山形人在娃娃出生時,會用小朋友出生時的身高、體重去訂做一個小芥子,作為紀念,就像台灣人會做嬰兒的胎毛筆一樣;不過似乎不對,娃娃出生時都有2至3千公克,但小芥子重量並沒有2或3公斤,高度也比正常娃娃小,何況小芥子都是女生造型,總不能說山形媽媽都生女生吧!

　　另一說比較客觀，就是山形小朋友的玩具，就像現代的小女生玩芭比娃娃一樣；但還有一說，以前山形是窮地方，因此有溺嬰習慣，尤其是女嬰，因無「生產」價值，所以一出生就被溺斃，然而父母還是不捨，因此刻了小芥子以為紀念，這從小芥子玩偶都是女生，或許更能印證此項傳說，但詢問「小芥子紀念館」工作人員，都鄭重否認。

　　傳說正確與否不重要，好好運用，「小芥子」就是日本山形名物，現在的「小芥子」已不再只是低價的旅遊紀念品，已成功文創化、藝術化為高價、收藏級的「藝術品」，這是兩極化的商品策略，以藝術品拉抬市場地位，提升價值，以民藝品普及銷售，創造業績。

日本山形縣「小芥子」採兩極化的商品策略，可以是觀光客買的便宜民藝品，也可以是高價、收藏級的藝術品級。

文創元素分析

文化 聯結鄉野傳說。

創意 開發多元商品，創造城市差異價值呈現在地文化，帶來觀光效益與民眾自我認同。

參 案例 **日本飛驒「猴子寶寶」**

飛驒「猴子寶寶」也是鄉野傳說所形成的特色商品，日本岐阜縣高山市位於岐阜縣飛驒，德川幕府時代將飛驒納為將軍直轄領地，高山因此成為飛驒早期的政治中心，而現在已成為觀光景點。

飛驒固然以牛肉著名，不過亦有地區專屬紀念品「猴子寶寶」（さゐぼぼ）——臉部沒有畫五官的紅娃娃，以前飛驒地區有小寶寶出生，奶奶就會縫製猴子寶寶作為小嬰兒的玩具，雖然叫「猴子寶寶」，但並非猴子而是小嬰兒，因為嬰兒剛出生時紅咚咚的像猴子，而沒有畫上五官的意思是小寶寶出生是張白紙，以後孩子是成龍成鳳或為盜為娼、是美是醜，完全是父母帶領，如同父母幫他畫上五官一樣，寓意深遠。

高山古町名物「猴子寶寶」，帶著老奶奶深切的期盼。

城市紀念品應有獨特性與排他性，並呈現社區的歷史文化意義，高山古町的「猴子寶寶」將傳統玩具商品化，成為受歡迎的的民藝品，是極成功的設計。

文創元素分析

文化 聯結鄉野傳說。

創意 商品寓意深遠，帶來觀光效益與民眾自我認同。

肆 案例 **府城四大名匾餅**

清領時代的台南被稱為「府城」，商賈富室匯集，早期蔗糖是高單價作物，只有有錢人家才經常有糖吃，以致台南人嗜甜，很多料理會加糖，不但酒家菜（如寶美樓、蓬萊閣）偏甜，連庶民的家常菜，也會加一匙糖，炒高麗菜如此，紅燒滷肉也是如此，台南著名的鱔魚意麵，更是勾芡中加一點糖，用糖來平衡醬油的鹹。

因此台南的甜食獨步全台，一點也不令人訝異，不過隨著社會變遷，西式糕餅、和

菓子引進，傳統甜食逐漸式微，要找台南古早味甜食，得在小巷子燈光昏暗的糕餅店，不過現代人的味蕾已經被西式風味制約，味覺已改變，加上古早甜食沒有包裝、店面也不明亮爽朗，當然不討喜。

台南有業者不服氣，認為傳統的台式糕餅若賦予文化意義，應有重生的機會，像老台南人熟悉的是府城四大名匾：天壇「一」字匾、武廟「大丈夫」匾、府城隍廟「爾來了」匾、竹溪寺「了然世界」匾。四大名匾代表府城歷史與氣勢，因此位於忠義路「天壇」廟口外的福樂屋餅店的老闆朱水源配合台南市政府推

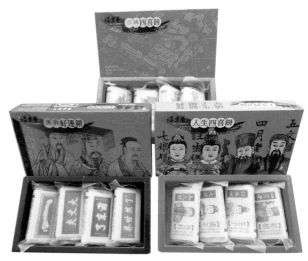

府城就是有府城的氣勢，台南四大名匾變成可以吃的餅，不過商品既然從古老的文化中取得元素，那包裝與命名就應儘量具現代感，以呈現反差的趣味，方不至於剛推出就顯老化。

動「市餅」的構想，就把四大名匾，運用巧思將其變為糕點，大小適合一人一次食用，「四大名匾」合裝一盒，外包裝總稱「天公好運餅」。

台南是台灣古都，由於先民信仰加上歷史久遠，因此有許多古寺廟，寺廟中必有牌匾，牌匾除來自帝王（如大天后宮有自康熙以至光緒等清帝的賜匾）、國家元首（全台首學台南孔廟有蔣介石、蔣經國、李登輝、陳水扁的題匾）的贈與外，主要來自封疆大吏、地方商紳與善男信女的供奉。

在台南寺廟中有號稱古都四大名匾者——

● **天壇「一」字匾**：民間稱為「天公廟」，清咸豐4年（1854）建廟，天公廟供奉玉皇上帝，在華人信仰中是神格最高的，至尊無相，因此廟中並無玉皇上帝塑像，只有牌位，「一」字匾掛在廟正中，有「一以貫之」、「天道循環」之

義。「一」字匾的四周逆時針方向環繞著12句台語押韻七言詩：「世人枉費用心機、天理昭彰不可欺、任爾通盤都打算、有餘殃慶總難移；盡歸善報無相負、盡歸惡報誰

便宜、見善則遷由自主、轉禍為福亦隨時；若猶昧理思為惡、此念初萌天必知、報應分毫終不爽、只爭來早與來遲。」

- 武廟「大丈夫」匾：官方名稱為「祀典武廟」，但民間都稱為關帝廟，供奉武聖關公，清朝建有兩座武廟，二廟相距僅百餘公尺，一為民間自由朝拜的廟，稱「開基武廟」，另一間為專供官方祭祀用，稱「祀典武

廟」即是官廟，因此廟門的門檻特別高，約有80公分，據說是清領時代不歡迎婦女入內的設計，在對街另蓋有供奉關羽座騎赤兔馬的「馬使爺廳」，拜的是赤兔馬與關羽的侍衛長周昌，是全國僅見。「大丈夫」匾掛在正門內上方，是乾隆年間台灣兵備道楊廷理的題字，表現對關羽的敬重。

- 府城隍廟「爾來了」匾：城隍廟分三級——都、府、縣，都城隍廟位於帝都，全國只有一座，而位於台南市青年路的城隍廟是「府」級的，全名「臺灣府城城隍廟」，是清領時代全台灣位階最高的城隍廟，建於明鄭

永曆37年（1669），進入廟門即可看到「爾來了」匾，「爾來了」是「你終於來找我（城隍爺）了」之義，頗有警世威嚇的味道。

- 竹溪寺「了然世界」匾：竹溪寺是台灣最古老的佛教寺院，與開元寺、彌陀寺與法華寺同為台南四大古剎。原名「小西天寺」，因臨竹溪而改名為竹溪寺，為明鄭時期創建。「了然世

界」意喻洞澈世間、自在自得，此心了然，無我無物，充滿禪機。

　　四大名匾代表台南的歷史與氣勢，因此福樂屋餅店的老闆朱水源就把四大名匾，運用巧思變為糕點，內包養生食材，每塊約9x4x2公分，大小適合一人一次食用，「四大名匾」合裝一盒，外包裝總稱「天公好運餅」，稱「天公」是天壇祀玉皇大帝，民間敬稱「天公」，為府城眾廟之首。

　　「四大名匾」餅和台灣處處可見的鳳梨酥或太陽餅、老婆餅不同，由於具強烈地方特色，因此有不可取代性，已成為台南市的特色商品，常成為台南市政府贈與外賓的禮品，以在地歷史或文化作為發想基礎，開發具獨特性的商品，「四大名匾」餅可為範例。

　　除了四大名匾的「天公好運餅」外，朱水源還開發了成年、結婚、生子、登科的「人生四喜餅」，以七星娘娘、月老、註生娘娘、文昌帝君為象徵；以及「古蹟四喜餅」，包含赤崁樓、孔廟、延平郡王祠、陳德聚堂等四座台南著名建築。「文創」就是以文化為基礎，再賦予創意的加值，四大名匾餅、人生四喜餅、古蹟四喜餅完全符合文創的要求，更落實了「庶民文創」的理想。

　　不過商品既然從古老的文化中取得元素，那包裝與命名就應儘量具現代感，一方面呈現強烈反差的「後現代」趣味，另方面也避免新商品在引入期就迅速老化，變成「老摳摳」。

　　所謂的「後現代」，強調多元、新舊融合，現代式表現，但也尊重不同民族的歷史記憶與文化傳統，創作者可從歷史與傳統中尋找素材，並將古老元素融入創作中，表現型式是認可修飾，不再認為「簡單就是美」，因此作品可能以複雜、矛盾代替單純、簡潔與理性，從新舊混雜中呈現「新與舊的對話」。

　　因此作為主體商品的餅，既然呈現在地記憶與傳承，是從文化元素尋找素材，那包裝與命名就不妨有新的思維與想法，用新的創作包裝古老元素，以表現藝術重置的相互文義性（inter-textuality）。

文創元素分析

文化 聯結歷史文化。

創意 商品充滿創新力，扣連民間信仰。

7-5 加入創新元素

 創新元素

在地文化文創行銷單單只有文化不行的,必須創新,公共電視《城市的遠見》曾經報導古川町──一個位於日本岐阜縣的山城小鎮,人口只有1.6萬人,四面山脈翠綠,鎮內溪水清澈。小鎮除自然景緻外,最令人稱道的是歷經40年持續不斷的社區營造,道路整潔,路旁水溝可以養著碩大的錦鯉;居民身體力行維護自己的生活環境,獲得了日本「故鄉營造大獎」,是值得觀摩的社區總體營造的典範。

老鎮必有老店,古川町有一家老蠟燭店,師傅仍然做手工蠟燭,蠟燭固然是「文化」,但是缺乏創新,勢必沒落,店裡賣的蠟燭仍然是幕府時代的蠟燭,問題是幕府時代蠟燭是生活必需品,但現在蠟燭,連稱為生活點綴品都有點勉強,缺乏創新,「文化」成不了商品,成不了「文創」,「文創」必須「文化商品化、商品文化化」,不能忘卻商品的創新因素。

　　文化是不斷的演化，因此在地文化要吸引人，必須加入「創新元素」，缺乏創新，在地文化會老朽成死水，成為博物館的陳列品，無法吸引觀光客參觀，更無法吸引在地年輕人參與。在地文化行銷如何加入創新元素？可以從3個方向思考——

● **生活化**：文創品不應只是單純的「置物」（擺飾品），必須與生活有關，即使是裝飾品、點綴品，也應該是生活中用得著，換言之，「實用性」是第一個被考量的因素。

● **精緻化**：在地文化演化的過程常以「實用」、「經濟」為考量，因此早期難免因牽就而流於粗糙，要將在地文化「文創化」，精緻會是第一考量，精緻化指工法、原物料、包裝、命名的改進，在地文化特色加入細膩、精緻的元素，方能擴大消費群、增加利潤。

　　台灣近年來，農業文創化有長足的進步，尤其是茶葉罐的設計與用色，都有亮眼的成果，雖然都是將傳統大型的茶罐容器縮小，做成4兩的茶葉包裝罐，但王德傳使用討喜的大紅色，李阿求用貴氣的正黃色，大色塊自有吸睛效果，英式茶的古典玫瑰園，使用玫瑰貼花，也是不錯的選擇；而新加坡茶商TWG，則是店內擺飾大型茶罐的縮小版，也有品牌宣示效果，都是傑出的設計，適合作為禮品。

● **文化論述**：當外顯元素有精緻化包裝後，內涵元素就得加入文化論述，以提升高度，並吸引政經領袖或知識分子加入，並經由他們所建構的參考團體（reference group）的角色示範，強化一般民眾參與的信心。台中大甲鎮瀾宮近年快速興起就是這種現象，政客扶鸞、學者詮釋、媒體鼓吹，形成螺旋效應，越滾越大。

貳 案例 日本靜岡可睡齋

可睡齋在靜岡縣袋井市，論規模，可睡齋是一家不起眼的日本寺院，但因有個可愛的名字和有趣的故事而著名。

可愛的名字來自有趣的故事，可睡齋原名「萬松山」，4百年前日本戰國時代，群雄廝殺，德川家康小時候因戰亂逃至現今靜岡縣袋井，眼見追兵已到，蒙萬松山住持仙麟等膳和尚收容，藏匿於山後的洞穴中，逃過一劫。

後來德川家康成為濱松城主，為了報恩，於是召見賜宴仙麟等廟方人員，老和尚或許老了累了，或許出家人不屑與權貴交，卻見仙麟睡起覺來，旁人要搖醒時，德川家康制止，說住持見到自己如同見到兒子一般，當然可以安心睡覺。就讓仙麟繼續睡，並賜寺號「可睡齋」，仙麟成了「可睡和尚」。

宗教「文創化」，除了「說故事」，尚必須加入創新，配合現代人喜好與作息的元素，現在可睡齋提供一泊二食的服務，讓遊客體驗一日僧尼生活，不能過夜的，有「精緻」的精進料理，也可坐禪、寫經。停留時間長的寫「心經」，來去匆匆的，則有「短文」寫經——「十句觀音經」，內文才42字。

不會寫毛筆字怎麼辦？不用擔心，字紙底下襯著原稿，依樣畫葫蘆即可。寫完，送到前面請和尚加持，蓋上「可睡齋」的章，即成了個人的經本、護身帖。

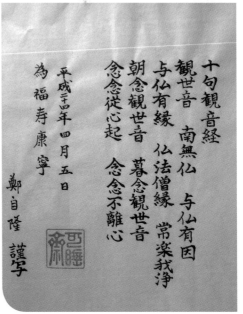

有故事、可禪修寫經，亦可泊食，有多種套裝行程可供選擇，日本靜岡可睡齋可謂是宗教文創化的典範。

文創元素分析

文化 呈現因歷史典故所創造之故事與特色。

創意 改變傳統日本寺廟風格，創新營運方式。

參 案例 電音三太子與陣頭文化

「三太子」指的是李哪吒，是《封神榜》中的人物，在《西遊記》中也有哪吒類似的故事，台灣民間信仰中，哪吒被稱為中壇元帥、哪吒太子、三太子；由於哪吒腳踏風火輪，與現代汽車車輪類似，所以成為司機的守護神，很多職業駕駛人，如卡車司機、計程車司機、遊覽車司機會在方向盤右前方擺一尊小型的哪吒神像，保佑行車平安，是台灣很傳統的神祇。

　　廟會中，哪吒除坐於神轎之神像外，會以「神將」（由人套入神偶中行進，又稱「大神尪阿」）方式出現，傳統神將除了三太子、濟公、土地公外，都是大型神偶約4公尺高，裝備重，因此只能腳邁八字步前進，但三太子神偶體型相對小，行動較方便，據說嘉義朴子太子會裡，有位熱愛free style舞蹈的大學生，無意間扛起25公斤重的三太子裝備跳起電音，沒想到意外獲得同團團員的好評，於是開始一齊練舞，開創了電音三太子。[2]

　　另有一說，電音三太子是雲林北港太子聯誼會發明的，事實上爭執誰是創新者並無意義，在台灣急遽的社會變遷中，街舞、電音、Lady GaGa都成了青少年次文化，青少年次文化的特色是快速擴散與橫向連結，因此與三太子神偶連結並不意外，連結之後再連結，現在的三太子戴起了墨鏡、騎機車、咬奶嘴、背國旗；其活動也由無償的廟會，擴散至企業尾牙、開幕活動、結婚喜慶、政客參選登記造勢、觀光團迎賓、拍電視廣告等商業演出。

　　2009年高雄世運會電音三太子演出，讓台客文化躍上主流活動，成為另一種「台流」；電音三太子是在地文化行銷文創化的傑出例子，證明「傳統」與「創新」、「在地」與「現代」不但不衝突，甚至還蠻討好的。

　　三太子是陣頭的一種，「陣頭」是非常在地的台灣文化，先民早年拼死橫度黑水溝「唐山過台灣」，因為充滿不確定性，因此拜神尋求心靈寄託，除了自己的家鄉神（如三山國王、開漳聖王、清水祖師）外，過黑水溝與風浪搏命，所以拜海神（媽祖、水仙尊王、四海龍王）；延續血脈祈求生產平安、小孩順利成長，所以拜褓姆神（註生娘娘、床母、臨水夫人、七星娘娘）；避免瘟疫遠離疾病，所以拜大道公（保生大帝）與各式各樣的王爺、千歲。

「陣頭」是非常在地的台灣文化，從除瘟祈福的王爺信仰所衍生的家將，由於加入文創元素，已逐漸獲得主流社會的認同。

---

[2] 參考自 http://www.ftv.com.tw/2007hakka/07/star03.htm

王爺就是瘟神，功能是驅鬼逐疫，陣頭中的八家將、將官首就是王爺的禁衛軍，介於「神鬼之間」[3]，因此王爺出巡時，八家將、將官首就會作為前導，以確保沿途「乾淨」無鬼魅，將官首、八家將著神衣、塗面、執兵器，有固定的步伐與陣勢，因此衍生台灣獨有的陣頭文化。

這種陣頭文化，原先是非常草根的，參與陣頭的青少年大多是中輟生，他們經由加入取得團體認同與溫暖，參與活動獲得便當與少許零用錢；社會及主流媒體也不會給予正面評價。但近年整個社會觀感已經有了改變，改變來自創新元素的加入，率先改變的是九天民俗技藝團。

由於九天的努力，陣頭文化已得到主流媒體的肯定，2012 年有電影《陣頭》推出，內容以九天為故事架構，三立電視「台灣台」每週三晚間 10:30 的《寶島神很大》也以陣頭、廟會為主軸，陣頭文化已逐漸被接受，而且躍上了主流媒體。

文創元素分析

 文化　呈現在地民間信仰。

 創意　以後現代角度，將創新元素溶入民間信仰，將廟口文化轉化為表演文化。

 # 7-6 鼓勵社區參與

壹 社區參與

在地文化文創化不能只有菁英鼓吹、民眾旁觀，或民眾熱情、菁英冷漠，必須鼓動社區參與方能畢其功。在日本傳統的祭典，無論社經地位、年齡大小都會參加，七夕祭年輕的 OL 都會換上涼快的浴衣，一起去看煙火。但在台灣，在地文化活動鼓動社區參與卻是個高難度工程，尤其越都會化的地區越不可能，原住民部落的豐年祭，是部落大事，離鄉的年輕人都盡可能返鄉參與，但在台北市就無法找到這樣的例子。

---

[3] 參見李秉憲（2008）《神鬼之間、家將再現》，台北：國立台灣藝術大學造形藝術研究所碩士論文。

在地文化活動要鼓動社區參與，必須運用「報償」與「認同」2個元素——

- **報償**：報償（reward），對店家而言是經濟利益，台北市霞海城隍廟平常就給附近店家帶來人潮與錢潮，因此霞海城隍聖誕活動，迪化街的店家自然樂於捐款作為回饋，而年輕未婚男女，對霞海城隍所期盼的報償是「獲得良緣」的社會利益，因此會自動參與捐輸。

- **認同**：所謂認同，指的是「社區認同」與「文化認同」，當喜歡這個城市時，城市活動會樂於參加；當認為媽祖靈驗時，則會加入8天的跋涉行腳。形成認同，除了長期的涵化（cultivation）外，主要來自有形或無形的報償，換言之，在地文化活動的社區參與，要建立「參與－報償－認同」的過程，經由主動或人情壓力的參與，得到好處，最後形成心理認同。

　　大甲鎮瀾宮媽祖遶境進香，是台灣難得的社區共同參與的在地文化行銷活動，每年農曆3月台灣各地的10餘萬信徒組成聲勢浩大的隊伍，從鎮瀾宮為出發點，歷經4縣市，8天7夜徒步至嘉義來回；由於人潮帶來商業活動興盛，商家得到實質的經濟利益，居民因為活動得到媒體報導，建立社區榮譽感，有了具體與心理報償，自然形成對活動的認同而熱烈參與。

貳　案例　日本秋田男鹿半島生剝祭

　　日本東北秋田縣的男鹿半島有個奇怪的民俗，稱為なまはげ，漢文為「生剝祭」，所謂「生剝」並不是鬼怪將人生吞活剝，而是此地冬季酷寒必須烤火，而懶人烤火太久，皮膚乾燥易生紅斑，因此將紅斑剝除，就是去除懶惰惡習。

　　「生剝」是男鹿過年前的活動，每年除夕的晚上，未婚的男性穿稻草衣戴鬼面具，手持菜刀水桶，口出怪聲，扮成「生剝」，在村子裡挨家挨戶「侵門踏戶」，恐嚇小朋友、小媳婦，若不乖、懶惰，就抓走。主人必須饗以麻糬酒菜，並答應管教家人，「生剝」方祝禱後離去，接著這家人就歡歡喜喜準備過新年。

　　這種奇怪的風俗，有點類似西洋的萬聖節，男鹿真山傳承館的說明書與影片，均將這種習俗的源起說是漢武帝五鬼傳說，似乎有點遠；男鹿是秋田西北邊的半島，面臨日本海，地方偏遠，人煙稀少，冬季又積雪酷寒，未免有鬼魅傳說，なまはげ可能只是當地人將鬼魅轉化為歲末除穢迎福的活動罷了。

　　男鹿半島是很普通的日本鄉下地方，但因有了「生剝祭」形成特色，「生剝祭」將整個男鹿半島變成一個涵蓋旅遊、餐飲、文化的綜合型商圈，全年演出，不但有專屬博物館與體驗表演，對「生剝」文化做深度的展示與說明，地方旅館還共同出資贊助「鄉神樂」的太鼓表演，「生剝」會從觀眾席後端突然跑出來嚇觀眾，製造節目高潮，受驚嚇的人可以事後頭戴草繩避邪收驚，極為有趣。

「生剝祭」將鬼怪可愛化、商品化，整個男鹿半島變成一個涵蓋旅遊、餐飲、文化的綜合型商圈，全體商家可分享文化紅利，將原先只有除夕的除穢迎福儀式，變成全年無休的觀光活動。

在地文化文創化所產生的經濟成果，必須由地方共享，當地所有販賣店的商品都以「生剝」為中心，形成特色商品——有置物（裝飾用擺飾品）、伴手用和菓子、地酒、T衫、日式門簾、燈籠等所有的觀光旅遊商品，該想到大概都有了。

男鹿半島是個極偏遠的鄉間，沒有吸引觀光客的資源，鄉民將「生剝文化」文創化，給地方注入活水，一年365天，天天有觀光客；更重要的，這種因鄉野傳說或歷史傳承所形成的城市特色，是由全體商家所共享，每一個別商家都可分享「生剝」的概念與符號所形成的文化紅利，以之發展個別商品，並匯集成為城市特色，共享共榮，是極為成功的「社區參與」文創個案。

文創元素分析

 聯結鄉野傳說。

 將鬼怪「可愛化」，商品充滿趣味，帶來觀光效益與商機，亦滿足民眾自我認同，與分享文化紅利。

7-7 個案討論：台南「做十六歲」

「做十六歲」

「做十六歲」是府城台南獨特的文化活動，也就是「成丁」的儀式，「成丁」表示長大成年，由兒童轉大人，變成「男子漢」。

台南有沿自漳泉的信仰，求受孕，拜的是「註生娘娘」，受孕後求平安生產，拜的是「臨水夫人」，孩子生下來，直到16歲長大成年，這段期間是受到「七星娘娘」（台南人稱為「七娘嬤[4]」）及助理「鳥母」的照顧，因此16歲了，就應該敬備香果向七星娘娘及「鳥母」謝恩。

---

[4] 華文寫成「七娘媽」是錯誤的，台語是稱為「七娘嬤」，「嬤」是對年長女性的敬稱，為免訛傳，宜改正。

　　「鳥母」應是七夕中搭鵲橋，讓牛郎織女相會的喜鵲，傳說中，台灣民間信仰因為七星娘娘沒法分身到每個家庭照顧小孩，因此會派「鳥母」去，也就是說，「鳥母」是七星娘娘派至有小孩家駐點的助理，在台南民俗，農曆初一與十五，家裡就要拜土地公、地基主（住宅所在地的原住居民）與「鳥母」。

　　「做十六歲」是農曆7月7日（七夕），在台南市中山路的開隆宮舉行，開隆宮台南人稱為「七娘嬤亭」，「做十六歲」是台灣僅見的儀式，極具獨特性，開隆宮的主神就是七星娘娘，祂的生日就是七夕，七星娘娘有人附會說是「七仙女」中的老么，這應受電影或歌仔戲的影響，在神格上應不是如此。

　　為什麼要「做十六歲」？在早年有其經濟社會學的意義，清領時代教育不普及，兒童12或13歲即要離家學藝或賺錢，當時台南的五條港（今「神農街」一帶），是與中國通商的主要貿易口岸，需要搬運工，碼頭工人（苦力)16歲以下的，算童工，僅能領半薪，但過了16歲即是成年工，可以領全薪，所以16歲算是「成丁」，可以娶妻生子，邁入人生另一個階段。

　　在早年，「做十六歲」僅限男丁，日治時代已漸無男丁女生之分，但只有有錢人家才會「做十六歲」，連橫《台灣通史》卷23謂「富厚之家，子女年達十六歲者，糊一紙亭，祀織女，刑牲設醴，以祝成人，親友賀之」，同卷冠婚篇亦謂「成人之禮，男冠女笄，台灣多以婚時行之；唯富厚之家，子女年達十六歲者，七夕之日，祀神祭祖，父師

字之，戚友賀之，以紙製一亭，祀織女，以介景福」，也就是說當時成人之禮，多在結婚時順便舉行，但有錢人家的子女年達16歲時，會在七夕當天，祭神拜祖，父親或師傅會賜予「名」之外的「字」，親友同賀，然後祭燒「七娘媽亭」，拜叩織女祈福。

現在當然更沒男孩女孩的區別，每年農曆7月7日，府城家長就會帶著過16歲的孩子來開隆宮拜拜酬神，很多孩子不分男女，還特地穿上狀元服；因為拜的是女神，所以供品除了鮮花、水果外，還會準備香粉、香水、胭脂、鏡子、梳子、髮油、針線等女性用的化妝保養品，此外，還會祀以竹架紙紮的「七娘嬤亭」，以祭燒奉獻給七星娘娘，七娘嬤亭亦稱「鳥母亭」，也表示同時酬謝七星娘娘的助理「鳥母」。

「做十六歲」有個非常獨特的儀式，開隆宮會在主殿旁設有「狀元亭」，擺一供桌，上置「七娘嬤亭」，參與儀式的孩子行三跪九叩大禮後，即匍匐爬過供桌底下，爬出後男左女右分行，如此三次，稱為「出鳥母亭」，表示已獨立成年，告別鳥母的庇佑。

 文創指標檢核

府城「做十六歲」是台灣僅見，非常有意義而且有趣的文化儀式，可惜缺乏適當的文創包裝，變成只能賣香燭、一年只熱鬧2、3天的活動，在地文化的行銷文創化，必須有產值觀念，思考如何將「文化」變成人潮與錢潮，換言之，必須有具體經濟產出，而且其創造的產值不能集中在少數商家或廟方手中，要讓地方多數人受惠。

以文創評估指標檢視府城「做十六歲」，可以發現文化指標滿分，但創意指標還可有很大的努力空間——

- **獨特性**：「做十六歲」是全台灣僅見的成年儀式，充滿儀式性與趣味性，有故事、有文化傳承意義，連16歲的叛逆期的男生、女生都不排斥，熱情參與，是很棒的在地文化行銷文創化的素材。

府城「做十六歲」是成年禮的儀式，農曆7月7日（七夕），在台南市中山路的開隆宮（七星娘娘廟）舉行，是台灣僅見，極具獨特性，有濃厚的「文化性」，「做十六歲」的孩子要跪爬供桌，供桌上就是「鳥母亭」。

- **關聯性**：「做十六歲」不是廟方發明的宗教活動，而是台南歷史與產業發展軌跡所形成的民俗，見證早年府城拓殖史——清領時期台南與漳泉的口岸貿易，年輕勞力過早投入就業市場的史實。

- **衝擊力**：儀式固然有趣，但每年雷同，沒有創新就沒有衝擊力，沒有亮點，其他縣市的人，或家裡沒有16歲孩子的台南人，會認為和他沒有關係。

- **原創力**：儀式謹遵古禮，沒有加入任何新的元素，除了香蠋與「七娘媽亭」，也沒有開發特色商品，廟方固然有香油錢的收益，但其活動利益無法擴散，其他商家不能分享。

- **傳播力**：因為缺乏創新，所以媒體只有一次性報導，甚至把去年的帶子拿來重播，或許也不會被發現。

　　如何加入創意元素？廟方和台南市政府文化局可加把勁，本章一些案例或可做參考——
- **鵜飼**：配合旅行社、旅館，成為觀光活動；
- **台北燈會**：型塑議題，讓媒體、網路討論；
- **大甲鎮瀾宮遶境進香**：建構文化論述，利益社區分享；
- **日本東北「國境祭」**：策略聯盟，聯合其他活動，壯大聲勢；
- **日本「小芥子」與「猴子寶寶」**：賦予故事，發展特色商品；
- **府城四大名匾餅**：發展特色商品；
- **日本靜岡可睡齋**：深化文化研習；
- **電音三太子**：動感化、跨越廟區，參與其他活動；
- **九天陣頭文化**：挖掘特殊故事，爭取媒體報導；
- **日本秋田男鹿半島生剝祭**：天天有活動，活動常態化。

表7.3 以文創指標評估「台南『做十六歲』」

文創評估指標		說明	等第
文化指標	獨特性	全台灣僅見的成年儀式	強
	關聯性	台南歷史軌跡的一部分，見證府城拓殖史	強
創意指標	衝擊力	每年儀式雷同，沒有創新就沒有衝擊力	弱
	原創力	謹遵古禮，也沒有特色商品	弱
	傳播力	沒有創新，媒體只有一次性報導	弱

chapter EIGHT

工廠文創行銷

照片說明：
老工廠歷經滄桑，杭州許多老工廠，
歇業後轉為文創用途，成為年輕人
創業基地，避免成為廢墟或蚊子館。

8-1 導論

 意義

當一個國家從「開發中」邁入「已開發」，產業結構會有重大改變，服務業興起、生產業衰退；當生產業衰退，許多工廠將面臨關廠的危機，若要避免關廠只能思考轉型與再利用，除了拋售土地獲取房地產利益外，「工廠行銷文創化」會是拒絕土地炒作、維繫品牌記憶，同時可以永續經營的方法。

工廠轉型與再利用有兩個途徑，一是本業仍在生產運作，但騰出一部分空間，或縮小產出規模，釋出部分廠房再利用，屬於「觀光工廠」的範疇；這種情況的「再利用」，所衍生的經營類型與銷售商品必須與本業有關，以免混淆或減損本業的品牌價值；如台灣菸酒公司（原省政府「公賣局」）將很多仍在生產中的酒廠「觀光化」轉型，變成遊覽車的旅遊休憩站，推廣自家商品，從高粱、啤酒……到豬腳、香腸、生技面膜，就是例子。

第二種型態是本業已經歇業或外移他國，或是縮小規模、技術升級，導致廠房閒置；若是本業尚在營業，但因外移、縮小規模、技術升級，所形成的轉型再利用也應與本業有關，以維持品牌價值（如宜蘭玉兔鉛筆工廠）；但若已歇業，則可以改變經營類型，以迎合市場。如日本北海道函館的金森倉庫與小樽的北一哨子館，前身都是漁獲倉庫，但分別改為百貨與玻璃工藝的銷售點；台北的華山藝文區，一部分就是公賣局的老廠房。

工廠行銷文創化是閒置廠房的再利用，因此只要改建與後續營運費用控制得宜，對業主而言，工廠行銷文創化將帶來如下利益——

- **善盡社會責任**：當然從另一角度而言，將工廠文創化可能也是一種型式的「養地」，不過業主不荒廢廠房，不炒作土地，經由工廠行銷文創化活絡社區、促進就業，也是企業善盡社會責任的表現。

- **閒置空間再利用**：空間閒置會有管理問題，人力、水電、稅賦支出均不能省，與其空著花錢，不如再利用，因此閒置空間文創化，對B2C產業而言可以增加銷售點、提升業績、活化資金流動；對不是B2C產業，則可轉予觀光、餐飲、藝文或其他可以直接面對消費者之產業使用。

- **型塑品牌形象**：空間文創化當然可以提升品牌形象，尤其是B2C產業，消費者對品牌的印象除了來自廣告與使用經驗外，若能直接參與、接觸、互動，品牌印象也會更鮮活，這也是近年來，台灣企業興起創設企業博物館，或觀光工廠化的原因。

 觀光工廠

　　台灣近年很流行的「觀光工廠」概念，與工廠行銷文創化有些重疊，工廠行銷文創化指的是老工廠的活化與再生，不限於本業是否持續營運，即使已歇業仍然可以「活化」，而觀光工廠指的是本業仍持續運作，不過運用閒置或特別規劃的空間，讓遊客參觀或體驗，以增加營收或提升品牌印象。

　　根據經濟部頒布的《觀光工廠輔導評鑑作業要點》，觀光工廠的定義為「取得工廠登記，具有產業文化、教育價值或地方特色，實際從事製造加工，而將其產品、製程或廠地、廠房提供遊客參觀、休憩之工廠」，換言之，要成為觀光工廠，得先有工廠登記，然後再考慮是不是有產業文化價值、教育價值或具地方特色，也就是利用現有的設施，加入觀光、體驗、銷售等元素，以創造額外的附加價值，當然若能保存與發揚產業文化則更佳。

　　在《文化創意產業發展法》的分類上，觀光工廠屬「創意生活產業」，指的是「從事以創意整合生活產業之核心知識，提供具有深度體驗及高質美感之行業，如飲食文化體驗、生活教育體驗、自然生態體驗、流行時尚體驗、特定文物體驗、工藝文化體驗等行業。」[1] 因此「體驗」成為必須，這也解釋台灣絕大部分的觀光工廠都設有體驗區的原因。

　　觀光工廠的主管單位為經濟部工業局，該局設有《工廠轉型升級暨技術躍升推動計畫：觀光工廠輔導評鑑作業須知》，觀光工廠評鑑項目分為主題特色、廠區空間、設施展示、服務品質、營運模式等5項，評鑑結果分為未通過、條件式通過、通過等3種，通過觀光工廠評鑑者頒授觀光工廠標章。

---

[1] 見〈文化創意產業內容及範圍〉之規定。

工廠行銷與文創評估指標

　　工廠行銷文創化是協助廠房縮編、企業轉型、延續品牌歷史文化、創造品牌價值、促使企業善盡社會責任的方法，工廠行銷的文創元素包含——

- **展現品牌歷史文化**：工廠行銷文創化的周邊利益就是「品牌加值」，可利用商品、廣告物、創辦人的故事、特殊生財工具的展示，來為品牌加值。

- **連結社區形成造鎮**：「銷售一家店，不如打造一條街」，打造一條街就不如「造鎮」，有造街、造鎮方能「集市」，工廠行銷文創化若能造鎮，可與商圈共存共榮。

- **展場規劃創造反差**：不要把老工廠變成舊貨倉庫，這是對品牌的不敬，沒有人會想去垃圾堆玩耍吃飯，即使「懷舊」，也要透過展場規劃創造反差，以求創新。

- **創造差異突顯品牌**：工廠文創化有「差異」才有「記憶」，有「記憶」，品牌才會被突顯，觀光工廠可透過文化內涵、創意思維、特色美學來創造差異。

- **善用媒體整合行銷**：行銷觀光工廠就是要「說故事」，把創業者、商品、原料、製程、工法，甚至名人消費，透過大眾媒體、自媒體、公共平台傳播出去。

表 8.1　工廠行銷與文創評估指標

文創評估指標		工廠行銷作為
文化指標	獨特性	展現品牌歷史文化
	關聯性	連結社區形成造鎮
創意指標	衝擊力	展場規劃創造反差
	原創力	創造差異突顯品牌
	傳播力	善用媒體整合行銷

8-2 展現品牌歷史與文化

壹 展現品牌價值

　　工廠行銷文創化是產業結構改變後廠房的轉型與再利用，若是本業仍在營運，則「轉型與再利用」所衍生的經營類型與銷售商品必須與本業有關，要考慮改變帶來的是對品牌的「加值」，以免混淆或減損本業的品牌價值。

　　品牌資產（brand equity）在會計帳中是可被量化或計算的品牌價值，但對消費者而言，品牌價值是來自商品的直接使用經驗，與由廣告、口碑、媒體報導所建構的對品牌的抽象認知；工廠行銷文創化所要連結的品牌價值通常可以有下列元素——

桃園黑松博物館展示早期汽水瓶與草繩綑綁方式。

● **商品**：來自消費者的使用經驗是最直接的品牌價值，因此工廠行銷文創化不能忽略「商品」元素，必須展現原物料用心與製程的嚴謹，或提供試吃、試飲、試用、試乘的體驗。歷年商品的陳列也有必要，老商品除展現品牌歷史外，更可喚醒參觀者的消費記憶。

● **廣告**：除商品外，建構品牌價值最有效的工具就是廣告；除廣告聲量所累積的品牌價值外，廣告明星、廣告作品的記憶也是品牌價值的一部分，所以黑松博物館有一面牆，展示歷年來的廣告明星與作品（葉璦菱、白嘉莉、王祖賢、李心潔等人），而一般消費者想到台灣啤酒就會想到「伍佰」與「尚青」，想到斯斯就會想到「豬哥亮」，這也是品牌價值。

札幌啤酒博物館展示老看板。

- **經營者**：企業能否長久存續與經營者的人格特質息息相關，因此對老企業而言，經營者是品牌價值的一部分，台灣民眾想到台塑、就想到王永慶，想到長榮、就想到張榮發，想到奇美、就想到許文龍；因此工廠行銷文創化，經營者的角色也可以被強調。

- **生財工具**：生財工具如廠房之於工廠、飛機之於航空公司、輪船之於航運公司，廠房、飛機、輪船是企業歷史的一部分，都與消費者記憶有關，當然也構成品牌價值。

- **特殊事件**：如比賽獲獎、參與公共事務、支援城市活動、重大專利發明等，都可以在工廠行銷文創化過程中，扮演展現品牌歷史與文化的角色。

- **外界評價**：主要是媒體報導，不過外界評價所形成的口碑，固然是品牌價值的一部分，但是在工廠行銷文創化過程中運用應謹慎，高調與誇張並不合適，應自然融入。

 貳 案例 **公賣局**

　　對老一輩的台灣人，「公賣局」是專賣菸酒的公營企業，是第一品牌、信賴度高、歷史悠久、公家經營，品質保障，不會有假酒、劣酒以及價格合理、物超所值等印象[2]。

　　公賣局就是現在的「台灣菸酒公司」，「公賣局」源自於日治時代的專賣事務單位，台灣總督府專賣業務原先只有鴉片，明治31年（1898）因財政需要，納入食鹽與樟腦專賣，明治34年（1901）合併原有之台灣製藥所、台灣鹽務局及台灣樟腦局，成立「台灣總督府專賣局」。明治38年（1905），納入香菸專賣，大正11年（1922）納入酒類專賣，昭和17年、18年（1942、1943）又陸續將火柴、度量衡、石油收歸專賣，所以日治時代的專賣局包山包海，專賣品計有香菸、酒類、鴉片、食鹽、樟腦、火柴、石油及度量衡等8項。

　　戰後1945年，國民黨的台灣行政長官公署仍繼續實施專賣制度，業務範圍縮小為菸、酒、樟腦、火柴、度量衡5項，改名為「台灣省專賣局」，1947年再改組為「台灣省菸酒公賣局」，直接隸屬台灣省政府，專賣業務縮減為菸、酒、樟腦3項，1951年修正組織規程，改隸台灣省政府財政廳，1968年樟腦專賣業務終止，公賣局業務僅保留菸、酒2項。

---

2 參見鄭自隆（2007）《台灣菸酒公司消費者產品盲測、品牌印象、酒標設計偏好研究案》，台灣菸酒公司委託研究案。

1999 年「凍省」，公賣局改隸財政部，是中央主要財政收入之一，2002 年專賣制度廢止，菸酒回歸稅制，公賣局改制為「台灣菸酒股份有限公司」；台灣人熟悉的台啤、金牌啤酒、水果啤酒、紅標米酒、紹興酒……，都是台灣菸酒公司的產品。

台灣菸酒公司是台灣少數超過百年的工廠，近年來由於進口菸酒的影響，國產菸酒銷量銳減，形成台灣菸酒公司很多工廠閒置，土地釋出，釋出土地亦有作為文創用途，台北市中心的松菸文創園區，與大巨蛋的興建地，原先都是公賣局的工廠用地。

2005 年期間，蔡木霖擔任台灣菸酒公司董事長，曾大力推動將閒置廠房轉型為觀光工廠，各廠廠長銜命，也有不錯成績；後來蔡氏任期屆滿退休，觀光工廠的規劃被擱置，加上廠長們都是造酒專長，短於展館設計與策展，現在台灣菸酒公司很多「觀光工廠」都淪為攤商聚集地，宛若夜市，只要付費就可胡亂擺攤，什麼都可以賣，殊為可惜。

台灣菸酒公司的觀光工廠應以自家商品為優先，也不是只展示商品與製造過程，必須也要展示歷史，以呈現企業文化底蘊，在展示商品歷史時更不可忽略「人」的因素，必須強調員工的技術與付出，如此方是有「溫度」的觀光工廠。台灣菸酒公司歷史優久，文化底蘊當然豐富，以下 2 例可以思考——

● 「台灣第一甕高粱酒」

台灣菸酒公司嘉義酒廠展示空間，有一獨立櫥窗展示「台灣第一甕高粱酒」，台灣不產高粱，因此早年日本人、台灣人都不懂釀造高粱酒，台灣有高粱酒是戰後隨國民黨撤退的外省移民帶來的技術，1950 年台灣菸酒公司的前身台灣省公賣局就生產第一批高粱酒，1951 年以「台灣高粱酒」之名銷售，1953 年以甕酒型式外銷香港，嘉義酒廠成了台灣高粱酒的原鄉。

文創就是「說故事」，「台灣第一甕高粱酒」就是第一批生產高粱酒的其中僅存得一甕，陶甕容量 28 公升，特殊的是封口使用油紙，封料必須用豬血攪拌，才能完全密封、長年保存，目前只有一位老師傅懂得調製比率與封口技術，在工廠行銷文創化過程中就應特別強調這位老師傅的角色。

● 346 倉庫啤酒餐廳

台灣菸酒公司另一個文創化成功的案例是 346 倉庫啤酒餐廳，「346 倉庫」位於建國南路與八德路交叉的鬧區中，是台灣菸酒公司建國啤酒廠的一個委外營運的餐廳，外

型是古舊的倉庫式建築，但裡面是現代感的啤酒餐廳，典型的新舊混搭。

為什麼稱為「346」？346是日治時期的啤酒廠倉庫編號，前身為高砂麥酒株式會社台北工場，大正8年（1919）建廠，建築物與當時總督府同期，迄今已近百年歷史；1945年終戰，國民黨政府接收改為台北啤酒公司，1975年改為台灣省公賣

照片提供：新視紀整合行銷公司。

局建國啤酒廠，2000年廠房被公告為古蹟，不過仍在生產中。

建國啤酒廠有「紅樓」「綠樓」，其中被稱為「綠樓」者是二次大戰期間為避免美軍轟炸而塗上綠色保護彩，因此有「綠樓」之稱。不但建築是古蹟，裡面還有4座德製的啤酒糖化釜，黃銅製、每座約3層樓高，肚大頸細，稱為「天鵝頸」，全球僅剩10座，建國啤酒廠擁有4座，是難得的古董級文物。

在346倉庫啤酒餐廳可以喝到當日生產「尚青」的生啤酒，在古老的建築物中，置身現代化的場景，享用啤酒、燒烤，聽現場音樂演唱或看棒球賽轉播，非常「後現代」。

不過後來承租合約屆滿，原承租商未能續租，346倉庫啤酒餐廳嘎然中止，在百年古蹟喝當天生產的啤酒，也成絕響。

文創元素分析

文化 呈現建築物歷史。

創意 在老建築中陳設新裝潢、經營新行業，呈現「舊」與「新」的對話。

8-3 連結社區形成「造鎮」

 壹 造鎮

　　「銷售一家店，不如打造一條街」，打造一條街就不如「造鎮」，有造鎮方能「集市」，人潮錢潮方能匯集。在台北，買電腦很多人第一個念頭就是去光華商場，在北京，想到的就是中關村；同樣的，在東京買電器就要去秋葉原，這些都是「造鎮」所產生的「集市」效果。

　　將工廠與城市扣連形成「造鎮」，當然是高難度工程，通常適合大型或品牌歷史悠久、口碑極佳的企業，小企業小品牌要發揮「造鎮」作用並不容易，要有領頭羊，然後群策群力、聚沙成塔，集一群小店而有「鎮」的規模。工廠行銷文創化要發揮造鎮功能，有如下途徑——

- **以工廠特色榮耀城市**：造鎮必須與社區（縣市、鄉鎮）形成互動關係，獲得市民認同——因為工廠行銷文創化而產生榮譽感，台灣三義是木雕城、鶯歌是陶瓷鎮，應鼓勵廠商具有「以工廠榮耀城市」的企圖。

- **和其他企業包裹行銷**：前述的集小店而成「鎮」的聚沙成塔，就是包裹行銷，如苗栗三義就是木雕城，鶯歌就是陶瓷鎮；在促銷與廣告方面，一家企業的聲量不夠，就應該連結其他企業一起舉辦活動，形成包裹行銷，第7章在地文化行銷提到的日本秋田男鹿半島生剝祭就是聯合其他企業包裹行銷的好例子。

　　日本秋田男鹿半島是很普通的日本鄉下地方，但因有了なまはげ（生剝）就形成特色，なまはげ是除夕歲末除穢迎福儀式，當地旅館為了招徠、也為遊客提供夜間活動，共同出資在鎮上活動中心贊助「鄉神樂」的太鼓表演，「神樂」就是帶有宗教氣氛的太鼓表演，天天重現なまはげ，觀眾席也坐在榻榻米上，很有日本劇場味道，開鼓演出第一段後，從觀眾席後端會突然衝出兩位扮鬼的なまはげ嚇觀眾，製造節目高潮，不但嚇小孩也嚇大人，如何「收驚」？日本人會將賞金包在衛生紙中往舞台丟，具趣味且有互動效果；提供「鄉神樂」的太鼓表演，天天演出，這不是單一旅館可以負擔的，因此集合鎮上所有旅館共同贊助分散開銷，是很好的同業結盟包裹行銷方式。（參見第7章「在地文化文創行銷」，第6節「鼓勵社區參與」之案例）

- **扣連城市特色發揮加乘效果**：工廠行銷文創化的方向最好能扣連城市特色，如此方能發揮相輔相成的加乘效果，如位於花蓮海邊的柴魚博物館，原先是製作柴魚的工廠，而柴魚的原料是黑潮帶來的鰹魚，盛產於花蓮海域，當柴魚產業沒落後，工廠荒廢一陣子，後來轉型為博物館，不但維持原先企業印象，同時扣連城市特色，而且位於七星潭風景區與台灣菸酒公司花蓮觀光酒廠之間，若適當串連可發揮「造鎮」效果。

固然工廠行銷文創化最好的設計是「造鎮」——以小變大，型塑聲勢，不過「造鎮」要有具體成效必須整合資源，除本業的條件外，地方政府的行政支援不可或缺，除交通疏導、路標指示、街道照明，以及必要時的警力支援外，更重要的是相關法規的解釋，或是都市計畫土地使用地目與建物使用的變更，在在都需要地方政府的協助，因此與政府保持良好的互動關係是「造鎮」的第一課題。

其次是同業、同社區產業的支持，揚棄同行相忌的惡習，願意共襄盛舉群策群力，共同「打造一條街」；第三是媒體關係的維繫，媒體扮演監督角色，在「造鎮」過程以及後續營運都需要媒體的發聲。而最重要的是居民的認同，當工廠行銷文創化的轉型，得不到社區民眾的認同，政府與媒體的支持通通會縮手，2012年台北市著名的師大夜市沒落，就是居民的抗爭結果。

 貳 案例 **麥森與德勒斯登**

歐洲著名、昂貴的瓷器品牌德國麥森（Meissen）鄰近德勒斯登（Dresden），該市市中心有幅巨大牆面的麥森瓷畫，展現城市歷史，這是有3百年歷史的麥森用工廠特色榮耀城市。

德勒斯登位於德國的東南方，北邊距離柏林200公里，南邊距離捷克30公里，在古代是薩克森王國首府，現代是照相機、鐘錶製造和生化科技生產中心；德勒斯登鄰近的麥森就是瓷器名牌「麥森」的發源地。

17世紀歐洲人瘋狂迷上東方的瓷器，1701年年方19歲的煉金師貝特格奉召前往德勒斯登研發瓷器，在爐灶旁熬了7年，終於煉出第一團白色瓷土，領先歐洲其他地區，薩克森選帝侯奧古斯特二世大悅，1710年宣布在德勒斯登設立瓷器廠，6個月後瓷器廠遷往出產高領土的麥森，同時為防止「白色金子」的配方外洩，奧古斯特二世將貝特格軟禁，5年後獲釋，但不久，貝特格因過勞與酒精中毒去世；在1720年之前，麥森只生

產素色白瓷，後來方研發出著色釉料，1733年以後，又加入了浮雕技法，開始製作瓷偶；經300年的精進，終於成就了今日「貴森森」的麥森瓷器[3]。

　　德勒斯登是麥森瓷器的發源地，又鄰近生產地，麥森當然樂於用自己的商品來榮耀城市，所有觀光客來到德勒斯登，一定會看德勒斯登城堡東翼側牆的「薩克森王侯馬列圖」（Fürstenzug，英文Procession of Princes），此圖原畫是1871至1876年間為慶祝當地的統治者Wettin Dynasty（韋廷王朝）800周年而畫，使用灰泥刮畫法。後為永久保存，改為瓷畫，由麥森接手，1904年開始製作，1907年完成，全長102公尺，使用23,000面瓷片黏貼，畫中呈現1127至1904年薩克森地區王侯，共35名的群像。

巨幅牆面的麥森瓷畫，展示德勒斯登歷代王侯，由23,000片麥森瓷片拼貼而成，是觀光客到了德勒斯登必遊之處，見證了品牌榮耀了城市，城市亦以品牌為榮。

　　歷經兩次世界大戰，這面瓷畫卻奇蹟式倖免於戰火，也成了麥森與德勒斯登的共同驕傲，除了「王侯馬列圖」，在德勒斯登的老城區處處可看到麥森的作品，茨溫格爾宮（Zwinger）為1710年奧古斯特二世建造的巴洛克風格宮殿，裡頭的瓷鐘塔也是麥森作的。

　　麥森與德勒斯登的例子，見證了品牌榮耀了城市，城市亦以品牌為榮。

---

[3] 參考自麥森台灣代理商網站 http://www.meissen-taiwan.com/meissen-p1-about.asp?nid=3

文創元素分析

 品牌緊緊扣連城市歷史。

 以作品呈現城市特色，成為城市景觀的一部分。

參 案例 日本北海道小樽輻射狀「造鎮」

　　小樽位於北海道西南方，面向日本海，是海港城市，其地名「小樽」是當地的原住民語「沙岸中的河川」之意。

　　小樽是靠倉庫區繁榮的城市，倉庫區就在小樽市的運河旁，原先是漁獲倉庫，後來鯡魚產業沒落，倉庫由北一哨子（玻璃）會社承接，北一哨子原是做捕魚浮筒，鯡魚業沒落後改做煤氣燈罩，電氣普及後，煤氣燈罩又面臨淘汰，於是轉型為玻璃工藝品的設計與生產。

　　若是只有一家北一哨子館，小樽倉庫區絕對不會如此繁榮，足以吸引日本本地及國外觀光客一批批湧入，小樽倉庫區是以舊運河區為中心，而延伸之「造鎮」現象，不是只有一家店，而是由承租舊倉庫的北一哨子館啟動，再吸引其他商家陸續加入，在小樽

倉庫區可以找到所有迎合觀光客需求的店，包括——

- 餐廳（日式、洋式）；
- 啤酒屋，還開發小樽專有的「小樽啤酒」；
- 咖啡廳（如台灣旅行團必到的「銀の鐘」）；
- 洋菓子店（如北果樓、六花亭）；
- 手工藝品店；
- 地方特色小吃，如北海道牛奶霜淇淋、烤「北海男爵」（馬鈴薯）；
- 禮品店，著名如北一哨子館、小樽音樂鐘博物館，甚至有專賣北海道福鳥貓頭鷹的「福廊」。

　　小樽倉庫區形成「造鎮」規模的特殊商圈，官方並不特別介入，先主由民間主導，自然演化而成，因是極度開放空間，因此會形成輻射狀拓展，商圈規模日漸擴大，商品更加多元，遊客可自在停留半天至一天，是成功的「造鎮」案例。

文創元素分析

文化 扣連城市歷史。

創意 吸引異業加入，呈輻射狀拓展，形成自然「造鎮」。

 案例 日本函館金森倉庫

　　函館金森倉庫位於日本北海道函館港區，一樣是廢棄漁獲倉庫再利用，不一樣的是單一業主擁有，但分租，業主保留餐廳自營，其餘空間則出租，每坪租金約 17,000 円（2007 年金森業主提供之資料），並不貴，3 年一約。

　　金森倉庫的特色是「一種商品，單一店家」，若該商品已有商家進駐，相同商品商家不能承

租，以避免不良競爭，內部裝潢由承租者自理，但外部與公共空間裝潢由金森負責，整體廣告、節慶促銷與推廣亦由金森負責。據統計，每年來店數約250萬人次，其中200萬人次有交易，每單筆成交金額為1,500円。

其定位是先滿足函館居民需求，後再爭取居民外地親友、外國觀光客；不過因具知名度，因此亦吸引到函館看夜景的國外觀光客順道參觀，除賣場外，亦提供Event Hall（活動中心）、結婚廣場作為服務函館居民。

函館金森倉庫亦是舊倉庫再利用，因位處港區旁，景觀佳，因此逐漸形成商圈，吸引競爭者加入，擴展為「造鎮」功能，新加入之競爭者建築極現代感，與金森「舊」倉庫形成新舊對比但融合景象，而金森倉庫則在舊廠房中布置現代感的裝潢，展現「後現代風格」。

文創元素分析

 扣連城市歷史與港區景觀元素。

 壯大後吸引同業競爭者加入，形成「造鎮」，人潮更加匯集。

8-4 展場規劃創造反差

以「後現代」創造反差

很多工廠負責人甚至展場裝潢工作者都有這樣錯誤的思維，就是老工廠要「老店新開」，就應該使用舊傢俱，壁面、地板、燈光也應該復古，如此方有「懷舊」氣氛。

錯了，老工廠加上舊傢俱、破牆面、凹凸地板、昏暗燈光，以及隨意堆置商品，那就成了「垃圾場」，而不是文創化工廠，文創化工廠應該融合新舊元素，從刻意「創新」氛圍中營造自然的「懷舊」記憶，如果缺乏創新，只是想把工廠變成「古蹟」，那是把消費者推向「舊貨倉庫」，對品牌形成傷害。

　　新舊元素的融合是後現代主義（post-modernism）的思維，「後現代」是相對於「現代」而言，因此要瞭解「後現代」，先要瞭解現代主義。現代主義是30年代的主張，在建築或設計上強調4個特色——

1. 注重實用功能：理性思維，主張型式追隨功能（form follows function），因此追求單純、拒絕修飾，建築與傢俱大量使用鋼材與玻璃，設計語彙強調方便與實用。

2. 設計造型簡潔：因為強調實用與功能，所以設計造型簡潔，作品輪廓通常以幾何圖形呈現，線條簡單，沒有多餘的裝飾。

3. 追求國際化：帝國主義思維「我的標準就是全球標準」，推廣西方審美觀，以塑造同一審美標準，因此作品強調全球性一致，以方便量產與跨國行銷，賺取貿易利益。

4. 切斷歷史與傳統的臍帶：因為追求國際化，所以放棄區域特色，作品看不出地區語彙，在實用的要求下，拒絕歷史與傳統的修飾，單看一座建築物，分不出是在紐約、東京，還是香港、上海。

　　相對於現代主義的「後現代」，呈現與現代主義不一樣的主張，強調多元化，所以尊重不同民族的歷史記憶與文化傳統，創作者應嘗試從歷史與傳統中尋找素材，並將古老元素融入創作中，表現型式是認可修飾，不再認為「簡單就是美」，因此作品可能以複雜、矛盾代替單純、簡潔與理性，從新舊混雜中呈現「新與舊的對話」。「後現代」有如下的特徵——

- **認可修飾**：關注「意義」（meaning），認為建築與設計均是「語言」，從修飾的符號中，呈現歷史與文化符義（signified），經由新與舊的混搭，讓新舊元素對話，賦予新意義。

- **不再認為「簡單就是美」**：因為認可修飾所產生藝術重置的「新與舊對話」，所以不認為「簡單就是美」，作品強調「意義」，因此以複雜、矛盾代替單純、簡潔與理性，實用性不會是最大或唯一的考量。

- **多元化**：作品從歷史與傳統中尋找素材，不同文化獲得尊重，不再有國際單一標準的審美觀，不同民族的歷史記憶或文化傳承均能在作品中呈現，所以沒有定於一尊的造型，混血成了時尚。

- **重拾歷史與傳統**：因為強調「新與舊的對話」，所以不能切斷歷史與傳統的臍帶，而是省視歷史與傳統，將古老元素融入新的創作中，表現藝術重置的相互文義性（intertextuality）。

表8.2 現代主義 vs. 後現代主義

現代主義	後現代主義
注重實用功能	認可修飾，尊重藝術重置的相互文義性
設計造型簡潔	複雜、矛盾代替單純、簡潔與理性，不再認為「簡單就是美」
追求國際化	多元化，尊重不同民族的歷史、文化記憶
切斷歷史與傳統的臍帶	重拾歷史與傳統，將古老型式融入新的創作中

工廠行銷文創化是老工廠的轉型與再造，企業歷史與品牌元素不能割棄，所以「後現代」思維的「新與舊對話」就有其必要，只有新沒有舊是拋棄品牌價值，只有舊沒有新是缺乏前瞻的破落戶。

老工廠如何「後現代」？有一些思考方向——
- 老建築、新裝潢；
- 老建築、經營摩登時尚新行業；
- 拋棄舊功能、賦予新使命，如漁獲倉庫創新使用（小樽「北一哨子館」）、老廠房變成藝文園區（公賣局花蓮工場成為藝文展場）；
- 留住時光，以「歷史」裝飾，但加入新元素（裝潢、商品）、新機能（照明與空調）；
- 跨文化融合，如日式老建築、銷售洋玩意；
- 跨時間融合，如19世紀建築、21世紀商場。

工廠行銷文創化最終目的雖是促進商品銷售與提升品牌形象，而事實上商品最終形式只是「形象」（品牌）本身，消費者不是消費商品，而是消費形象，工廠文創行銷就是為提升品牌形象而努力。

 貳 案例 日本觀光工場的「後現代」設計

日本很多觀光工場的設計，可看到歷史與文化，也可看到創新與願景，歷史與前瞻

的混血，老幹與新枝的拼貼，以舊廠房為架構，但使用現代的照明、傢俱或裝飾物。「後現代」表現在工廠行銷文創化的空間設計就是「混血與拼貼」；「拼貼」但「協調」（mix but match），新與舊二個元素不突兀的自然融入──

● 不同文化融合；
● 不同時空交替；
● 藝術與商業結合。

● **北海道小樽音樂鐘博物館**：號稱博物館，但事實上是賣場，就是典型工廠行銷文創化展場「後現代」設計，保留木造結構，但使用現代的照明與陳列架，賣的也是當代流行、創新的音樂鐘。

● **函館金森倉庫餐廳**：金森倉庫是老漁獲倉庫變裝的綜合性商場，有餐廳、藝品店、百貨賣場，主結構不動，但裝飾絕對創新，照片是金森倉庫群的餐廳，屋頂、牆面、立柱都不改變，但照明燈具創新，牆面掛了現代感的畫，隔間拉門也是新的，但保留日式障子門的設計與味道。

- **北海道 SAPPORO 札幌啤酒博物館**：百年歷史的啤酒廠，1890 年建造，既然是百年歷史的老廠房，陳列的又是老文物，那照明、置物架，就是要新，甚至休息空間的裝潢也要充滿現代感，連老坐椅都漆成鮮豔的綠色。

　　有舊，就要加入新的味道，方不致變成舊貨堆、垃圾場，台灣很多強調「古早味」的餐廳，從房子、家具、桌椅、碗盤都是舊的，會讓客人覺得是在 50 年前鄉下的「灶腳」（廚房）吃飯，感覺極差。

8-5 創造差異突顯品牌

 有「差異」才有「記憶」

　　工廠文創化有「差異」才有「記憶」，有「記憶」，品牌才會被突顯，胡馨文（2015）的論文《觀光工廠文創化指標之建構》，臚列了3個構面（文化內涵、創意思維、特色美學）10個指標，都可以創造觀光工廠的差異性。

一、文化內涵

1. 文化傳播：工廠文創化應加深文化內涵的傳遞與對話，讓參觀者可以理解、學習企業或產業的文化價值，進而瞭解該企業在產業或整體國家發展的角色。

2. 品牌塑造：工廠文創化就是品牌塑造的一環，品牌塑造創造差異性，差異性亦可塑造品牌，以期在消費者心中留下印象與正面評價。

3. 在地與產業的連結：在地與產業連結的具體表現，可以呈現在與在地文化的結合，充分善用地方性資源，形成在地特色文化，甚至形成「產業造鎮」，能夠連結在地與其他產業，自己就是龍頭，就是創造差異。

4. 企業核心價值：以企業具體核心理念進行工廠文創化規劃，成功企業會有迥異於同業的核心價值，突顯核心價值就可創造差異。

二、創意思維

5. 商品創新：商品的創新是最有感的差異性，消費者可直接感知，商品的創意表現，可針對其形式、質料、技術、功能進行檢視。

6. 體驗活動設計：運用創新技術或流程，以設計具差異性的體驗活動，可深化活動內容與產業知識的連結，強化工廠文創化的「體驗教育」。

7. 多元化創意展現：扣連品牌的核心價值，運用新媒體或新科技，設計創新導覽活動或DIY，讓參觀者有不同體驗與想像。

三、特色美學

8. 風格營造：風格營造表現的是整體性的印象呈現，包含了風格選擇、色系安排、特色呈現等內涵，好的風格營造，必須能夠配合工廠主題，呈現差異。

9. 整合設計：各項美感的呈現，包含視覺設計、建築設計、室內設計、文宣設計、網站設計、展示設計等等，必須是經過整合的一致性設計，透過共同元素傳遞一致的訊息。

10. 視覺識別設計：視覺識別系統（Visual Identity System）的概念，獨特而具體的完整視覺傳達形式，可將企業理念、企業文化、服務內容、企業規範等抽象概念轉換為具體符號，塑造出獨特的企業形象。[4]

表8.3　指標意涵說明簡表

構面	指標	指標意涵
文化內涵基底	1. 文化傳播性	與文化相關的溝通主題是否能夠充分傳遞並引起感動或共鳴
	2. 品牌塑造	品牌化的操作與表現
	3. 在地與產業的連結	產業是否能與地方性的人文史物連結，以及產業是否能帶動周邊發展等等
	4. 企業核心價值	與核心理念、目的、價值等等因素相關
創意思維運用	5. 商品創新性	以商品為主的相關創新表現
	6. 體驗活動設計	與體驗活動設計相關的創新表現
	7. 創意的多元化展現	以創意思維為出發點的各種多元化具體表現
特色美學展演	8. 風格營造	包含了建築外觀風格、整體風格、展間設計與風格呈現相關的內容
	9. 整合設計	各種設計是否具有整合一致性
	10. 視覺識別設計	是否有呈現視覺識別設計

資料來源：胡馨文（2015）《觀光工廠文創化指標之建構》，國立政治大學廣告研究所碩士論文。

---

[4] 胡馨文（2015）《觀光工廠文創化指標之建構》，國立政治大學廣告研究所碩士論文，鄭自隆教授指導。

貳 案例 苗栗三義「ㄚ箱寶」

苗栗三義是木雕城，整個山城大部分的木雕店，都在賣佛像，或是茶盤、聚寶瓶之類的民藝品，只有「ㄚ箱寶」就是賣鴨子，而且是遊客自己畫的鴨子，有「差異」（商品創新、體驗活動設計）就會有「記憶」。

「ㄚ箱寶」位於苗栗縣三義，是工廠不再生產，但轉型為延續本業形象的觀光工廠，呈現地區產業發展歷史，亦維繫本業形象於不墜，是工廠行銷文創化極成功的例子。

創辦人是湯姓三兄弟，父親湯天基是中醫師育有 7 個孩子，1947 年在中國參加中醫考試，獲得台灣第一名，在三義懸壺開設「全效堂」診所，不過生意似乎不好，三兄弟早年就在山線火車上當叫賣的小販，除了一些批來的糖果零食，為增加利潤，更銷售自己包的粽子與水煮蛋。

三義、通宵一帶是台灣木雕之鄉，三義盛行動物、通宵專長佛像，此時三兄弟也嘗試學習「第二專長」，老大去通宵學藝，白天學的，晚上回來教二位弟弟，1963 年全效堂診所歇業改為「和興雕刻行」。1973 年擴大規模，成立「雙峰公司」，其餘的兄弟也陸續投入，這時也接到第一張木鴨的訂單。

三義「ㄚ箱寶」之雅芳木鴨，宛如藝術品，遊客亦可依自己的想像彩繪木鴨（下圖為本書作者鄭自隆教授繪）。

當時木鴨都是外銷，木鴨是美加地區用於休閒「狩獵」的工具，業餘獵人為了獵捕野鴨，先在沼澤水塘上放置木鴨作為「誘鴨」，再以鴨笛模仿鴨鳴，水中搖晃的鴨影以及類似的鴨聲，野鴨失去戒心，就「中計」飛下覓偶，中計之後野鴨就會「中槍」成了盤中殤。

1979 至 1985 年間是「台灣鴨」外銷高峰，當時三義幾乎每家雕刻廠都日夜趕工刻鴨畫鴨，所謂「台灣鴨」，是一組 5 隻的彩繪木鴨「一公一母尖尾鴨、一公一母綠頭鴨，以及一頭加拿大鵝」。

　　1984年雙峰接到一張肯定品質的訂單——美國雅芳（Avon）化妝品公司將一組藝術家Bob Berry設計的木鴨作品「North American Duck Collection」帶來台灣，尋覓工廠複刻量產，以作為贈品表彰績效良好的直銷商，這款作品可是美國木鴨彩繪大賽的冠軍，因此對接單工廠刻工、彩繪品質的要求也特別嚴格，而雙峰贏得這張訂單。

　　90年代台灣木鴨接單停滯，一方面是訂單轉往中國，另方面也是保育觀念興起，美加人士不再以屠殺活生生動物的狩獵為樂，改玩難度較高的飛靶。三義似乎一夕沒落，雙峰也坐困愁城。

　　拯救雙峰的是觀樹教育基金會，該基金會因為認養台鐵舊山線鐵道，想為三義製作一個代表性的紀念物，於是到工廠拜訪，雙峰在觀樹基金會的說服下，以「三義的丫箱寶貝」之名，辦木鴨特展，現場並配合「白身木鴨彩繪」活動，讓塵封以久的木鴨走出工廠與群眾接觸。接著在基金會的協助及規劃下，將占地約2千5百坪的廠地予以整理成觀光工廠，重新出發，成了遊客可以彩繪自己的作品，嘗試不同體驗的「三義丫箱寶」。

文創元素分析

 連結企業、商品與社區歷史。

 B2B轉型為B2C，提供消費者參與體驗，將閒置空間充分加值。

8-6 善用媒體整合行銷

傳播力

　　工廠文創化的傳播力，指的是「說故事」（storytelling）能力，經由「說故事」引起遊客好奇、媒體報導；故事可以來自產業歷史，也可以是創業者艱辛創業的血淚故事，除了「人」以外，商品、原料、製程、工法、名人消費者都可以是故事。

有了故事，接著就要利用媒體把故事擴散出去，媒體分為2大類型：傳統大眾媒體與新媒體。大眾媒體包含電視、報紙、廣播、雜誌，工廠行銷文創化要讓大眾媒體報導，企業規模要夠大，再者，活動要新奇，具新聞價值。

小型觀光工廠要多利用新媒體，新媒體包含自媒體（owned media）與公共平台（broadcasting platform）——

- **自媒體**：指企業自行創設、管理之網站網頁或APP，其功能在企業或工廠形象塑造，觀光工廠活動訊息告知，自媒體等於自家發行的報紙或設立的電視台，內容可以完全掌握，唯一的缺點是企業名聲不夠響亮，造訪的人數就不會多，形同虛設。

- **公共平台**：媒體機構創設與管理之平台，經營者不提供內容，而是開放個人或企業在此展示訊息，如FB、Line粉絲專頁、youtube、直播平台均是；內容由使用者提供（UGC: user generate content），觀光工廠或文創廠商可透過平台經營消費者社群；此外，政府提供之平台也屬公共平台，如經濟部工業局的「觀光工廠自在遊」網站（http://taiwanplace21.org.tw）就是。

 案例 不會說故事的台灣觀光工廠

經濟部工業局的「觀光工廠自在遊」網站，是張貼合格觀光工廠資訊的官方平台，這些經評鑑合格的觀光工廠都可以設立網頁介紹自己，但企業或工廠介紹要吸引人，不應該是自吹自擂的「宣傳」，而應該是觸動造訪誘因的「故事」，不過台灣人真的是不會說故事的民族[5]，這些列名的優秀觀光工廠或許商品一流，但寫出的文案卻很口拙——沒有故事。

以下是一些張貼在「觀光工廠自在遊」網站的案例，可以思考如何改進讓其更具吸引力，而不是只有「宣傳」，有歷史的廠商更應大力著墨品牌故事，「歷史」是廠商無法買到的資產——

---

[5] 台灣人真的是不會說故事的民族，我們從小就沒聽說台灣自己的童話或神話，甚至民間故事。

• 郭元益糕餅博物館

· 介紹文案 ·

創立於1867年的郭元益，以百年的手藝，烘焙各式豐富的中西式糕點、喜餅。全國唯一宮殿式建築的參觀工廠，面積達1萬2千多坪，呈現出雄偉壯闊的氣勢；錯落優雅園林涼亭景緻，令人心曠神怡；置身糕餅博物館，感受餅藝文化。

郭元益食品不但開發、製造優質的糕餅，來滿足消費者的需求，更秉持著當糕餅領導品牌代言人的角色，不斷創新精進的糕餅巨擘，以文化為內餡，揉以故事內涵的餅皮，每一口都充滿溫馨與甜蜜，讓我們瞭解糕餅不僅能傳遞心中的喜悅，它還蘊藏許多文化的意義。

「一根扁擔，百年傳奇」，郭元益不只是一個結合了樸實、傳統、環保、創新於一身的百年老店，還是一個懂得回饋社會做公益並且傳承文化的企業，更要成為大家心目中「幸福家庭的設計師」。

http://taiwanplace21.org.tw/factory/factory_32.htm

評論與建議：

1. 第2段「以文化為內餡，揉以故事內涵的餅皮，每一口都充滿溫馨與甜蜜」，是辭藻華麗的宣傳文字，讀者未必能感受，應有細節描述為什麼內餡有文化？餅皮有故事？
2. 應著力於敘述「一根扁擔，百年傳奇」的故事。

• 台灣滷味博物館

· 介紹文案 ·

1993年創始於高雄市；1999年榮獲全國消費金牌獎；在高雄縣政府的輔導下，外銷美國、英國、荷蘭、澳洲、香港、加拿大、紐西蘭等各國家，生產製造鐵蛋、豆干、滷味等系列商品。並獲取GMP、SGS、HACCP與ISO2200等認證。

主要是提供遊客來親身體驗滷味的製作過程，我們提供原料讓遊客親手滷製滷味，讓他們重新認識中華美食滷味商品；也透過教學題材內容，教育消費者選用CAS優良的滷味食材以及滷味的歷史故事。

針對各客戶群我們將做不同的參觀模式及DIY活動，以滿足各種顧客類型的需求，提升公司的品牌知名度、帶動地方觀光人潮及產業發展。

http://taiwanplace21.org.tw/factory/factory_30.htm

評論與建議：

1. 強調外銷與認證，讀者會認為所有外銷廠商不就是這樣，不會有特別感覺。
2. 應說滷味的故事，如何被發明，與老祖宗生活的關係，現代如何改良。
3. 體驗 DIY 有什麼好玩或特別之處，應說明。

• 黑橋牌香腸博物館

· 介紹文案 ·

　　黑橋牌食品發跡於台南府城五條港區烏橋仔地，因為府城人的敦厚與熱情的特質，奠定了品牌的文化價值「好心腸的堅持」與「台灣在地的人情味」，因此，2012 年 8 月成立黑橋牌香腸博物館，期望讓消費者能夠更加瞭解我們的經營理念。

　　香腸博物館定位為兼具文化與休閒的產業博物館，館內除了建置許多互動的設施與展體，讓遊客藉由驚艷可互動的體驗達到寓教於樂的效果，同時，館內透過與府城知名作家王浩一合作府城文化策展與講座，讓民眾深入淺出瞭解府城的今昔文化，另外，我們也設置常態展體「風華再現五條港」與「繁華的沙卡里巴」，尋根溯源品牌發跡歷程的根源。

　　我們設計一個結合世界香腸知識與各國民族特色的 DIY 體驗活動「香腸嘉年華，腸老大 PAPAGO」，透過于工灌香腸坑偶的變裝秀以及豐富的知識傳遞，讓遊客暢遊世界各國。

　　黑橋牌從「烏橋仔」發跡的美食傳奇，由有「台灣香腸之父」之稱的創辦人陳文輝先生一手孕育出的台灣香腸，以香甜多汁的獨特美味征服無數饕客的味蕾。走過 56 個年頭，黑橋牌成為台灣香腸的代名詞，一直以來堅持用好心腸做好香腸，不僅是餐桌上的美味佳餚，也是台灣人共同擁有的府城味覺記憶。

http://taiwanplace21.org.tw/factory/factory_49.htm

評論與建議：

1. 文案太長，考驗讀者耐心。
2. 對品牌發源與命名的故事，欲言又止，可刪除第 2 段與第 3 段的宣傳，大幅描述品牌故事。

• 彪琥台灣鞋故事館

·介紹文案·

　　「彪琥鞋業有限公司」創辦人薛永昌總經理累積30多年的製鞋經驗，堅持MIT精神，將台灣曾經興盛一時的製鞋產業用心守護，積極投入產業轉型提升技術，並努力籌備彪琥台灣鞋觀光工廠，讓大家更認識彪琥。

　　「彪琥台灣鞋觀光工廠」保留在地文化，讓您瞭解鞋的歷史演進、製鞋產業的發展史及忠實呈現製鞋全製程，適合全家大小來深度體驗的知性之旅。

http://taiwanplace21.org.tw/factory/factory_52.htm

評論與建議：

1. 文案太短，內容空洞，可惜了官方給予的篇幅。
2. 人總是最關心自己，為什麼不從「認識腳與鞋」開始談起，以誘導讀者前往拜訪與探索的興趣。

• 台灣不二衛生套知識館

·介紹文案·

　　1981年起，為配合政府家庭計畫，長時間供應家庭計畫專用衛生套於台灣地區全省各地衛生局（所），並培訓各縣市家庭計畫工作人員，施行衛生套衛教，20多年來，台灣家庭計畫推廣績效卓著。

　　本公司創業以追求康健人生，造福社會為旨；對政府外交工作極力支持。分別於1992、2004年透過外交部，以衛生套捐贈給友邦烏克蘭＆賴比瑞亞，協助國家鞏固邦宜。除此，關懷國內防制愛滋病工作，大力支持並協助政府、民間學術及公益團體在該諸如宣導、預防等各類相關防治工作的推展。

　　有鑑於衛生套以往受限於傳統藥房及衛生所才能購得，為因應台灣社會消費習慣改變，本公司首先將衛生套引進7-11及全家便利商店販售，陸續已有萊爾富、大潤發、家樂福、康是美、頂好、丁丁、寶雅、A+1等，遍及全國，消費者購買衛生套產品趨於便利性、普及化。

近年本公司不斷引進最新技術，最新全自動掛套精密電子針孔檢查機，大大提高生產效率。最新鋁箔包裝技術，首創每片鋁箔包裝圖案正確居中，技術領先全球衛生套包裝技術。在品保上，1999年取得經濟部標準檢驗局、ISO 9002認證、取得衛生署優良醫療器材製造規範GMP認證。

除國內認證外，不二實業出產的衛生套更獲得美國FDA 510(K)製銷許可、法國國家標準等，自創FULEX、ZERO-0、零零、富力士等國際品牌，陸續行銷世界五大洲四十餘國，其中FULEX、FUJICONDOM是最早行銷中國市場的少數台灣自創品牌。

http://taiwanplace21.org.tw/factory/factory_146.htm

評論與建議：

1. 衛生套（保險套）是有趣的議題，很多人想問而不敢問，冗長無趣的官樣文案浪費了好議題。
2. 這篇可以談衛生套的發明歷史（古代埃及人就懂得用羊腸代之），台灣早期家庭計畫的趣事（家計護士示範套在手指上，婦人回家後也要老公將衛生套套在手指上）……，就是不要講官方說法如協助外交。
3. 不必說到哪裡可以買到，到處可買的物品就不必強調通路。

• 茶山房肥皂文化體驗館

· 介紹文案 ·

走過1957年的純真，時代緩緩地解構又重組，2007年「美盛堂」傳至第三代，順著時代腳步翻新了皂廠老招牌，以「茶山房」的名字從三峽老街再度出發，研發出多款在地特有物料及寶島原生素材的天然肥皂。

這長達50多年的歲月，我們的腳步，順著道路的蔓延，儘管不斷學習著調整方向，更新視野，然而最深重的自我期許，僅是能夠堅守我們源自最初的承諾——「做肥皂是一項良心事業」，並希望能持續提供天然且不傷肌膚不危害環境的肥皂，將這塊好皂獻給土地上的每一個人。曾經是全台唯一生產純中性不傷肌膚的「浮水」肥皂「浮樂脫藥皂」的工廠，賦予了它層層的歷史面貌，以及滿滿的興衰故事與文化內涵。

2010年，響應政府的「觀光工廠輔導計畫」，將50多年的老皂廠轉型成為了「茶山房肥皂文化體驗館」，首度公開了廠內神祕的熱煮製皂法、茶山房嚴選物料等，將200坪左右的廠房，開闢成上下雙層，約450坪大小的觀光體驗工廠，一次帶給訪客包含趣味導覽、肥皂業歷史介紹、地方文化物品展示、生產線參觀，與寓教於樂的手製肥皂DIY課程等，多元雅緻的空間，蘊含著無窮盡的趣味與歷史價值，擁有50多年歷史全台唯一生產浮水皂的工廠絕對值得您親自到訪。

http://taiwanplace21.org.tw/factory/factory_77.htm

評論與建議：
1. 寫得不錯；不過「響應政府的『觀光工廠輔導計畫』」文字可刪。
2. 若加入「三代故事」、「香皂浮水的祕密」則更佳。

• 遊山茶訪

·介紹文案·

嘉振茶業股份有限公司位於南投縣竹山鎮工業區內，在2002年自創「遊山茶訪」品牌，公司從1961年起在南投縣鹿谷鄉鳳凰村開始從事茶葉種植與生產，至今已是第三代的製茶世家。

從最早期的傳統生產、製造茶工廠，經過50年的努力，嘉振茶業從製茶工廠通過ISO：22000國際認證同時也是觀光工廠，並建造出台灣唯一首座的茶道文化館，提供了愛茶人士及注重日常生活美學的人有一個旅遊的好去處。

來一趟遊山茶訪，可以瞭解到茶葉從生產、製造、包裝過程中茶的文化及內涵。古時候常聽到柴米油鹽醬醋茶，「茶」自古以來都是人民生活中的必需品。然而在早期農業時代的飲茶是為了解渴。隨著時間的變化，社會的進步，人民生活的改變，由於農業時期的提升到至今的科技時代，人民飲茶也從剛開始以茶解渴提升到生活中的享受，更是把茶帶入生活化及生活藝術化的需求發展。遊山茶訪建造了國際標準製茶工廠，從茶的製造、加工、包裝全部都是透明化，讓消費者看得見，更是讓消費者貼近茶葉、瞭解茶、喜愛喝茶，也讓茶能融入生活中，提高人民生活品質。也能在國際上再次提升台灣茶的知名度，更為熱愛品茶人提供一處清幽及分享茶知識的好場所。

http://taiwanplace21.org.tw/factory/factory_62.htm

評論與建議：

1.文案「官方說法」冷冰冰的，沒有溫度。

2.應告訴讀者三代的故事，以及「遊山茶訪」和其他茶廠有什麼不同。

3.第3段太長，應分隔為2段。

• 台灣氣球博物館

• 介紹文案 •

　　「台灣氣球博物館」位於台灣碩果僅存的一間橡膠氣球工廠「大倫氣球工業股份有限公司」內，所在主體是工廠的舊廠房，在這棟具有50多年歷史的木造老建築裡，規劃出不同的主題區塊。想知道從前是如何製作氣球的嗎？你知道氣球是誰發明的嗎？氣球的原料是怎麼採收的呢？在氣球博物館內都有專人導覽解說，除了讓民眾瞭解氣球在台灣的發展故事，也介紹常見的氣球種類，和日常生活中應用氣球的場合。

　　除此之外，運氣好的話，參觀民眾還可以看見氣球印刷與氣球生產線，氣球為什麼會被送進烘衣機？氣球為什麼要泡熱水澡？氣球的種類有多少是我們沒有見過的呢？在參觀的過程中也會一一為您解答。在DIY教室中，還有最夯的手工氣球DIY，親手完成自己的氣球，這項獨一無二的課程，讓您親身體驗做氣球的樂趣。所有關於氣球的知識，「台灣氣球博物館」邀請您一起來探索！

http://taiwanplace21.org.tw/factory/factory_21.htm

評論與建議：

1.用一堆疑問句以引起讀者興趣，是好主意。

2.不過應先回答其中一個問題，如氣球是誰發明的？如何被發明。然後其他的問題再請他來館探索答案。

參 案例 北京 798 藝術區

798藝術區不但北京人都知道，外國遊客到北京也會指名一遊，有旅遊雜誌把「798」、故宮、長城名列為北京三大旅遊點，798代表中國前衛藝術，在世界藝文市場素負盛名，是由「工廠」轉型為「藝術鎮」成功的例子。

北京798藝術區位於北京東北方向朝陽區大山子地區，前身是組裝收音機的電子工廠，是解放初期中國電子工業的「樣板廠」。「798」就是其中一個廠房的編號；50年代由蘇聯支援、東德設計建造，當時的德國包浩斯學派（BAUHAUS）是設計主流，因此798廠房也呈現包浩斯風格，採混凝土拱形結構、造型素樸、少即是多（less is more），注重實用、形隨機轉（form follows function），這種早期現代主義風格的建築已成798的特色。

1964年為了配合大山子地區的規劃改造，部分產業遷出，成了閒置廠房租。1995年中央美術學院遷校，在新校完工前先遷至798附近的北京電子元件二廠，有教師因嫌工作室不夠大，找到廢棄了幾十年的798當「教室」，無意間將798文創化，逐漸吸引藝術工作者進駐。

德國人規劃的廠區井然有序，總面積達110萬平方公尺，廠房呈現包浩斯風格，周邊交通方便，因此吸引了藝術公司或SOHO族的藝術工作者承租，他們承租後會進行空間改造，注入創意與藝術元素，因此更加吸引其他藝術工作者加入，參觀人潮也越來越多，很多新銳藝術家搶著在此曝光，期待得到賞識而迅速成名。

北京798藝術區除了善用自身條件（廠區、廠房），引進藝術商品，是工廠行銷文創化成功「造鎮」的範例外，其特色是作品極具前衛性，視覺性強，與中國傳統藝術呈現強烈反差，此外，媒體的報導也是重要的影響因素。

媒體的關注，第一是藝術家，每個藝術家背後都有精彩故事，其次是名人訪客，798藝術區吸引了眾多外國政界要人、影視明星、社會名流參觀。2001年以來，瑞典首相、瑞士首相、德國總理、奧地利總理、歐盟主席、比利時王妃、法國總統夫人、挪威總理夫人、比利時王儲、法國總統、國際奧委會主席都曾造訪798藝術區。

經媒體的不斷報導，終於成就「798」的藝術市場地位，也成了廢棄工廠經文創再生的範例，現在全中國的大城市都有翻版的工廠活化與再生，「798」開了風氣之先。

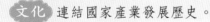

文創元素分析

文化 連結國家產業發展歷史。

創意 成功整合廠區、廠房、展品，以「藝術」巧妙連結，有「造鎮」規模。

8-7 專題討論：日本經驗

 他山之石

工廠文創行銷或觀光工廠規劃，由於投資龐大，要騰空廠房、重新裝潢，也要招募或訓練原有人力，更重要的是軟體內容——讓遊客看什麼、玩什麼，停留時間多長，都必須有縝密的規劃，絕不能想當然爾，事關品牌形象，不能用業餘人力處理專業規劃，馬虎不得。

　　日本是工廠行銷文創化很成功的地區，北起北海道，南至九州，各地都有觀光工廠，大者如世界性品牌的威士忌酒廠、啤酒廠，小至地方性的地酒酒坊，都有可觀之處，日本觀光工廠見學，重點可擺在廠區布置、動線規劃、產品體驗、停留時間，他山之石，處處都有值得參考的地方。

案例 北海道 SAPPORO 札幌啤酒博物館

　　位於日本北海道札幌的 SAPPORO 札幌啤酒博物館是一個不同文化融合、不同時空交替、藝術與商業結合的工廠行銷文創化的例子。

　　札幌啤酒博物館前身就是札幌啤酒廠，1890 年建造，原作為札幌製糖會社的工廠，後年由德國人協助改為啤酒廠，稱為札幌啤酒園開拓使館，大廳入口處有象徵札幌啤酒的標誌——紅色五角星和兩隻黑熊，寫著德語 BIER GARTEN。此建築與北海道道廳大樓同期，是明治時代珍貴的文化遺產；1987 年改為博物館，2004 年又重建，並將周邊空地規劃為公園。

　　採售票制，但不需預約，自由參觀，外觀是舊廠房，不過內部布置裝潢極為現代感，展示架採用鋼架與玻璃，燈光部分採投射式、部分背光，主要展示製程與文物：昔日商品、招牌、廣告。

札幌啤酒博物館廣告作品陳列牆，呈現品牌的演化軌跡史；試飲供選擇之啤酒墊，讓遊客可以選擇百年前口味的啤酒，這種親炙歷史的感覺，是百年歷史的品牌方有的驕傲。

● **參觀動線**：歷史回顧→試飲→賣場。有賣場，但規模不大，而且不賣酒，只賣紀念品；換言之，開放參觀只是公關與建立品牌印象，而非營利。若要試飲，需付費，試飲還蠻有創意的，可喝到有時間限制需搶先暢飲的生啤酒，也有別處喝不到的北海道限定品，或不容易買到的 YEBISU 全麥啤酒，更新奇的是可以喝到第一代的「開拓史麥酒」，遊客先選所要的啤酒墊子，服務人員就會根據啤酒墊的類別送上不同的啤酒。

札幌啤酒博物館是呈現以舊帶新、新舊融合的品牌驕傲，博物館不是為了盈利，全日本到處可以買到他們家的啤酒，無須多一處銷售點，賣店只賣周邊的紀念品，不賣酒；試飲，更是讓遊客品味歷史，要牛飲請到外面。

> **文創元素分析**
>
> 文化 呈現品牌歷史驕傲。
>
> 創意 融合「舊」與「新」，彰顯品牌歷史價值。

參 案例 日本宮崎酒泉の杜

「杜」為釀酒師，「酒泉の杜」位於九州東南邊宮崎市郊，是尚在生產中之酒廠，但利用自家空地規劃約2甲地，成為獨立之小Mall，是整合酒廠、藝品、溫泉、餐廳的小規模「造鎮」。

只有銷售自家的酒品，那是酒廠觀光化，沒法吸引不同需求的遊客，但將酒廠空地改為小購物中心，成為開放式公園，不售票，不需預約，自由參觀，滿足不同需求，更可拓展不同客源。

● **參觀動線**：商店→試飲→賣場→製程參觀→餐廳→溫泉→餐廳→試飲→賣場，雖然同一出入口，下車地點就是上車地點，但因採ㄇ字型動線，所以動線流暢，商店不會重複也不會遺漏。

酒泉の杜以自家酒品（綾葡萄酒館、雲海酒造綾藏、杜之麥酒工房）為主，酒品有試飲不需付費，另有日式餐廳綾陽亭，溫泉（綾溫泉、照葉之湯）有大浴場、露天風呂、藥

草風呂，以及呈現本業特色的酒風呂，另有藝術精品綾工房（展示黑木國昭之玻璃）與鄉土藝品（「雅匠庵」）、古美術館等，完整「造鎮」。

> ### 文創元素分析
>
> 呈現品牌歷史與商品價值。
>
> 整合他業、拓展客源，形成「造鎮」。

肆 案例 日本北海道 NIKKA 余市蒸餾所

NIKKA余市蒸餾所位於北海道積丹半島余市町，距離小樽約50公里，為NIKKA威士忌酒廠，創立於1934年（昭和10年），但現已停產，轉為博物館園區形態經營，以展現品牌歷史。

余市蒸餾所以整間工廠做整體規劃，園區之所以充滿歐洲風情，是因為創辦人竹鶴政孝的原故，1918年竹鶴政孝遠赴蘇格蘭學習威士忌製造法，娶了英籍夫人 Rita，1934年在氣候、地理與蘇格蘭相似的北海道余市，創辦了日本第一座威士忌釀酒廠NIKKA，複製一座和蘇格蘭一模一樣的蒸餾廠，嘗試釀造和蘇格蘭一模一樣的威士忌，使用手工木炭蒸餾，現在已很罕見。

竹鶴政孝與Lita創辦余市蒸餾所的故事，2014年被NHK大阪放送局製作成連續劇《阿政與愛莉》，2015年在台灣播出。

NIKKA余市蒸餾所也是余市的驕傲，搭JR到余市車站，就可以看到月台上擺滿了橡木桶，成了城市的象徵。參觀者不需支付門票。

- **參觀動線**：歷史回顧→製程→試飲→賣場，歷史回顧展示創辦人竹鶴正孝的創業故事，以及相關的文獻與物品，園區還保留一棟小洋房是他當時的住宅Rita house（Rita 為其夫人名[6]）；製程則與一般酒廠類似，有蒸餾廠、乾燥廠、糖化廠和貯存倉庫。賣場，除了自家酒品外，還有很多衍生的周邊商品，如酒杯、酒墊、置物（裝飾品）。

---

[6] 竹鶴正孝的英籍夫人全名 Jessie Roberte Cowan，Rita 是暱稱。

　　試飲，令人印象深刻，很多飲料廠、酒廠試飲都貪圖方便使用紙杯或塑膠杯，余市蒸餾所使用極精緻的玻璃酒杯，由服務人員敬謹斟上，充分感受到員工對商品的尊敬，無形中也大幅提高商品的品牌價值。

　　整座園區新舊融合，一點也不突兀，在舊廠房區加入極現代感建築，即使在舊廠房中也布置現代感的裝潢，充滿後現代風格。

文創元素分析

文化 以商品歷史突顯品牌價值。

創意 整合歷史、商品、創辦人、廠房，從「造鎮」中呈現品牌驕傲。

案例 日本北海道札幌 **ASAHI** 啤酒廠

北海道札幌的 ASAHI 啤酒廠是尚生產中之工廠，是工廠行銷文創化中「觀光工廠」的運用。

ASAHI 朝日啤酒的前身大阪麥酒會社創立於 1889 年（明治 22 年），同年日本麥酒釀造會社和札幌麥酒會社也相繼成立，開啓日本人喝啤酒的時代，1906 年（明治 39 年）大阪麥酒、日本麥酒及札幌麥酒 3 家公司共同組成大日本麥酒株式會社，壟斷日本啤酒市場；戰後美軍進駐，1949 年（昭和 24 年）占領軍部為避免經濟力量過分集中，將大日本麥酒株式會社分解為朝日麥酒株式會社和日本麥酒株式會社，因此 ASAHI 朝日麥酒株式會社成立。

札幌的 ASAHI 啤酒廠在 1964 年（昭和 39 年）結合當地資本而創建的，

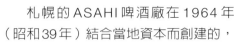

是尚在生產中的觀光酒廠，工廠以生產為主，訪客參訪只部分開放廠區，採預約制，由公關小姐引導介紹，不能自由參觀，生產區並禁止拍照。

- **參觀動線**：歷史回顧→製程→試飲→賣場。由於尚在生產，因此廠房與賣場裝潢布置極具現代感，尤其廠房地板比一般人家中的客廳地板還乾淨，令人印象深刻，而這就是品牌印象！賣場規模不大，提供試飲，但不賣酒，只賣紀念品，換言之，開放參觀只是公關與建立品牌印象，而非營利。

文創元素分析

 以企業與商品歷史彰顯品牌價值。

 以極度乾淨的廠房，呈現對商品的信賴感。

案例 日本經驗的歸納

日本是工廠行銷文創化最成功的國家，從北海道的小樽倉庫、Nikka園區、金森倉庫、Asahi酒廠、Sapporo博物館，到九州的酒泉の杜都是成功的例子，其廠區布置、動線規劃、產品體驗都有值得學習的地方。

這些工廠行銷文創化掌握了幾個重要元素——
- **本業出發**：除金森倉庫外，都是從本業出發，在現有基礎下做擴充。
- **尊重歷史**：是展現企業與品牌歷史，以連結消費者記憶。
- **新舊融和**：不盲目求新，而經由「後現代」思維，保住舊建築，賦予新生命。
- **品牌優先**：不是只有增加銷售點，而是從「舊建築、新生命」的持續營運，建構企業品牌新形象——百年企業跨步面對新世紀！

表8.4 工廠行銷文創化日本案例之比較

比較點	小樽倉庫	Nikka園區	金森倉庫	Asahi酒廠	Sapporo博物館	酒泉の杜
空間	開放	封閉	開放	封閉	封閉	開放
景觀	街景	公園	海港	—	公園	公園
規模	造鎮	博物館園區	小Mall	廠房	博物館	小Mall
商品	多元	單一	多元	單一	單一	多元
停留時間	半天至1天	半天	2小時	1小時	3小時	半天

chapter NINE

商圈文創行銷

照片說明：

歐洲很多城市，一個城市就是一個商圈，威尼斯也是，但徹底的資本主義化，只有嘆息橋望著河道嘆息，其餘的古蹟建築全都被廣告包覆。

9-1 導論

 意義

「商圈」？不同的人有不同的認知，有人認為夜市是商圈，日本大都市的「商店街」是商圈，也有人認為大型百貨公司周邊才是商圈，如SOGO商圈、101商圈，或許也有人會主張一大片地區都在賣類似的商品才是商圈，如「五分埔」、迪化街。

事實上，上述的例子都可算是「商圈」，在學理上，商圈被強調為商業區域（business district），即商店所聚集的零售據點，也就是消費者會前往購物的地理區域裡的商店群。而1998年經濟部商業司對商圈的定義是，「集合單一或多元商業功能，在同一地區各自經營稱之為商圈，而形成商圈的主要條件是具備多家的商店，不論有形或無形的商業皆可以成為商圈」；爾後2000年又將商圈定義為「由多數的店舖集合而成，其主要的業務包括零售業及服務業，而店家的聚集有一定的範圍與限制。」

因此，所謂「商圈」，可以從3個面向來討論——

- **功能**：以銷售為主的地區，通常是零售，店家直接面對最終消費者（end-user），也就是國人所謂的「武市」，不過有些商圈也會兼批發市場（「文市」），如台北市的迪化街藥店也做藥材批發，「五分埔」除了年輕女生喜歡逛外，中南部的盤商也會來批衣服。

- **規模**：一家店成不了商圈，商圈由多數的店舖集合而成，是具備多家商店的聚落，由於規模不同，「都市商圈」會以整個都市為腹地，如SOGO商圈、信義商圈、西門商圈，「區域商圈」以滿足附近居民的需求為主，而「特色商圈」則以歷史背景、傳統文化、消費特性、販售物種或其他觀光資源，吸引消費者，如士林夜市商圈、台南安平商圈、新竹內灣商圈。

- **業種**：「銷售一間店，不如銷售一條街」，任何業種都可集市為商圈，台北市承德路可以成為二手汽車商圈、南昌街可以成為家具商圈、台北火車站前的北門附近則是照相機商圈、火車站後市民大道鄰近地區是女性飾品與玩具批發，而全國各地都有的夜市則是餐食小吃的集合。

台灣有多少商圈？規模不一，因此很難計算，經濟部商業司與各地方政府（如台北市政府商業處）都有輔導計畫，不過具規模的才會被納入政府的輔導體系，但不論規模大小，任何商圈都有「文創化」的潛力。

商圈管理

　　「商圈」是台灣在地的特色，經由自然的集市，經聚合、演化而成為商圈，是庶民生活的一部分，呈現台灣社會鮮活的生命力與經濟力；這種長期而自然的過程，溶入大量「歷史」、「文化」元素，烘托出社區的在地特色，需要時間的淬鍊，不是官方在短期介入或是改造（reform），可以達成的。

　　官方粗糙的介入，尤其是想當然爾的拆解與重組，通常是失敗的，最後硬體建築成為爛攤子、「蚊子館」，90年代台北市市長馬英九，拆除與重建建成圓環商場，地下街化艋舺龍山寺商場；更早60年代，台南市長蘇南成拆除民族路夜市，強制要搬入水溝上線狀的建築「觀光城」，導致攤商不滿另組小北夜市；80年代，台南市長蘇治明強力開挖海安路地下街，最後工程停擺，成為無法善後的爛攤，都是官方主導失敗的例子。

　　不過這不意味官方不應介入，官方的介入應是「協助」而不是「主導」——對商圈最瞭解的絕對是每天面對生活挑戰的商家，而不是坐在冷氣房的政府官員，經濟部商業司自1995年起陸續推動「商店街」、「形象商圈」、「魅力商圈」、「品牌商圈」等改善商業環境輔導計畫，就是期待以長期輔導取代短期主導，以「區域行銷」的方式，建立地方優勢與魅力。

　　經濟部商業司推動商圈之輔導，係透過計畫委託管理顧問公司進行，有些顧問公司還長期進駐，提供實質的輔導，與商圈執事者一起規劃發展方向，以期帶動遊客數、營業額及開店率之成長。

　　商圈管理涵蓋廣而雜，實際執行時更牽制到利益分配，並不容易，商圈管理系統有4大範圍，即——

- **組織管理**：包含商圈組織、志工團體、商家訓練講座、商家認證、商圈特色共識、政府、社區、NGO（非政府組織）資源運用、商家意見調查等項目。
- **商家輔導**：包含商家經營診斷、商品規劃輔導、特色商品開發、包裝設計輔導、店招與櫥窗設計輔導等項目。
- **空間規劃**：包含街道景觀設計、行人徒步區規劃、公共藝術、綠美化管理、交通管理——停車與接駁、街頭展演活動管理、商圈導覽系統等項目。
- **行銷推廣**：包含CIS（商圈識別系統）、廣告與媒體置入、促銷活動、活動（event）規劃、網路行銷、公關（媒體、社區）管理、議題與故事行銷、消費者意見調查等項目。

```
                        商圈管理系統
```

組織管理	商家輔導	空間規劃	行銷推廣
1.商圈組織 2.志工團體 3.商家訓練講座 4.商家認證 5.商圈特色共識 6.整合政府、社區、NGO資源 7.商家意見調查	1.商家經營診斷 2.商品規劃輔導 3.特色商品開發 4.包裝設計輔導 5.店招與櫥窗設計輔導	1.街道景觀設計 2.行人徒步區 3.公共藝術 4.綠美化管理 5.交通管理——停車與接駁 6.街頭展演活動 7.商圈電子導覽系統	1.商圈識別系統 2.廣告與媒體置入 3.促銷活動 4.活動規劃 5.網路行銷 6.媒體與社區公關 7.議題與故事行銷 8.消費者意見調查

圖 9.1　商圈管理系統架構圖

參　商圈行銷與文創評估指標

　　商圈行銷文創化，係在進行商圈行銷的過程中，以創意力、文化力、設計力的手法，將原本過時、老舊的商圈，溶入在地元素，轉型為具有文化深度、充滿創意感、消費環境便利舒適的消費商圈，以展現商圈特色。在上述商圈管理系統中，街道景觀設計、公共藝術、特色商品開發，均是商圈行銷文創化所應考慮的。亦即商圈行銷文創化應考慮——

- **連接在地特色**：商圈不是流動的夜市，必須落地生根，連接在地特色，但要連接在地特色，就得透過商圈組織的努力，以站在制高的角度，讓商圈緊緊扣連在地人文歷史或物產元素，成為不可取代的特色。

- **規劃街道景觀**：商圈特色若缺乏外在的人文歷史或物產特色，就必須靠人為的規劃創造特色，「街道景觀」是可以著力的方向。

- **引進藝術表演**：街頭展演活動可以增加商圈趣味性與活力，商圈與街頭藝人是互利互

賴的關係，是魚幫水、水幫魚，不要計較誰幫誰比較多，合作才能帶來兩利。

- **推動公共藝術**：公共藝術是營造商圈空間美學，自有其意義與必要性，不過既稱「公共藝術」，當然必須是藝術作品，一方面有豐富語彙，可以有思考與討論空間；但另方面也不能曲高和寡，而要有親和性、溝通性甚或互動性，可為一般民眾接受。

- **整合行銷傳播**：商圈都為地方性、自發性商業聚落，要使用昂貴的大眾媒體廣告幾為不可能，因此除了各店家利用自媒體創造議題外，必須由商圈組織出面爭取政府行銷輔導。

表9.1 商圈行銷與文創評估指標

文創評估指標		商圈行銷作為
文化指標	獨特性	連接在地特色
	關聯性	規劃街道景觀
創意指標	衝擊力	引進藝術表演
	原創力	推動公共藝術
	傳播力	整合行銷傳播

9-2 連接在地特色

落地生根的行業

　　商圈不是流動的夜市，週六在甲地、週日在乙地，商圈是在地的商業聚落，服務對象來來去去，或許不是「斯民」，但絕對是落地生根的「斯土」行業，台南安平商圈離開了安平古堡，經營態樣就會改變，再也不會是「安平商圈」，內灣商圈當然也是。

　　既然是落地生根的行業，就要連接在地特色，商圈是由眾多商家組成的，如何連接在地特色，一是個別商家的體會，從商圈所在地的歷史、人文、物產的條件思考特色，如內灣是台灣早年漫畫家劉興欽的故鄉，他免費授權商圈店家使用他的漫畫人物「大嬸

婆」、「阿三哥」的圖像，在商圈也到處看到商家店內裝潢布置使用這些漫畫人物，「大嬸婆」、「阿三哥」成了內灣商圈的共同意象（image）或符號（symbol）。

另外，內灣也產野薑花，目前內灣商圈已有很多商家以野薑花為材料，開發了冰淇淋、肉粽、蛋捲，「數大為美」，當集合許多「野薑花」系列商品時，「野薑花」就是商圈的特色商品。內灣商圈的商家成功運用了「大嬸婆」與「野薑花」，就是連接在地的人文與物產特色。

此外要連接在地特色，單靠個別店家難竟全功，必須透過商圈組織的努力，以站在制高的角度，讓商圈緊緊扣連在地歷史、人文、物產的元素，成為不可取代的特色。日本東京銀座商圈，與原宿表參道商圈就是 2 個很好的範例。

案例 銀座通連合會

一、扣連歷史

銀座商圈指的是京橋以西、新橋以東、東京高速道路 KK 線（即新敷寄屋橋）以南、昭和通以北，包含銀座 1 丁目至 8 丁目的地區，北銜永樂町、南接號稱「東京廚房」的築地，其間晴海通貫穿南北、銀座通貫穿東西，晴海通與銀座通兩條大道將銀座商圈劃分為「田」字形。

「銀座」一詞出現在鎌倉幕府時代，在歷史書《吾妻鏡》即有「銀座」之稱，德川幕府將將軍府設於江戶（今之東京），此地成了銀貨鑄造所，是當時貨幣（銀幣）製作地，因此被稱為「銀座」，換言之在江戶時代，銀座即有財政與經濟的影響力。

銀座商圈。

1869 年（明治 2 年）「銀座」正式成為町名，1872 年銀座發生大火，當年新橋至橫濱的鐵路通車，1877 年煉瓦街完成，1878 年位於銀座北邊的泰明小學設校，銀座進入

「煉瓦街時代」，當時銀座僅有低矮的木造平房。

隨著日本國力的成長，銀座亦不斷繁榮，但二戰末期東京大轟炸，將銀座痍為廢墟，不過也引發了銀座的都市更新，1967年（昭和42年）地面電車從銀座拆除，1970年（昭和45年）推動「步行者天國」行人徒步區活動，「步行者天國」活動一直延續至今。

70年代日本經濟起飛，1969年日本GNP躍升世界第二，銀座商家也隨著經濟榮景，更新店面擴大營業，銀座一直是日本繁榮的象徵，很多人認識日本從東京開始，認識東京從銀座開始，銀座與富士山已成為日本的國家符號，日本經濟繁榮，銀座跟著繁榮，日本經濟泡沫化，銀座卻仍然屹立不搖，銀座是日本底子最雄厚的商圈。[1]

二、商圈組織與任務

早在1919年（大正8年）銀座即有商圈組織，稱為「京新聯合會」，「京」指京橋、「新」指新橋，亦即是京橋與新橋之間商家的聯誼會，第一任會長是6丁目森竹機械店社長森竹邦彥。

1930年（昭和5年）「京新聯合會」更名為「銀座通連合會」，當時包含銀座通1丁目至8丁目、晴海通、敷寄屋橋、三原橋等沿街的商店、會社、百貨店都可加入會員，連合會的功能是商圈振興、街道清潔、防範犯罪、官府協調、資訊蒐集等工作。

1984年（昭和59年）銀座通連合會鑑於商圈持續繁榮進步，但應有共同目標以供商家遵循，作為商店經營指引，因此制訂「銀座憲章」，憲章將銀座定位為——
- 具創造力之傳統街道；
- 具品味與感性之文化街道；
- 具國際觀之商業街道。

換言之，銀座通連合會規劃之商圈目標為「傳統 vs. 創新」、「商業 vs. 文化」、「在地 vs. 國際」的融合，在衝突元素兩端找到利基，取得平衡。

銀座商圈除主要組織「銀座通連合會」外，尚有許多次級團體，如全銀座會、銀芽會、銀茶會、銀實會、銀座百店會等組織，這些團體大多屬聯誼性質，但都能配合銀座

---

[1] 日本東京銀座歷史與演進，參考自銀座通連合會90年史編集委員會（2009）《銀座らしさの繼承と創造》，東京：銀座通連合會。

通連合會之政策與活動。

2009年銀座通連合會之會員數有230名，雖是現代商圈組織，但其LOGO設計則極為傳統，以8枚德川幕府時代銀貨鑄造所所鑄造的銀幣圍成圓形，8枚銀幣代表銀座商圈的8個丁目，中央再以直列標示類似篆體的「銀座」二字。

銀座通連合會之LOGO。

參 案例 原宿表參道欅會

一、商圈歷史

昭和48年（1973）4月明治神宮與表參道交叉處之明治通兩側的商家，籌組了「原宿シセンゼリゼ會」（原宿香榭麗榭會），昭和60年（1983）8月，組織法人化，平成11年（1999）9月此商店街組織更名「原宿表參道欅會」；「表參道」並非明治神宮專有名詞，所有的日本神宮均有表參道，指的是神宮鳥居外的參拜大道，進入鳥居後的參拜道路則直接稱為「參道」。

原宿表參道商圈。

使用「欅會」的原因是欅樹是表參道的象徵，明治神宮表參道街旁種有欅樹，1945年二戰期間東京大轟炸，欅樹只剩10株存活，戰後東京都廳補種，現在大約1公里的筆直表參道共有163株欅樹，因此表參道的店家們感念傳統、珍惜當下，所以把商店街組織更名為「欅會」。既以樹木為名，表參道商店街組織因此進行很多綠化與環境保護的社區活動。

二、組織

「原宿表參道欅會」2009年有會員230人，共800餘家店舖，會員中四分之一為服裝與雜貨業，四分之一為餐飲業。會員間的交流活動，除會員大會外，尚有新年會、總會懇親會、忘年會等。在會員大會下設理事會，現任理事長為松井誠一。除例行活動外，理事會尚不定期舉辦顧客滿意度調查、社區意識調查，此外與官方保持暢通管道，業與其他社區組織（町會）、明治神宮、媒體聯繫溝通。

理事會下設「部」，部依功能別分為——
1.會務系：設有環境部、地域部、政策部、情報部、會員部。
2.業種別：設有百貨店部、美容部、飲食部、物販部、服務業部。
此外另設有青年部。

該會常設會務人員僅有2名，一名為事務局長，另有一名女性助理，視業務與活動狀況也會加聘兼職人員。

新加入會員入會費20,000日圓，月費5,000至50,000日圓不等，一年活動總預算約2億日圓。

三、目標

商圈目標以「原宿表參道憲章」為最高指導原則，此憲章將原宿表參道定位為——
1.充滿友情、愛情與元氣的街道
2.珍愛自然與環境的街道
3.發揚藝術與文化的街道
4.關注歷史與科學的街道
5.締造和平與未來的街道

原宿表參道可以如此定位主要是法令的保障，法令規定在原宿車站半徑2公里，遊樂廳、彈珠店、麻將館等「風俗」營業場所均不准在此地設店；加上居民與店家珍惜

環境，積極參與街道建設與清潔工作，2001年還推動「環保宣言」，強調原宿表參道是「綠、陽光、空間」、「Keep Clean, Keep Green」、「住商－舒適與快速平衡」，將原宿表參道打造為健康、安全、繁榮的街道。

在「原宿表參道憲章」的指導下，商店街的「欅會」推動了一連串綠美化運動——

1. 美化：以年度近半數的經費推動商店街美化，菸灰皿、垃圾箱每天清潔，隨時補修；青年部及 Green Birds 志工組織定期清掃街道；契約清潔工每週3回，清掃並整理植栽；平成5年至9年的5年間，欅會共投注3億日圓做人行道更新，將人行道更換為花崗岩；並積極支援原宿地區美化推進委員會的活動。

2. 綠化：除人行道植栽維護，設置可以兼做座椅的植栽護欄外，對象徵原宿表參道的欅樹募集維護基金，並對欅樹做例行「健康檢查」。

四、借鏡與討論

原宿商圈成功的原因在於「衝突→協調→特色」模式的成功，商圈從「衝突產生協調、從協調創造特色」。

商圈的演進過程有很多「衝突」——

- **歷史 vs. 商業的衝突**：商圈位於明治神宮外，日本的神宮、神社、寺廟外的道路兩旁商家一向只能賣旅遊低價紀念品與伴手禮，但原宿商圈成功打破此種宿命。

- **自然 vs. 商業的衝突**：代代木在江戶時代是自然林區，明治神宮是大正時代敬慕明治天皇的日本人奉獻的10萬棵樹、11萬名青年參與造林所形成的人工林區（謂之「明治神宮の森」），林區照理說無法成為商業腹地，然而原宿商圈卻成功吸納2種功能。

- **新 vs. 舊的衝突**：原宿表參道是名品商店街，竹下通是青少年文化發源地，與明治神宮的「舊」形成對比。

但經由商家與主事者的智慧，以及商圈多年的經營演化，形成「協調」，「協調創造特色」，原宿商圈的特色就是「包容」，包含——

1. 品牌並存：國際品牌、設計師品牌，甚至無品牌的商品都可以在原宿商圈找到出路，同時存活；

2. 客層並存：因為品牌並存，所以10至80歲的消費者都可以從原宿商圈各取所需，從

中學生到敗家貴婦都可以得到消費與逛街的滿足;

3. **新與舊的並存**:明治神宮與安藤忠雄作品並立,前衛的店面櫥窗設計和神宮大鳥居、細石子路融合;

4. **科技與傳統並存**:店家傳統式經營持續存在,但商圈亦引進了新科技(QR Code、icon)作為推廣工具;

5. **自然與商業並存**:原宿商圈成功吸納明治神宮參拜與觀光人潮,以及代代木公園休閒民眾;每年8月舉辦的「原宿表參道元氣祭」,更同時將明治神宮與代代木公園納入活動範圍,甚至連行道樹的欅木也受到良好的照顧。

原宿商圈的經營,成功整合創新(Innovation)、文化(Culture)、科技(Technology)三大元素,可謂現代商圈成功的典範。

9-3 規劃街道景觀

街道景觀

商圈的街道必須有特色,特色可以來自商圈環境(如法國巴黎凱旋門前的香榭麗榭大道)、建築物(如日本北海道小樽及函館的漁獲倉庫)、歷史文化(如台南安平的「台灣第一街」),當沒有特色時就必須創造特色,最容易創造的特色就是「懷舊」,懷舊可以來自商圈本身的條件,將古街再生,如日本岐阜縣高山市的古町,木曾路的妻籠、馬籠;若無古街的風情,則不妨「復古複刻」,東京淺草傳法院通商圈就是一條復古複刻的商店街。

日本京都「花見小路」的街道呈現城市的歷史、品味,也透露出店主人的「自慢」(驕傲)。

街道規劃，「復古」常是一種被選擇的方向，很多中國城市的商業街常被設計為仿古型式，但整條街仿古，一眼看過去像極了電影場景或日本的「時代村」，「復古」不應該只是仿古，復古是在地歷史的重建與重見，在地有什麼建築就重建以前的款式，而不是將他處的老建築來個依樣畫葫蘆，與本地沒有歷史與情感聯結，所以北京的「大柵欄」商業街道，也只有北京可以如此規劃，其他城市若是複製，味道一定走掉。

商圈的招牌是街道景觀的一部分，亦有「一致化」或「個別化」的爭執，一致化是一條街或整個商圈，使用外型、材質一致的招牌，有的甚至連字體都有統一的規定，個別化則是每個商家各做各的。一致化強調一眼望去，整齊井然，個別化有個別特色，不致呆板。

一致化只適合新建的商圈，如日本各城市都有的「○○通」商店街，店面立面一致，側面招牌也一致，有的還在街道上鋪設透明遮雨棚，方便雨天逛街。至於老商圈，應該維持個別化的招牌，不應一致化，一家百年店舖的招牌若是和新店家一樣，店舖的歷史價值也就蕩然無存了。

 案例 **東京淺草傳法院通**

東京淺草傳法院通商店街就在淺草觀音寺旁邊，「通」為街道，「傳法院」是淺草寺附屬的講堂，原是古街，但都市更新後已無古意，因此透過「復古複刻」，將新且無特色的建築復古，滿足消費者的懷舊風。

淺草傳法院通商店街在東京淺草寺，是一條約百餘公尺的商店街，與進入淺草寺的仲見通呈垂直，除一般遊樂區會有的餐館與旅遊紀念品店外，此商圈商店賣的是很傳統的日式商品，如毛刷、老式鞋靴、踊衣（表演日式舞蹈的和式衣服）、半纏（勞動者罩住上身的短掛）等。

所謂「傳法院」是淺草寺住持的住所，因此傳法院通就是淺草寺住持住所旁的一條比巷弄寬、但比馬路窄的「街」，由於一邊是傳法院，所以僅能有平房、類似臨時性的攤位，但另一邊則是一般商家，都有2層樓以上。

由於街道不長，所以商圈組織（傳法院通商店街振興組合）規模不大，僅有23家會員，其中有13名會員組成委員會做日常決策，商家為志願加入，雖然商圈組織無強

日本東京淺草傳法院通商店街是「古街再生」，因為中午才開店，所以店家鐵捲門均以彩繪方式，
以美化不開店時的街道景觀；在江戶時代，此地有「義賊鼠小僧」傳奇，義賊次郎吉劫富濟貧，
因此屋頂有鼠小僧裝飾，街道旁有捉拿鼠小僧的布告。

制性，但具備法人資格，因此可向公務機關申請補助，1999年（平成11年），商圈組織
獲得東京都廳與所在地台東區公所巨額補助，進行店面與街道更新計畫，補助金額高達
1億8千5百萬円。

　　淺草傳法院通商店街之店面與街道更新計畫，以「江戶風」為主要設計概念，之所
以採「江戶風」，係因靠近古蹟淺草寺，且商店街大多店家都賣「古物」之固，更新範
圍包含3部分：

1.店家立面更新：店家招牌與立面都由政府補助更換為江戶式的設計，走在其間仿如進
　入「時代村」，有其趣味性，部分商家甚至還加入故事性，將江戶時代的義賊鼠小僧
　次郎吉納入店面設計中，有商家讓鼠小僧爬上屋頂，也有商家在店門口立了懸賞捉拿
　鼠小僧的告示。

2. 店家鐵捲門彩繪：由於店家營業時間不一，同一時間有人營業也有關門，因此店家鐵捲門都有彩繪，以塑造一體感，彩繪內容以店家營業內容為主，有「浮世繪」風格，和店家立面設計一致，不致有突兀的感覺。

---

3. 街面採江戶時代的石子路：將街面整修為江戶時代的石頭與沙子路面，雖有復古的感覺，但行人走路不方便，加上塵土飛揚，店面櫥窗、商品容易「蒙塵」，擦不勝擦，店家至感困擾，因此不久又恢復水泥與柏油路面。

　　淺草傳法院通商店街是條老街道，在整修前逛街人數已減，經店面更新後，特殊的街道風情吸引逛淺草寺的遊客順便拐進來逛，改建前每日路過遊客約 5 千人，目前每日仍維持 5 萬名遊客逛街，店面「特色化」更新有其功能。

　　傳法院通商店街和台南市安平的延平街的外在條件極為近似，二者長度均為百餘公尺，為單向線型動線，靠近古蹟，以吸納古蹟遊客作為客源。雖然外在條件近似，事實上，台南市安平的延平街有一項淺草傳法院通商店街比不上的特色，就是延平街自己就是古蹟，它是台灣最早的街道，在荷蘭治台期間就已成街，因此號稱「台灣第一街」，不過古建築在 10 餘年前已被當時市長和居民拆除殆盡，現在只是一條普通的街道，居民與市政府拋棄歷史資產，殊為可惜，雖然目前靠安平古堡的遊客維持榮景，但已沒有「不被取代性」的條件，商圈店家應有危機意識。

　　台灣亦有不少古街，要以「古街再生」作為商圈特色，必須凝聚居民共識──「不改建」，古屋美則美矣，但並不好用，居住其間生活機能不佳，若無共識，只要一家改建，則整條古街景觀破壞殆盡，因此居民共識必須一致，至少維持建物立面的古意；日本高山古町、木曾路的妻籠、馬籠之所以能維持百餘年前的江戶風情，是來自居民的堅持，這也是台灣的古街商圈要學習的地方。

文創元素分析

文化 再現歷史場景。

創意 賦予故事，增添商圈趣味。

9-4 引進藝術表演

藝術表演

街頭展演活動可以增加商圈趣味性與活力，因此國內外許多商圈都有街頭藝人（busker）演出，商圈與藝人為互利關係，商圈僅提供場地，不需額外付費予藝人，但可藉街頭藝人吸引人潮，製造歡樂氣氛；街頭藝人則藉商圈取得演出舞台，以才藝吸引遊客捐獻，或購買演出之CD或DVD獲得報酬，彼此兩益。

街頭展演活動應有管理機制，以過濾不適當者，並維護公共秩序與善良風俗，由於管理機制具公權力的執行，因此都由各地縣市政府制定管理辦法，商圈若接受街頭藝人演出，則應遵循當地政府管理辦法處理之。

商圈與街頭藝人的關係可以從3方面來討論——

英國巴斯（Bath）街頭畫家。

- **互利互賴**：商圈與街頭藝人是互利互賴的關係，商圈提供場地與人潮，藝人創造藝術氣息與帶動現場氣氛，雙方關係是魚幫水、水幫魚，不要計較誰幫誰比較多，合作才能帶來兩利。

- **適切性**：不同商圈適合不同的街頭展演活動，爵士樂演奏適合精品商圈，捏麵人表演適合夜市，適當場地、適切表演方能呈現空間美學，才不會格格不入。

- **無強制關係**：街頭藝人管理為政府權責單位之職權，商圈對街頭藝人有意見應透過政府權責單位，不可直接介入。

案例 東京街頭藝人管理

東京都廳在不影響環境整潔與公共安全條件下，從2002年（平成14年）9月起，開放街頭藝人演出，街頭展演活動一方面促進文化創造活動，另方面也提供市民休閒娛樂。

東京上野公園的街頭藝人。

都廳的管理單位是「街頭藝人運營實行委員會」，至2009年已規劃48個地點共64處場所，提供街頭藝人演出，這些場所可歸納為4類——

1. **都立公園**：為東京都廳管理之公園，如上野公園、葛西臨海公園、井の頭公園。
2. **車站**：都營地下鐵車站，大江戶線有3站、多摩線2站。
3. **文化設施**：東京都美術館、江戶東京博物館。
4. **經所有人同意之民間場所。**

東京街頭藝人審查分初審與複審，初審為書面審查，申請人或團體必須填寫申請表，附上不超過15分鐘之演出CD、DVD，以供審查，申請人無年齡與國籍限制，取得合法居留之外國人亦可申請。初審通過再進行複審，複審則為實地演出。至2009年取得演出執照之街頭藝人有318組，其中雜技組248組，音樂組70組。

除自行覓地演出外，街頭藝人運營實行委員會、東京都生活文化體育局每年固定在1月、3月、5月、10月分別在涉谷、秋葉原、銀座、丸の內、新宿等地舉辦大型演出活動，提供街頭藝人表演舞台。

街頭藝人演出管理單位為各地警察署，主要規範是——
1. 演出地點為室外；
2. 不准有CD、DVD之販賣行為；
3. 民眾自由捐獻，不得強索；
4. 不得使用火器及刀劍等危險物品；
5. 只能使用充電式電池；
6. 演出器材搬運以自身可以負荷為原則。

9-5 推動公共藝術

 壹　公共藝術

　　商圈為不特定人可自由進出之消費空間，為營造空間美學，公共藝術的設置自有其意義與必要性。所謂公共藝術指的是「陳列於公共空間之永久性、非商業性之藝術作品」，如雕像、牌樓、雕塑物都屬公共藝術的範圍，根據此定義，公共藝術4個元素可以延伸如下的討論——

● **公共空間**：指的是不特定人或多數特定人可自由進出之空間，街道、商場、學校、公園、公共服務區域（機場、車站、民眾洽公之政府辦公場所）等均是，公共空間可為室內或戶外，但以商圈功能而言，商圈之公共空間應指戶外，為不特定消費者活動之空間。

德國 Marianske 溫泉區鎮上噴泉。

德國城市街頭雕塑。

● **永久性**：為營造空間固定形象，公共藝術作品應以永久性作品為宜，臨時的展出就不應稱為公共藝術；此外，商圈設置之公共藝術作品，既用於戶外展示，因此應以大型作品為宜，使用之媒材以可長期暴露室外之鋼、銅、水泥、石材為主，布、木、紙等脆弱媒材不宜使用。

丹麥哥本哈根安徒生銅像。

德國海德堡狒狒與老鼠銅雕。

● **非商業性**：公共藝術不應有商業企圖，因此帶有商業行銷企圖之廣告作品均不宜稱之公共藝術。如數年前 LV 在台北市中山北路樹立的大包包，雖藝術性夠，但因屬企業形

象廣告性質，所以不宜以「公共藝術」作品稱之。

- **藝術作品**：既稱「公共藝術」，當然必須是藝術作品，一方面有豐富語彙呈現，可以有思考與討論空間，不會被「一眼看穿」，但另方面也不能曲高和寡，和庶民格格不入，而是有親和性、溝通性甚或互動性，可為一般民眾接受；公共藝術可為空間美學加分，所謂空間美學簡單的說是「將適當的物品擺在適當的地方」，概念簡單但執行不易，台灣甚多公共空間受限「長官」與主事者的美學素養，是不及格的。此外，由於放置公共空間，因此應避免情色、暴力、濫用藥物、賭博，或是萎靡消極等違反社會規範之意涵。

公共藝術的緣起是歐陸城市的大型人物塑像，早期的歐陸城市人物塑像都是統治者、戰爭英雄的雕像，後來逐漸加入公眾崇拜、可代表城市的人物，如音樂家、作家（哥本哈根街頭就有安徒生銅像）、科學家的塑像。事實上，「偉人」雕像就是國族主義的象徵，二戰後隨著國族主義的瓦解，政治與「偉人」符號被廣泛的人道議題取代，所以現代出現的公共藝術作品常以保護地球、關心環境、世界和平、家庭價值、弱勢關懷、歌頌愛情為主題；而著名的公共藝術作品也可成為城市的象徵，如美人魚雕像代表了丹麥的哥本哈根，成了城市意象。

商圈為公共消費空間，適當的設置公共藝術作品可以為商圈加分，公共藝術對商圈的功能有3項：

1. **塑造特色，型塑商圈象徵**：公共藝術作品可以創造商圈特色，日本東京六本木之丘，是高級商店區，而一般東京人想到六本木卻不是該商圈的名牌店（東京所有的高級商圈，如銀座、表參道都有名牌店），而是六本木之丘戶外高達10公尺、名為「MAMA」的大蜘蛛，大蜘蛛成了六本木商圈的象徵。

東京六本木之丘「MAMA」大蜘蛛。

2. 提升商圈文化與藝術形象：經由公共藝術的設置，帶動文化與藝術氣息，進而提升商圈形象與商品價值感。

商圈的公共藝術由於具有型塑商圈象徵與提升商圈文化與藝術形象功能，因此商圈公共藝術作品最好被定位為場域特定藝術（site specific art），換言之，應強調作品與空間的連結性、獨特性與排他性，「這個作品」只屬「這個空間」，如在「劍獅」與台南市安平商圈連結，就具獨特性與排他性，符合民眾「劍獅＝安平圈」的刻板印象；日本人熱衷相撲，最大的相撲館就在東京兩國，因此當地商圈的公共藝術作品自然以相撲呈現；尋求這種獨特的商圈與作品連結，藝術創作者必須對社區地理位置、自然生態、景觀、人文歷史特色、商家與消費者組成有深入的觀察與瞭解。

東京兩國商圈的公共藝術作品。

3. 吸引人潮：當商圈有了特色，有了文化與藝術意象，消費者認為商圈有品味、值得逛，自然就具備吸引人潮的攻能。六本木之丘的大蜘蛛、中城公共藝術作品、表參道的安藤忠雄設計的表參道之丘商場（可以視為超大型公共藝術作品）都有聚客的功能。

不論是戶外雕塑、入口意象或街道家具，雖然強調藝術性，但亦應為一般民眾所接受，台灣曾出現一些公園或停車場圍欄設計，被民眾批評為類似墳墓，而遭到杯葛，因此事前與民眾的溝通有其必要，商圈的公共藝術作品設置前，應製作模型、3D透視圖（模擬作品與空間關係），邀集創作者、商圈領袖、店家及民眾，舉辦公共藝術座談會或說明會，進行事前溝通。

商圈的公共藝術作品應符合公共安全需求，容易傾倒、會撞傷或割傷行人的設計或材料均不宜使用，可供消費者使用或兒童遊戲的設計，更應考慮耐用性與後續維護事宜。此外，作品應符合社會道德與倫理規範，不要刻意去挑戰社會禁忌。

商圈的公共藝術作品可以分為3類：大型戶外雕塑作品、入口意象、街道家具，其功能與空間意涵見表9.2商圈公共藝術作品構成元素之說明。

表9.2 商圈公共藝術作品構成元素

構成元素	戶外雕塑	入口意象	街道家具
功能	展示、商圈標誌	展示、商圈標誌、方向指示	展示、消費者可直接使用，具實用性
陳列空間	寬廣戶外空間	商圈入口處	道路旁
空間意涵	須與環境空間融合，符合空間美學要求，為空間之一部分。 作品與空間的連結最好具獨特性與排他性。		
藝術語彙	具備豐富藝術語彙，有思考與討論空間。		
庶民性	不曲高和寡，為一般民眾所接受。		
社會規範	應符合公共安全與社會道德、倫理規範的需求。		

 貳 案例 東京中城大型戶外雕塑

大型戶外雕塑作品為純藝術性與展示性之作品，只有視覺效果，不具實用功能，這類雕塑作品有時也被稱為裝置藝術，以呈現作品與環境、空間特色的關係（如表現商圈營業項目）。

東京中城（Tokyo Midtown）是都市老社區更新的案例，位於赤坂9町目，面積10.1公頃（建地7.84公頃、綠地2.26公頃），2001年推動更新，2007年完工，共6棟大樓。東京漂亮大樓比比皆是，中城的特色是邀請20名日本與外國藝術家設置了20個公共藝術作品，有大型戶外作品，也有小型畫作，並透過專用「泛網通信終端」設備，讓遊客做自主導覽，稱為「Ubiquitous Art Tour」（無所不在的藝術之旅），公共藝術作品成功提升東京中城文化與藝術形象，並塑造了商圈特色。

文創元素分析

(文化) 展示現代雕塑藝術。

(創意) 融和「商業」與「藝術」，增添商圈文化氣息。

 參 案例 **東京原宿商圈入口意象**

入口意象陳列於商圈入口街道處，它也可能是上述的戶外雕塑作品，不過具標誌或指示功能。如德國海德堡，城郊進入老市區橋邊的狒狒、老鼠銅雕作品，雖然作品不大，但亦可視為城市入口意象。

東京原宿商圈街道標示則是入口意象，由於街道狹窄，因此將常見的拱形牌樓設計，拆成兩半，裝置在街道入口處前後的兩根路燈電桿上，文字簡單寫著「HARAJUKU st」（原宿街），設置費用低，因此很多小巷道都有入口意象標誌，對巷弄小店家有助益。

商圈會受到營業狀況或社會變遷的影響，範圍會有擴大或縮小，因此入口意象的設置地點就得費思量，但原宿商圈發揮巧思，將入口意象設置於小巷弄口，以照顧巷弄內的小店家，則極具意義，原宿商圈不缺人潮，因此將人潮引導至巷弄內，一方面照顧小店家，另方面也可擴大商圈影響力與範圍。

文創元素分析

(文化) 入口意象呈現商圈消費特色。

(創意) 設計年輕化，符合消費者需求。

肆 案例 東京原宿商圈的街道家具

　　街道家具（street furniture）是近年來在歐美興起之名詞，事實上是舊酒裝上新的瓶子，所謂街頭家具指的是街道行人座椅、公共電話亭、公車候車亭、照明器具，乃至垃圾箱、菸灰筒等放置於街道的設備，都是一些都市空間常見的老元素，之所以用「街道家具」定義之是另有其考量，可試著將「街道」與「家具」拆開思考——

- **街道**：指的是其展示空間，「家具」既放置於道路兩旁，道路就是展示空間，因此作品必須與「道路」意涵融合，作品也是道路（空間）的一部分。

- **家具**：指的是其實用功能，街道家具不是純藝術作品，必須有其實用功能，可以被行人使用，因此被稱為「家具」，既是家具更應該融入空間，與空間不能突兀甚至衝突，家具的語彙（text）與環境的語彙必須一致，以產生共鳴的情境效果（contextual effect）。

　　日本東京六本木名品店大道旁的街道家具是極富盛名的，是藝術作品也是實用的行人家具，大部分的實用功能是座椅，但經由設計師的巧思，呈現的卻是一件件的藝術品。

　　東京原宿商圈的街道家具則隱藏於無形，是極高明的設計，原宿商圈以欅樹著名，欅樹是商圈的象徵（商圈組織就稱為「欅會」），為保護欅樹，商圈組織在人行道的植栽處設置護欄，護欄為銅管，有2排，前低後高，呈波浪型，除作為植栽護欄外，最主要的功能是行人座椅。原宿商圈的街道家具同時具備植栽護欄與行人座椅功能，又不占用行人步道空間，極具巧思。

設計極佳的原宿商圈的街道家具，通透，不遮蔽植物，具植栽護欄與行人座椅雙重功能。

> **文創元素分析**
>
> **文化** 融入「櫸樹」歷史感情。
>
> **創意** 整合植栽護欄與行人座椅功能雙重功能，設計富巧思。

伍 案例 武漢江漢路街道家具

武漢包含「三鎮」：武昌、漢口、漢陽，武昌是政府機構與大學（武漢大學）所在地，著名黃鶴樓即在武昌，漢口是早年外商匯集區，是商業重鎮，漢陽則是工業區，清末張之洞創設的「漢陽兵工廠」就在此地。江漢路在漢口，是殖民時代的銀行建築群，其中甚至有棟「台灣銀行漢口分行」，應是戰後接收日本在台銀行的漢口分行而改的。

江漢路是行人徒步區，規劃完整，沿路有很多街頭雕塑，不但是商圈意象，更有街道家具功能，採銅雕，人像均以1：1標準製作，「下棋」是一人坐著玩棋注視棋盤，另一人站著手執水杯與扇子觀戰，2人均短褲赤膊，腳踩木屐，完全呈現早年庶民生活態樣，遊客走累了，坐在竹椅的另一頭，宛如與其對弈，傳神得很。

「攤販」是老闆煮麵，坐在旁邊的遊客就成了等麵的客人，2幅作品都是上選之作，具在地性，不但裝飾性強且有實用功能，是非常成功的商圈意象與街道家具。

9-6 整合行銷傳播

整合行銷

　　商圈都為地方性聚落，通常是在地的民眾所開的小店，當然名氣大的商圈也會有外來商家進駐，不過規模不大，集合這些小商家所形成的商圈，要花錢做廣告當然不可能，如何進行行銷傳播？以下是幾個建議可供參酌運用——

● **創造特色，吸引媒體報導**：商圈有特色、有活動、有新聞點，媒體就會有興趣報導，不過這不是單一商家或商圈組織有能力辦到，必須有賴政府派駐商圈的輔導團隊的努力。

● **利用自媒體創造議題**：現在是資訊碎片化的時代，任何瑣碎的事情也都有意外爆紅的可能，因此商家應利用自媒體（FB、Line、youtube ……），思索議題努力貼文，議題塑造可以從文創的元素思考，如創業者故事、原料來源、商品創新都是可以思考的方向。一家店紅了，其他商家也要樂觀其成，一家店帶來人潮，因溢散效應，對其他商家也會有好處。

● **爭取政府輔導**：以前的經濟部商業司，現在的經濟部中小企業處都有專責的單位，負責輔導商圈整合行銷活動，商圈協會負責人應積極與其聯繫，納入輔導，從以往經驗，只要大眾媒體露出，商圈生意就會顯著提升，不過要得到政府的青睞，商圈必須有特色，商圈文創化是個不錯的方向。

● **創新使用科技**：科技使用是媒體關注、政府樂於投資的，商圈使用科技導覽在日本極為普遍，商圈科技導覽分為封閉式與開放式，封閉式必須使用佩掛式設備，在台灣只適合像台北信義商圈，這種高單價商品、範圍廣泛，且有專人管理與服務的商圈；開放式的科技導覽是使用手機，建置APP，適合任何商圈，使用科技導覽可以設計各種整合行銷傳播資訊，甚至加入VR（虛擬實境）或AR（擴充實境）功能，具創新吸引力。

案例 配合政府行銷活動

　　商圈為民間自然形成之商業聚落，即使有組織（如○○商圈協進會），但通常不會有財力進行行銷活動，因此必須搭配政府行銷活動。商圈原先管理單位為經濟部商業司

（2016年商圈管理業務移撥經濟部中小企業處），該司每年都會規劃活動以行銷商圈，由於經費有限，不可能散彈打鳥，因此都會針對幾個商圈進行推廣，幾年下來還成效頗著。

一、2012年

● 主題：拍照打卡賺好康

「瘋商圈 拍照打卡賺好康」活動，邀請主持人莎莎擔任代言人，目的是將活動範疇擴大至商圈及店家，鼓勵民眾造訪商圈、店家，帶動消費。以製作龍形貼紙，交由商圈店家於店內張貼。只要民眾前往店家拍下龍形貼紙，透過活動網站或活動APP上傳照片至活動網站，即能參加抽獎。

上傳越多店家的指定龍形貼紙相片，得獎機會越高。透過尋找指定龍形貼紙的有趣過程，提升民眾參與活動的動機，帶動商圈休憩人潮；同時，在活動過程中造訪店家，可鼓勵民眾消費，進而帶動商圈經濟。而抵達商圈後，即可進行打卡，到越多商圈打卡的民眾，前三名可獲得獎品。

本活動號召了153個商圈、共1,793個店家投入，總計吸引8,557個會員，在4個月的活動期間內，共同創造了635,462次的活動網站瀏覽人次，活動APP下載9,354次，並有14,152張照片上傳，以及3,084次打卡。

二、2013年

● 主題：商圈大玩家 短片大挑戰

以全國28個商圈為舞台，由網紅阿喜擔任活動代言人，邀請民眾前往拍攝特色短片以推薦店家、私房景點及特色活動為主題，拍攝完成後將Youtube連結上傳至活動網站供網友票選，並由主辦單位邀集專家學者進行評選，錄取前3名，及優選5名、佳作9名，第一名獎金10萬元。

活動期間為7至10月，共募集225支短片，合格短片計有170支，活動總瀏覽量為25萬人次。

● 主題：玩家拍拍樂

活動範圍含全國商圈，只要民眾到商圈拍攝短片，並附上簡單圖說，將照片上傳至「台灣品牌商圈」臉書粉絲頁，並號召親朋好友來按讚，就能參加抽獎。活動獎品，每月抽出5名，獎金1,000元，每月網路人氣獎，獎金5,000元。

本活動舉辦期間為7至10月，4個月總計募集416件商圈圖文投稿，台灣品牌商圈粉絲頁的粉絲人數由4,000多位增加為13,856位，成長3.47倍。

三、2014年

● 主題：商圈GO短片

節目型態採全外景拍攝的方式進行，由主持人搭配外國來賓前進商圈進行體驗當地特色活動，實際與商圈店家、民眾互動，藉此深入商圈，將台灣自然生態、人文風情以及當地美食推廣介紹給國內外民眾。

節目名稱：商圈GO

節目長度：每則長度8分鐘

節目集數：36則（每次播出3則）

節目主持人：黃湘儀

播出期程：8月23日至11月22日（共12週）

播出頻道：民視無線台

首播時間：每週六下午15:27-15:57

其他播出平台：民視新聞台（每週六中午1點新聞時段，並於隔週四、五重播）、Youtube民視綜藝美食頻道、Youtube商圈GO頻道、PPS網路頻道、民視新聞網線上影音專區、商圈GO官網、FB粉絲頁。

● 主題：壹週刊有獎徵答

為宣傳商圈節目訊息，本案自8月13日起，在每週節目播出前刊登節目內容宣傳廣告，並且搭配有獎徵答問題，民眾需要從節目中找到答案，透過傳真或官網回答問題。每週從回覆民眾中，抽出5位幸運觀眾，致贈千元超商禮券，在連續13週的廣告印象累積下，迅速推展節目知名度，並透過與民眾互動，實際達到吸引民眾收看的節目宣傳效益。

四、2015年

● 主題：商圈5GO讚

經濟部商業司委託民視文化公司，進行之104年商圈特色整合行銷傳播計畫，係以製播中英文短片為主。本案先舉辦「商圈5GO讚」募集活動，針對美食、購物、景點、住宿等主題，號召網友推薦各商圈特色店家，並從中選出拍攝主題，製播3-5分鐘的網路短片，帶領民眾從不同的角度探訪商圈好玩好吃有趣的不同面貌，發揮宣傳效果，除了在網路平台露出，也將提供素材給新聞頻道作為旅遊新聞引用，讓網路短片成為全方位的商圈行銷推廣工具。

民視《商圈 5GO 讚》短片。

　　為使募集更系統性，活動以「商圈吃到 GO」、「商圈買到 GO」、「商圈玩到 GO」、「商圈睡到 GO」、「商圈 I don't know」五大主題進行分類，並在 2015 年 3 月 12 日至 5 月 31 日，共 3 個月時間內，讓民眾分別就商圈內的美食、購物、娛樂、住宿的特色店家進行推薦提名，推薦內容被採用者可獲得獎品禮券，除了營造話題性與討論熱度外，期使製播之內容更能切合民眾需求，引起共鳴。

　　募集活動主要宣傳管道為新聞快訊、網路平台以及臉書粉絲頁，總計募集 636 筆店家推薦，其中商圈玩到 GO 有 86 筆、商圈睡到 GO 有 97 筆、商圈吃到 GO 有 225 筆、商圈買到 GO 有 122 筆、商圈 I don't know 有 103 筆。民視文化公司即根據民眾提供之資料，進行短片製作與播出——

節目名稱：商圈 5GO 讚

節目長度：每則長度約 3-5 分鐘

節目集數：15則

節目主持人：陳璽鈞

播出期程：2015年6月13日至104年9月26日（共15週）

播出頻道：民視新聞台

首播時間：每週六午間新聞

　　　除在電視台播出外，民視文化公司尚在下列之網路平台播出——

- Youtube 影音頻道
- PPS 網路頻道
- Yahoo! 影音頻道
- 民視新聞網線上播出
- 臉書粉絲專頁
- 商圈GO官網[2]

9-7 專題討論：商圈行人徒步區的文創思維

 意義

　　全世界很多城市都有行人徒步區（pedestrian mall）的設置，對商圈管理而言，行人徒步區有3個意義——

- **對消費者**：提供友善消費環境，沒有車輛威脅與空氣汙染，可以自在逛街，以營造「友善行人」的氣氛。
- **對商家**：可以延長店面櫥窗被瀏覽時間，增加入店機會，並可提高衝動式購買機率。
- **對社會**：可以宣示商圈節能減碳、保護環境、減少汙染之決心，以提升商圈形象。

 條件

　　不是每個商圈都適合設立行人徒步區，很多地方的行人徒步區最後淪為停車場，或乏人光顧而草草收場，設置行人徒步區必須考慮如下條件——

---

2 本單元經濟部商業司推廣商圈資料，係由民視文化公司提供。

一、地區機能

　　包含周邊停車空間、交通動線、大眾運輸系統網絡、與周邊社區關係、上位計畫所規劃之都會發展定位等因素。

1.周邊停車空間：設立行人徒步區，周邊應有足夠停車空間，否則無法停車將影響消費者前往意願。

2.行走動線：停車場至行人徒步區距離是否適當，行人徒步區規劃之動線是線型或是環狀都應該被考慮，線型動線有去就必須原線折反是最糟糕的設計，早期高雄市地下街、台南市觀光城都因線型動線而導致沒落。

3.道路寬度與長度：道路不宜過寬，道路太寬會有遮陽與蔽雨問題，太寬的道路應有適當的綠化，一方面遮蔭，另方面有視覺美化效果；此外，道路也不宜過長，道路太長，一眼看去無止境，容易讓逛街者未逛就產生倦怠感；東京銀座的「步行者天國」，使用銀座通貫穿1丁目到8丁目，不但道路太長，路面也太寬了，正午烈陽毫無遮蔭之處。

4.大眾運輸系統網絡：當鼓勵行人徒步時，若有足夠大眾運輸系統支持，對吸引來客會有加分的效果。

5.周邊社區關係：周邊腹地是否足夠是設置行人徒步區的主要考量，周邊若是冷清的住宅區，設立行人徒步區並無意義，單獨一條行人徒步區是無法吸引消費者前往，必須有夠大的腹地，換言之，商圈與周邊腹地（最好有名勝或古蹟）必須有3小時以上的逛街空間。

6.上位計畫所規劃之都會發展定位：行人徒步區不是孤立的計畫，應同時考慮都市計畫對此商圈的定位，方能在審查時獲得支持。

二、商圈特質

　　以批發為主要業種的商圈，當然就不需要行人徒步區，商圈以零售業、餐飲業為主，設置行人徒步區方有其意義，另外亦應考慮店家與其上游供應商裝卸貨的時段。

三、消費者組成

　　考慮消費者來商圈的交通工具為何，消費型態為何，有無逛街習慣。不一樣性別、

年齡、教育程度、社經地位的消費者，其逛街習慣完全不一樣。

四、居民與店家意願

　　商圈除了店家外亦有居民，設置行人徒步區對居民會造成某些程度的不便，因而店家營業性質不一，也未必每一店家都可得到設置行人徒步區的好處，因此設置前必須尊重居民與店家意願，取得共識。

　　經濟部商業司在說明設置行人徒步區注意事項時，特別強調須將商圈之店家意願及配合度考慮在內，如整合過程中所未解決之問題（例如有人反對，其理由原因所在，恐有因闢成徒步區對交通停車之不便，卸貨困難），可透過各地區里辦公處之協調，達成一致之共識後，始謂完成擬定計畫，可由里長代為交付政府機關會同相關單位。經主管機關審核及審議機關之審議通過後，並經公告程序，即可於政府機關年度地區環境改造計畫中補助經費實施。[3]

 ## 規劃

　　即使居民與店家均同意設置行人徒步區，亦須經法定程序，商圈前的車道，該土地有的屬於私人所有，有的屬於國家所有，若屬於私人所有的土地，則須經土地所有人的同意，始得規劃為商店街。此外，供公眾使用的車道欲變成「行人徒步區」乃是變更都市計畫之一環，即係公共設施變更，須透過行政程序作業核定，才能實施。

　　而徒步區計畫之擬訂、核定、公告乃至實施及管理維護等事項，目前並無相關法令之規定，僅台北市有頒訂《徒步區闢建及管理維護辦法》，以資審核。商圈之店家須自行整合各店家之意願擬定商圈徒步計畫送呈，計畫（含計畫書、計畫圖及設計圖）應說明文物、古蹟方面管理維護，街道家具、景觀設施，運輸工具配合，停車位，空氣汙染、噪音之管制、病媒之防治及廢棄物之清理等設施，以及現行土地分區管制及公共設施用地分布情形。

　　除前述法令規定外，商圈討論行人徒步區之設置時，應考慮3項與店家有直接關係之因素──

1.範圍：行人徒步區範圍多大？選擇菁華區或非菁華區，未必要將商圈全數劃入。

2.日期：不必一年365天均禁行車輛，行人徒步區是週間或週末？

---

[3] 摘自 http://cradle.csd.org.tw/diy_b2.asp。

3. 時段：下午抑或晚間？確切時間為何？

 肆 日本案例：東京銀座「步行者天國」

　　銀座商圈指的是東京都的京橋以西、新橋以東、東京高速道路KK線（即新敷寄屋橋）以南、昭和通以北，包含銀座1丁目至8丁目的地區，北銜永樂町、南接號稱「東京廚房」的築地，其間晴海通貫穿南北、銀座通貫穿東西，晴海通與銀座通兩條大道將銀座商圈劃分為「田」字形。而銀座「步行者天國」就在貫穿銀座商圈東西向大道「銀座通」上。

　　「步行者天國」是日本行人徒步區的名稱，不是銀座專用的，而是所有日本都市的行人徒步區的共用名稱。當時會有行人徒步區的構想，主要是日本經濟繁榮，都會化程度高，車輛快速成長，頻繁進出商業區會造成交通阻塞、交通事故與空氣汙染，所以有了行人徒步區之議。

盛夏的東京銀座行人徒步區，烈日當空，行人寥寥。

　　最早實施「步行者天國」實驗計畫的是地廣人稀的北海道旭川市，1969年（昭和44年）8月6日至12日試行；在該年4月當時東京都知事美濃部曾向銀座通連合會提議施行，但被商家否決，商家反對的理由是限制車輛進出，會影響商家裝卸貨與客人來店意願。

　　雖然當時否決都廳建議，但經思考後，銀座通連合會在同年5月的會議再提出檢討，認為只要不妨礙百貨公司停車場進出，銀座可配合都廳的「步行者天國」計畫。經協調，1970年（昭和45年）8月2日（週日），東京都的銀座、新宿、池袋、淺草、八王子等商圈同步實施行人徒步區。

　　銀座的「步行者天國」計畫持續實施迄今，其間小規定雖有調整，但大原則並未改變，目前銀座的「步行者天國」是週六與週日的中午12時至下午5時，實施車輛管制，管制地區為銀座1丁目至8丁目的銀座通大道，但銀座通與晴海通之十字路口並不管

制，換言之，貫穿銀座商圈的晴海通仍可南北通車，連接築地與永樂町。

「步行者天國」在銀座實施最大的問題是「綠化」，江戶時代銀座地區遍植柳樹，但歷經都市更新，柳樹已被砍伐殆盡，20世紀雖有商家或有識之士，甚至銀座通連合會都有「復植柳樹」之呼籲，但尚無共識。因此5至9月盛夏時分，並無樹蔭的銀座通熾熱難當，雖有商家在道路中央架設遮陽的大傘，但民眾逛街仍走有蔭的路旁，讓行人徒步區的美意大打折扣。

 # 伍 台灣案例

台北市西門町行人徒步區於1999年設立，是台灣最早、最長也是最著名的行人徒步區；所謂西門町一般而言係指中華路、康定路、漢口街及成都路之內的範圍，是台北市西區最重要，也是人潮最多的商圈。

清領時期，西門町一片荒涼，1895年日人領台在此設立休閒商業區，台北第一家劇院是「東京亭」（1896年創立），第一家放映電影的常設電影院為1911年創設的「芳乃亭」都在西門町。

戰後西門町已成為台北著名的電影街，榮景時期電影院一家接著一家開，黃牛猖獗，不過到達巔峰即面臨下坡，70年代當時台灣最大的建設公司——華美建設董事長張克東就預言，西門町即將沒落，東區興起。果然80年代起台北市商業重心東移，至90年代西門町消費者只剩10餘歲的中學生與6、70歲的退休老伯伯。

1998年台北市政府開始規劃「西門町徒步區」，更新店舖外觀、行人座椅，重鋪地磚，街景綠美化，設置霓虹燈柱、入口意象、活動舞台、公告看板，投注1億2千萬工程費，打造全長1,153公尺的「新西門町徒步區」。行人徒步區實施時間為平日自下午4時至晚間11時，假日則自上午11時至晚間11時。

行人徒步區讓西門町由「沒落」到「重生」，目前西門町尚有20家左右的電影院，各式大小店家約有6千間。幾乎每個週末都有小型演唱會、歌星發片簽唱會、首賣會等活動，電影宣傳、街頭表演時常可見，而紅樓也成為藝文活動重要場所，常有頒獎活動、各種新產品發表會舉行，西門町已成了台灣的「原宿」。

　　西門町設置行人徒步區，以客觀條件分析是正確的，就地區機能而言，西門町周邊有峨嵋停車場、中山堂等停車場，停車空間足夠；而商圈以西門圓環為中心呈半圓輻射，類似棋盤狀，行走動線不重複，有逛街的樂趣；道路寬度與長度合適，路面不寬，容易跨越對街，總長度雖1公里餘，但連接很多條街道，不會令人一眼看穿；面臨中華路，公車路線眾多，捷運有藍線、綠線二線在西門站通過，網絡完整，大眾運輸系統條件優越；周邊中山堂常有戲劇、音樂演出，龍山寺是台北著名古剎，商圈內有紅樓古蹟，周邊社區設施足以支持商圈發展。

表9.3　台北市西門町行人徒步區條件分析

行人徒步區條件	西門町狀況
地區機能	1.周邊有峨嵋停車場、中山堂停車場，停車空間足夠； 2.商圈呈類似棋盤狀，行走動線不重複； 3.道路寬度與長度合適； 4.面臨大馬路（中華路），捷運有藍線、綠線二線通過，公車路線眾多，大眾運輸系統網絡完整； 5.周邊有中山堂、龍山寺，商圈內有紅樓古蹟，社區關係足以支持商圈發展； 6.自日治時期以來，一直扮演商業區之角色。
商圈特質	商圈以服飾零售業、餐飲業、電影業、百貨業為主，設置行人徒步區有其意義。
消費者組成	以學生為主要客群，對商圈有忠誠性，會重複光臨；單次消費者金額不高，但購買頻率高；往返商圈以大眾運輸系統為主。
居民與店家意願	？

　　就商圈特質而言，西門町商圈以服飾零售業、餐飲業、電影業、百貨業為主，並無批發業，設置行人徒步區有其意義。而消費者組成，以青少年、學生為主要客群，他們單次消費的金額不高，但購買頻率高，因對商圈有忠誠性，所以會重複光臨，對店家而言可培養常客；他們無自有交通工具，往返商圈使用大眾運輸系統，而商圈周邊的公車與捷運系統正符合他們需要。

　　台北市西門町行人徒步區是台灣最負盛名的規劃，然在實施的過程亦遭遇店家反對，認為影響業績，亦有議員質詢交通管制不當；不過就商圈的長遠發展而言，「行人徒步區」對西門町的影響是正面的。

陸 文創思維

　　商圈行人徒步區的規劃，如果只著眼沒有車馬喧嚷的散步空間，是有點可惜，行人徒步區多出來的空間，應有妥善的規劃，讓利益為全體商圈店家分享，公共空間出租臨時攤位，租金歸商圈組織統籌運用，當然是辦法之一，不過臨時攤位沒有特色，營業項目也可能和原有店家相同，會形成互搶生意的現象。

　　因此行人徒步區的空間若能加入文創思維，則可為商圈增色，文創作為可以用活動（event）方式呈現，可分為3種類型──

一、適合所有商圈

　　為一般性活動，適合所有商圈舉辦，如──

- **街頭演唱會**；
- **文創市集**；
- **環保日**（自備容器餐具有特別優惠）；
- **祖父母日**（鼓勵祖父母帶孫子、或三代同行）。

二、適合特殊地區

　　如適合客家地區商圈舉辦的活動──

- **天穿日**：農曆正月20日，傳說的「女媧補天」日；
- **新丁粄節**：「丁」為男孩，客家庄習俗，該年有生男丁者，在元宵節要作如紅龜糕的新丁粄，來敬拜天地，並分享族人。

三、適合個別商圈

　　針對個別商圈特色，而規劃行人徒步區的特殊活動，如──

活動名稱	適合商圈	說明
野薑花節	新竹內灣商圈	內灣盛產之花卉
「大嬸婆」日	新竹內灣商圈	內灣是「大嬸婆」創作者劉興欽的故鄉
劍獅節	台南安平商圈	「劍獅」是安平的icon
冷泉日	宜蘭蘇澳商圈	蘇澳以冷泉著名
姑姑日	台中新社商圈	「姑姑」即「菇菇」，是新社特產

　　行人徒步區的特殊活動不必每週舉辦，一年只要舉辦一個令人印象深刻的活動，持之以恆，就會成為商圈的特色；活動舉辦務必掌握2項原則──文化元素與創意元素。

文化元素：緊密扣連在地人文、歷史與產業特色。
創意元素：不抄襲、不複製，委託專業廠商想出新點子。

chapter TEN
他項商品文創行銷

照片說明：
寺廟行銷當然也可以文創化，日本京都東福寺，請來現代
造園大師重森三玲設計了東西南北四座庭園，前圖是東邊
的「北斗七星」，石材是用報廢東司（廁所）的柱石。

10-1 導論

壹 意義

第8章「工廠文創行銷」、第9章「商圈文創行銷」談的是比較特殊的「商品」文化化，除此之外，一般的商品如雜貨、日常用品，餐飲、觀光旅遊，以及狹隘文創觀念的「設計商品」都可以加入文化與創意元素，而成為「文創商品」。

所謂「雜貨」，指的是飾品、文具、置物（擺飾品）；日常用品指的是日用品，如鍋碗瓢盆、餐具、家具；餐飲是食品、糕餅、小吃、餐廳、料理；而觀光旅遊指的是景點規劃、景觀設計，上述的「商品」都可以加入「文創」包裝，而提升價值。

「產業文創化」是將文創的詮釋權還給庶民，文化是族群生活方式的呈現，也是族群的集體記憶與先民活動的歷史軌跡；而創意將可提升價值的創新思維或作法，予以商品化或傳播化。因此所有的生活方式、產業經營只要能連接「文化」、「創意」這2個元素都可以成為「文創產業」。

貳 文創因素

雜貨、餐飲、觀光旅遊或設計商品的「文創化」，當然要掌握「文化」與「創意」這2個元素，也就是將「平凡」的商品予以文化包裝，與在地連結、賦予故事，然後加入創意元素，提升價值。如何思考商品是否具「文創」特徵，應該先分析是否具備「文化」、「創意」2個元素；文化元素應思考——

- **在地性**：連結在地的人、事、物，乃至氣候、物產、地理特色，人是當代或歷史人物，事是歷史典故、風俗民情，物是器具史蹟文物，這些都是在地文化元素，應善加運用以融入商品中。新竹內灣是早年風行台灣「大嬸婆」漫畫作者劉興欽的故鄉，當地亦出產「野薑花」，因此「大嬸婆」成了內灣商圈的共同象徵符號（symbol），野薑花則衍生許多商品，成了特色商品。

- **故事性**：文化就是故事，以故事連結在地相關的人、事、物，展示斯土斯民的生活面貌，有故事方能提升價值，一塊肥皂只能賣一塊肥皂的價錢，但若是有了故事（如艱辛的開發經歷、原料取得過程，甚至創作者的愛情故事），就賦予了肥皂生命，創造了原物料、生產、管銷等成本之外的額外價值。古董就常這樣被炒作，否則一個杯子

或盤子，怎能賣出高價？古蹟也是，經由故事與古人神遊，價值也就不一樣。

　　所謂「創意」，就是可提升附加價值之創新思維或作法，並能透過傳播方式擴散。也就是要有具原創性，不是模仿或抄襲、複製，但也不是空想，必須能被執行或商品化，並可透過傳播與行銷方式銷售或推廣之；更重要的是價值提升（value-added），創意執行後可超出原有價值，創造額外的價格、功能、使用壽命、使用範圍、便利性……等附加利益。

 ## 他項商品行銷與文創評估指標

　　因此加入文化元素、加入新科技、擴大使用者範圍、擴大功能、更改外型、商品可再製化……等，這些可傳播、可商品化，可提升附加價值之具體創新思維或作法，都屬於創意元素。因此商品行銷文創化，可以從如下的一些方法著手——

- **呈現在地特色**：商品應善用當地獨特的物產、氣候條件、地理景觀等元素，並以背後的「故事」作為特色，沒有故事即不具備差異性，很容易被取代。

- **連結歷史文化**：商品要連結在地歷史文化，歷史是先民生活軌跡，文化是聚落生活方式，商品聯結歷史文化方能有「故事」，有故事才會有賣點。

- **創造驚豔感動**：「驚豔」是出乎意料之外的驚喜，商品可從外觀、色彩、功能、技術創造「驚豔」，塑造衝擊力。

- **創造附加價值**：透過原創力，以文創創造附加價值，就是在原先商品的價值外，因為賦予文化或創意元素，所產生的額外價值。

- **引導時尚流行**：傳播力就是要引導時尚流行，文創不能一味複製老祖宗的東西，必須有創新方能引導流行。

表10.1 他項商品行銷與文創評估指標

文創評估指標		行銷作為
文化指標	獨特性	呈現在地特色
	關聯性	連結歷史文化
創意指標	衝擊力	創造驚豔感動
	原創力	提升附加價值
	傳播力	引導時尚流行

10-2 呈現在地特色

 在地特色

「在地特色」指的是當地物產、氣候條件、地理景觀等元素，文創就是要善用這些元素——

- **物產**：將商品連結當地特產，杭州西湖有魚，「樓外樓」就開發西湖醋魚；彰化王功產蚵，所以有獨特的「蚵嗲」；台南善化屠牛，所以台南很多小吃店清晨五時就開店賣牛肉湯，用現宰牛肉略過水涮燙，加入底湯，讓老饕台南人配一碗肉燥飯做早餐，台南也產虱目魚，所以台南人也用清晨剛打上來的虱目魚做湯泡飯（台語稱為虱目魚糜）當早餐，物產的元素創造獨特的烹飪方式，更影響飲食文化的形成。

- **氣候**：天氣冷熱會形成不同商品，俄羅斯天寒地凍，所以會有伏特加；南洋天氣熱，所以流行喝椰子水；台灣天氣雖然「恆春」，但夏季暢銷的也是冰品飲料，冬季熱賣的是火鍋；這些富地方特色的餐飲文化，若能加入創意元素，也可以視為文創商品。台北市永康街的「冰館」首創芒果冰，就是很好的例子，「冰館」取「賓館」（男女約會的旅館）諧音，就有其趣味性，芒果為台灣特色水果，盛產於夏季，「芒果冰」因此同時具備物產與氣候二個元素。

- **地理景觀**：將地理景觀印在商品中，很多風景區賣給觀光客的商品都會如此處理，台灣、日本、中國如此，歐美地區也是，法國白朗峰頂賣的木雕鉛筆盒，上面就刻著纜車圖案，與夏慕尼白朗峰，海拔 3,842 公尺的文字；但文創商品融入地理景觀並不是如此表象，應該是與文化的聯結，再以創意方式呈現，日本火車便當就是一個好例子。

法國白朗峰木雕鉛筆盒。

　　但無論物產、氣候、地理景觀，背後都要有「故事」，沒有故事即不具備差異性，很容易被取代，台北市的糕餅店家家都在賣鳳梨酥，台中市的糕餅店家家都在賣太陽餅，就是這個原因。

案例 日本「地方限定」商品

　　日本很多商品在規劃時就會想到加入地方特色元素，不但要地方特色而且要「地方限定」──只有此地有，其他地方買不到，燈籠、地酒，以及火車便當都是。

・燈籠

　　日本觀光地區的商店都有在賣「燈籠」，上面寫有景點名稱，有的還會畫上圖案，或標示地區相關人物、故事，燈籠主體是圓筒型可伸縮，握把是二折式，豎立ㄇ字型，上下二端扣住圓筒燈籠的首尾端，除了觀光景點有燈籠銷售，連政府機構也有，新宿的東京都廳的禮品店就有賣燈籠，燈籠很大氣的寫了「都庁」二字，全日本只有東京的行政區域稱為「都」，因此「都庁」只有一個，別無分號。

燈籠類型依序是「景點」、「活動」、「物產」、「趣味」、「祈願」、「人物」。

　　原先是實用功能，在沒有街燈、沒有電力的江戶時代，外出必須有燈籠照明，功能類似現代的手電筒，燈籠都是白色、內點蠟燭，上面寫上店號或家徽以做識別，如同現代的LOGO；現在電力、街燈普及，燈籠當然失掉其實用功能，轉變為觀光紀念品，造型不變，但內容改變許多，各自發揮設計創意。

　　燈籠主題以地區、景點名稱為主，但也有以物產、人物、活動為主題，所有的燈籠都是相同的造型與尺寸，高約25公分，但因為呈現地區特色，所以顏色各異、色彩繽紛。離開這個景點，再也買不到這個景點的燈籠，燈籠是「地方限定」的特色商品。

‧地酒

　　地酒是日本地方性的小酒廠（酒造），使用當地原料（米）、當地水，與當地釀酒師（稱之「杜」）所釀造的，日本各地區由於氣候差異與地理條件不同，形成不同口味的米與水，加上精米研磨度不同與工法差異，因此釀造出來的酒也具有獨特的個性，這種在地的酒被稱為「地酒」。

「小樽限定」地酒與專賣地酒的酒坊，「鰊」即鯡魚，是昔日北海道特產。

　　在早期，地酒用以區分全國性廠牌（如月桂冠）和在地小廠牌，地酒即是地方性小品牌，行銷範圍有限，越區即買不到，現在這種「地方限定」的現象固然還有，不過很多地酒已經行銷全國，甚至外銷到台灣。

　　日本地酒品牌眾多，族繁不及備載；地酒通常以米酒系列為主，如清酒、吟釀，雜糧系列的燒酎也算是；不過近年也有一些小型啤酒坊，也有製作「地酒」型的啤酒，強烈呈現地方特色，北海道小樽就有很多「北海道限定」或「小樽限定」的啤酒。

　　東北地區藏王高原，也有一款「銀河高原啤酒」，深藍色瓶深，金底標籤，圖案是

高原上滿天星斗,與二隻在天空的麋鹿,呈現高原夜空特色,是絕佳的瓶身與標籤設計,其命名源起是宮澤賢治的《銀河鉄道の夜》童話故事,故事名稱很浪漫,事實上,「銀河鐵道」是帶領死者靈魂回歸天國的哀傷列車,並沒有從此公主與王子快樂在一起的美滿結局。

藏王「銀河高原啤酒」。

此外,比較高級或深具特色的飯店,也會委託地方酒廠釀造該飯店專屬的酒,貼上飯店獨特的酒標,成為in-house的酒,飯店專屬的酒以米酒居多,如以岐阜長良川「鵜飼」聞名的百年旅館「十八樓」就是小瓶、一人份的米酒。

日本旅館 in house 的清酒。

・火車便當

「驛弁」(火車便當)是日本專有,全世界沒有一個國家的火車便當會像日本一樣,各地有各地特色,融入地方特產甚至風土民情,形成「地方限定」,到不同驛站吃不同便當,就可領會不同風情,百花齊放、多采繽紛。

日本青森縣八戶市的鐵道便當。

林嘉翔在《日本夢幻火車便當》書中,有圖文並茂的描述,東北的小芥子便當、海膽便當、仙台的牛舌便當、輕井澤釜飯便當、鎌倉的竹筴魚押壽司便當、福井的越前蟹便當、飛驒栗子糯米便當……,不但食材呈現當地、當季農漁畜產特色,連包裝也展現當地特殊的風俗與傳說[1]。

日本靜岡縣大井川鐵道便當。

---

[1] 參考自林嘉翔(2003)《日本夢幻火車便當》,台北:皇冠。

火車便當是呈現當地物產與地理元素的創意商品，全世界似乎只有日本人能想到，所以火車便當不只是當地的特色商品，更可以說是日本的特色商品。

文創元素分析

文化 以食材、風土民情強烈呈現在地特色。

創意 將不相干的元素（如食材與火車）搭配行銷。

 案例 日本島根「牡丹杯」

牡丹據說原產地是中國西安，但日本本州島根縣的牡丹栽培得也不錯，每朵碩大如人的腦袋。

由志園在島根縣大根島，以牡丹著稱，園內紀念品店有出售手繪牡丹咖啡杯，是手捏陶，似圓未圓，似平未平，充滿拙趣，杯面有手繪牡丹，正面一朵盛開，一朵初綻，對著正面的杯內亦有一朵含苞，懸於杯緣，杯耳上方略繪葉片。而最具匠心的是盤，盤為木作，係整塊木板雕塑而成，呈不規則梯形狀，中間凹下，略包杯底。

日本島根牡丹與牡丹杯。

牡丹是島根的特色商品，每年過年之前，島根牡丹會飄洋過海來台北建國花市展售，將特色商品延伸至其他器物，也是呈現地方特色的創意。

文創元素分析

文化 突顯地方特色商品，展現在地特色。

創意 將地方特色商品做延伸運用。

肆 案例 印尼泗水肯德基餐廳

　　誰說美式食品只能在美式餐廳賣，在泗水市區與郊區動物園之間，有間全世界最亮眼的肯德基——回教式的建築風格。

　　外觀是回教式風格，聳立回式尖塔，內部是類似清真寺建築，通透寬廣的圓形空間，服務人員是綁著頭巾的回教女生，餐點除了美式漢堡、炸雞、可樂外，也有在地風格——賣米飯團。美式食品招牌、印尼行銷點子，在「國際化」與「在地化」的爭執中取得平衡。

印尼泗水肯德基餐廳就是回教式風格，餐飲業融入在地文化元素。

文創元素分析

文化 連結在地建築風格與飲食習慣，保持主體性。

創意 將外來食品納入當地建築框架中，充滿後現代趣味。

伍 案例 野柳「女王頭」茶鈕

　　說到野柳，第一個被連想到的一定是女王頭，「女王頭」不但是野柳的象徵，也是國外觀光客到北部必玩的景點，成了台灣意象之一；女王頭既然是台灣的意象，因此若將野柳女王頭巧妙融入文創作品中，不但有創意巧思，更是有濃厚的文化意涵。

　　如何將野柳「女王頭」成為文創商品的元素？張世奇做了新嘗試，他和傳統匠師不同，有電機碩士學位，原是科技產業的工程師，因父親是陶壺匠師，為繼承家業而回到家裡轉行製壺，經多方試驗，他開發了有著女王頭的茶壺。

　　「女王頭」必須呈現風化與海蝕的歲月感，美學感覺方能被呈現，而且由於與壺蓋分別製作，因此二者完全密合不致脫落，壺蓋要有氣孔，讓大氣壓力能灌入壺中以便順水，張氏很巧妙的將氣孔挖在女王頭後腦勺，不細看還找不出來，以保持壺蓋的完整性。

　　張氏還運用材料科學的學院訓練，由選土著手，拉坯後的乾燥、窯燒火候，都經精密數據分析，也開發了仿古銅、黑金剛色澤的陶土配方，學以致用，將新科技運用於老行業。

　　所謂文創，就是文化商品化、商品文化化，野柳女王頭是台灣獨特的地理景觀，當然是台灣文化的一部分，將它變成茶壺的鈕頭，就是將「文化商品化」，而茶壺本是日常生活用品，但加上了台灣文化象徵的女王頭，成了「商品文化化」，也獲得2014年新北市特色伴手禮的殊榮。

文創元素分析

 保存傳統茶壺型制。

 加入在地意象，與材料科學技法。

 陸 案例 **華陶窯**

　　說到園林，很多人會想到煙雨江南的蘇式園林，姑蘇園林多，如留園、拙政園就頗著名，多是古代失意政客被迫離開權力廟堂之後的寄情之所，蘇式園林有3個必要元素──
- **曲徑**：園林曲折迂迴，不能一眼看穿，必須轉個折「又一村」，如此方有想像之美；
- **借窗**：江南多雨，因此室內活動居多，在室內必須由窗觀外，因此窗外造景特別講究，而窗花造型也各有不同，饒富趣味；
- **縮景**：既然是失意政客寄情之所，離開廟堂之後亦不能忘掉大山大水，因此造個假山假水臥遊天下，而太湖石造型奇特，更是不可或缺。

　　蘇式園林當然屬於江南、蘇杭，台灣有沒有台式園林？台式園林，很多人會想到板橋林家花園與霧峰萊園，但林家花園與萊園為巨賈官宦宅第，是政治場域延伸的社交場

所，因此規劃設計必須向「祖國」看齊，一方面讓上國來使有如歸之感，另方面也向台人展示自己和你們不同，所以板橋林家花園與霧峰萊園不算台式園林。

真正的台式園林，「華陶窯」創風氣之先，華陶窯之「華」無關中華，而是「花」的雅語，「陶」為窯主陳文輝大人的興趣與專長，1984 年創立時即是陳氏為夫人燒陶方便而設，鶼鰈之情，讓陳氏窮一生之力經營此園；陳氏年輕時曾投入黨外運動，為民主打拼，後急流勇退，隱身園林，真的是「百花叢裡過，片葉不沾身」。

華陶窯在苗栗苑裡，火炎山西側的山腰，可居高臨下遙望大甲鐵砧山大安溪沖積扇

油畫：鄭自才繪（2014）。

平原，園內除有窯場外，尚遍植台灣原生植物，亦有魚池，曲徑亦不時可見詩詞造景，有台語亦有華語，其特色是中午提供「割稻飯」，台語讀為「割稻阿飯」，是以前農忙期間，單一農家無法憑一己之力收割自己的稻子，此時鄰居就會吆喝出面幫忙收割，今日張家割完，明日轉往陳家，以免蹉跎讓稻穗過熟，幫忙是社區的互助行為不會收費，因此受幫忙的主人家，中午就必須準備「割稻飯」以饗鄰人，「割稻飯」豐儉由人，但通常不會太寒傖，標準的「割稻飯」會有三層肉、滷蛋、香腸、滷豆干、青菜作為配菜。

台式園林應該是怎麼樣？或許可以「華陶窯」為典範作為延伸討論——

● **建築**：既稱園林，當然以園以林為主，建築物為輔，「園」的設計不能抄襲西方，也無須複製中國，西方與中國都為大面積平面地景，台灣無此條件；「林」應為台灣原生喬灌木，或台灣特有果樹；建築物使用紅磚建築無妨，但簡潔的現代主義建築，或西

式台式融合的後現代建築也可以。

- **用途**：西方園林是貴族狩獵或休憩之用，中國園林是離開官場的文人韜光養晦徐圖再起之所，台灣沒有這兩類人，會經營台式園林有2類，一是富室巨賈以為休憩，此時應考慮主人休閒需求，另一款如「華陶窯」有對外營業，則應以休憩、觀賞、體驗（如玩陶）為思考。

- **特色**：營業用台式園林必須有特色，「華陶窯」即以「陶」為特色，在以周邊元素，以下短文或可看出華陶窯的特色──

・華陶燒・

「諸相非相」的生活美學

陶，由生活而美學，不但是祖先世代傳承智慧的累積，現在更是生活美學的展現與鋪陳。

華陶窯依山傍水，地處苗栗縣境之南，築居火炎山與大安溪之旁；此地為台灣氣候與地形的分界線，豐富多元的林相，客閩融居的人文，孕育了華陶燒「多元在地生活美學」精神，也呈現台灣人靜默韌性的人文智慧。

《易經》四德「元亨利貞」，從開創、亨通、盈獲、固守；由始至終，終而復始，這是大自然運行的法則，華陶燒作品就秉持此念，以本地的「元」為素──苗栗土、苗栗登窯、閩客雜揉手捏陶技法，以火炎山10年以上人造相思木為燃材，經30餘年摸索衝撞，型塑了屬於斯土斯民的「華陶燒」。

華陶燒不以造型創作、釉藥變化取相，作品除生坯入窯置放位置依經驗選定外，其他均交由火痕流竄與落灰的因素決定，是粗獷或細膩、麻紋或斑點、山瀑或浪湧、大器或婉約，均是大自然的賦予或期許，文而不華，拙亦宜然，這也是金剛經「諸相非相」的精神。

《老子》「夫物芸芸，各復歸其根；歸根曰靜，是謂復命」，白髮陶人們守著山，依著窯，潛心專研，默默日行，創作時馳神運思，啟窯時坐觀眾妙，華陶燒與三義奇木互倚更見渾然，閒情偶寄，靜寂把玩，心與雲俱閒淡。[2]

---

[2] 此則短文為窯主陳文輝所撰，本書作者略加潤飾。

10-3 連結歷史文化

 歷史文化

　　歷史是先民生活軌跡，文化是聚落生活方式，商品聯結歷史文化方能有「故事」，有故事才會有賣點，如何創造故事——

- **歷史掌故**：從歷史中挖掘故事，是最容易切入的，比利時滑鐵盧因是拿破崙最後一役的古戰場，所以附近商家全是賣與此役有關的紀念品。

- **名人軼事**：不是正式的歷史，但因有名人加持，所以也為人樂道，如蘇東坡與辯才和尚的故事，成就了杭州龍井茶。

- **鄉野傳說**：也不是正式的歷史，但因鄉野傳說成了城市或社區文化的一部分，如日本東北的小芥子、男鹿半島的鬼魅傳說。

- **藝文作品**：與著名藝文作品連結，由作品的故事變成城市或社區故事，如夏目漱石的《少爺》成就了道後溫泉，普契尼的《蝴蝶夫人》捧紅了長崎，這也是文創中人文思維的呈現。

- **先民經驗**：創業者或先民拓殖經驗的故事，也可以溶入商品中，花蓮「曾記麻薯」賣的就是創始者曾老先生打拼的故事，創立於1895年的台南「度小月」擔麵也是訴求創業者洪芋頭老先生大月打魚、小月賣麵以求溫飽的「度小月」故事。

 案例 北京「荷塘月色」素食餐廳

　　「荷塘月色」是北京一家素食餐廳，店名典雅，典出朱自清〈荷塘月色〉一文；朱自清是北京清華大學教授，荷塘就是清華園的水塘，文章是1927年寫的，現在月色依舊，水塘似乎仍然一樣，只不過多了一尊朱夫子石像，與「水木清華」唐風榭屋。

　　20年代中國紛擾，朱自清的「荷塘月色」許是憂國或憂家抒情之作，一開頭就以「這幾天心裡不寧靜」破題，然後細膩描寫在淡淡月色中，信步至校園水塘看荷，寫塘

寫荷也寫月，讓閱讀者從文中的塘、荷、月互動讀出作者的「心」；這樣的意境，餐廳當然無法複刻，不過「荷塘月色」餐廳是透過菜名來營造氣氛，且試組合一套 4 人份的菜單——

熱菜　有杏不需梅
　　　江南小調
　　　欖菜腰果四季豆
　　　心有包容
　　　石鍋物語
主食　田園野趣
甜點　陳皮紅豆沙
　　　香磨花生糊
　　　福果香竿泥
茶水　夢裡花落知多少

北京「荷塘月色」素食餐廳與「田園野趣」主食。

　　何來「有杏不需梅」？此菜以杏鮑菇為主食材，略淋梅汁（不用整顆梅，故曰「不需梅」），且加了山西醋，所以倍覺清爽，名實相符是蠻切題。「荷塘月色」是家高檔的素食餐廳，索價不廉，菜名小創意，不但令饕客印象深刻，更拉抬餐廳價值。

文創元素分析

文化　以文學作品、著名大學為店名，易記且呈現「深度」。

創意　連結文學與餐飲，菜名雅緻富創意。

參　案例　北京全聚德烤鴨證書

　　很多旅遊書都這麼說，到北京一定要吃「全聚德」，沒去「全聚德」不算來過北京。

　　北京到處有烤鴨店，但以「全聚德」最為著名，全北京有多家分店，「起家」店在前門大街，清同治 3 年（1864）開業，創始人是楊壽山，「全聚德」目前是「中國馳名

商標」，掛爐烤鴨技藝則被列入中國國家級非物質
文化遺產。

北京全聚德烤鴨證書。

全聚德鴨子都不足百天，體重在5斤左右，處
理工法是「外烤內煮」，工序繁瑣，鴨子宰殺去毛
後在右膀下挖小洞，廚師伸二指取出內臟，然後洗
淨，並用嘴把鴨皮吹鼓，灌入清水，用線將洞口縫
合。完成後，方掛鉤入爐。完成後鴨皮油黃，脆而
不老；鴨肉鮮甜，嫩而不柴。

烤鴨使用耐烤的果木（如棗木、梨木）為燃料，果木為硬木，火底足，烤出來的鴨
子略含果木香。爐子不安爐門，烤製時，還要視火候刷油，以防止烤焦，也保持鴨子表
面金黃，有好賣相。食用刀法為「片」，即將鴨肉一片片削下，含皮帶肉，稱為「片鴨」。

全世界有華人的地方，都能吃到掛爐烤鴨，但只有「全聚德」鴨子有編號有證書，
這就是歷史的驕傲，時間焠煉的成果，誰也趕不上，自1864年開業以來已賣出1.15億
隻，右上圖是2009年5月16日在北京清華園店賣出的118,146隻，有證為憑；全聚德
不只賣鴨子，還賣文化、賣歷史。

文創元素分析

 文化　以歷史與口碑為底蘊。

創意　贈送「烤鴨證書」，傳達不可取代的歷史地位。

 案例 **杭州西湖「樓外樓」菜單**

「樓外樓」位於西湖畔，隔著環湖道路，餐廳正面就對著西湖，地點絕佳，店名傑
出，有歷史有故事，西湖醋魚、東坡肉、叫化雞、宋嫂魚羹、龍井蝦仁都是到樓外樓必
點的幾道菜。這些菜在杭州其他餐館，或是台北的高檔餐廳也都吃得到，食材、刀工、
火候、味道均不遜「樓外樓」，所以不算稀奇，獨特的是「樓外樓」菜單。

「樓外樓」菜單有文人墨客雅士的寫字畫畫，圖文並茂，有圖有故事，益顯雅緻──

- **華君武**：除了畫條西湖醋魚，還寫「西湖醋魚樓外樓」「畫得不好請原諒」。
- **方成**：寫道「庚辰夏日遊杭州，友人歡聚樓外樓，先吃叫化雞，又嘗東坡肉，西湖糖醋魚吃完嫌不夠」，上面畫了自畫像。

　　「樓外樓」位於西湖畔，又是傳世名菜發源地，加上饕客雅士品題，名湖、名饌、名士三者互為加持，這是其他餐廳無法複製的。

文創元素分析

文化 名湖、名饌、名士三者加持，這是其他餐廳無法複製的特色。

創意 用菜單講故事，名人與名菜互為哄抬。

伍 案例 複刻版麒麟 **Kirin** 百年啤酒

　　Kirin（麒麟）啤酒迄今已有百餘年，明治3年（1870）William Copeland在橫濱的山手創立Spring Valley Brewery啤酒公司，開啟日本啤酒產業，1885年脫手賣出，接手者成立Japan Brewery新公司，1888年Japan Brewery和明治屋簽定銷售合約，開始銷售「麒麟麥酒」，明治40年（1907）新公司成立，承接Japan Brewery所有業務，命名為「麒麟麥酒株式會社」。

　　以「麒麟」啤酒之名銷售是1888年，1999年麒麟啤酒公司以「發売」（銷售）111周年誌慶，推出一箱6瓶的複刻版百年啤酒（每瓶334ml的縮小版），口味依當時配方呈現，是只送不賣的「限定版」，行銷「歷史」頗見創意。

　　第一瓶是1888年發售的第一號「麒麟麥酒」，瓶標無日文也無漢文，完全以英文呈現，明治維新以洋為尚，吃西餐換西服，知識分子流行「西學」，聽古典音樂，因此啤酒瓶標「全盤西化」也就不足為奇了，商標是一頭看似麒麟的動物，瓶標下有一排小字標示「Bottled at the Kirin Brewery」，顯示創業伊始就以麒麟為LOGO。

1888年發售之「麒麟麥酒」。

　　第二瓶是大正年間（1912-1925）的產品，1905年日露（俄）戰爭，日本打敗橫跨歐亞的大國，無論陸戰、海戰都獲得勝利，國力逐漸攀上巔峰，接著1914年的一次大戰，日本坐收漁翁之利成為世界強權；物阜民豐，因此瓶標的麒麟有很細緻的設計，底下還有「登錄商標」漢字，顯示當時已有商標註冊制度，商品名稱是「Pilsener Beer」，Pilsener似是德國品牌。

大正年間之「麒麟麥酒」。

　　第三瓶是昭和初期產品，歷經明治、大正的耕耘，昭和初期日本社會富裕，啤酒已漸普及，此時期瓶標已採彩色印刷，麒麟LOGO放大成視覺中心，「KIRIN」字體亦被放大，商品名稱是「LAGER BEER」，lager指的是需1至3個月儲存期的貯藏式啤酒，也是屬於重發酵的淡啤酒，酒精濃度較低、有麥芽味、外觀清澈，氣泡也較多。

昭和初期之「麒麟麥酒」。

第四瓶是昭和18年（1943）以後的產品，1937年日本發動侵華戰爭，1941年偷襲珍珠港，啓動太平洋戰爭，到了1943年戰勢逆轉，1944年塞班島失守，1945年琉球被美軍攻陷，接著長崎、廣島核爆，天皇宣布無條件投降，美軍進駐日本，成了occupied Japan。戰爭時期管制生活必須品，啤酒原料列入管制，實行配給制度，個別商標不得使用，物資匱乏，所以瓶標採單色印刷，商品名稱是「家庭用麥酒」；即使戰後仍然配給制，一人一年配給1.4瓶。

二戰期間之「麒麟麥酒」。

第五瓶是昭和24年（1949）以後的產品，1949年配給制廢止，酒類容許自由買賣，1955年一瓶啤酒售價125円，屬昂貴的高級飲料，瓶標麒麟恢復了，不過仍採單色印刷，商品名稱仍是「Lager Beer」，不過次標題用片假名較大字體寫出麒麟啤酒。

昭和24至31年之「麒麟麥酒」。

第六瓶是昭和32至43年（1957-1968）年間的產品，日本從戰敗的陰霾復甦，進入高度經濟成長年代，國民所得大幅提升，家庭追求「三種の神器」（冷氣機、電冰箱、彩色電視機），由於電冰箱普及，啤酒銷售量大幅提升，家家戶戶必備，成了庶民飲料；此時期瓶標印刷恢復彩色，商品名稱採用英文「KIRIN BEER」，小標也有日文名稱。

昭和32至43年之「麒麟麥酒」。

六隻瓶子不但品味麒麟啤酒百年味道的變遷，更是日本由盛而衰、衰而復興的近代史縮影，「歷史」是無法用錢買到的，珍惜企業歷史，扣連企業發展與社會變遷關係，是很成功的「文創商品」。

「麒麟麥酒」百年啤酒復刻版禮盒。

文創元素分析

 扣連企業發展與社會變遷，呈現企業與近代史之關係。

 將百年產品複刻，行銷「歷史」頗見創意。

陸 案例 日本「御朱印」

御朱印（ごしゅいん），日本的神社或佛寺中所蓋的朱紅色章就是朱印，「御」是敬語，用來蒐集朱印的簿本就稱為「朱印帳」。

早期的朱印也稱「納經印」，在佛寺書寫經文，敬獻給寺方，佛寺會蓋印收訖，表示個人功德簿又記上一筆；參拜、寫經、獻經的證明就是納經帳，也是佛寺參拜完成程序的證書。現在已經簡化了，不用寫經、獻經也可以得到御朱印，大型或觀光型神社或佛寺都設「御朱印」處，只要繳費（通常為300円），執事人員就會在遊客的朱印帳寫字並蓋章，「御朱印」已成日本神社、佛寺「創收」方式之一。

御朱印由「字」與「印」構成，「字」會寫「奉拜　○○殿○○寺」或「奉拜　○○神社」，以及日期（日本紀元年及月、日），「印」最多蓋三個，但也有二個，比較「大氣」則蓋一個，伊勢神宮是天皇祖廟，御朱印只寫日期及蓋一個「內宮之印」的章。

執筆的通常是年紀大的和尚或執事，神社也有巫女會擔任寫御朱印工作，御朱印是非常道地的日本文化而且是「地方限定」，離開這所神宮、神社或佛寺，別的地方一定蓋不到，是最不像商品的地方特色商品，充滿文化與創意趣味。

文創元素分析

（文化）獨特宗教習俗。

（創意）連結觀光與宗教習俗，帶來「創收」收入。

案例 肯亞樹屋旅館

　　木造房間，面積不到2坪，沒有浴廁，浴廁要到外面的公共空間，走道偶而還會吱吱作響，座落偏遠的非洲，號稱五星飯店，一間房間索價300餘美元，相信嗎？

　　這是真的，就是肯亞Aberdare（阿布岱爾）國家公園內的樹屋旅館（稱為Treetops Lodge或Treetops Hotel），位於海拔1,966公尺的野生動物區的4層樓建築。創辦人是Eric Sherbrooke Walker少校，1932年完成時並不是作為旅館之用，而是送給太太休憩用的樹屋（treehouse），蓋在樹上可以安全的觀察動物，建造當時，工人與運送補給的車輛常跑給動物追，建造成本還蠻高的。

《肯亞樹屋旅館》，本書作者鄭自隆繪，文案：肯亞樹屋（Treetops）是間奇怪的旅舍——以樹幹支柱鋪以樹皮，每間房間僅一坪餘，浴廁共用，走起路來樓板還吱吱作響，但它卻是五顆星。

　　這座旅館值錢的地方在於「歷史」──

　　原先只有2間房間，渥克少校只有週三晚上偶而出租給過夜觀察動物的客人，非洲白天酷熱，很多大型動物都在夜間活動，覓食喝水，站在樹屋裡可以安全的觀察動物夜間生態，1952年當時英國伊麗莎白公主及其夫婿菲立浦王子，受渥克少校之邀來此渡假狩獵（safari），為了接待貴賓，樹屋房間也擴增為4間。

就在渡假狩獵期間，伊麗莎白公主的父王、率領英國軍民捱過二次大戰倫敦空襲的喬治六世（2010年電影《王者之聲：宣戰時刻》The King's Speech，那位英王），在2月5日深夜至6日凌晨之間在睡眠中安祥去世，伊麗莎白公主接獲消息，因是王位第一順位繼承人，所以擔任肯亞司法部長的Horace Heame爵士即在樹屋舉辦國宴（state dinner），象徵繼任，伊麗莎白公主旋即返回倫敦登基，是為伊麗莎白二世（Elizabeth II），2012年登基60周年紀念，倫敦有熱烈的慶祝活動。

善用歷史，創造無可取代的獨特性，就是好的文創作品！

文創元素分析

文化 無可取代的歷史因緣際會。

創意 連結觀光與歷史，帶來豐厚收入。

 案例 **奧地利維也納「莎河蛋糕」**

旅行除了看就是吃，莎河（Sacher Torte）蛋糕在維也納歌劇院正後面，在維也納可是大大的有名。

有名是來自歷史，奧國首相梅特涅親王有天想吃甜點，於是命他的首席廚師去作，但首席廚師那天病了，只好由他的小助理胡搞弄塊蛋糕給首相吃，也許是餓了，首相居然非常喜歡，從此這個蛋糕就流行在維也納貴族圈，而那位幸運的小助理就叫莎河。

莎河蛋糕，在台北，我們叫它「黑森林」；因為名人加持賦予故事，莎河蛋糕方能傳世。

文創元素分析

文化 名人軼聞，富趣味性。

創意 連結名人與商品，帶來觀光收入。

玖 案例 克羅埃西亞「領帶」鑰匙圈

　　「領帶」是西方文明的象徵之一，也已普及至全世界，幾乎所有男人都打過領帶，但很少人知道領帶是克羅埃西亞發明的。

　　因此「領帶」與克羅埃西亞有歷史與文化的連結，所以理當可以被開發為克羅埃西亞的特色商品，但是全克羅埃西亞境內旅遊區的藝品店，與領帶有關的紀念品只有「領帶」鑰匙圈，問題是小領帶附在鑰匙圈上並不是好主意，鑰匙圈常置於口袋或皮包中，使用一、二次，領帶就會皺皺如「鹹菜」（酸菜），嚴重折損商品與文化價值，實在不是好點子。

文創元素分析

 商品富歷史與文化意義。

 ？

10-4 創造驚豔感動

壹 驚豔

　　每個人都有收禮物的經驗，有些禮物拿到後，會愛不釋手反覆把玩，有些禮物拿到後，說聲「謝謝」後就擺在一邊，二者的差別是禮物有沒有驚豔的感覺，所謂他項商品的文創化「創造驚豔」，可以從以下4個方向著手——

● **外觀**：外觀的極大化或極小化，都會令人驚奇，玩具熊大家都不陌生，但若有隻玩具熊高達160公分，印象就會特別深刻，木雕也不特別，但是核桃雕成小舟，裡面雕上

蘇東坡和他的朋友舉杯邀明月，船底還刻上滿滿的《赤壁賦》，那就是博物館級的收藏了。除了極大化或極小化，外觀被Kuso，也可以創造話題與驚豔。

- **色彩**：誰說兵馬俑一定是黑色的，漆上鮮豔色彩的兵馬俑，不拿兵器，拿支大爆竹，不更有過年的喜氣？跳脫物品原有的色彩，也會有驚奇的感覺，因此在美感的基礎下，不妨大膽用色；此外運用大色塊，或色彩間使用強烈對比色，也有吸睛的效果。

- **功能**：顛覆原有功能，賦予新用途，也可以創造驚豔與感動，傳統的大同電鍋是每個台灣人共同的生活經驗，縮小版的大同電鍋成為糖果盒，除了外觀的極小化外，也有功能的改變；記事黑板通常是一大面，「黑板豬」是撲滿也可作為個人記事使用，置於案頭，也有塗鴉與舒壓的功能。

黑板豬。

彩色兵馬俑。

- **技術**：利用創新的科技，帶入商品設計，使其充滿驚奇，如VR、AR技術的運用，VR即虛擬實境（virtual reality），以電腦模擬出立體、高度擬真的虛擬圖像，並透過特殊穿戴裝置，使使用者彷彿置身另一個既虛擬又彷彿真實的世界；AR為擴增實境（augmented reality），即將虛擬資訊和物件加入現實環境或生活的技術，如2016年暑假亞洲地區流行的「抓寶」（Pokémon GO！）就是AR的運用。

鶯歌傑作陶藝曾經發展一式2款的釘書機，圖案分別為「台灣藍鵲」與「唐朝仕女」，當手機下載APP後，用來拍攝圖案，台灣藍鵲即會在手機螢幕上翩翩飛起，經數秒鐘後再停回釘書機上原來圖像的位置；而唐朝胖胖仕女，一樣手機拍攝後，會扭腰擺動，宛若努力健身；這都是AR技術的運用，讓平凡的釘書機，瞬間驚豔！

案例 總統禮物

2016年元月總統蔡英文出訪中南美洲四友邦，贈與友邦元首的禮物，令人失望，不但沒有驚豔的感覺，甚至有些唐突。

4件禮物是戶外 GPS 腕錶、「長壽台灣獼猴」大瓷瓶，以及郭雪湖大稻埕「南街殷賑」黃金複製畫、黃土水「水牛群像銅雕」複製品。科技商品生命週期短，容易被取代，今年是時尚，明年就落伍，用新鮮感短暫的物品象徵邦誼，總覺怪怪的；國畫大瓷瓶，更不合適，外國人的印象，大瓷瓶畫山畫水畫人物，就是數百年來的中國傳統文物，哪能代表台灣，何況瓶子畫的是猴子獻壽桃，有文化差異，洋人未必解其義。

送複製畫、複製品更是荒唐，台灣拿得出來亮麗作品的畫家或雕塑家多的是，為什麼不給當代藝術家一點鼓勵，總統府或許會說受限預算無法購買真跡，但相信一定會有新秀藝術家樂於提供預算範圍的作品，以增總統行色。再說即使要送複製畫，寧願送「南街殷賑」一比一的原寸海報，一來氣勢夠，二來也可以展現台灣印刷工藝的水準，怎麼會送一般對藝術略有認識的人，羞於拿出來掛的「黃金」複製畫。

總統的禮物要怎麼挑？應該從文化與創意的元素來思考，文化元素指標包含——

- **獨特性**：禮物應可以呈現獨特的台灣文化特色，而且這個特色必須具顯著的排他性，為其他國家或城市所沒有，這可以從歷史、地理、人文、物產等元素去思考，電子產品當然是台灣強項，可惜不具獨特性，作為副禮可以，作為主禮總覺單薄。

- **關聯性**：即使禮物沒有特別突出的獨特特色，但禮物也應該可以代表台灣在地文化，而非到處可見；此四項禮物與台灣的關聯性也就只有「台灣製造」，手錶或許還可呈現台灣當前產業趨勢，但另外三項禮物真的就看不出當代台灣文化的特色。

所謂「創意」，就是創新思維或作法，可提升附加價值，並能透過行銷或傳播方式擴散，總統禮物的創意元素可以從以下3項指標來思考——

- **衝擊力**：指的是收到禮物的人，接觸瞬間的驚豔與感動，因此無論造型、色彩、功能、尺寸、用途……，至少要有一項可以讓人眼睛一亮的元素，這才是創意的功力；但這4項禮物，友邦元首的反應應該只有禮貌性的感謝，而不會是發自內心的喜歡。

- **原創力**：作品一定要原創，不得模仿或抄襲，手錶是原創，但也是市面買得到的有價商品，瓷瓶則鶯歌街上處處可見，另外兩件複製畫、複製品就不用提了。

- **傳播力**：總統禮物要讓媒體樂於吹捧，此外不能美則美矣，也應該要有「說故事」能力，這就要看隨行翻譯人員的功力了。

　　2015年馬習會的總統禮物，送的是1:1台灣藍鵲瓷雕，鶯歌傑作陶藝公司作品。台灣藍鵲是特有種，在地關聯性夠，也能表現台灣獨特意象，符合文化元素指標的要求，此外，體積大夠體面，更能呈現台灣陶瓷業與藝術家的工藝水準，亦符合創意的想像。二者相比，今年的禮物被比下去了。

　　總統出訪所帶禮物，不但關乎國家文化藝術水準，更關乎總統品味，總統府的文青幕僚真的該加點油了。[3]

2015年馬習會的總統禮物。

參　案例　星巴克咖啡店

　　星巴克（Starbucks）現在幾乎成為咖啡代名詞，與中產階級的社會象徵，2008年金融風暴期間，美國《商業周刊》專欄作家Daniel Gross（葛洛斯）曾刊出一篇遊戲之作的短文，自創「星巴克分店指數」理論，他說「房市、次貸泡沫，不免令人聯想到星巴克拿鐵咖啡上的鮮奶泡」，「星巴克的咖啡因，每日提供華爾街或倫敦金融城金童子們大玩金錢遊戲的刺激動能」，最後做成結論「金融危機最新指標：星巴克店越多，國家傷越重。」

　　世界各大城市，每走幾步路就可看到星巴克咖啡店，星巴克賣的是美式咖啡，因此賣場就應美式風格，如此才會協調？答案是否定的，星巴克固然是一種流行文化，但賣場若能跳脫傳統思維，也未必不能創造另一種流行或驚豔；台灣基隆的義14迴味門市，與日本九州太宰府隈研吾的星巴克店，是2家不同風格但一樣驚豔的例子。

一、基隆的義14迴味門市

　　2011年開的店，利用老房子新裝潢，讓喝咖啡的人在舊時光、舊房子中得到不一樣的體驗，品味基隆港往日風華；這棟老房子是日治時代建築，日治時期台灣與「內地」日本唯一的交通網絡就是船運[4]，基隆也就成為主要的進出口岸，海運帶來人流、物流與金流，城市繁榮，當時滿街的「委託行」（船員寄售舶來品的商店），要買洋貨、日貨就來基隆。

---

[3] 摘自2017/1/7《聯合報》第A16版民意論壇，報紙原標題「出訪送複製畫……總統品味要加油」，作者鄭自隆。

[4] 「內地」是被殖民者對母國的稱呼。

　　日本人崇洋，這棟老房子外觀華麗且充滿變化，以裝飾來呈現業主或建築師的情感、品味或圖騰；除了建築外觀，內部裝潢也有華麗的裝飾，都是日治時期豪宅的規格，天花板是幾何圖形裝飾，做「田」字狀延續，以象徵屋主人的田宅綿延，現代的天花板應是看以前照片的復刻；三樓地板是當時流行磨石子地板，以銅條隔出花紋與顏色；樓梯間有取光八角窗，饒富古意，而迴紋針造型欄杆，上鋪紅色的塑膠皮，與樓梯旁鏤空水泥磚女兒牆則是戰後的建材。

　　除了建築本身，「迴味」的家飾品也用了許多老元素，如留聲機、打字機、碼頭木箱、60年代基隆黑白老照片；賣的是美式咖啡，但店內的氛圍呈現的就是新舊融合的後現代思維。5

5 星巴克義14迴味門市之說明，部分參考自黃士杰（2013）《跨國企業在地化策略：星巴克周邊商品與特色門市文化創意元素分析》，國立政治大學廣告研究所碩士論文，鄭自隆教授指導。

表10.2 星巴克義14迴味門市部元素：新 vs. 舊

新元素	舊元素
商品： • 美式咖啡 • 國際規格作業程序 • 全台灣統一之餐具 • 星巴克周邊商品	**建築：** • 外觀 • 八角窗 • 天花板 • 迴紋針造型欄杆 • 女兒牆 • 磨石子地磚
裝潢： • 明亮照明 • 現代化廁所	**家飾品：** • 留聲機 • 打字機 • 碼頭木箱 • 60年代基隆黑白老照片

二、隈研吾的星巴克咖啡店

隈研吾所設計的星巴克賣場也創新一種風格，帶動另一種新的星巴克文化，一樣令人驚豔。

隈研吾設計的星巴克咖啡店就在九州太宰府天滿宮的表參道，要去太宰府參拜或旅遊，一定會經過，地點絕佳。太宰府天滿宮是距離福岡機場最近的景點，台灣旅行團只要以福岡為進出點的都會去，日本人更會去，天滿宮祭祀在宮庭權力鬥爭失敗，被流放至北九州的菅原道真，是日本的學問之神，角色類似華人世界的孔子，因此許多考生都來此地寫「繪馬」祈福。[6]

---

[6]「繪馬」是祈福的小木板，正面是神社或佛寺的圖案，背面供參拜者書寫祈福文字，書寫完成後掛於神社、佛寺的繪馬架上。

菅原道真和一般日本人不一樣，一般日本人喜歡櫻花，但菅原喜歡梅花，所以天滿宮宮前有棵「飛梅」（相傳從京都飛來的），後庭則植滿梅樹。菅原後來死在北九州，出殯時牛車拉著他的棺槨要到預定的墓地，至此地時這頭牛要賴不走了，弟子逐附會說菅原自擇此地長眠，於是就地下葬，成了天滿宮，當地也以他的官銜命名，成了「太宰府」。

太宰府星巴克是日本建築師隈研吾設計的，隈研吾善長使用竹材、木材、泥磚、石板、紙或玻璃，以營造富有禪意的日式風格，此店以「筷子」為主題，用木條交叉呈現，整間咖啡廳就是「筷子洞」，風格獨特，客人就在筷子洞吃餐、喝咖啡；隈研吾也曾參與北京《長城腳下的公社》群體設計，作品「竹屋」，也很有日本風格。

隈研吾的「負建築」是對高樓大廈「勝建築」的反省，高懓人虞水泥叢林令人疏離，使用天然建材則顯得柔和而容易親近，而且天然建材外表看似柔弱，卻更耐震，頗符合《老子》柔弱勝剛強的觀念，隈研吾的建築風格被日本業界稱為「隈研吾流」。

太宰府天滿宮星巴克的成功，也創造了流行，台灣的鳳梨酥廠商跨入日本市場，選擇在東京原宿表參道開店，店的外觀也委託隈研吾設計。

三、消費文化、文化消費

餐廳外觀是消費者的第一印象，決定料理風格、店主人品味，與結帳時的價位；餐飲也要「文創化」，國際品牌呈現在地文化的氛圍與空間，就是「文化＋創意」的表現，若是美式咖啡，再來個複製的美式咖啡廳空間，除了平庸還是平庸，沒有加分效果，但在現代造型融合日本文化的空間，使用美式咖啡，卻是後現代的趣味。

在國際化與在地化的爭執中，基隆義14迴味門市與日本太宰府星巴克是個很好的啟示，跨國性品牌長驅直入，若無法溶入當地文化，一味以強勢者自居，當地人會認為是披著商業帝國主義或文化帝國主義外衣的異鄉人（alien），是他們品牌（them），沒有感情的，很容易被另一強勢外來品牌取代，但溶入當地文化後，這個品牌會成為我們的（us），才會在地生根永續經營。

案例 波卡

2015年台北悠遊卡公司推出「波卡」，引起很大風波，市議員質詢、衛道人士抨擊，最後還導致悠遊卡公司董事長去職。

所謂「波卡」是市長柯文哲要求業績成長，於是悠遊卡公司就請日本AV女優波多野結衣來製作2張卡，天使卡與惡魔卡，儘管衛道人士有意見，開放15,000套電話銷售卻在9月1日凌晨0時至4時18分售罄。

「波卡」純粹只是行銷上的創意，創造了「驚豔」，但這種「驚豔」也引起文化與社會價值觀的撻伐。這也是文創業者所必須思考的，「驚豔」或許只能在社會容許的價值觀框架內，畢竟文創也是一種生意，不必刻意挑戰社會禁忌。

· 波卡事件讓假掰文化現形 ·

鄭自隆

波卡事件喧嚷周餘，就在柯文哲的不公開販售令下，應可劃下終點，不過這件事也讓台北這個天龍國的假掰文化再一次現形。

台北是由中產階級所建構的城市，中產階級的特徵是保守、循規蹈矩，在社會系統所規範的價值觀與遊戲規則下，努力工作追求財富與地位，因此形成「假掰文化」，中產階級成員小時候在家裡是好孩子、在學校是好學生，畢業後當然是好市民，在家庭、學校、社會的涵化下，傳統的價值觀已經被內化，因為在社會價值所畫的圈圈內做人做事，所以裝模作樣，凡事要合乎社會成文與不成文規定，拒絕標新立異、不敢公然反抗權威，眼睛容不下他們認為是「髒」的人、事、物。

天龍國的假掰文化最典型的例子是陳水扁當市長期間的廢公娼事件，中產階級的想像，進步的城市當然不應該有娼妓，於是「廢！」，娼妓問題存在於古今中外的所有城市，哪能說廢就廢；酒店同樣是性產業，以中產階級為消費主力，費用高，裝潢講究聲光效果，服務小姐年輕貌美，因此被認為是社交場所，公娼雖是底層民眾的需要，但幾百元消費一次，場所是簡陋的，服務人員是年老色衰的歐巴桑，沒有修飾的消費，於是被中產階級認為是發洩、是不乾淨的，是城市之癌。

此外，陳水扁拆林森公園違建戶，馬英九當市長時，拆龍山寺夜市改建地下街、拆建成圓環，找來李祖原設計成美式玻璃帷幕樓，都是中產階級假掰文化的思維，認為城市不應該髒與亂，城市需要整潔與秩序；殊不知夜市與圓環都是庶民歷經數 10 年所演化形成的自然聚落，公權力強力複製外國經驗，當然不管用，台灣有其自己的文化，亂中自成秩序或許就是我們的庶民文化，於是改成玻璃帷幕樓的建成圓環，強調的整潔與秩序，永遠成不了庶民的自然市集。

波卡事件原先可能只是單純的行銷思考，認為波多野結衣是青少年、小資族的偶像，與用林志玲、天心一樣，應該有賣點，從行銷來看，這種思考是很簡單的「代言人」戰術，雖不見得高明但也沒有錯，不過碰到了天龍國的假掰文化就亂了套。

從設計或美學來看，二張照片都是不錯的作品，且天使卡攝影更勝於惡魔卡，又沒露點，畫面絕對是普級的，絕不是社會局長所謂的僅「為特定族群所使用」，更不是前國安會大官所說的「買錄影帶是你家的事，當成公共事物就不對」，奇怪了，悠遊卡公司幾時賣波多野的錄影帶？

天使卡。　　　　　　惡魔卡。

議員、局長、社會賢達在大力抨擊此事件時，都會補上一句「對於各種職業絕無歧視之意」，照片沒有問題，明明批評的是照片背後所衍生的文本意涵，還好意思說絕無歧視之意，還說「從良」後才可以賣，典型的假掰文化！

有議員說要到台北地檢署告發柯文哲和戴季全，涉嫌侮辱公署及背信，波卡有「侮辱公署、背信」？柯文哲也道歉了，柯市長從小是好孩子、好學生，畢業後是好醫生，服膺天龍國的中產階級價值觀，似乎也不令人意外。

波卡事件讓台北的假掰文化再次現形，或許也不是什麼壞事，整潔與秩序的一元城市價值真的是我們需要的嗎？多元的想像，是不是可讓城市更為生意盎然？

刊登於《聯合報》2015/9/2 A15 版

10-5 創造附加價值

 附加價值

附加價值是原先價值之外所被創造出來的額外價值，一件「阿瑪尼」襯衫售價 6,000 元，另一件質料類似款式類似叫「你阿嬤」的襯衫只能賣 200 元，這是「品牌」所創造的附加價值；相同的二顆棒球，其中一顆有球星簽名，價值即不一樣，這是「名人加持」所創造的附加價值；相同的 2 個杯子，其中

故宮「肥肥」杯。

新北市政府禮物杯。

一個是在故宮賣的，印上楊貴妃式的「肥肥」圖案，可以有比較好的價格，這是「文創」所創造的附加價值，也就是說「文創附加價值」，就是在原先商品的價值外，因為賦予文化或創意元素，所產生的額外價值。

附有溫度計的浴缸鴨。

商品 + 文化與創意元素 = 文創附加價值

文創的功能之一是創造附加價值，所謂的附加價值並不限於商業利益，如創造商品知名度、價格提高或銷售量提升，「附加價值」也可以是無形的利益，如城市特色的創造、居民榮譽感的提升，乃至對自我文化的肯定與再認同。

附加價值的高與低是個相對、比較的概念，創造商品的附加文創價值可以從 2 個途徑著手——

- **內涵途徑**：改良商品本身，從原物料、包裝、商品外觀，加入文化或創意元素，如新北市贈送市府來賓的禮物，是一只平凡斜口曲線杯，但加入了圖案——九份的石階、燈籠，平溪天燈與野柳女王頭等，3 個新北市代表性地標（文化元素），這個杯子平常圖案是黑色的，但注入熱水後，燈籠與天燈變成紅色，海岸線變成藍色，野柳女王頭則變為金色（創意元素），就成為傑出的文創商品；上述的故宮「肥肥」杯也是。

- **外延途徑**：從商品或品牌脈絡延伸，做各種不同嘗試，也就是運用商品的情境（context）意義，以增加功能與用途，亦即將商品賦予更深層的文化意義或創意趣味，從新的作為來提升原商品的價值。如溫度計通常用於測量體溫或室溫，但做成鴨

子造型，可以測量浴缸水溫或成為裝飾品。

當然內涵途徑與外延途徑能互相呼應，應是最好的方式，如開發相關新商品是外延途徑的再延伸，發展看似與原先商品無關的新商品，但新舊商品的關係仍有脈絡可循，或有文化意義的連結，如 Häagen-Dazs 平常就是賣冰淇淋，但中秋節就會應景的賣冰淇淋月餅；或如 Starbucks 是賣咖啡，但也賣咖啡杯與咖啡蛋捲。

加入文創元素一定帶來具體的商業附加價值？其實未必，「文創」不是神，是否有商業附加價值，必須透過市場的檢驗、消費者端 4C 因素（consumer needs 消費者需求，cost 消費者所願意支付的代價，convenience 購物方便性，communication 消費資訊溝通）都是決定的關鍵因素。

貳 案例 日本四國贊岐烏龍麵學校

日本四國香川縣古稱贊岐，以烏龍麵著稱，贊岐烏龍麵成為地方特色商品，有很多家「中野烏龍麵學校」連鎖店，也算是地方商品加上文化與創意的「產業文創化」。

中野烏龍麵學校「上課」。

「中野烏龍麵學校」不只一家，香川地區有很多家加盟，在著名觀光景點金刀比羅宮山卜就有一家，它當然不是真的學校，而是附有賣場餐廳的「教室」，在師傅的指導下，讓觀光客做完烏龍麵後，就在那邊用餐，吃的當然也是烏龍麵，不過應該不是觀光客自己做的那坨，觀光客胡搞一番，吃出問題可就麻煩。動手「見學」約 20 分鐘，完畢還給一張畢業證書及一根擀麵棍。不知道是否有台灣客當真掛起證書，就開起麵店來。

贊岐烏龍麵學校是透過外延途徑，維持「老商品」（烏龍麵）為主軸，但經由「新商品」（「烏龍麵學校」）來創造文化與商業的附加

中野烏龍麵學校「畢業證書」。

價值，一碗烏龍麵只能賣數百円，但上20分鐘的「課」，得繳1,500円。

文創元素分析

 文化 以地方特色商品展現在地特色。

創意 融合旅遊、「戶外教學」，經由參與，將在地情感傳達給外來觀光客，並創造商品外延的附加價值。

 參 案例 **咖啡店賣咖啡杯**

咖啡杯是設計商品，只要加印LOGO或其他獨特的設計，也就是「唯一」（unique），所以咖啡店賣咖啡杯也是「創造附加價值」的文創外延途徑，除了大家熟知的星巴克，也兼賣咖啡杯外，有一些咖啡店不但賣還有送咖啡杯的例子。

一、小樽「銀の鐘」咖啡

日本北海道小樽是旅遊聖地，是以觀光造鎮成功的案例，「銀の鐘」咖啡就在商圈中心點，人潮匯聚生意極好，客人一批批的不間斷，有時還得排隊等候，是台灣旅客到小樽必去之處，是咖啡特別好喝嗎？恐怕未必，觀光客是衝著咖啡杯而去的。

「銀の鐘」是賣咖啡送咖啡杯，遊客先在櫥窗選定咖啡杯，然後送上來的咖啡就會是這個款式，杯款不斷更換，以便吸引旅客回流重複造訪，可蒐集不同款式的杯子，幾年前台灣風靡無嘴貓，店家就推出Hello Kitty的杯子，以迎合台灣遊客；儘管杯子款式不同，但價格一式化，以方便管理，售價包含咖啡、蛋糕與杯子，喝完咖啡可以把杯子帶走，店家還很貼心，在旁邊設置水龍頭讓旅客自行沖洗，還準備紙盒可自行打包，若要加個咖啡杯盤組成完整一套，也可以，但要「加價購」。

細膩的文創思維，讓「銀の鐘」生意越做越大，本店歐式二層建築已不夠用，還開了分店。

二、巴黎「雙叟」咖啡

巴黎左岸有兩間著名咖啡館——雙叟（Deux Magots）與花神（Flore），都在賽納河左案，兩店比鄰而居。

為什麼稱為「雙叟」？命名緣起是咖啡廳有兩樽著清朝官服老者雕像；為什麼會那麼紅？又是廣告惹的，90年代統一「左岸咖啡」廣告，以黑白、慵懶的調性，塑造來巴黎就要來左岸品嚐「浪漫」，當時長榮直飛巴黎的班機還被稱為「左岸專機」，很多台灣人來巴黎就指名要去「左岸咖啡館」，事實上整個巴黎並沒有一家叫「左岸」的咖啡館，最著名的就是雙叟與花神。

儘管生意好，店家也沒忘文創外延效應，就在地下室拐角廁所旁，圍個小角落賣杯杯盤盤紀念品，一套咖啡杯（含杯、盤）賣€18。

三、星巴克（Starbucks）城市杯

　　全世界的大都市都有星巴克，星巴克已成為現今都會雅痞的生活型態，很多人生活中已離不開星巴克，想喝杯現煮咖啡，約人談事情，玩 iPad，寫報告，甚至想短暫離開喧囂辦公室與煩人業務，自己靜一靜，第一個想到的就是星巴克。

　　星巴克當然以賣咖啡為主，不過還有蛋糕與蛋捲，也賣咖啡杯。星巴克咖啡杯（磁杯）分為 4 類——

- **LOGO 杯**：除了星巴克 LOGO 外，並無其他裝飾圖案；
- **季節杯**：圖案為時令描繪，如聖誕節、萬聖節的節慶杯，日本春天的櫻花杯、秋天的楓葉杯，台灣過年期間發行的生肖杯都算是；
- **城市杯（city mug）**：圖案呈現城市特色；
- 第 4 類，為不屬上述 3 類的杯子，純粹以圖案設計取勝。

　　歐洲的城市杯超大的，像個漱口缸，亞洲的略小，圖案都是大大的城市英文名字，與當地的代表特色，阿拉伯聯合大公國是駱駝、德國是柏林布蘭登堡門、印尼日惹是婆羅浮圖、峇里島是印度教的巴隆獅子、西安是兵馬俑、杭州是西湖雷峰塔、成都是貓熊，圖案都是單色或雙色套印，有些單調，相形之下，日本的城市杯就比較 colorful、有設計感。

由左至右，依序為 LOGO 杯、季節杯（2017 雞年杯）、城市杯（日本神戶）、台北故宮北宋大觀展紀念杯。

　　城市杯從文化面而言，是代表星巴克對在地的尊重，就商業面而言，是開了另一條商品線，星巴克城市杯成了很多人旅遊的必買品，除了「到此一遊」外，也是另一種城市記憶。

文創元素分析

文化 尊重當地文化，以顯示跨國企業的「在地化」。

創意 結合文化與商業，開創商品外延的附加價值。

 案例 公仔

公仔指的是人偶模型，稱之「公仔」是沿用香港話的習慣用語，原義是 characteristic 或 figure、icon，用於商業廣告或政治宣傳的模型人偶，以作為代言人或象徵物（symbol），台灣的公仔設計有2個源頭，一是美國、另一是日本。

- **美國**：美國早期的企業吉祥物都用於平面廣告（報紙、雜誌、海報、傳單），如果做成立體的，則成為大型的戶外廣告，在公路遠方就能看得到，後來逐漸演化成為店頭 POP（point of purchase），如麥當勞與肯德基擺在店門口外的「麥當勞叔叔」與「肯德基爺爺」，美國公仔的特色是「擬真」，造型儘量接近真人。

- **日本**：日本模型人偶是「御宅族文化」的擴散，早期的人偶是不值錢的「食玩」，是附屬在食物包的贈品玩具，受到高經濟成長洗禮的年輕人，長大後成了不同於父母世代的新人類，被稱為「御宅族」，以斗室為天地，沉迷電玩的想像世界，電玩世界的美少女角色也成了觀者慾望投射的裝置，經3D立體化就成了可收藏的人偶模型，日本人偶製作以《海洋堂》為代表業者，人偶的特色是「萌」[7]。

一、類型

公仔是設計類的文創商品，有2大類，一是公仔本身就是可出售的商品，如日本海洋堂的人偶模型，此外，電玩與電影因熱賣而推出的玩偶周邊商品也是，如任天堂電玩公仔 Mario、「鋼鐵人」（Iron Man）電影公仔，當喜歡此電玩或電影，也會去買它的公仔。

另一是企業或機構的推廣品，通常作為贈品，以台灣的說法就是「吉祥物」，是企業或機構的象徵或是廣告代言人，又可分為2類——

---

[7] 參考台北市立美術館編著（2007）《海洋堂與御宅族文化》，台北：台北市立美術館。

（一）企業公仔

企業吉祥物從單純的廣告媒體，變為另一種型式的商品是近年之事，立體的企業公仔，成為可銷售的商品或用於提升企業形象之公關贈品，除了單純的擺飾品外（運彩天使），有的還賦予機能性，如做成可放置手機架（中油公仔）或撲滿（開喜婆婆）成為新商品。

「米其林」與 ESSO 石油。

台灣彩券。

台北天母大葉高島屋的公仔是一個很棒的範例，1994 年開幕，每年周年慶都會推出一款公仔（後稱為「玫瑰寶寶」），早期的公仔做中式打扮，較不討喜，後

中油。

開喜烏龍茶。

來改走日系風格，很受歡迎，每年的玫瑰寶寶都在周年慶推出，只送不賣，在周年慶期間消費 10,000 元即送一尊，每位顧客限領一樽。

高島屋的玫瑰寶寶運作是成功的個案，在設計上採日系萌風，造型符合台灣社會的流行；在行銷上，每年持續發行，累積已 20 餘年，具「長效」，可型塑品牌效果。

大葉高島屋百貨公司「玫瑰寶寶」。

（二）官方公仔

1.軍隊公仔

　　台灣國防部為推動全民國防，多年前起每年都會推出軍人公仔，其中2007年的著飛行裝的女飛官，2008年著蛙人裝，配掛蛙鏡、短槍的女蛙人設計最為成功，這兩款有日系「美少女戰士」的韻味，修長而玲瓏身材、大而無辜的眼神，就是「萌」。

　　除了這兩款，其餘三軍儀隊、憲兵、男飛官……，設計都過於中規中矩，沒有驚豔的感覺，尤其礙於保守人士「物化女性」的批評，人偶變成平胸、小眼睛，也就失掉公仔的趣味。

女飛官與蛙人。

　　2016年款跳脫單一人偶，成了成套設計，除特戰公仔外，還有沱江艦手機座、經國號Q版戰機、手榴彈造型運動水壺、雲豹甲車萬年曆、油箱造型存錢筒、迷彩筆記本等7項；事實上，全方位等於沒方位，品項太多就會失焦，只要集中公仔一項即可，「特戰戰士」是不錯的主意，但不要只有灌模一個樣，特戰戰士有很多裝備可以做成配件，讓蒐集者自行組裝，也符合公仔GK（garage kit）模型的概念——用車庫零件自行變裝組配。

2.政府公仔

　　台灣許多政府機構會推出公仔，只送不賣，用於贈送參訪來賓，或民眾活動的摸彩、有獎徵答，如海巡署、消防署、地區消防隊、警政署，都有公仔推出，這些公仔都是以制服作為單位辨識；此外也有「熊讚」推銷2017年台北世大運、台灣黑熊是推銷台灣的觀光大使，但因不是人偶，所以不在討論範圍。

海巡署。

警政署。

消防署。

交通警察。

二、公仔設計

公仔是否引發熱潮，不在公仔本身，而在公仔背後的符號象徵意義，公仔的象徵意義就是商品與企業，當商品或企業受歡迎時，公仔也就受歡迎，因此不必投注龐大的廣宣費用在公仔本身，很多企業甚至政府單位不瞭解這種主從關係，企圖用公仔來拉抬企業或政府單位，形成本末倒置；以米其林公仔而言，包得像木乃伊（象徵一圈圈輪胎），就設計來說並不是好作品，但因米其林受歡迎，其公仔也就越看越可愛了。

公仔設計要注意——

1. **「萌」**：單純的商品型的公仔就是要「萌」，所謂「萌」的感覺就是「誇張、可愛、純真、無辜」，公仔不應是真人的縮小版，如此就成了供桌的祭祀人偶，亂恐怖的；公仔就是要可愛，可愛的元素應掌握——
   - **眼睛**：眼睛是公仔的焦點，公仔的眼睛一定要大而圓、有神，東方式的「鳳眼」不適合公仔繪製；
   - **身裁**：四肢要比真人細，如此方顯修長；女性公仔的胸部與臀部要有適當曲線，甚至誇張些也無妨；頭與身體的比例，也不必如真人般講究1:6，頭可以小些，讓觀者有仰視的感覺；或是誇張式的擴大，以呈現臉部的表情；
   - **頭髮**：最好長髮，並處理成飄逸的感覺，以呈現動感。

2. **符合觀者對職業的想像**：對企業或政府，負有宣導任務的公仔就要與專業連結，以契合觀者對此職業的想像，要與專業連結應使用——
   - **制服**：制服是辦識專業最容易的途徑，醫生著白袍、護士戴護士帽、警察穿警察制服、軍人穿軍服、消防隊員就穿打火裝。
   - **工具**：專業用工具也可具辨識度，警察用手銬、手槍或警用哈雷汽車，醫生可掛聽筒，消防隊員就拿噴水槍。

3. **動感**：動感可以用執業中的動作來呈現，如消防隊員拿噴水槍的姿勢；此外亦可以用公仔的肢體動作來表現，如眨眼、甩髮、舉手、抬腳。

4. **材質**：公仔是把玩用，而不是單純擺設，因此不能是易碎品，必須使用不易碎、耐髒可擦拭的材質。

10-6 引導時尚流行

 ## 壹 時尚流行

　　文創品要有銷售潛力，並不能一味複製老祖宗的東西，必須有創新方能引導流行，「流行」是易開罐文化，容易引燃熱情，但也容易忘卻，因此一個世代的流行，和上一世代與下一世代均不一樣。

　　時尚有其普世標準，美國女生穿迷你裙，全世界女生都跟著穿，英國年輕人理龐克頭，亞洲國家也有年輕人跟隨，但「觀念」的流行就不一樣，不但世代間有差異，即使同一世代、不同國家就不同，60年代美國流行「代溝」（generation gap），反抗父權，但台灣當時的年輕人可不來這一套，他們仍然要當「靠爸族」，拿爸爸的錢到美國留學。

　　文創商品所運用的流行因素，不只是時尚，也有觀念，所要引導的流行趨勢，也不只是時尚，更是觀念，以現今台灣社會而言，「觀念」的流行因素有這些──

- **懷舊**：台灣社會有股懷舊風，回味往日的美好時代，政治上懷舊（政客「懷念」蔣經國的威權時代），文化也懷舊，懷念早期的物品，許多企業早期的贈品與廣告物，當時不值錢，現在可搶手，第一代的大同寶寶，網拍有數10萬元，黑松的鋁製瓶蓋型懸掛式POP也賣數萬元，餐廳變成「香蕉新樂園」，回到50年代。

- **創新**：懷舊是流行，創新也是流行，超商每隔一陣子就會推出新的集點贈品，架子上也常出現新飲料，手機、iPone半年就有新款式，百貨公司會有換季活動，鼓勵「敗家女」每季換新裝。廠商經由創新縮短產品生命週期，新品新價格、舊品迅速折舊，瘦了消費者荷包、肥了廠商股價，「創新」成了資本主義商業行銷亮麗的時髦外衣。

- **肯定社會價值**：既然懷舊，所以古老的價值重新被肯定，中國設立孔子學院，台灣中產階級的父母帶著小孩子「讀經」，佛教「宗師」更把這些國中公民課本的古老價值融入「開示」，成了「〇〇語錄」，不但小市民感動，也風靡了心虛的政客，與荷包滿滿但心靈需要救贖的高教育科技新貴。

- **顛覆社會價值**：一方面肯定社會價值，但另方面潛在的叛逆感也會被激發，因此奇檬子飲料「只要我喜歡，有什麼不可以」的廣告出來，就引來廣大的回響；信用卡廣

告「借錢是高尚的行為」，固然引來媽媽們打電話到新聞局抗議，說廣告「教壞小孩子」，但不久台灣社會即出現一堆「卡奴」，顯示這個顛覆社會傳統價值的廣告是被接受的。

- **本土化**：本土化是解嚴（1987）前推動，解嚴後持續加溫到現在，90年代連最保守的華航，也不得不在廣告說「你講台語嘛也通」，現在國會質詢也講台語，民視與三立八點檔的台語「本土劇」幾乎是收視率的冠亞軍，民調數字顯示3/4以上的受訪者認為他就是「台灣人」。

- **全球化**：雖然本土化成為顯學，但全球化依然有其賣點，政客們攻擊「鎖國」，呼籲放眼全世界，商學院教授把國際化策略掛在嘴邊，焦慮的媽媽趕緊送小娃娃到美語幼兒園，深怕小朋友輸在起跑點。

- **環保／綠色行銷**：綠色行銷是目前的趨勢，任何商品只要冠上「綠色行銷」就會大賣，蔬菜只要說是「有機」，價格就翻漲一倍，「愛地球」、「節能減碳」成了政府油電雙漲的盾牌。

- **低調奢華**：奢華是現代人的期盼，努力工作所追求的是過更好的生活，房地產推案命名「皇居」，每坪單價可要一位大學畢業生不吃不穿工作5年，精品無視經濟蕭條仍然大賣，富二代開著名貴跑車招搖泡夜店；為怕引來異樣眼光，業者甚至發明一個不通的詞彙「低調奢華」來哄騙買得起奢華品的消費者，以消除他們內心的不安，事實上哪來的「低調奢華」──低調就不必奢華，奢華也無法低調。

　　流行的元素，常是衝突的，懷舊 vs.創新、肯定社會價值 vs. 顛覆社會價值、本土化 vs. 全球化、環保／綠色行銷 vs. 低調奢華，都是衝突的概念，不過多元社會本就容忍多元價值，產業文創化就是要在多元的流行價值中，找出具備賣點的文化與創意元素。

表10.3　時尚流行元素的二元對比

衝突元素	
懷舊	創新
肯定社會價值	顛覆社會價值
本土化	全球化
環保／綠色行銷	低調奢華

貳 案例 嬌蕉包

　　2011年的台灣，無論名媛或OL突然興起「嬌蕉包」熱，形成時尚旋風，也引來愛馬仕的訴訟官司，纏訟經年，2012年12月業者認罪──道歉、賠償、銷毀。

　　嬌蕉包是很普通的帆布包，只不過上面印上愛馬仕柏金包（Birkin Bag）的圖樣，就讓愛馬仕一狀告上法院，但就文創的角度而言，「嬌蕉包」卻是一個傑出的作品。以「文化」層面來說，真正的柏金包一只賣數十萬台幣！甚至據說桃紅色柏金包，一只還可以賣到500萬元，這是資本主義體制下，所謂「名牌」哄抬價格與操作名人的商業模式，經由名人使用塑造為參考團體（reference group），自然就有一群「名媛」或期待成為名媛的女人願意支付高價盲目跟隨。

　　這種價格與價值不成比例的「名牌」操作模式被嬌蕉包輕易顛覆了，一只1,480元，其功能與數十萬元的本尊柏金包並無差別；而且名牌只是符號而已，真正的柏金包與嬌蕉包，就像被媒體吹捧的「偉人」與Kuso版偉人公仔的對應關係一樣，誰是虛幻？誰是真實？誰是本尊？誰是分身？此外，帆布包代表著「大眾消費」，而柏金包則是「奢華消費」，這二者本無交集，但因嬌蕉包的出現，成了「名門」婚禮送予來賓的禮物，台北「名媛」也人手一「包」，「大眾」與「奢華」終於有了幽默式的交集。

　　帆布嬌蕉包嘲弄了資本主義體制下的「名牌」，提供名牌消費的反省空間，其深層的文化意義應該被肯定。

　　就「創意」層面而言，嬌蕉包使用的方式是符號的重組（reorganized）、再製（reproduced）與再現（represented），這是被認可的創意表現方式，美國普普藝術（POP art）就是這樣的精神與表現──強調「真實」元素（"factual"element），要表現的「就是這樣」（just as it is）。

　　普普藝術流行於美國60年代，所謂POP即popular的簡稱，也就是庶民、大眾或是非菁英分子的藝術，普普藝術認為藝術是另一種型式的「消費商品」，相對於菁英文化，普普藝術家主張大眾文化代表每一個人的觀點，是一種直接的感受，並不需要任何哲學或文化的詮釋轉化，可以輕易與觀賞者溝通共享，這種創意精神與嬌蕉包其實是一致的。

　　嬌蕉包是「仿冒」嗎？其實未必，如果這是仿冒，普普藝術的代表人物 Andy Warhol（安迪‧沃荷）將他人所畫或所拍的毛澤東與瑪麗蓮夢露的畫像，重新上色套印，那也是仿冒了，安迪‧沃荷在 1964 年的展覽，更將當時流行的 Kellogg 玉米片、Campbell 番茄汁、Brillo 香皂盒、Mott 蘋果汁的包裝畫得與原物件幾乎無異，那更是仿冒。不過當時美國藝術界認為，這是透過「複製」、「仿製」將消費商品帶入藝術領域。

　　仿冒品對原廠商是「利益減損」，嬌蕉包複印柏金包外觀，有沒有減損愛馬仕利益？似乎也沒有，一個是皮包，另一個是印上去的帆布包；一個賣數十萬元，另一個賣千餘元，只有白癡與白目才會認為是同一款，更何況買得起柏金包的，不會因有了嬌蕉包，而不買柏金包，至於買不起的，本來就不是愛馬仕的客群，何來「利益減損」。

　　嬌蕉包事件讓我們認識跨國公司的強勢，面對商業帝國主義的「智慧財產」大纛，若加上官署不察，本地公司只能「割地、賠款」，嬌蕉包只是顛覆資本主義體制下所謂「名牌」，並沒有顛覆資本主義本身，「複製」、「仿製」是普普藝術常用的方法，而「複製」、「仿製」正是大量生產的基礎，也是資本主義的精神，經由大量生產，才能大量廣告，最終完成大量消費，嬌蕉包正是利用名牌的重組與再現，形成流行時尚，自己也成為資本主義的一環，但也葬身於資本主義的遊戲中。

文創元素分析

 重組與再現「名牌」，提供名牌消費的反省空間。

 創造真實與虛幻，顛覆傳統，引導流行。

10-7 專題討論：老屋活化

 老屋的意義

　　老屋，有歷史、有故事，是文化影像，也是城市記憶，當然可以成為文創商品，一個社會如何對待「老」東西會經歷 3 個階段——
- **未開發階段**：所有東西都是舊的老的，「老」的價值就是「尚可使用」、「棄之可惜」，

但一有「新」的，立刻拋棄「舊」的；

- **開發中階段**：喜新厭舊，懷抱新事物揚棄老東西，「破四舊、立四新」，「老」是被鄙棄的價值；

- **已開發階段**：懂得審視歷史與文化軌跡，從老東西中找到新養分，重新肯定「舊」價值。

因此，也只有進步繁榮的社會才懂得欣賞老房子，歐洲大城市都會保留老城區，即使在高樓林立的新城區，也會看到老教堂或老屋屹立著，以見證城市歷史，在鄉間同樣處處可見百年以上的農舍；台灣近年來也懂得珍惜老房子，一來是教育因素，二來是政治本土化的結果，當然熱心的文史工作者的努力，更是貢獻卓著。

老房子當然不好用，但不應只有鏟平重建一途，盲目的鼓吹「都市更新」，肥了建商，卻讓數十年後的城市成了沒有記憶的重劃區，得不償失；老房子要的是「活化」，活化是保留立面，但整修內部，賦予新生命，「新生命」可以是恢復舊用途，原來住家的就住家，原來開店的就開店，如台南的《林百貨》活化後仍然是百貨公司，仍然叫「林百貨」；「新生命」的另一種型式是創造新功能，台北的《四四南村》原是眷村，現在則是文創基地，台中《宮原眼科》原來是眼科診所，現在在賣「日出」鳳梨酥、太陽餅。

「老屋活化」類型

不只是單一建築，老房子也有是聚落（如眷村），產權有官方也有民間私有，因此形成4種不同的「老屋活化」處理方式。

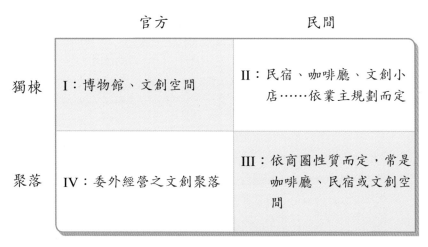

	官方	民間
獨棟	I：博物館、文創空間	II：民宿、咖啡廳、文創小店……依業主規劃而定
聚落	IV：委外經營之文創聚落	III：依商圈性質而定，常是咖啡廳、民宿或文創空間

圖 10.1「老屋活化」類型

一、類型I

產權為官方所有，建物為獨棟建築，如台北北門三井倉庫、鐵路局台北機房、台北市南海路美國新聞處、台南林百貨、台南州知事官邸……，「類型I」的老屋通常規劃為博物館或文創空間賦予新功能，台南「林百貨」活化後仍然是百貨公司，高雄「鳳儀書院」整修後仍然是書院（只不過沒有老師、學生）是2個特例。

（一）林百貨

台南「林百貨」與其說是百貨公司，不如說是城市博物館；台南被稱為「府城」，是台灣最古老的城市，歷經荷蘭、明鄭、滿清、日本、國民黨政府等5個不同的外來統治者，不同統治者也留下不同建築物，荷蘭人留下普羅民遮城（赤崁樓）與熱蘭遮城（安平古堡），可惜現在的普羅民遮城只剩基座與一口井、熱蘭遮城只有一面牆是荷蘭人蓋的；明鄭與滿清時期，則留下大大小小的廟宇，如赤崁樓對街的祀典武廟、大天后宮，都是明鄭與滿清時期留下的一級古蹟。

日本人留下很多建築，但戰後有象徵意義的被國民黨大量拆除，如石像（今之民生綠園[8]）、台南神社（樹林被鏟除，改為停車場，神社前的二頭銅馬，被移去奉祀國民黨軍的忠烈祠）；國民黨政府只留下有實用性的建築物，如勸業銀行（今之土地銀行）、愛國婦人會（戒嚴時期的「美國新聞處」）、知廳（戰後為「空軍供應司令部」，後改為台南市政府，現為「國立台灣文學館」）、知事官邸（戰後為民防指揮部，今整修為博物館）、測候所（被暱稱為「胡椒罐」，戰後迄今一直為氣象單位），甚至實用的建築物後來也被政府變現拆除，如圖書館被台南市政府出賣成了現在的遠東百貨，火車站站前優雅的《台灣日日新報》台南分社，戰後被接收成了黨營《中華日報》社，70年代房地產熱被賣拆除，改建成醜陋的住商大樓。

台南「林百貨」也是日治時代的建築，老闆是林方一，雖然姓林，但不是台灣人，是出生於山口縣的日本人，明治45年（1912）來台南闖天下，林百貨於昭和6年（1931）12月14日起建，1932年12月5日完成、開幕，建築師是台南州地方技師梅澤捨次郎（梅澤氏另一作品為台南警察署廳舍），從起建到落成，期間不到1年，可見日本人的敬業與效率。

---

[8] 1906年此地有豎立「兒玉壽像」（即總督兒玉源太郎），1911年闢建為圓環，1916年稱為「兒玉公園」，後改稱「大正公園」，戰後國民黨政府改為「民生綠園」，1998年民進黨黨籍市長張燦鍙改為「湯德章公園」，以紀念228事件殉難之湯德章律師。雖然名字更迭，但老台南人依舊稱為「石像」。

林百貨是台灣第2家5層樓的百貨公司（連同頂樓神社與電梯間有6樓），被台南人稱為「五棧樓」（5層樓房），第1家百貨公司是同年11月28日開幕的菊元百貨，在台北榮町（今衡陽路），而林百貨是在12月5日開幕，差了1週，林百貨淪為「老二」。

油畫：鄭自才 繪（2016）。

二戰期間，林百貨由於是台南最高建築，成了美軍攻擊目標，為還擊，屋頂日軍還設機槍陣地，整修後美軍掃射彈孔與日軍機槍基座均原狀保留；戰後，林百貨被國民黨政府接收，成為機關辦公室，先後為糧食局、鹽警、保三總隊使用，1998年列為市定古蹟，產權歸市府，2013年以復古方式修護完成，並展開經營權的委外作業，經過公開評選，由高青公司取得委外經營權。

「復古」的方式是能保留的儘量保留，主體結構、立面、樓梯、電梯、部分地板與天花板都是舊的，燈具也以圖片仿古複刻，整棟樓仍有80年前的昭和風情，甚至賣的商品也有古早味，現代的林百貨是大型的文創商店，和日治時代的林百貨倒是有些類似，日治時代的林百貨，樓層規劃是這樣的——
1樓：菸酒、化妝品、和洋菓子、小日用品；
2樓：洋品百貨、小孩衣物、寢具；
3樓：織品、服飾；
4樓：碗盤餐具、玩具、文具與鐘錶；
5樓：餐廳——洋食與喫茶館（即咖啡館）。

大正年代的台灣被稱為文藝復興期，知識分子懂得聽古典音樂、欣賞油畫、看社會主義的書，懂得照顧遊民乞丐，懂得支持農民運動，懂得向日本政府要立法權，也終於促成了台灣人在昭和10年（1935）的第一次選舉，選舉自己的市議員，因為有了20年代的文明啟蒙，方有30年代流行象徵的「林百貨」與「菊元百貨」誕生。

（二）鳳儀書院

　　高雄鳳山「鳳儀書院」，是清代書院，清嘉慶19年（1814），由知縣吳性承發動捐款、捐地，再由候選訓導歲貢生張廷欽起造；2014年整建復原，11月1日開放參觀，規模不大，是復古整修，整修後仍然是恢復書院原貌，只不過沒有老師、學生。

　　書院內擺一些大型有趣的公仔，或許有學者會認為大公仔固然吸睛，但與古蹟是否搭嘎，不無疑問。但若到現場會發現，若真把這些大公仔抽離，書院只有冰冷的建築物，吸引不了人，大概不會有人願意花錢買門票進去。

　　這是「老屋活化」的 Museum（博物館）與 Amusement park（遊樂場）的兩難，沒有流行文化或新文化的附麗，老文化將逐漸僵化成了「文化木乃伊」，但胡亂加所謂「創意」，惡紫奪朱，歷史建物成了遊樂園，遊客只看到大公仔，忘了文物、歷史，流行文化「覆蓋、取代」舊文化。

二、類型 II

產權為個人私有，建物為獨棟建築，此類例子最多，很多業主對老屋的想法只有「都更」一途，事實上老屋活化仍有很多途徑，維持立面的古意，內部更新，可以有不同用途的思考，民宿、餐飲、一般商店、文創空間都是選擇，星巴克台北的重慶店、漢中店、龍門店、基隆義14迴味店都是老屋活化的成功例子。

（一）懷華樓

「懷華樓」是日本北陸金澤的藝妓館，現在繁華落盡、藝妓散去，只剩老屋，如何活化？

在德川幕府時代，加賀是唯一封地「百萬石」的大名，當時金澤也有小京都之稱，有錢有人的地方就有藝妓，「懷華樓」就在藝妓街上，是180餘年前的建築物，也是金澤最大的藝妓屋，《藝妓回憶錄》的場景之一，是金澤指定保存建築物，美如藝術館。

懷華樓有3個視覺焦點──
● **紅漆樓梯**：以輪島漆製成的樓梯，紅豔色澤，襯映大氣。
● **黃金屋**：用金箔織成的黃金榻榻米，或許是俗豔，但也富貴逼人。
● **鶯聲廊道**：大宴會廳旁的廊道，一踩上去會發出唧唧如鳥叫的聲音，並非建物年久失修，而是因往昔客人在「喬」事情怕被聽見，人來就知道改口或噤語，避免被竊聽。

　　有了這些不可取代的歷史文物，活化的唯一方向就是成為「藝妓博物館」，現在的懷華樓要買票入場，先坐著喝茶吃和菓子，聽介紹，接待人是穿和服的中國女生，用北京話說明，但不說懷華樓的歷史或藝妓風華，而是推銷專屬商品，吸油面紙、金箔乳液、金箔清酒……。

　　賣完東西再導覽參觀，不過浪漫的想像，在北京話的叫賣聲中，頓時消失。

日本金澤《懷華樓》。

（二）宮原眼科

　　「宮原眼科」是台中近年熱門的景點，不是觀光客鬧眼疾要看醫生，而是要買台中太陽餅、鳳梨酥和看它的建築物，它是老屋活化的特例。

　　稱之特例，是它和一般老屋活化不同，一般老屋活化會保留立面與結構體，但宮原眼科只保留立面與走廊（亭仔腳）拱門，屋裡面都是新建築，但巧的是新建築和舊立面卻可融合，仍然有著歷史溫度，挑高3層樓中庭，聳立幾座到屋頂的木製書架，樓梯的

欄杆也是厚重的木頭，
屋頂採用透光膠合玻
璃，讓光線自然投射，
有點詭異又親切的氛
圍，似乎營造出哈利波
特電影的霍格華茲學院
的魔法場景。

　　建築傑出，商品的
包裝也不賴，刻意復古
設計的包裝，老式黑膠
唱片封套裝者的是茶
葉，鳳梨酥的包裝像是
遠方朋友捎來的心意，
還有一張手寫的叮嚀。

　　「宮原眼科」始建於
昭和2年（1927），業主
是眼科醫生宮原武熊，

宮原眼科。

原來的用途就是眼科醫院，戰後建築物被徵用，成了「台中衛生院」，現在宮原眼科正
門口門楣招牌依稀可辨「台中衛生院」的字樣；後年久失修，再歷經1999年的921地
震摧殘，已成廢墟，還好業主與建築團隊的巧思，賦予老建築新生命。

　　宮原眼科的案例，老屋重生未必要原樣複刻，而是要思考重生後的用途再做定奪，
即使原樣複刻也要加入新元素，固然重拾歷史與傳統，但也要強調「新與舊的對話」，
要以「後現代」思維創造反差，從刻意「創新」氛圍中營造自然的「懷舊」記憶。

三、類型 III

　　建物是聚落式或一條街，產權則分散不同個人私有，此類型常會發展成商圈，而個
別老屋的規劃會依商圈性質或業主企圖而定，常是民宿、餐飲或文創空間，在日本也會
規劃為博物館。

　　台南安平的「台灣第一街」原來是最符合這項類型，但多年前台南市政府與居民連
手拆除老屋，現已不具老屋的條件，不過台南的神農街，倒處處可見老屋變成餐飲店與

文創小店，台北的迪化街也屬這項類型。

（一）日本長野妻籠、馬籠

　　妻籠、馬籠是在日本長野縣兩條古老街道，見證江戶時代的歷史，天皇與幕府的緊張關係；二地是江戶時代京都、尾張（名古屋）進入幕府所在地江戶（今之東京）的檢查哨，因有食堂旅舍，可以過夜休息，所以又稱「宿」──妻籠宿、馬籠宿。

　　1603年德川家康取得權力在江戶（今之東京）建立幕府，延續了日本雙元政治體制，天皇在京都，幕府將軍在江戶，為鞏固幕府控制大名（各地藩主），德川以江戶為中心開闢了5條「道」（大路），其中聯繫京都的有海線的「東海道」與山線的「中山道」，妻籠、馬籠就在中山道上，是中山道的第42與43驛站，也是由幕府控制進入江戶的檢查所。

　　日本不乏老街，但以妻籠、馬籠保存最完整，1968年（昭和43年）的保存計畫獲得居民響應，「不賣、不租、不改建」，成功維持老街原貌，整條街無一棟新式鋼筋水泥建築。妻籠、馬籠二地距離僅8公里，已成為一體的觀光商圈，以民宿、小吃（五平餅）、販售紀念品商店為主。

日本長野縣妻籠古街商店，在細雪中。

（二）日本岐阜高山古町

　　妻籠、馬籠是山區的商店街，整個商圈就是一條街，但高山市古町卻是名符其實的商「圈」，有一之町、二之町、三之町，如果說妻籠、馬籠的商圈是「線」，高山古町則是「面」。

　　高山市位於岐阜縣飛驒，德川幕府時代將飛驒納為將軍直轄領地，高山因此成為飛驒的政治中心，加上飛驒以木匠著名，所以古町都是做工細緻的木構傳統建築，保存完好的古街風情，被日本政府指定為「重要傳統建築群保護區」。

高山古町不完全是為觀光客而規劃的商圈，還有很多在地人真正生活其間，但整個聚落全是老屋，商店類型也較妻籠、馬籠多元，除餐廳、紀念品商店外，漬物、地酒（當地酒商自釀的當地酒）、和紙、版畫、私人小型民藝博物館都有，甚至還有一家專賣兔子藝品、另一家專賣貓頭鷹藝品的店。為添增古街風情，高山古町還設置人力黃包車，車伕著傳統服飾，夏季為半纏，冬季為長褂。

日本岐阜高山古町。

（三）家計畫

日本瀨戶內海的直島，有所謂的「家計畫」，直島的「家計畫」，必須看它的英文抬頭「Art House Project」，否則很難搞清楚是什麼內容，「家計畫」就是「老屋改造」，台南或是台灣的老屋改造都是把老屋作部分翻新，然後改造為民宿、咖啡店或文創小店，但直島的老屋改造，卻是把老房子改變成藝術場域，靠門票收入維持。

直島的「家計畫」有很多老屋，僅介紹其中4家——

- **安藤忠雄直島建築博物館（Ando Museum）**：安藤忠雄直島建築博物館，是一座被「掏空」的老農宅，只保留農宅的殼，裡面全換為安藤的清水模，展示安藤在直島建築作品的模型、圖說、草稿。
- **南寺（Minamidera）**：建築本體也是安藤忠雄的作品，藝術展現是James Turrell的創意，參觀者進入黑暗的房間，然後感受微光，過程約15分鐘。

- **角屋（Kadoya）**：是一座200年的老屋，屋裡廣間的榻榻米被撤掉，換上了125盞會變換顏色的LED燈泡，不斷閃爍著，作品名稱「Sea of Time `98」，藝術家是宮島達男。
- **碁会所（Gokaisho）**：碁会所也是百年老宅，會稱為「碁会所」是因為榻榻米上擺幾朵茶花，以象徵「碁」，所謂「碁」就是「棋子」，榻榻米就是棋盤，藝術家是須田悦宏。[9]

　　「老屋改造」，日本直島的思維的確和台灣不同，不同的社會當然會對老東西有不一樣的處理方向，台灣的老屋業主都是個人，因此必須有經營的考量，必須考慮收入，而其經營型態，無論是民宿、咖啡店或文創小店，都是可以有立即的現金收入，其場所或展示內容可能被複製抄襲，但也可能複製抄襲他人，因此不會有獨特性（unique）。

　　但日本直島老屋，業主可能委託給政府或財團做整合性經營，因此可以不著眼眼前的利益，從比較大的角度去思考，也因採取藝術導向的經營，所以每一個作品都是獨特的前衛作品，他人無法模仿。

表10.4　日本直島「家計畫」vs. 台灣民間老屋活化

比較項目	日本直島「家計畫」 (Art House Project)	台灣民間 老屋活化
用途與功能	前衛藝術空間	民宿、咖啡店、餐飲店、藝品店、文創小店
營運收入	門票	來店消費
投資回報	須長期耕耘	立即收入
原創性	原創之前衛藝術	型態與內容可能抄襲自他人； 即使具原創元素，也可能被他人抄襲
回客率	單次造訪	可重複造訪
業主	政府或財團	私人

---

9 「家計畫」展場內不准拍照，故無照片展現。

四、類型 IV

建物是聚落式或一條街，產權屬政府，此類型之老屋活化通常有 2 種處理方式——

- **有強烈歷史意義的聚落會處理成博物館園區**：如台北陽明山上的「草山行館」，原是蔣介石避暑房屋，整建後仍規劃復刻蔣介石的起居生活型態，若能加入周邊隨從宿舍區與安全崗哨，就可發展為完整的博物館園區，又如士林的蔣介石官邸，就是一個完整區域，更具吸引力。

- **沒有特別的歷史意義則規劃為文創聚落**：如台北華山與松菸，現已成台北觀光地標，是年輕國外背包客必訪之地，也顯示數大為美，大片區域方具集客功能；而萬華的「剝皮寮」，整修後則出租作為特展用途，剝皮寮近龍山寺，地段頗佳，可惜就是面積小些；此外，台中的光復新村、清水新村、北屯新村都是由眷村改建的文創聚落，媒體評價不錯 [10]。

（一）水交社工藝聚落

水交社是台南市南區健康路台南商職後面的大片土地，「水交社」原是日本海軍將級軍官聯誼社團的名稱，命名緣自《莊子》「君子之交淡若水」，是此地從日治時期迄今

台南水交社工藝聚落。

---

10 見《今週刊》1055 期，頁 130-139，2017.03.13-03.19。

的名稱；此地近台南機場，而台南機場就是日本海軍第11航空隊23戰隊的「台南航空隊」的駐地，海軍航空隊宿舍就在水交社；戰後，此地由國民黨空軍接收，成了空軍眷村，也是著名空軍雷虎小組的故鄉。

2009年陸續拆除眷舍，整建為水交社眷村文化園區，整個文化園區預定2018年年底完成，其中保留幾間舊眷舍，2016年老屋活化，整理後開放給12個經徵選的工藝創作團隊進駐，涵蓋金工、琉璃、木藝、陶藝、竹編、織染、拼布、銀製品、羊毛氈、戲偶雕刻與帽冠紙藝等，稱為「水交社工藝聚落」。

由於範圍太小，缺乏集客功能，又地點偏僻，顯得寂寥。這也是本書一向主張的觀念「單店不成市」，經營一家店，不如打造一條街或是擦亮一個鎮。

（二）藍晒圖文創園區

藍晒圖文創園區是台南市另一個老屋活化案例，在西門路上，對面就是日治時期的台南監獄（現改為大億麗緻酒店、晶英酒店與新光三越百貨公司），原是日式宿舍，應是司法官員、監獄官員的宿舍，戰後更名「第一司法新村」，屬司法宿舍群，因年久失修，現在只剩幾棟整修為「藍晒圖文創園區」。

台南藍晒圖文創園區。

為什麼命名「藍晒圖」？「晒圖」是電腦未普及前，建築師以手工畫好建築圖後，用晒圖方式複印輸出圖面的一種方法，因為線條是深藍色，紙面是淺藍色，所以稱為「藍晒圖」。

台南藍晒圖文創園區之吉祥物 Blues。

　　原來「藍晒圖」老屋在台南市海安路，是道路拓寬兩旁房屋的斷垣殘壁，被建築師劉國滄畫成類似室內設計透視圖，有地板、有家具，彷彿房子還在似的，而且處理成藍底白線，如建築用的藍晒圖；海安路有了「藍晒圖」從此聲名大噪，很多觀光客前往朝聖、拍照，屋主不堪其擾，2014年初被刷白「復原」。

　　「藍晒圖」消失，台南人很是失落，市政府於是利用司法宿舍群的老屋活化，找來原設計者劉國滄建築師將其「復活」，2015年啟用，復活的「藍晒圖」加了鋼骨鋼架，變得比較繁複，似乎失掉以前在海安路的素樸，不過還是挺受歡迎，早晚均有人潮。

　　面積與水交社工藝聚落類似，但「藍晒圖」人潮更對應出水交社的寂寥，原因就是「地段」，因為在市中心，所以一次可玩幾個景點，吃喝玩樂都很方便，不管是專程還是順便，行程都會很豐富，甚至新光三越百貨的附屬部門「小西門」就是年輕族群的百貨公司，可提供源源不斷的人潮。

　　此外，水交社就是沒落的眷村，只有文化、沒有創新；但藍晒圖，有文化（老屋意象），也有創新（亮麗的商品、吉祥物Blues），就是「潮」！

表10.5　台南市兩個文創園區比較：水交社 vs. 藍晒圖

比較點	水交社	藍晒圖
地段	台南市南區興中街（市郊）	台南市西區西門路（市中心）
可徒步到達之臨近景點	五妃廟	新光三越百貨、孔廟、林百貨、台南地方法院古蹟。
臨近之著名小吃	-	阿堂鹹粥、度小月、台南肉丸、莉莉水果店。
交通	4線公車可達，除1條下車步行5分鐘外，其餘均需步行10分鐘。	與台南客運總站距離約100公尺，多條公車路線經過，站牌就在旁邊。
吉祥物	-	Blues
聚落的「文創」印象	只有文化（沒落的眷村）、沒有創新。	有文化、有創新，就是「潮」！

老屋活化原則

「老屋」本身就是文化，「活化」就是創意的思維，所以思考老屋活化就是「文創」的過程。

老屋活化當然要顧及業主的需求，而在處理的過程就要掌握「能保存就保存」的原則，然後在後續的處理，就讓新的建材與工法去配合舊的建物，也未必一定要復古、復刻，新與舊融合就會有「後現代」式的趣味，在第8章的工廠行銷文創化所提及的原則，亦適用於「老屋活化」──

- 認可修飾，尊重藝術重置的相互文義性（inter-textuality）；
- 複雜、矛盾代替單純、簡潔與理性，不再認為「簡單就是美」；
- 多元化，尊重不同民族的歷史、文化記憶；
- 重拾歷史與傳統，將古老型式融入新的創作中。

作為老元素、老建築的老房子，「後現代」的過程就必須加入新元素──新裝潢、新功能、新商品、新行業。

- **新裝潢**：以「歷史」裝飾，但加入新元素，新的照明、新的空調、新的展示架、牆面掛現代化的海報 ……
- **新功能**：如老豪宅成為新的辦公室、精品旅館、時尚咖啡館、前衛藝術畫廊；
- **新商品**：如老聚落成為新的精品outlet，台灣菸酒公司的建國啤酒廠區就極有這個條件；
- **新行業**：如小型科技業者進駐老屋，跨文化融合、跨時間融合。

chapter ELEVEN

區域文創行銷：
《瀨戶內海藝術季》個案

照片說明：
草間彌生是台灣人熟悉的藝術家，以「南瓜」著名，在直島草間有
兩個南瓜，紅色《南瓜》比較大，如紅底黑圓點的甲蟲（見本書封
面照片）；黃色《南瓜》比較小，擺在海邊堤壩上，是直島「名物」。

11-1 導論

瀬戶內海藝術季是日本區域性總體營造的工程，懂行銷的人常會說「賣一家店，不如賣一條街」，事實上，行銷一條街，不如行銷一個鎮（城市），而行銷一個鎮，不如行銷整個區域（region），瀬戶內海藝術季就是行銷整個四國附近海域島嶼的活動，包含直島、豐島、小豆島、犬島，以及周邊更多的小島。

離島為什麼要行銷？日本離島和台灣的離島一樣，面臨人口老化與青壯外移的問題，物產除了漁獲，就剩下少許、無法以經濟規模量產的農作物，有些島嶼甚至淪為本州大城市的垃圾堆放地，成了工業化與都會化的犧牲品。

行銷離島與行銷城市一樣，必須靠「風格」與「活動」，方能吸引足夠的觀光客，但這些瀬戶內海的小島，每座景觀都很類似，除了山、就是海，此外就是沒落的漁村，缺乏明顯的特色。但要建立特色，談何容易，除了必須與眾不同（unique），而且要長期型塑方能累積印象；「風格」既無法著力，於是剩下「活動」可以思考——以「活動」塑造「風格」，但舉辦活動常成了「放煙火」，即縱即逝成了過眼雲煙，怎麼辦？

瀬戶內海藝術季就是以「活動」塑造「風格」的成功例子，城市行銷活動可以分為常態性與非常態性活動，常態性活動有固定的舉辦週期，與一定的規模與型態（如台北燈會），而非常態性活動，常是為首長造勢，由於涉及龐大的經費，只能偶而舉辦（如台北花博），但瞬間的燦爛，很難留下印象。

舉辦常態性活動必須掌握3個原則，方能累積城市或地區風格，以此檢視瀬戶內海藝術季——

1. 固定化：瀬戶內海藝術季自2010年起，每隔3年舉辦，2013年為第2屆、2016年為第3屆，對這項活動而言，由於活動規模大，每年舉辦幾乎不可能，而且活動持續春、夏、秋三季，若每年舉辦則幾乎全年無休，也就失掉新鮮感，因此3年是很適當的間隔，完全符合固定化的要求——同一週期舉辦，不中斷，不大幅度變更日期、規模，以累積印象。

2. 扣連地方特色：通常城市行銷活動必須與城市歷史、文化、景觀、生活價值有關，方能形成聯想；本來藝術與這些小島是不搭嘎的，但藝術作品有其獨特性，只要永久性作品展後被保存下來，就會成為地方特色，如到直島，一定會去海邊看草間彌生的南瓜。

3. 創新：持續性固定化的活動要不斷加入創新元素，才不會老化呈現疲態；瀨戶內海藝術季3年一次、一年有3季的活動，都會加入新的元素，鋼鐵或水泥作品就地或異地保留，不耐久存的作品（如竹編），則展出1年後拆除，3年後再以嶄新的作品出現，讓觀光客與居民有全新的期待。

歸納瀨戶內海藝術季成功的因素，有下列5項——

- **持續性而固定舉辦**：再好的活動只辦一次，就是「放煙火」來無影去無蹤，活動固定化才會累積印象。

- **加入跨國元素**：藝術季邀請外國藝術家參與，有些作品的確非常前衛，雖然有跨文化衝擊，但也形成話題與不同想像。

- **不畏懼創新**：純藝術（fine art）是「為藝術而藝術」，作品常是藝術家主觀意志的展現，藝術季將前衛作品勇敢置於保守的漁村，創造衝突，不畏懼創新。

- **鼓勵居民參與**：很多作品都有居民參與，竹編作品的竹子是居民砍的，金屬橄欖葉的書寫是小學生寫的，居民參與凝聚共識，有共識就會支持。

- **大博物館增益**：除了藝術季作品外，許多博物館散置各島，更豐富了觀光客的行程。

　　瀨戶內海藝術季將一波波的觀光客帶入了沒落的離島漁村，豐饒注入貧瘠、活力取代孤寂，是極成功的區域性文創行銷活動。活動參與島嶼很多，展出作品更多，本單元僅介紹下述地區及部分作品，各島有各島的特色，整個藝術季就是由各島的特色組成，因此即使「管窺」亦得「全豹」——
- 豐島 Teshima
- 直島 Naoshima
- 小豆島 Shodoshima
- 高松 Takamatsu

11-2 豐島

壹 豐島美術館

　　藝術季除了當季規劃的活動外，瀨戶內海周邊地區也有精彩的美術館，美術館本體建築就是藝術作品，豐島美術館就是，裡面沒有展品，藝術家的理念透過建築本體呈現，就是作品。

　　通常博物館或美術館都是用「作品」說話，去羅浮宮就是要看「蒙娜麗莎的微笑」，去奧賽就是要看印象派畫作，去台北故宮就是要看翠玉白菜與肉形石，但豐島美術館沒有展品，整個建築物就是作品，呈現藝術家內藤礼的「母型」（子宮）概念，讓參觀者脫鞋入內，噤聲，可坐可躺，閉目感受風動、鳥聲，與地面水珠所形成如同在母親子宮內的濕潤。

　　豐島美術館的說明請參閱第 5 章「博物館文創行銷」第 4 節之案例說明。

人人是贏家的籃球板

　　籃球板是豐島造型，有6個籃框，藝術家是Jasmina Llobet與Fernandes Pons，作品名稱是No one wins，直譯是「沒有人是贏家」，但若正面思考，可翻成「人人是贏家」。

　　這個籃球板很容易讓人想到民初軍閥的故事，有位軍頭到女子學校視察，看籃球比賽，兩隊10個女生搶一個球，軍頭說一堆女孩子搶一個球，真不像話，「來人啊，給每位姑娘一個人一個球。」

　　好的文創作品要有實用性，不應是單純的「置物」（擺設品），這個作品是2013年的創作，現在移到社區小公園，成了孩子的大型遊戲機，誰說文創不實用、不庶民！

 心跳的聲音

　　心跳的聲音也可以成為藝術創作，創作者是Christian Boltanski，她蒐集世界各地人們的心跳聲，做成作品。

　　作品如何展示？展場在豐島唐櫃海岸的一棟獨立木屋，牆體為烤黑的杉木，可以防制帶鹽分的海風侵蝕；展示心跳聲的空間是裡面一間約10坪的房間，完全黑暗，只有中央點著一顆愛迪生發明的原型燈泡，隨著心跳聲而閃爍，心跳聲強，燈泡亮，心跳聲弱，燈泡則幽微，以此象徵生命的跡象。

　　想要貢獻心跳聲，參與創作嗎？要繳費的，登錄費1,540円！

11-3 直島

 莫內的花園：地中美術館

　　地中美術館（Chichu Art Museum）為「巧連智」福武財團的產業，主體建築由安藤忠雄設計，主要收藏印象派莫內的畫作，以及當代藝術家Walter De Maria與James Turrell大型裝置藝術與空間藝術作品。

　　稱為地中美術館，是因為主體建築的本館都藏在「地裡之中」，本館說大不大但宛如迷宮，若與朋友在館內走散，要再碰面恐會有點難度，走道蜿蜒，展間入口都是窄窄的，並不容易找；安藤忠雄的建築大量使用簡單的清水模與幾何造型（正方形、長方形、圓形），理性思維，型式追隨功能（form follows function），追求單純、拒絕修飾，設計語彙強調方便與實用，應該是標準的現代主義作品；然而地中美術館，通道蜿蜒，窄窄小小的入口又被刻意藏起來，常常找不到展間，完全違反建築學的基本原則，為什麼？

　　事實上，安藤忠雄在直島所設計的3座美術館——地中美術館、李禹煥美術館、Benesse House美術館，都大量植入日本茶室與庭園的設計元素，日本茶室的門都非常低矮，主張眾生平等，無論身分高低，都必須低頭躬身而入，即使是武士也必須將配刀留置屋外，以示對茶道的尊敬，安藤在直島的美術館，展間門口狹窄，有的必須脫鞋入內，這就是茶室的精神，呈現觀者對作品的尊敬。

　　走道狹窄蜿蜒如迷宮，有時已經走到園內還找不到入口，這又是日式庭園的哲學，金澤「兼六園」可為代表，所謂「兼六」，典出宋人李格非《洛陽名園記》「園圃之勝，不能相兼者六：務宏大者少幽邃；人力勝者少蒼古；多水泉者難眺望。」亦即「宏大・幽邃；人力・蒼古；水泉・眺望」六項是園林難以兼容特質，要展現寬敞氣派（宏大），就欠缺寂靜與深邃（幽邃）；多著力人工雕琢（人力），就喪失古樸之美（蒼古）；多用瀑布或池塘（水泉），則視野受限（眺望）。

　　安藤在直島所設計的3座美術館講究的是日式庭園的「幽邃」，以李禹煥美術館為例，明明可以立刻走到的美術館入口，安藤就在入口庭園用平行的三堵清水模高牆圍成二條蜿蜒的走道，以營造「幽邃」。

如果把安藤的主體建築也視為藝術品，地中美術館就只收藏4位藝術家作品，其中——

- **Claude Monet（莫內）**：5幅睡蓮畫作
- **Walter De Maria**：裝置藝術 Time / Timeless / No Time
- **James Turrell**：3座空間藝術
- **安藤忠雄**：美術館主體建築

莫內的畫作在B2展間，要脫鞋進入，並管制入內人數，但進入後停留時間不限，最大的一幅約為2x8公尺的《睡蓮池》，是鎮館之寶，所以美術館在售票屋至美術館主體建築的路旁就複製一座「莫內花園」，也挖了一個睡蓮池，花草繽紛，很有歐式小花園的趣味。

5幅作品都是莫內晚年的作品，莫內1926年去世，這5幅畫作都是1911年之後所畫，當時莫內已70歲，他晚年並不如意，第2任妻子Alice在該年離世，他也因為白內障影響了他的視力，畫作整體偏暗，所以在地中美術館所看到的莫內睡蓮，並不似一般人對印象派畫作的認知，莫內早期的睡蓮或《印象·日出》色彩明亮，有明顯的光影變化。

Walter De Maria是美國人，1935年生於加州Albany，2013年去世，時年77歲；展間在B3，整個有階梯的展間就是裝置藝術，中央市一只直徑2.2公尺的大球，4面壁面有27根包金的木條，屋頂鏤空，讓陽光投入，作品名稱 Time / Timeless / No Time，就是以太陽光影象徵時間的變化，早晚日曬慢是timeless，中午光影移動快是time，晚上無光影，時間似乎是靜止的，是no time。

安藤忠雄似乎很喜歡這座作品，曾畫了一幅有點抽象、隨興的sketch，簡單幾筆，呈現作品輪廓，也帶出時間的意象。

安藤忠雄對 Walter De Maria 之 Time / Timeless / No Time 作品的速寫。

James Turrell有3座空間藝術作品，都在B2，Turrell也是美國人，1943年生，3座作品分別是 Afrum, Pale Blue（1968）、Open Field（2000）、Open Sky（2004），除了Open Field有階梯進入一個霓虹燈的空間，看起來像台灣檳榔屋的照明外，Pale Blue 與Open Sky就是一間屋頂挖了一個長方型天窗的房間。

　　地中美術館說明書對安藤忠雄的美術館主體建築評論是，以混凝土、鋼材、玻璃、木頭構築，深入地中，避免對地表的干擾；安藤對這座美術館作品自己的評論是，將展品做空間的植入（space implanted），而非只是展出，同時也呈現作品與環境的對話（dialogues）。

「哲學の間」：李禹煥美術館

　　李禹煥（Lee Ufan）是韓國人，1936年生，20歲（1956）赴日就讀日本大學哲學系，1961年畢業後滯日，是60-70年代當代藝術運動「もの派」領導人，也是藝術理論家。

　　李禹煥美術館規模不大，除了戶外庭園，室內的展間只有4間，依動線，進去後是「出会いの間」（encounter room），展間中央地面擺顆大石頭，4面牆掛了6幅李氏油畫，創作者主觀意境強烈，觀畫的感受，觀者可以「盍各言爾志」；「瞑想の間」（Meditation Room）是「家徒四壁」的房間，屋頂開一條長方形的天窗，既然是冥想

空間，果然有幾位年輕的參觀者坐著做打坐狀，相信每個人的領悟和感受都不一樣（又是「盍各言爾志」）；另兩間小房間「沉默の間」與「影の間」，就是光影或投影機投射到地面與石頭上。

美術館在倉浦路邊的小凹地上，建築本體也是安藤忠雄的作品，走下入口的小樓梯，就是「柱の広場」，旁邊有顆大石頭，呈現點、線、面的關係；要進入美術館門口，得先經過三堵清水模「安藤高牆」，所構成的日式庭園「幽邃」通道，兩條通道呈髮夾彎，走去再走回來；館內空間真的不大，尤其Gift Shop躲在不規則的角落邊，面積不到2坪，果然是「純」藝術，沒有商業企圖。

 Benesse House 美術館

Benesse House是複合式建築，同時有旅館與美術館，1992年開幕，據業者福武財團的說明，其建造概念是「自然、藝術、建築三者融合並存」。

美術館有3層，以圓型柱體為主建築，再延伸B1層與F1層的長型建築，作為展間；最高的F2層則只有圓型柱體與稍小的方型建築，為Gift / Cafe Shop。

　　建築本體也是安藤忠雄的作品，美術館在倉浦路邊的小山坡上，要進入美術館門口，仍然要先經過一堵「安藤牆」蜿蜒而上，因是山坡，所以這堵牆不只是裝飾功能，而是減少爬坡的坡度。

　　展品也是「純藝術」，如撿拾瀨戶內海飄流木圍成一個圓圈，作品名稱就直接稱「Inland Sea Driftwood Circle」；用各種顏色LED燈，閃爍著人頭照片，稱為「100 Live and Die」；一粒大石頭與一粒小石頭對擺著，作品名稱「The Secret of the Sky」。

 ## 草間彌生的黃色《南瓜》

　　安藤忠雄在直島所設計的3座美術館——地中美術館、李禹煥美術館、Benesse House美術館，距離都不遠，短短的，搭免費的福武財團巴士就在一條線上，從Benesse House美術館山丘走下，約莫5分鐘即到達Benesse House Park and Beach，有一棟安藤設計的小旅館，海灘有一些類似米羅的雕塑，站在海灘就可以遠望草間彌生的黃色《南瓜》。

　　草間彌生在直島有兩個南瓜，紅色《南瓜》比較大，擺在宮浦港邊，色彩如紅底黑圓點的甲蟲，鐵鑄，約3公尺高，人可躓到裡面；黃色《南瓜》比較小，約莫一人高，擺在海邊堤壩上，很多人排隊等著和它拍照。

　　台灣人對草間彌生並不陌生，1998年曾參加《台北雙年展》，在北美館展出，2015年《草間彌生亞洲巡迴展》，台灣就展出高雄、台中兩站，展出118件作品，當時媒體（尤其三立電視）曾大幅報導。

　　草間的作品以圓點構圖，所以被稱為「圓點藝術」，她最常用南瓜作為創作基體（base），所以很多人看到圓點色彩豐富的南瓜，就會想到草間，草間的作品明度、彩度高，設計性強，又是大家熟悉的南瓜，所以庶民大眾接受度高，很受歡迎，連名牌包Louis Vuitton都曾推出她的圖案包，顯示其作品商業性格強烈。

伍 草間彌生的紅色《南瓜》

草間彌生另一個在直島的南瓜，是在宮浦港邊的紅色大《南瓜》，鐵鑄，中空，紅底黑點，像甲蟲的色彩，南瓜挖了好幾個圓洞，參觀者可入內，然後上半身從圓洞伸出來，像南瓜的小瓢蟲。

10歲時，草間被診斷罹患神經性視聽覺障礙，會有幻覺幻視，因而常有自殺企圖，當時她為母親畫的鉛筆畫，就已充滿了小圓點；精神障礙一直困擾草間，晚年她也曾志願入住精神病院治療。

草間彌生1929年生於長野縣松本市，中學畢業後到京都市立工藝美術學校（現在的京都市立銅駝工藝美術高等學校）學畫，主修日本畫，28歲時（1957）離開故鄉，帶著60件和服和200幅畫作，隻身闖盪美國。

1962年在紐約市的綠藝廊，草間參加包括安迪‧沃荷的7人聯展，展出作品是軟雕塑，滯美短短5年，此時她在紐約藝壇已闖出名號；60年代美國學生反戰運動興起，草間也沒有缺席，1968年她在紐約布魯克林橋以行動藝術表達反戰，由男女4名助理裸體演出，草間在他們的身體做圓點畫，並焚燒美國國旗，搶盡媒體版面。

草間彌生的創作受到很多討論，很多藝評人從普普藝術、女性主義、超現實主義，或幾何造型的極簡主義討論她的作品，甚至也有人稱其為「澀藝術」（Art brut），澀藝術是反對藝術的既定模式，追求屬於簡單，甚至粗糙的原始、初創的原創性藝術。

但草間的作品恐怕無法歸類單一派別，她自己稱為「精神病藝術家」（obsessive artist），使用繪畫、軟雕塑、行動藝術與裝置藝術，企圖呈現的是一種自傳式、深入心理與性取向的內容。[1]

---

[1] 參考自 https://zh.wikipedia.org/wiki/%E8%8D%89%E9%96%93%E5%BD%8C%E7%94%9F

　　不過她倒讓人覺得是一位很會營造特色，並有敏銳商業感、懂得自我行銷的藝術家，作品庶民化，風格突出，加上個人打扮怪異——衝突色彩的假髮、厚重眼影妝、誇張大圓點草間風服飾，自我風格更是強烈，且不排斥商業合作，不忌諱談自己的精神疾病，在在都張顯其機敏的商業藝術性格。

陸 「家計畫」

　　直島的「家計畫」就是「老屋改造」，英文抬頭就是「Art House Project」，也就是將百年的農舍改造為藝術空間，參與改造的農舍有7家，分散在漁村角落，以發行套票方式讓遊客可以「一票通」的參觀。

　　「家計畫」的說明請參閱第10章「他項商品文創行銷」第7節之案例說明。

南寺的廁所。

南寺。

11-4 小豆島

 《太陽的禮物》

位於小豆島土庄港邊的《太陽的禮物》，是 2013 年的作品，藝術家是韓國人崔正化，這個作品的特色是呈現展示地（小豆島）的特產橄欖，此外，作品也由當地小學生參與完成。

本體桂冠直徑 500 公分，基座 270 公分，小豆島緯度與義大利類似，是日本唯一的橄欖種植地，桂冠是由 102 片橄欖葉組成，葉面的書寫是由土庄小學 102 位六年級的小朋友來寫下他們的願望。

作品名稱「太陽的禮物」（Gift of the Sun），沒錯，太陽給小豆島的禮物就是——橄欖與小孩。

《橄欖之夢》

台灣藝術家王文志的的「橄欖之夢」，作品在小豆島肥土村與中山村，公路旁的小山凹中。

王文志專長竹編藝術，瀨戶內海藝術季自2010年舉辦3屆，他每屆都不缺席，作品兼具台日的元素，台灣的藝術家與匠師，日本當地的竹材，作品語彙就是小豆島的特產橄欖。

日本原不產橄欖，因小豆島緯度與義大利橄欖產區相近，引進試種，沒想到成功，也因此成為當地的特色作物，高單價的橄欖也改變原來只有稻米的經濟結構，也因如此，居民對橄欖有特殊的情感，所以王文志作品帶入橄欖造型，作品名稱也稱為「橄欖之夢」（Dream of Olive）。

所謂公共藝術（public art，或稱community art）指的是「陳列於公共空間之永久性（或長時間）、非商業性之藝術作品」，如雕像、牌樓、雕塑物都屬公共藝術的範圍，很多公共藝術作品只有視覺功能，只能「看」但不能「用」，但「橄欖之夢」不但可以「看」，更可以「用」。

作品主體是竹編橄欖造型的小巨蛋，裡面空間可以作為村民聚會場所，也可以舉辦迷你音樂會、喫茶會，平時也可以作為參觀者休息、午睡空間，充滿實用性；日光或月光透過竹縫投入，真有「雲破月來花弄影」的意境，若在裡面發呆一下午，神遊方外，真的是心與雲俱閑淡。

這個作品最大的優點是藝術的庶民性,「純藝術」不理會觀者的想法,只單純展現創作者的意志,形成觀者與創作者各說各話,沒有交集,沒有交集就沒有溝通,也就缺乏感動,當藝術不讓庶民親近,成了「陽春白雪」,就成了象牙塔的貴族玩具,只供特定族群相濡以沫自我取暖。

藝術當然也不應完全具象,沒有任何想像,如此就成了日用品,沒有思考空間,藝術的抽象性不但要具社群的主觀性(inter-subjectivity),亦即被藝術社群共同認可,此外更應該在一般民眾可以理解的範圍,換言之,觀者與創作者有部分交集,可以進行某種程度的對話。「橄欖之夢」就是符合這樣的標準,專家肯定,村裡的歐巴桑、歐里桑也喜歡,不管是誰,只要略加解釋,都同意作品造形是橄欖,不會當成大鳳梨或西瓜。

11-5 高松

壹 《天空的刺激闛》

　　高松在明治時代被稱為四國的玄關，從大阪經淡路島，進入四國後的第一個城市，被稱為「瀨戶內海的玄關」；但在藝術季期間，高松則成了瀨戶內海的玄關，有空港，華航有班機直飛台灣，港口有往返各離島的交通船，下層坐車、上層坐人，大巴士可以直接開上船，很是方便。

　　港口邊豎立著大卷伸嗣的作品，兩根高8公尺的彩色大柱子，作品名稱為Liminal Air-core，或許可以譯為「天空的刺激闛」，柱子色彩鮮豔，狀似陀螺的堆疊，也貼有亮片，可以反射觀者或周遭景緻，是登船跳島參觀前第一個會看到的藝術季作品。

貳 來自台灣的「種子」

　　高松港外，隔著一條馬路的港邊公園，有一顆來自台灣的大「種子」，創作者是林舜龍。

　　作品將種子視為船，跨越國境與海洋漂流，種子和人一樣，漂流到哪裡，就到哪裡落地生根，繁衍不息；材料使用漂流木，不但環保，也使得作品更為自然，並與創作理念契合——從成長、漂流到落地生根。

11-6 文創評估指標：思考與檢討

 特色

　　《瀨戶內海藝術季》是大型區域性活動，在日本國內或國外均有盛譽，瀨戶內海附近的小島，本來只是貧窮的漁村，也沒有特殊的觀光資源，但因藝術季的舉辦，讓外國人知道這個地方，也讓日本人願意到這裡旅行，整個藝術季活動有如下的特色——

* **長效**：不管是大型或小型活動，最忌「放煙火」，只有瞬間的閃亮，船過水無痕，事後再也沒有人記得，現在有幾位台北市民還記得台北在哪一年辦花博？瀨戶內海藝術季自2010年起，每隔3年持續舉辦，不間斷就會累積印象，這就是「長效」的效果。

* **分散**：瀨戶內海藝術季不集中一個地方、一個島，「集中」當然方便一次飽覽，但只繁榮一個地方，「分散」則利澤均沾，各島都有好處，對遊客則可創造「看藝術作品＋旅遊」的跳島觀光型式，停留時間可長可短，短則1或2天，長可至數個星期，增加觀光收益。

* **創新**：藝術季展出作品有常設性，展期過後可就地保存，但更多的是短期性作品，展期過了就拆除，乍想之下似乎有點可惜，但也帶給遊客再次造訪的期待，充滿創新的可能；此外，儘管展區是古老保守的傳統漁村，但很多作品卻是前衛性，形成新vs.舊、保守 vs.前衛的對比，饒富趣味，這種不怕衝突的精神就是「創新」。

 文創評估指標

　　以文創評估指標來審視瀨戶內海藝術季，就文化指標而言——

* **獨特性**：指的是 Unique，除了「家計畫」的老屋以外，大部分的展出作品似乎都與地區特色無關，但活動持續舉辦，作品就會落地生根而具地區獨特的特色，如要看草間彌生的南瓜就要到直島，「直島＝草間彌生的南瓜」的獨特性呈現，排他性（exclusive）也就浮出。

* **關聯性**：指的是 Relevant，承上的說明，前衛性的藝術季似乎與在地缺乏關聯，不過持續舉辦，活動就會變成在地文化的一部分，2016年的活動落幕，就會有人期待

2019年的展出，這就是在地的關聯性，這也是持續舉辦所創造的效果。

再就創意指標來討論——

- **衝擊力**：指的是Impact，藝術季的作品雖然有些前衛（如「心跳的聲音」），但更多的有庶民趣味（如草間彌生的南瓜），但不管前衛或庶民，作品都帶來驚豔與感動。

- **原創力**：指的是Original，藝術季所有作品當然都是原創的，不但原創還有其藝術語彙，作品背後有冗長的故事或複雜的思緒，儘管可能會有選擇性理解（selective perception），但觀者還是可以細品或體會。

- **傳播力**：指的是Campaignable，瀨戶內海藝術季持續舉辦，新聞張力十足，日本或國外媒體都樂於報導。

表11.1 文創評估指標

文創評估指標		說明	等第
文化指標	獨特性	持續舉辦，逐漸呈現地區獨特的特色	中
	關聯性	活動內容與在地無關，但因持續舉辦，已成為在地文化的一部分	中
創意指標	衝擊力	很多作品可帶來驚豔與感動	強
	原創力	所有作品均具原創思考	強
	傳播力	每3年持續舉辦，具長效性與媒體效果	強

 他山之石的啟示

台北市辦了很多一次型的活動，花博、聽障奧運、設計之都、世界大學運動會，這些活動一次花費都百億起跳，但留給台北什麼？

瀨戶內海藝術季的長效、分散、創新都值得台北市思考與學習——
- **長效**：除了台北燈會，有沒有令市民每年期待的活動？
- **分散**：台北燈會只繁榮一個點、一條街，如何讓各區雨露均沾？
- **創新**：台北燈會似乎已經定型化，如何再創新？

chapter TWELVE
結論：回歸「文化」
　　　與「創意」

照片說明：
台北最「潮」的西門町，銅雕訴說「文創」的
本質，就是要回歸「文化」與「創意」。

12-1 文化、創意、文創的糾葛

 商品的 4 種型態

很多人分不清文化、創意、文創有什麼區別，如果以文化、創意作為分析指標，所有商品都可以歸納為4種型態——

- **文化商品**：富有文化意涵的商品；
- **創意商品**：有創新加值的商品；
- **文創商品**：兼具「文化」與「創意」的商品；
- **一般商品**：不強調文化元素，也無創新加值的商品。

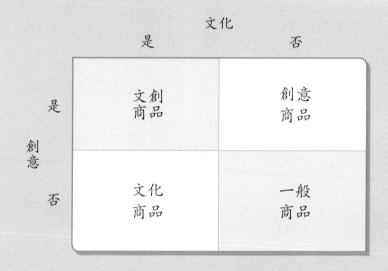

圖 12.1　文創象限圖

　　商品是否是「文創商品」？套入圖12.1 文創象限圖就會有比較清晰的概念；但如何思考一個商品或觀念是否具「文創」特徵，應該先分析是否具備「文化」、「創意」2個元素。

貳 案例討論

一、文化商品

案例 1 **布袋戲戲偶「書生」**

這是一樽台灣布袋戲大師陳錫煌老師傅製作、簽名的戲偶「書生」，戲袍手工刺繡，典雅精美，是難得的精品。

試問：是文化商品？創意商品？文創商品？抑或一般商品？

> **討論：**布袋戲戲偶「書生」——呈現台灣傳統偶戲特色，雖然製作精美，但並沒有加入創新元素，所以是「文化商品」而非「文創商品」。

案例 2 **印度「銀象」**

印度產象，大象也成印度的國家象徵之一，這頭大象係銀鑄，高14公分、寬17公分，表面以藍綠琺瑯澆淋，象身鑲各式印度寶石，象耳飾以蓮花，並以細珠作為耳飾，整體圖像充滿印度風格，很是貴氣。

試問：是文化商品？創意商品？文創商品？抑或一般商品？

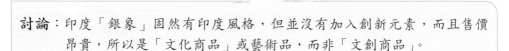

> **討論：**印度「銀象」固然有印度風格，但並沒有加入創新元素，而且售價昂貴，所以是「文化商品」或藝術品，而非「文創商品」。

二、創意商品

案例 3 **法國「大象」**

這是法國南部一個稱Sarlet小鎮賣的大象，表面相圍著毛線般的花紋，因為太細了，似乎不可能開模，而象耳與背墊又是包上真的花布，不知道怎麼做的？兩粒眼睛合在一堆，像是比目魚，很有設計感。試問：是文化商品？創意商品？文創商品？抑或一般商品？

討論：法國不產象，所以大象不能成為法國的表徵，因此此大象並沒有在地（法國）的文化元素，但製作工藝技術佳，又充滿設計感，所以是「創意商品」。

案例 4 | **歐德家具「Kitty」**

這是德商系統家具公司歐德（Order）展店50家的紀念品，開模灌注，背板底座並處理成系統家具木板花紋，背板有廠商星型Logo，Kitty並圍上廠商標準色與Logo圖案圍巾。試問：是文化商品？創意商品？文創商品？抑或一般商品？

討論：歐德將授權之日系玩偶巧妙地與企業特性結合，設計大方，玩偶也不會搶掉品牌光彩，而且由於重量夠，尚具有書架功能，是成功的「創意商品」。

三、一般商品

案例 5 | **貓咪杯**

日本的有田燒，白色馬克杯，杯身畫上27個貓頭，底下寫貓的名字，黑貓就叫Kuro，有日語英文拼音，也有英文、法文名字。試問：是文化商品？創意商品？文創商品？抑或一般商品？

討論：當然是「一般商品」，雖然有一些設計元素，但並不強烈，也缺乏驚豔的感覺。

案例 6 | **飛機模型**

所有的航空公司都會推出自己家的飛機模型，除了在航班的空中商店賣，也會在實體店面，或網路商店銷售。試問：是文化商品？創意商品？文創商品？抑或一般商品？

> **討論**：雖然製作精美，也有彩繪飛機的型式，但缺乏明顯的文化元素與創意元素，所以仍是「一般商品」。

四、文創商品

案例 7 **「報馬」**

台灣媽祖遶境出巡時，有些廟宇（如北港朝天宮）會派出「報馬」（台語讀為「報馬阿」）前導，「報馬」打扮怪異，頭戴紅櫻帽，戴著眼鏡，挑著長紙傘，後頭掛著豬蹄、菸管、韭菜、錫壺，前頭掛著銅鑼，沿路敲鑼說媽祖就要來了，兩腳褲管　高一低，高褲管還露出貼膏藥的腿，兩腳一腳穿草鞋，一腳赤足，腿上有瘡疤的腳才穿上鞋子。

「報馬」的功能是探路、報信，探路是看看沿途有無不淨（如晒掛著女人內衣褲），若有就得通知避開，報信是告知居民，媽祖鑾駕要來了，趕緊準備香案迎轎，圖中的「報馬」是北港朝天宮的公仔。試問：是文化商品？創意商品？文創商品？抑或一般商品？

> **討論**：「報馬」是台灣媽祖出巡時獨特的角色，類似部隊的「斥候」，「報馬」附掛物皆有含意，以下的說明係摘自網路，大部分取自國語諧音，未必是台語（河洛話）的真正涵義，如台語「錫壺」與「惜福」發音差異頗大，日常台語中亦無「惜福」的說法——
>
> 雨傘：一團和氣。傘為長柄之紙合傘，分別代表長善、直善、合善。
> 眼鏡：做人不能目中無人。另一義為明辨是非。
> 豬蹄：提醒世人要做人知足。
> 瘡疤：提醒世人別揭人瘡疤，是因有瘡疤的腿是穿短褲。
> 鞋子：用意提醒世人要做人腳踏實地，在有瘡疤的腿上穿上鞋子，
> 　　　另足赤腳。
> 錫壺：意指惜福。
> 皮襖：意指無私，反穿毛襖帶給他人溫暖。另一義為備受煎熬。
> 燕尾鬚：言（燕）而有信。
> 韭菜：長長久（韭）久。
> 紅櫻帽：負責盡職。

茭斗：含茭，與台語「感恩」諧音。

銅鑼：勞心勞力。[1]

「報馬」應屬「文創商品」——

- **文化指標**

  獨特性：呈現獨特在地媽祖信仰元素；

  關聯性：是媽祖出巡的「斥候」，推廣與宣揚媽祖信仰。

- **創意指標**

  衝擊力：製作成公仔，具商品銷售功能，增加廟宇創收；

  原創力：拆卸式設計，有DIY樂趣；

  傳播力：「報馬」公仔具民俗性與故事性，有傳播力。

案例 8　**台彩「籤筒」**

這是台灣彩券公司的贈品「籤筒」，裡面有49支籤，籤由鉛筆做成，筆頭是黃色，筆身是紅色，類似廟裡的籤；每支籤各有1個號碼（從1至49）。試問：是文化商品？創意商品？文創商品？抑或一般商品？

討論：台灣彩券的「籤筒」贈品屬「文創商品」，用以呼應「大樂透」的彩券抽獎，大樂透必須從01-49中任選6個號碼進行投注。開獎時，開獎單位將隨機開出6個號碼加1個特別號，這一組號碼就是該期大樂透的中獎號碼，因係隨機產生，方式就和抽籤一樣。

- **文化指標**

  獨特性：49支籤呼應大樂透的49個號碼；

  關聯性：抽籤和抽獎一樣，隨機產生。

- **創意指標**

  衝擊力：設計有趣，令人莞爾一笑；

  原創力：將抽籤與大樂透連結，創意突出。

  傳播力：可多人玩、可重複玩，傳播力強。

---

[1] 摘自 https://zh.wikipedia.org/zh-tw/%E5%A0%B1%E9%A6%AC%E4%BB%94

12-2 邁向「文創」

 從文化商品到「文創商品」

很多文化商品，本身就有濃郁的文化底蘊，只要加一些巧思與慧黠，就可以變成文創商品，請看以下2例——

案例 1 **霹靂布袋戲**

如何從文化商品提升到到文創商品？霹靂布袋戲是一個很好的例子。在台灣，布袋戲是一個不斷演化的藝術，原先是野台戲，日治後期被納入國家戰爭體系，成為宣傳機器，1962年台灣電視出現，1969年布袋戲走進攝影棚，《雲州大儒俠史艷文》在台視頻道播出。

「史艷文」的魅力現在看起是有點不可思議，中午播出，是農人、工人午休時段，大家圍在電視機前看史艷文；小學生會提前吃便當，然後中午翻牆找雜貨店、麵店看電視，而去抓學生的老師也會被螢幕上的史艷文吸引，「師生同樂」，戲罷再一起回學校。《雲州大儒俠史艷文》由於收視轟動，當時國民黨政府怕「講台灣話」會型塑台灣意識，動搖國民黨統治基礎，因此行政院新聞局下達「改口令」，要史艷文講北京話，《雲州大儒俠》只好黯然下戲。

由於政治與社會的本土化結果，30餘年前的史艷文熱並沒有消失，布袋戲更受到民眾的喜愛，不但布袋戲偶的商品曾出現在地段昂貴的誠品商場，布袋戲1998年也在國家劇院堂皇演出，1999年黃俊雄父子更斥資拍攝布袋戲電影《聖石傳說》，進而創辦「霹靂」電視頻道常態演出，布袋戲已從野台戲躍升到主流媒體上。

霹靂布袋戲的特色是布偶為配合電視作業，因此比傳統的高大，必須用整隻手臂操作，再也不是「掌中戲」，人物也不是以往的七俠五義、關公張飛，是全新的創作；臉

孔造型與服裝設計為迎合年輕觀眾，也迥異傳統，甚至人物出場口白也加入新元素，「素還真」的口白是「半神半道亦半仙，全儒全道是全賢；腦中真書藏萬卷，掌握文武半邊天」，不但對仗，以台語讀出，更滿是韻味。

案例 2 「玩書法」

　　每個人都寫過書法，小時候寫書法一定要找個硯台、磨好墨，將棉紙或宣紙攤平，然後用毛筆小心翼翼的寫上去；但蘇天從顛覆了我們對書法的刻板印象。

　　嚴格來講，蘇天從不是寫書法，而是「玩」書法，寫書法有標準的筆法，無論是楷書的永字八法，或隸書的蠶頭雁尾，都有固定的要求，但他的字融和了楷、隸、篆，不拘泥於一體；不但將書法的軟體改了，連硬體也有不同的嘗試，蘇天從鮮少用毛筆，而是用水彩筆，甚至油漆刷；也不磨墨，他用的是各式顏料，或是柏油；宣紙、棉紙固然會用，但更多使用的是油畫布或木板。

　　蘇天從說，他要傳達現代「禪」的精神及生活態度，因此所寫的字，很多取材自佛經，如《金剛經》「若見諸象非相，即見如來」、六祖的「本來無一物，何處惹塵埃」；佛教傳來中土，溶入道家思維，因此很多說法扣合了儒道的認知，迅速被讀書人接受，「禪」就是典型的佛道同源，道為體，佛為用，道家思想佛家包裝，可積極亦可無為、自在生活但與世無爭，讀書人面對紛擾世局、險惡官場，就是要有用之則行、捨之則藏的心態，如何「藏」？當然躲入禪境中，不但古人如此，現代人更是，很多生意人白天忙著賺錢、晚上忙著禪修，就是這種生活態度。

　　文創就是將生活智慧置入作品中，為了表現禪意，因此蘇天從的書法作品是「以意塑形、行必隨心」，他說他不是規規矩矩寫字，而是要表達意境，因此用對文字的想像來布局，隨心而行，李白的「舉杯邀明月」，他說圖面上，月明如皎（用朱印表現），泛舟江上（用「邀」的造型來表現，似乎一人於扁舟上舉頭望月），水天一色（畫面空白的布局），「舉杯」、「明月」則如兩岸嶙峋怪石，以意塑形，近景、中景、遠景皆有，蘇天從的作品不但是字更是畫。

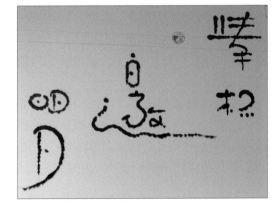

蘇天從的書法作品是單一件，單一件作品是藝術品而不是文創品，無法普及，如何將藝術品變成文創品？2015年政治大學「文創行銷」的課，林淨亭、王珮瑄2位同學作了一些有趣的試作——

- **舉杯邀明月**：做成滑鼠墊
- **和靜清寂**：做成茶葉盒
- **本來無一物，何處惹塵埃**：做成手機殼

「本來無一物，何處惹塵埃」做成手機殼，是很有意思的設計，手機功用原先是打電話接電話，但現在卻加了其他的功能，讓現代人生活離不開手機，人人成了低頭族，若把「何處」改為「何必」，成了「本來無一物，何必惹塵埃」，更貼切傳達現代人對生活及手機的無奈。

蘇天從書法作品之文創運用，創作者為林淨亭、王珮瑄。

文創就是「文化＋創意」，書法是幾千年的傳統藝術，其技法幾乎是千年不變，蘇天從不但玩書法，還做陶藝、銀器及木鐵複合媒材創作，從傳統框架中跳脫，開創了新的嘗試，真是「君子不器」。[2]

---

[2] 本單元曾發表於《文創・Life》第 11 期，頁 94。

貳 從創意商品到「文創商品」

創意商品通常以設計取勝，但在創意中若能擷取歷史、人文的元素，加入商品創作中就可以成為「文創商品」——

案例 1　天燈茶具

天燈是特殊的人文習俗所形成的城市意象，不只代表平溪，也代表新北市，甚至成為台灣的象徵。

天燈原來是特定時間（元宵節）的活動，但現在一年365天到平溪、菁桐、十分都可以玩天燈，時間的特定性已經被打破了，但「空間」的侷限性還在，要玩天燈只能去平溪、菁桐、十分，能不能在家裡也可以把玩「天燈」？

桃園鶯歌的「傑作陶藝」讓我們在家裡也可以把玩「天燈」，設計師把天燈變成大小各式茶具，茶具本屬日常用品，茶具加上新造型，則成創意商品，新造型若加入文化元素（天燈），就成了文創商品。

茶具以天燈作為造型是文創「連結歷史文化」的運用，2010年上海世博，台灣館由李祖原聯合建築師事務所設計，外型就是天燈，Logo也是天燈，連紀念品茶杯、造型燈都是天燈，天燈不但是平溪、新北，也是台灣獨特的人文意象，同時也成了文創商品。

案例 2 **大象造型錫蘭茶罐**

　　錫蘭為印度半島下方的島國，《梁書》稱為「獅子國」，宋代則以古阿拉伯語音譯為「細蘭」，明代稱「錫蘭」，1815年由英國殖民統治，官方名稱「Ceylon」（漢語一直沿明代稱謂譯為「錫蘭」），1948年獨立，為大英國協的自治領，1972年改國名為「斯里蘭卡」（Sri Lanka）。

　　斯里蘭卡以產茶著名，每年生產約25萬噸茶葉，是該國主要經濟作物，與中國安徽祁門紅茶，印度阿薩姆紅茶、大吉嶺紅茶並稱世界的四大紅茶。斯里蘭卡為擺脫英國殖民的陰影，政府一直推動正名運動，不讓政府機關、民間單位用「錫蘭」的稱謂，必須正名「斯里蘭卡」，但唯獨不敢改動「錫蘭紅茶」的名稱；此外，斯里蘭卡也產大象，也以瓷器著名，日本一些著名瓷器品牌就由斯里蘭卡工廠代工。

　　著名品牌的瓷杯、瓷器都是創意商品，創意商品加上在地文化元素（大象與茶葉）就成了文創商品。

參 從一般商品到「文創商品」

　　有沒有可能從「零」（既無創意，也無文化）到文創商品？ 一般日用品或文具，大概都可歸類為「既無創意，也無文化」，不過也有一些突破的作品——

案例 1 **瑪麗安斯凱溫泉杯**

　　瑪莉安斯凱（Marianske）是捷克的一個小鎮，來往的觀光客每人手上都有一個杯子，但仔細看，這個杯子不是喝的，是用來吸的。

　　這是個溫泉小鎮，常住人口只有萬餘人，自18世紀發現溫泉含有具療效的高濃度二氧化碳，就湧入了觀光客，觀光客來此不但泡溫泉、在溫泉池游泳，他們還喝溫泉，觀光客手中拿的就是溫泉杯，為方便邊走邊喝，在古早以前，溫泉杯就被設計成吸的，有各式造型，成了城市的特殊商品，不但造型與設計創新，亦有歷史與地理意涵，是兼具文化與創意的「文創商品」。

案例 2 阿爾卑斯登山火車杯

　　瑞士境內的阿爾卑斯登山火車是世界少數可以爬高山的火車（阿里山火車也是），火車站有在賣一種獨特的商品——登山火車杯，看起來就像一只做歪了、瑕疵品的玻璃杯。

　　這是考慮登山坡度所設計的杯子，火車爬山時，平常看似斜斜的杯子，就會因有坡度而變正，有創意吧！而且是登山火車專用限定，是基於特殊文化與地理因素所形成的文創商品。

案例 3 琉璃工坊茶具

　　茶具是日用品，右圖中琉璃工坊茶具結合瓷器與琉璃，使用中國古典美術元素，加入新造型，兼具實用與裝飾性，同時具備「文化」（中國古典美術元素）與「創意」（以琉璃為瓷器「點睛」）元素。

案例 4 生日杯

　　過生日是很多人的習慣，不同生日就應該用不同生日杯？當然不是，這是因文化而玩出來的創意。

　　右圖的杯子，固然有設計感，質感也夠，但就是一般日用品，不過盒子印上「4月4日」就成了生日杯，雖然有點牽強，但加上文化元素（過生日習俗），小小的慧點，卻大幅提升商品價值。

　　這不是文創，什麼是文創！

肆 就是「文化」與「創意」

文創商品就是「文化」與「創意」的融合，二者缺一不可，只有「創意」沒有「文化」就成了「創意商品」，只有「文化」沒有「創意」就是「文化商品」，既沒有「文化」也沒有「創意」，只是一般商品。

所謂「文化」，指的是族群生活方式的展現，也是族群聚集演化過程所呈現的集體記憶，簡單的說，文化所呈現的是斯土斯民的生活，可以透過歷史、地理、人文、產業的特色來展現。

所謂「創意」，就是創新思維（idea）或作法，可提升附加價值，並能透過行銷方式擴散，包含──創新（innovation）、價值提升（value-added）、可傳播性（campaignable）三個元素。

因此「文創」就是替商品加值的思維或作為，亦即經由賦予商品的文化元素與創意巧思，發揮 1+1 ＞ 2 的綜效（synergy），「文創」也就是──
- 「**文化**」商品化：將文化成為可銷售的「商品」，化無形價值為有形商品；
- 「**商品**」文化化：將商品以文化包裝，以提升其商品價值。

如何做到「文化」商品化、「商品」文化化？必須考慮文化指標的獨特性、關聯性；創意指標的衝擊力、原創力、傳播力。

獨特性
1. **呈現獨特的在地文化特色**：商品或活動可呈現明確的在地歷史、地理、人文、物產特色；
2. **具明顯的排他性**：所呈現的在地文化特色，最好具排他性（exclusive），只有「我」有，別人沒有；
3. **具「人文關懷」的普世價值**：這些獨特的在地文化特色，應具「人文關懷」，不會挑戰社會禁忌，呈現其他國家、地區也認同的普世價值。

關聯性
1. **尋求歷史關聯**：連結拓殖歷史、英雄事蹟；
2. **扣連地理因素**：彰顯地理特性、氣候條件、特殊動植物元素；

3.挖掘人文故事：呈現當地人物故事、鄉野傳說；

4.呈現物產特色：突顯當地飲食文化、特殊烹飪、農漁畜產食材；

5.展示斯土斯民的生活面貌：呈現當地特殊的生活面貌與文化風情。

衝擊力

1.具視覺衝擊性：一看就喜歡，創造消費者接觸商品瞬間的感動；

2.找出創新元素：從造型、色彩、功能、尺寸、用途……找出創新元素。

原創力

1.不得模仿或抄襲：創意不是來自模仿或抄襲；

2.無侵犯著作權之虞：不可侵犯他人著作權；

3.有申請專利潛力：商品可申請專利（發明、新型、設計）；

4.可創造額外的附加利益：經由創意加值，可創造商品或活動額外的附加利益；

5.唯一（unique）且競品無法取代：商品或活動是新創或唯一，是他人無法或很難複製、抄襲。

傳播力

1.具「說故事」能力：商品或活動背後有來自歷史、地理、人文、物產特色的故事；

2.具新聞價值：符合媒體新聞價值標準，媒體樂於傳播擴散；

3.可透過傳播與行銷方式銷售或推廣：簡明、易於暸解，商品或活動可透過傳播活動來推廣。

表12.1 文創指標思考方向

文創評估指標		思考方向
文化指標	獨特性	1.呈現獨特的在地文化特色 2.具明顯的排他性 3.具「人文關懷」的普世價值
	關聯性	1.尋求歷史關聯 2.扣連地理因素 3.挖掘人文故事 4.呈現物產特色 5.展示斯土斯民的生活面貌
創意指標	衝擊力	1.具視覺衝擊性，可創造消費者接觸商品瞬間的感動 2.找出造型、色彩、功能、尺寸、用途……的創新
	原創力	1.不得模仿或抄襲 2.無侵犯著作權之虞 3.有申請專利（發明、新型、設計）潛力 4.可創造額外的附加利益 5.唯一且競品無法取代
	傳播力	1.具「說故事」能力 2.具新聞價值，媒體樂於傳播擴散 3.可透過傳播與行銷方式銷售或推廣

　　文化是族群生活方式的呈現，是集體記憶與歷史軌跡；而創意是價值提升的創新思維或作法，因此——

「文創＝文化＋創意」

　　但是文化與創意並不是簡單的物理性稼接，只是簡單的A+B，稼接後A還是A、B還是B，必須是化學性的融合而產生質變，A+B=C，C就是「文化」融合「創意」後產生的嶄新元素「文創」。

　　這也是本書所強調的新思維：所有生活方式、產業經營都可以加入「文化」、「創意」元素，而成為「文創產業」，所有的商品或活動都可以加入「文化」、「創意」元素，而成為「文創商品」。

參考書目

王宏仁譯（2010）。《消費社會學》。台北：群學。

台北市立美術館（2016）。《當下檔案、未來系譜（2016年台北雙年展特刊）》。台北：台北市立美術館。

何霖譯（2010）。《感動70億人心，才是好設計》。台北：原點。

李天鐸等（2011）。《文化創意產業讀本：創意管理與文化經濟》。台北：遠流。

李秉憲（2008）。《神鬼之間、家將再現》。台北：國立台灣藝術大學造形藝術研究所碩士論文。

林炎旦編（2009）。《文化創意產業策略研究》。台北：師大書苑。

林炎旦編（2010）。《文化創意產業國際經典論述》。台北：師大書苑。

林炎旦編（2011）。《文化創意產業理論與實務》。台北：師大書苑。

林嘉翔（2003）。《日本夢幻火車便當》。台北：皇冠。

周德禎等（2011）。《文化創意產業理論與實務》。台北：五南。

邱啓紋（2009）。《電視偶像劇操作置入型態分析》。國立政治大學廣告研究所碩士論文。

胡馨文（2015）。《觀光工廠文創化指標之建構》。國立政治大學廣告研究所碩士論文。

魚夫（2005）。《創意賺大錢》。台北：甲馬。

馮九玲（2002）。《文化是好生意》。台北：城邦。

銀座通連合會90年史編集委員會（2009）。《銀座らしさの繼承と創造》。東京：銀座通連合會。

楊敏芝（2009）。《創意空間：文化創意產業園區的理論與實踐》，台北：五南。

黃光男（2011）。《詠物成金：文化創意產業析論》。台北：典藏藝術家庭。

陶雅育（2010）。《企業博物館公關功能指標之建構》。世新大學公共關係暨廣告研究所碩士論文。

曹百薇（2011）。《商圈管理知識地圖之建構》。中國文化大學新聞研究所碩士論文。

夏學理等（2011）。《文化創意產業概論》。台北：五南。

陳玉治（2000）。《當鯡魚不再來》。台北：太雅生活館。

陳柏州、簡如邠（2004）。《台灣的地方新節慶》。台北：遠足文化。

陳珮文（2010）。《博物館文化創意商品之研究：以國立臺灣美術館為例》。台南藝術大學博物館學與古物維護研究所碩士論文。

廖世璋（2011）。《文化創意產業》。台北：巨流。

潘石屹等編（2002）。《長城腳下的公社》。天津：天津社會科學院出版社。

陸銘澤（2009）。《Surprise! 博物館》。台北：台灣書房。

黃士杰（2013）。《跨國企業在地化策略：星巴克周邊商品與特色門市文化創意元素分析》。國立政治大學廣告研究所碩士論文。

鄭自隆、洪雅慧、許安琪(2005)。《文化行銷》。台北：國立空中大學。

鄭自隆（2008）。《廣告與台灣社會變遷》。台北：華泰。

鄭自隆（2014）。《廣告策略與管理：理論與案例交鋒對話》。台北：華泰。

鄭自隆（2015）。《傳播研究與效果評估》。台北：五南。

蘇拾平（2007）。《文化創意產業的思考技術：我的120道出版經營練習題》。台北：如果。

蕭照芳等譯（2010）。《大家一起來！打造觀光城鄉》。台北：天下。

劉惠媛（2009）。《世界頂尖博物館的美學經濟》。台北：原點。

Aaker, D. A. (1992). The Value of Brand Equity. *Journal of Business Strategy, 13*(4), 27-32.

Gay, P. D. and Pryke, M. (2003). *Cultural Economy An Introduction: Cultural Analysis and Commercial Life.* London: Sage.

Hiller, H. H. (2000). Mega-events, urban boosterism and growth strategies: an analysis of the objectives and legitimations of the Cape Town 2004 Olympic Bid. *International Journal of Urban and Regional Research, 24*(2), 439–458.

Klapper, J. T.(1960). *The Effects of Mass Communication*, New York: Free Press.

Keller, K. L. (1998). *Strategic Brand Management*, Upper Saddle River, NJ: Prentice Hall.

Philip Kotler, P. (1972). "What consumerism means for marketers." Harvard Business Review, May-June 1972, pp. 55-56.

McCarthy, E. J. and W. D. Perreault, Jr. (1984). *Basic Marketing*, Homewood, IL: Irwin.

Murray, J. A. and A. O' Driscoll (1996). *Strategy and Process in Marketing*, Englewood Cliffs, NY: Prentice Hall.

Ray, M. L. (1973). Marketing communication and the hierarchy of effects, pp.147-176 in Clarke, P. (ed.), *New Models for Communication Research*. Beverly Hills, CA: Sage.

Reeves, R. (1963). *Reality in Advertising*, New York: Knopf.

Ries, A. and J. Trout (1979). *Positioning: The Battle for Your Mind*, New York: McGraw-Hill.

Trout, J. (1979). Positioning: *The Battle for Your Mind*, New York: McGraw-Hill.

UNSECO (2005) .*International Flows of Selected Cultural Goods and Services, 1994-2003*. Montreal and Paris, UNESCO.

Appendix

台北城市美學之型塑：
文創行銷思維

台北城市美學之型塑：文創行銷思維

City Aesthetics Shaping of Taipei: A Cultural- creative Activities Approach

鄭自隆

Cheng Tzu-leong, Ph.D.

摘要

城市美學型塑應根據「城市特色」，因此應先盤點城市文化資產，從城市特色思考「城市定位」，以作為行銷城市的主軸。

經盤點城市文化資產發現，台北是個多面貌、但無獨特形象的城市，無特色就是特色，因此本研究將台北定位為「友善的馬賽克城市」，以呈現多元、拼貼、混搭的性格：台北就是一座馬賽克城市，經由鑲嵌細工所形成的碎錦畫，單獨碎片或許不吸引人，但集合起來就是一座斑斕、多采、有故事的城市。

定位衍生戰術執行，因此所型塑的台北城市美學意象就應該是多采繽紛、兼容並蓄，不過型塑城市美學，不能只有菁英思維，必須有市民參與，所以本研究認為「文創」是一條可連接美學與市民的捷徑，但在政策上應思考：

活動應以參與人數CPM作為效果指標，且指標性活動（hallmark event）應週期性舉辦，但不舉辦大型活動（mega event）或只有少數人參與的活動，而是化整為零，一區一文創特色，持續且長期舉辦，將美學素養融入市民生活。

關鍵詞：城市美學、城市行銷、文創活動、馬賽克城市、台北市

本文發表於第七屆台北學學術研討會（2016/12/14-15），台北市立文獻館主辦。

Abstract

The shaping of city aesthetics should be based on "the distinctive characteristics of the city". It's necessary to identify the cultural heritages, and locate the footing with the characteristics of the city first, making them as the cores of city marketing.

With a comprehensive survey of Taipei's cultural heritages, the city is best described as multi-facial, without a distinctive image. This research defines Taipei as a " Friendly Mosaic City," highllghting its multi-facial, mix-and-match characteristics. Taipei is a collage city, liked a mosaic artwork: a single facet might not be attractive enough, but as a whole the city is full of bright colors and stories.

With the city position defined it comes to the tactic, aesthetic image of Taipei city should be multicolored , all-embracing, not having only the elite thinking but have citizens participation. This concludes that "cultural- creative activities " are the shortcut to connect aesthetic and citizens.

All activities should be measured by the number of participants as the effective indicator, the hallmark event should be held   regularly, avoid the mega event or event with few participants. It should break up the whole into pieces, each location has its own feature, to hold event persistently and in the long term, and integrate aesthetically into the daily life of its citizens.

Keywords
city aesthetics, city marketing, cultural- creative activities, a Friendly Mosaic City,
Taipei city

壹 緒言：型塑城市美學

　　美學（aesthetics）一詞來源自希臘語 aisthetikos，原義是「對感官的感受」，屬感性認知。因此「城市美學」的概念，就是市民或外來者（遊客）對這個城市美醜的主觀感受，雖然不同的人有不同美學品味，會形成不同的選擇性認知（selective perception），張三的感受未必與李四一樣，青菜蘿蔔各有所好，但「美醜」還是有「普世皆準的演化法則」[1]。

　　城市美學有其時空背景與文化意涵，每個城市因歷史演化不同，當然有不同的城市風貌與風格，美國城市和歐洲就明顯不同，同是歐洲城市，巴黎和聖彼得堡就有不同味道，東方城市差異更大，東京、曼谷、香港、雅加達、上海、台北的城市風貌就完全迥異。

　　城市風格需要長久的經營，方能形成城市印象與建立城市個性；塑造城市風格的元素，可以來自歷史、景觀或人文氣象、建築。建築當然可以複製，但不同人住進去就會形成不同的風格，同一間樣品屋，不同的家庭進駐，或許半年，風貌完全不同，同樣的，如果將歐洲或日本城市複製到台灣，若是觀光景點，那是小人國或民俗村，如同日本九州的豪斯登堡，這且不論；但如果是造鎮，讓台灣人住進去生活，幾年之後這座複製的歐洲或日本城市將變為完全台灣味的台灣城市，50 年前的中興新村就是複製歐洲小鎮，但 50 年後中興新村就是台灣小鎮，絕對找不到歐洲的風貌與風格[2]。這也為什麼以前有財團想在台灣複製「長城腳下公社」，終究沒有成功，也不可能成功的原因。

　　這也顯示城市美學無法抄襲或複製，城市美學型塑來自三方面：一是城市文化的自然演化，二是主政者的規劃引導，三是市民的文化與美學素養，三者呈現線性的影響關係，主政者的規劃引導必須以城市固有文化元素為基礎，其目的是涵化市民的文化與美學素養。

　　此外，市民的美學素養也受到城市固有文化元素的影響，因此三者呈現如下的變項關係：城市文化元素是自變項，既影響了主政者的規劃思維，也影響市民美學素養；主政者規劃是中介變項，先受到城市文化元素的影響，但也影響了市民美學素養的養成；而市民美學素養則是應變項，同時受到城市文化元素與主政者規劃的影響：

---

[1] 美學有「普世皆準的演化法則」的主張引自伊彬（2008）《插話與電視廣告之實徵美學》，台北：Ariti Press，頁14。

[2] 參考自鄭自隆「城市美學：不是整齊就是美」，聯合報 2016/2/24，A15 版。

$$\text{城市文化元素} \rightarrow \text{主政者規劃} \rightarrow \text{市民美學素養}$$

自變項　　　　　　　　中介變項　　　　　　　　應變項

圖 1　型塑城市美學的三元素

　　主政者如何型塑台北的城市美學？本文係討論主政者如何透過規劃與活動執行來型塑城市美學，「城市美學」主政者的規劃扮演重要角色，其思維應以城市文化演化為基礎，經由城市文化的元素建構城市特色，由特色決定城市定位，然後所有的規劃與活動均扣連城市定位，最後經由涵化以提升市民的美學素養。

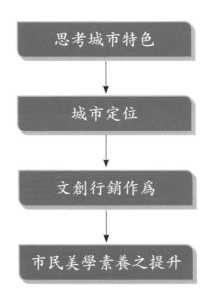

思考城市特色

城市定位

文創行銷作為

市民美學素養之提升

圖 2　城市美學型塑過程

　　如何思考「城市特色」與「城市定位」？廣告企劃有DSP模式，DSP架構係觀察廣告實務運作，並參酌傳播、行銷學理而建構，根據3個主要概念（key concept）：Differential（商品特色）、Segmentation（消費者區隔）、Position（商品定位），再分為3個階段：情境分析、策略建構、戰術執行而展開之，情境分析作為策略建構的基礎，戰術執行則依循策略建構的規劃。

在行銷或廣告作業，情境分析包含「商品特色」與「消費者區隔」2個概念，首先應分析商品及其競爭者各有何優缺點，經比較後找出USP（unique selling proposition，獨特銷售主張），以確立商品應強調的特質——以己之長攻敵之短；其次應分析消費者結構，再找出商品應賣給哪些人？他們各有何需求？使用媒體習慣又是如何？（鄭自隆，2014）

以城市美學型塑而言，雖然其最終目的亦在行銷城市，但型塑城市美學的意義並非為迎合以觀光旅遊為目的的外來過客，而是為建立城市文化風格的長久經營，因此消費者區隔不是重點，重點應該是如何整理耙梳城市文化資產，找出「城市特色」；因此「思考城市特色」不是情境分析，而是城市文化資產盤點，找出城市有賣點的特色；此外，「城市定位」為策略建構，歸納可以行銷城市的主軸；「文創行銷作為」為戰術執行，以強化、包裝城市定位；「市民美學素養之提升」則為整個城市美學型塑活動（campaign）的目的。

思考城市特色：城市文化資產盤點

要型塑城市美學，要從城市文化資產找出城市特色，城市文化資產可以來自城市的歷史、建築、景觀，或人文氣象。台北有哪些特殊的城市文化資產可以來型塑「城市特色」？

一、歷史

台灣有歷史記錄的400年就是一部被殖民的歷史，1620年之前，台灣屬原住民的土地，其中台北就是凱達格蘭族活動的地區，更早還有3千年前的人類活動跡證，謂之「圓山文化」；1620年荷蘭與西班牙即先後殖民台灣，展開現代化的統治；其中西班牙殖民北台灣，1626年登陸雞籠島（今和平島）至1642年荷蘭人攻陷雞籠，始結束西班牙人16年的統治，西班牙人在北部曾建薩爾瓦多城與聖多明哥城，今都不存。

鄭氏王朝占領台灣是1662至1683年間，但有效統治地區僅限於南台灣，其北上部隊，在中部受到大肚王國（部落國）的阻斷，沒能到達北部地區；清領時期始自1683年施琅陷台，終於1895年清廷《馬關條約》割讓共212年，為台灣歷史存續時間最長的殖民者，不過現在台北留下的殖民印記似乎只有4座城門[3]、植物園的布政使司衙門，

---

[3] 台北城原有5座城門，日本人拆除西門，保留4座，但除北門外，其於東門、南門、小南門被國民黨政權「整形」為北方式城樓，只有北門維持原建的閩式風格。

與台灣博物館的二部火車頭。

日治期間 50 年由 1895 至 1945 年終戰，留下眾多的硬體建設由國民黨接收使用，也留下日式名字（如武雄、文雄、惠美、美英）、飲食習慣（刺身、便當）、運動（棒球、柔道）、衛生習慣（洗澡、不隨地便溺、吃魚肝油）在民間；接著是 1945 至 1988 年的兩蔣政權，長達 43 年的集權統治；1988 至 2000 年為李登輝主政期，是台灣由威權轉向完全民主的過渡期；2000 年以後則是政黨輪替期，台灣已是民主的國家。

殖民者為方便統治，會清理（reset）被殖民者的記憶，兩蔣政權的教育與媒體都是政治社會化（political socialization）工具，因此戰後成長的台灣人只能描述中國的「大江大海」，卻沒辦法說出「在台灣的故事」，所以雖然有 400 年歷史，但在台北能說的故事似乎只有百餘年前的大稻埕。

二、建築

軟體（記憶）被抹去，但硬體（建築）因有實用價值會被留下來，台灣 300 餘年的被殖民史，後殖民者會清理前殖民者留下的建築，去除政治圖騰，實用者留下再利用；日本人因拓寬馬路，拆了台北城；國民黨政權則拆日本人的神社，留下堅固的官舍再利用，如總統府、中央銀行、台北賓館都是日本人的建築，迄今仍屹立著；因此台北處處可見不同殖民政權的遺跡，2016 年 2 月媒體討論的一眼望穿清國美學（北門）、日本國美學（台北郵局）、中華民國美學（博愛路商業大樓）就是一個有趣例子。

埌在台北可以看到清國的官方建築僅剩少數如北門、布政使司衙門，庶民的建築有大稻埕、剝皮寮，不過其街道景觀卻是日治後期的建築，倒是民間信仰中心的廟宇則到處可見，如龍山寺、保安宮、城隍廟，其建築規模則由清代逐漸修葺而成。

日治時代的官方建築，因堅固耐用倒是保留很多，現在的總統府（總督府）、台北賓館（總督官邸）、台灣博物館（總督府博物館）、中山堂（台北公會堂）、南海路前美國新聞處（台灣教育會館）、台灣菸酒公司（專賣局）、監察院（台北州廳舍）、台灣銀行（原台灣銀行）、土地銀行（勸業銀行台北支店）……，都是日治時期官方建築。但國民黨也拆除了中山南路的原赤十字醫院的中央黨部改建大樓，後售予張榮發基金會；拆除了仁愛路、建國南路角地，堅固雄偉的台灣放送協會總部，土地售與民間改為豪宅帝寶，台灣放送協會原為日產，戰後國民黨接收為中廣使用，由日產而國產、黨產，最後拆除變賣。

　　此外，日式民宅由於必須安頓隨國民黨轉進來台的大批公教人員，所以被保留下來，現今大部分拆除重建高樓，少數轉換為文創用途。

　　1949年國民黨倉皇辭廟來台，一方面財政短絀，一方面矢言「反攻大陸」的過客心態，所以早期留下具顯著意義的大型建築並不多，可提的只是為尊崇孫文與蔣介石而建的國父紀念館、中山樓、中正紀念堂，與象徵中華道統的故宮，這4座建築都屬政治圖騰；此外，有為安頓隨蔣介石來台的軍眷，倒蓋了不少簡陋的眷村，將外省軍眷隔離在台灣庶民社會之外，形成二者的相互疏離，現在這些眷村大部分被拆除重建，少部分被保留下來成為博物館式的園區，如四四南村；爾後隨著台灣經濟起飛，民間建築成了台北的表徵，也型塑了現代的台北樣貌，其中101大樓就是代表性的建築物。

三、人文景觀

　　單獨談「景觀」，很難說出台北的特徵，台北似乎什麼都有，但卻很難歸納出一個可以描繪台北景觀的特色，印證了「全方位就是無方位」；不過從人文的角度談，倒是有許多：

- **飲食**：國共內戰隨著蔣介石撤退的中國各省軍民，豐富了台灣的飲食文化，加上日治時期的遺緒，台北人也接受和食與日式洋食（民生東路就有從昭和時代經營至今的洋食館「波麗路」），以及因經濟成長、國民所得提高，被引進的西式餐廳與速食店，現在台北幾乎可以找到世界著名體系的餐飲，甚至咖啡館密度也可比美世界主要城市；除了菁英餐飲外，台北更有庶民美味——夜市及到處可見的特色餐館。

- **景點**：台北可以看到清朝迄今持續的庶民廟宇信仰，也可看到文人足跡（張大千、林語堂、錢穆故居）；有高聳現代商務大樓，也有幽雅巷弄文化；有與世界時尚同步的百貨公司，也有年輕人的文創聚落；有官方、菁英的展演場地，也有觀光客與庶民流連、濃厚台北味的空間，如大稻埕、剝皮寮；有新建築，也有令人驚豔的老屋活化。

- **文化**：24小時不打烊的誠品書店，為許多華語系國家觀光客的朝聖地，是台北很特殊的人文景觀，但除了連鎖書店外，台北更多呈現店主人品味與堅持的「獨立書店」，值得造訪；台北也曾是華文流行音樂與影視製作中心，如70年代的民歌傳頌至今，也產出了流行華人地區的瓊瑤電影，和迄今尚可外銷的華視《包青天》連續劇；台北幾乎每晚都有音樂、戲劇、舞蹈的售票演出，但也可到地下街看年輕學生街舞；可看到百千年前的故宮華夏文物，也可到北美館、當代藝術館看到前衛的觀念藝術（conceptual art）。

- **台北人**：台北是個移民的城市，17世紀前是原住民凱達格蘭族的聚落，清領時期雖有海禁，但仍有大量的漳泉男性移民移入，所以台北人和所有台灣人一樣都是「有唐山公、無唐山嬤」；日治時代也有台日通婚，1949年國共內戰，更帶入了百萬中國各省移民，以及後來本省外省聯姻的第二代、第三代。所以「台北人」是個呈現多元族群面貌的名詞，有大龍峒、艋舺、木柵講道地台灣話的「舊台北人」，有台灣各地因求學工作而定居台北的「新台北人」，早期更有白先勇《台北人》筆下所描述尹雪艷、金大班，以及《遊園驚夢》中的另一型態或心態的「高級外省人」——與台灣社會疏離的「台北人」。

 ## 策略建構：城市定位

　　面對多面貌，但無獨特形象的台北，應該如何「定位」？從行銷或廣告來看，定位（position）是廠商對自我品牌的主觀期待，希望消費者如何來看它，精品要讓人覺得高不可攀、阿Q桶麵就是大碗、Volvo汽車是安全、iPhone賣的是品牌形象、三星Galaxy賣的是技術，這些是廠商對自我品牌的期待，如何將主觀期待變成消費者客觀認知？就是要進行定位工程（positioning）。

　　城市也是品牌，「定位」是用於突顯品牌聯想獨特性的方法，定位工程的目的在於表達消費者腦海中可以呈現出有別於競爭者的清晰品牌印象，也就是說，「定位不是針對商品，而是對消費者心靈的作為。」[4] 所以定位的重點在於對消費者作密集而一致的訊息傳播，所以定位應清晰，最好「一句話」就能說出定位。（鄭自隆，2014）

　　台灣政府自60年代開始，一直陸續刊登國際廣告（主要對象為美國）以型塑台灣的國家形象，每個階段隨著國際情勢的演變與國家發展，而有不同的訴求或主軸——
　　60年代：訴求「反共」、「中華道統」
　　70-80年代：訴求「經濟發展」與「經貿」
　　90年代：訴求「民主」、「政治改革」、「科技發展」
　　2000年後，台灣官方國際廣告捨「形象」就「議題」，陳水扁政府集中訴求「參與聯合國」，2008年馬英九政府則捨棄戰略目標（「參與聯合國」），改為戰術出擊，分別訴求加入國際組織或會議，如APEC、WHO、UNFCCC（聯合國氣候變遷綱要公約）。（鄭自隆，2007、2014）

---

[4] D. A. Aaker的說法，參見Aaker, D. A. (1992). The Value of Brand Equity. Journal of Business Strategy, 13(4), 27-32.

早期的行政院新聞局的國際廣告，的確有宣示「國家定位」的功能，如強調「反共」、「中華道統」、「經濟發展」、「對外經貿」、「民主與政治改革」、「科技發展」（綠色矽島），都是盱衡當時國際國內情勢所下的判斷，呈現擘劃的國家發展藍圖。但台北城市定位若以城市美學型塑為目標，則不能每隔幾年或隨著市長更迭而改變，必須有可長可久、長期耕耘的定位。

一、定位台北

從上述的城市文化資產盤點發現，台北的確不是一個可以「一言以蔽之」的城市，不過從歷史、建築、人文景觀發現，台北的確就是一座友善的「馬賽克城市」。

強調友善是說台北交通便捷、治安良好、餐飲選擇多、物價合理、市民親切、「講英語嘛也通」；而以「馬賽克」形容是因為台北有眾多、但默默無語、或許並不特別顯眼的特色。

馬賽克（mosaic）語意源自希臘語 Musa，是希臘神話掌管詩歌、藝術與科學的女神，馬賽克藝術就是細工的鑲嵌藝術，由各色細石、琺瑯或玻璃拼貼成畫，歐洲教堂地板、牆面的聖經故事拼貼，以及玻璃花窗都屬馬賽克作品，呈現色彩斑斕的視覺效果。[5]

台北呈現多元、拼貼、混搭的性格，就是一座馬賽克城市——經由鑲嵌細工所形成的碎錦畫，單獨碎片或許不吸引人，但集合起來就是一副斑斕、多采、有故事的城市。

- **城市歷史**：由清國、日本、中國而台灣
- **城市建築**：西式、日式、中式、台式
- **城市文化**：既古典也創新、時尚
- **城市風格**：不定一尊、兼容並蓄

二、城市意象

擘畫城市意象（image）是城市美學型塑的主軸，城市意象由城市定位決定，既然從城市文化資產盤點，發現台北是多元、拼貼、混搭的城市，而定位為「友善的馬賽克城市」，因此所型塑的台北城市美學意象就應該是——多采繽紛、兼容並蓄。

「意象」是人為賦予意義，因此「符號具」（signifier）與「符號義」（signified）必須強力連結，市民或外來者方會知曉，所以除了長期傳播以建構認知外，城市意象（「符

---

[5] 參考自 https://zh.wikipedia.org/zh-tw/%E9%91%B2%E5%B5%8C%E8%97%9D%E8%A1%93。

號具」）本身必須有強烈的代表意義（「符號義」），因此戰術執行的文創行銷作品所呈現的「符號具」，必須多采繽紛、兼容並蓄，以型塑台北是「友善的馬賽克城市」的「符號義」──城市定位。

 # 戰術執行：文創行銷作為

　　美學素養（aesthetics literacy）或許有部分來自天分，但對絕大部分的人而言，是來自社會化（socialization）的過程，小時受家庭氛圍影響，入學後來自學校環境與美術教育的薰陶，畢業後工作則受到社會視覺環境的涵化。因此「城市美學」之型塑，主政者的規劃扮演重要角色，但陽春白雪式的藝術對大多數市民而言，距離太遠，「文創」或許是一條可連接美學與市民的捷徑。

　　「文創」是台灣原生的概念，並不是外來語，因此衍生出眾說紛紜的定義，但簡單的說，「文創」就是：

文創＝文化＋創意

　　文化即呈現的是斯土斯民的生活，可以透過歷史、地理、人文、產業的特色來展現，對文化的描述通常是簡化或符號化，並以象徵物（symbol）來代表；所謂「創意」，就是創新思維（idea）或作法，可提升附加價值，並能透過行銷方式擴散。包含3個原素：

- **創新（innovation）**：具原創性（originality），不是模仿或抄襲、複製，創新可以是具體的作品，也可以是有具體化、具可操作化潛力的計畫或想法。

- **價值提升（value-added）**：創意執行後可超出原有價值，創造額外的價格、功能、使用壽命、使用範圍、便利性……等附加利益。

- **可傳播性（campaignable）**：創意不是空想，必須能被執行或商品化，並可透過傳播與行銷方式銷售或推廣。

　　在這個「文創＝文化＋創意」的公式中，文化與創意並不是簡單的物理性稼接，而是化學性的因融合而產生質變，因此「文創」的概念很簡單，就是──「文化」商品化、「商品」文化化。

　　所謂商品化係將概念具體化，予以創意加值，變成可銷售、可傳播的商品。因此「文化」商品化即將有文化意涵的「商品」，如台灣媽祖、廟會（家將、三太子）、台北燈會、迪化街年貨市集，包裝成可銷售的商品。而「商品」文化化則將一般的商品，加入文化的元素，以提升其商品價值。（鄭自隆，2013）

　　城市美學型塑，主政者的角色根據城市定位與城市意象，規劃政策，再由政策指導行銷作為，如舉辦活動行銷，以及贊助媒體置入等。

一、政策

　　為回應台北是「友善的馬賽克城市」的城市定位，型塑城市美學的文創行銷作為，在政策上或許應思考以下5項政策指標：

（一）**不舉辦大型活動**：城市行銷所舉辦的活動可以有大小不同的思維，大者如奧運、世博，小者如縣市規模的活動，Hiller（2000）認為城市行銷活動視其規模可做不同類型的區分：

1. **在地型活動（local event）**：為規模較小，以當地居民為主要對象，提供休閒娛樂、推廣當地特色商品，並凝聚社區認同而舉辦的活動，如深坑包種茶節。

2. **主要活動（major event）**：為地區型活動的提升，可吸引外地人潮，媒體廣泛報導，具備明顯經濟或政治效益，為地方政府大力贊助，如東港鮪魚季。

3. **指標性活動（hallmark event）**：為主要活動的再提升，當主要活動每年固定時間舉辦，並具國際性話題，吸引外國觀光客參與，則可視為指標性活動，如日本札幌雪祭。

4. **大型活動（mega event）**：通常籌備多年，必須動員龐大人力，投注巨額經費，非經常性舉辦的活動，如奧運、世博，以及台北的花博、世大運、設計博覽會 [6]。

---

[6] 參考自 Hiller, H. H.(2000). Mega-events, urban boosterism and growth strategies: an analysis of the objectives and legitimacy of the Cape Town 2004 Olympic Bid. International Journal of Urban and Regional Research, 24(2), 439-458.

　　城市美學型塑不必舉辦單次大型活動，如花博、設計之都，這些活動必須投入數十億乃至百億經費，放煙火式的曇花一現，並不會給城市留下記憶，倒不如每年舉辦一或二個指標性活動（如有文創元素的台北燈會），並將其餘經費支持一區一文創特色，經由適當把關，持續長期舉辦，將美學素養融入市民生活。

（二）不舉辦只有少數人參與的活動： 要提升市民美學素養，必須長期的環境涵化，只有少數人參與，極菁英式或陽春白雪曲高和寡的活動，與絕大部分市民無關，如設計之都的國際論壇，既無助於城市行銷，對市民美學素養的提升亦未必有助益。

（三）不塑造明星： 為求「遍地開花」，型塑城市美學的文創行銷作為應扶持在地的文創工作者，讓其落地生根，或招攬國外新銳藝術家來城市留下作品，讓城市與國際對話；不必投注大量經費，找來所謂大師，做一次性的演出，只服務少數菁英。

（四）指標性活動應週期性舉辦： 指標性活動帶給城市活力，應固定週期舉辦，不能中斷，不能大幅度變更日期、規模，以累積印象，台北燈會就是一個好例子；其前身是1990年交通部觀光局在中正紀念堂舉辦的元宵燈會，後來這個由中央舉辦的活動輪流在其他縣市舉行，台北燈會就由市政府接手，也獲得市民肯定。

　　台北燈會多年來維持活動常態化，每年持續舉辦，每年因干支不同，所以有不同生肖的主燈，主燈設計公布後，常帶動媒體討論，如2016年的猴燈，即引來許多評論。根據生肖設計的小提燈，市民可在燈會期間排隊索取，也帶來熱烈的迴響。

　　每年規模雖然類似，但主辦的市府民政局會要求承辦廠商想些新點子，所以每年都有一些小創新，2017年的台北燈會由觀光傳播局接手舉辦，更改地點，沿中華路布燈，由北門延伸至西本願寺，展出方式由以往的「點」延伸為「線」，也是創新。

　　不過若是在生肖主題外，每年加入一個可以和生肖主題連結的文創主軸，如2017年雞年為「城市時光機」，其他生肖年則與「未來城市」、「豐饒社會」、「數位生活」或其他主軸聯結，讓所有競賽花燈以主軸創新發想，跳脫傳統花燈思維，並引入國際競賽，應更能型塑台北的城市美學特色。

（五）活動應以CPM為效果衡量指標： 所謂CPM（Cost Per Thousand，M為希臘字「千」mille）指廣告傳播於每千人之成本，也就是讓一千人接觸廣告訊息的成本，CPM在廣告公關亦用於評量舉辦活動（event）所吸引的人數，其計算公式是：

CPM ＝活動費用／參與人數 ×1000

　　CPM越低，代表活動「人效」成本越低，文創行銷活動也應以事先的CPM考量其舉辦的意義，以事後的CPM評量其執行效果，若花100萬元的論壇活動，只吸引200人，以CPM計算，要吸引1,000人，則必須花500萬元，其利弊就必須斟酌。

二、瀨戶內海藝術季的啟示
（參見第11章區域文創行銷之說明 ）

伍 結論：市民美學素養之提升

　　城市美學型塑是城市行銷的一環，城市行銷（city marketing）是一個不算太老的觀念，80年代方有這個名詞出現，其出現的原因在於城市競爭，因為交通方便、資本流通產生國家之內城市間的競爭，而全球化更帶來國家與國家間城市的競爭。而城市競爭的目的在於爭取人流與金流，促進城市的活力，加速基礎建設，運輸、通訊、能源需求擴張，帶來高品質的人口移入，所得與生活水準提高，消費能力強，地方產業熱絡，也帶動高檔商品與藝文商品銷售，政府稅賦增加，當然城市與主政者（市長、地方首長）的政治影響力也跟著提高。（Kavaratzis and Ashworth, 2005）

　　如果撇開政治性或功利性的城市行銷思維不提，單從長久的城市文化角度思考，城市美學型塑的目的就是為提升市民美學素養，不過它絕對是長期的涵化（cultivation）的過程，非一蹴可幾。

　　「涵化」是借用自傳播理論的名詞，涵化理論是美國賓州大學 G. Gerbner在1979年提出的看法，這個理論認為長期觀看電視，的確會影響民眾對外在世界的認知，認為外在的世界就是電視所呈現的世界（Gerbner, 1979），也就是常看電視的人會認為「媒介真實」（media reality）就等於「社會真實」（social reality）。

　　Cultivation 的原義是耕種、栽培、養殖，係由耕作、播種至成長、收割的長期培育過程，後來衍生出社會學的教化或培養的意義；因此美學素養之提升就是涵化的過程，長期生活在美學的環境，美學素養當然也會跟著提升，因此涵化過程中，家庭、學校、社會，乃至城市歷史文化都扮演重要的角色，從歐洲的城市美學就可以看到上述元素的交互影響。

　　在城市的發展過程中，城市的主政者就必須是稱職的城市美學型塑者，以建構城市美學環境，讓市民沉浸其中。城市美學環境之型塑，應先盤點城市文化資產，找出「城市特色」；再從城市特色思考「城市定位」，作為行銷城市的主軸；而行銷作為中，「文創」或許是比較雅俗共賞，不那麼陽春白雪的思維，可為大多數市民接受。

　　城市美學與文化風格，均須長久經營，不是一次大型活動，或2年、3年可見其效，不過功不唐捐，點滴的努力終會積一勺以成江河，累微塵以崇峻極[7]。

---

[7]「積一勺以成江河，累微塵以崇峻極」典出《晉書》虞溥傳。

國家圖書館出版品預行編目資料

文創：行銷與管理 = Cultural／creative
industries : strategy and tactics／鄭
自隆著. ――三版.――臺北市：五南圖書
出版股份有限公司, 2022.11
　　面；　公分
　ISBN 978-626-317-888-5（平裝）

1.CST: 文化產業　2.CST: 創意　3.CST:
文化行銷

541.29　　　　　　　　111008027

1ZEA

文創：行銷與管理

作　　者 ― 鄭自隆（381.7）

發 行 人 ― 楊榮川

總 經 理 ― 楊士清

總 編 輯 ― 楊秀麗

副總編輯 ― 陳念祖

責任編輯 ― 李敏華

封面設計 ― 吳岱芸、姚孝慈

出 版 者 ― 五南圖書出版股份有限公司

地　　址：106臺北市大安區和平東路二段339號4樓

電　　話：(02)2705-5066　　傳　　真：(02)2706-6100

網　　址：https://www.wunan.com.tw

電子郵件：wunan@wunan.com.tw

劃撥帳號：01068953

戶　　名：五南圖書出版股份有限公司

法律顧問　林勝安律師事務所　林勝安律師

出版日期　2013年 3 月初版一刷（共四刷）
　　　　　2017年 9 月二版一刷（共二刷）
　　　　　2022年11月三版一刷

定　　價　新臺幣750元

經典永恆・名著常在

五十週年的獻禮——經典名著文庫

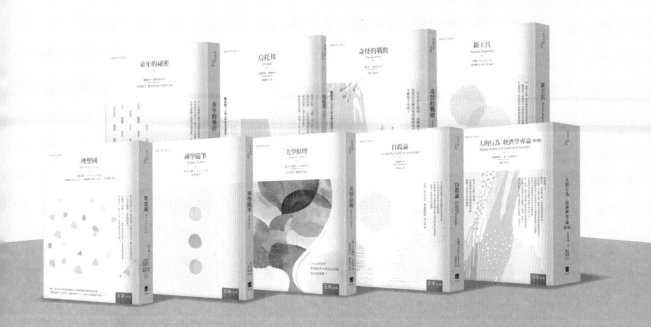

五南，五十年了，半個世紀，人生旅程的一大半，走過來了。

思索著，邁向百年的未來歷程，能為知識界、文化學術界作些什麼？

在速食文化的生態下，有什麼值得讓人雋永品味的？

歷代經典・當今名著，經過時間的洗禮，千錘百鍊，流傳至今，光芒耀人；

不僅使我們能領悟前人的智慧，同時也增深加廣我們思考的深度與視野。

我們決心投入巨資，有計畫的系統梳選，成立「經典名著文庫」，

希望收入古今中外思想性的、充滿睿智與獨見的經典、名著。

這是一項理想性的、永續性的巨大出版工程。

不在意讀者的眾寡，只考慮它的學術價值，力求完整展現先哲思想的軌跡；

為知識界開啟一片智慧之窗，營造一座百花綻放的世界文明公園，

任君遨遊、取菁吸蜜、嘉惠學子！